中国共产党历史（地方卷）集成　新民主主义革命时期

中国共产党内蒙古历史

第一卷（1921—1949）

中共内蒙古自治区委员会党史和文献研究室 著

中共党史出版社

图书在版编目（CIP）数据

中国共产党内蒙古历史．第一卷，1921-1949 / 中共内蒙古自治区委员会党史和文献研究室著．-- 北京：中共党史出版社，2022.5

（中国共产党历史（地方卷）集成．新民主主义革命时期）

ISBN 978-7-5098-3144-1

Ⅰ．①中… Ⅱ．①中… Ⅲ．①中国共产党—地方组织—党史—内蒙古—1921-1949 Ⅳ．① D235.26

中国版本图书馆 CIP 数据核字（2015）第 142458 号

出版发行：中共党史出版社
责任编辑：姚建萍
责任校对：申　宁
责任印制：段文超
社　　址：北京市海淀区芙蓉里南街 6 号院 1 号楼
邮　　编：100080
网　　址：www.dscbs.com
经　　销：新华书店
印　　刷：北京盛通印刷股份有限公司
开　　本：170mm × 240mm　1/16
字　　数：330 千字
印　　张：23　插页 19 面
印　　数：1—3000 册
版　　次：2022 年 5 月第 1 版
印　　次：2022 年 5 月第 1 次印刷

ISBN 978-7-5098-3144-1

定　　价：62.00 元

中国共产党主要创始人之一李大钊，为开辟内蒙古革命工作作出巨大贡献。

参与北京蒙藏学校中内蒙古党、团员培养工作的中共早期党员邓中夏

参与北京蒙藏学校中内蒙古党、团员培养工作的中共早期党员赵世炎

从1923年起，大批蒙古族青年来到北京蒙藏学校学习。图为1923年11月，在校学习的土默特籍学生乌兰夫（前排左五）、荣耀先(四排右一）等与乡亲合影。

领导京绥铁路工人运动的中共早期党员何孟雄

五四运动天津学生领袖之一、内蒙古地区中共早期党员韩麟符

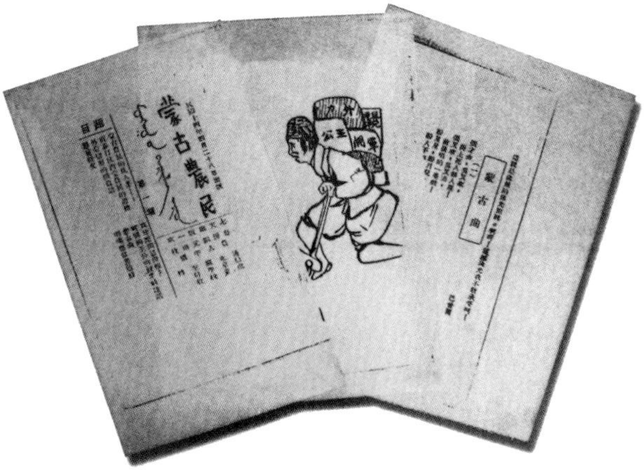

内蒙古地区最早的革命刊物《蒙古农民》

内蒙古农工兵大同盟成立旧址张家口诚洁旅馆

中共早期党员荣耀先

中共北京蒙藏学校党支部书记多松年（后接任中共察哈尔特别区工委负责人）

中国社会主义青年团北京蒙藏学校支部书记乌兰夫

中共绥远特别区工委负责人吉雅泰

中共包头工委负责人李裕智

中共热河特别区工委负责人陈镜湖

1924年8月15日，中国国民党一届二中全会在广州召开。图为孙中山（前排中）和与会者合影，后排右五为共产党员韩麟符，后排右四为共产党员于方舟。

1925年6月，中共绥远特别区工委组织蒙汉青年在旧归绥席力图召集会，声援五卅运动。

在北京蒙藏学校学习时期的佛鼎

大革命时期的贾力更

中共西北特委书记王若飞

中共绥蒙工委委员、新三师中共党务委员会书记乌兰夫（前排左二)与新三师部分官兵合影

1933年6月，察哈尔民众抗日同盟军开赴前线。

全国抗战期间，驻乌审旗的陕甘宁晋绥联防军警备第三旅骑兵团指战员在转战途中。

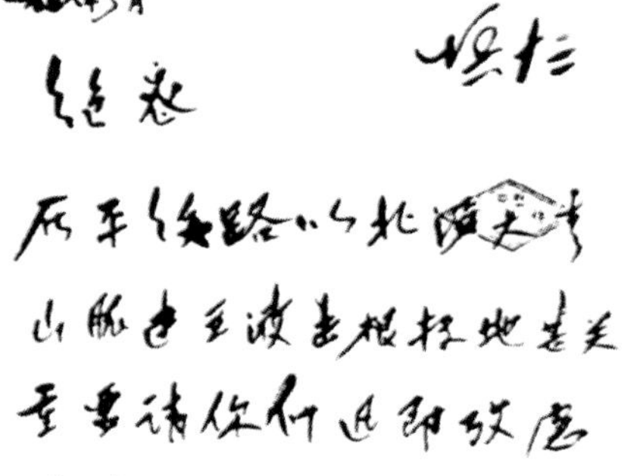

毛泽东指示开辟大青山抗日游击根据地的电文和八路军行军路线图

1938 年8 月，八路军第一二〇师一部组成大青山支队，李井泉任司令员兼政治委员，挺进绥远地区，创建大青山抗日游击根据地。图为大青山支队在行军途中（骑马戴风镜者为李井泉）。

中共归绥工委组织部部长、绥蒙各界抗日救国会负责人刘洪雄

1941年春，晋西北军区第二军分区与大青山骑兵支队、绥察区干部合影。右六为绥察行署主任杨植霖。

八路军大青山支队在蜈蚣坝伏击日军

八路军大青山骑兵支队司令员姚喆（左一）接到根据地群众送来的鸡毛信

1940年9月至1945年6月，八路军在热河承（德）平（泉）宁（城）地区创建抗日游击根据地。图为转战根据地的八路军指战员。

1945年9月，集宁军民庆祝抗战胜利，杨植霖在集会上讲话。

1945年10月，贺龙（左一）、聂荣臻（右一）、罗瑞卿（右三）等在绥远战役前线。

1945年11月，内蒙古自治运动联合会执行委员会部分委员合影，前排左四为联合会执行委员会主席乌兰夫。

1946年，内蒙古自治运动统一会议出席代表及列席代表合影，前排坐者右一为乌兰夫。

乌兰夫（右二）与习仲勋（右一）、王维舟（左二）、马明方（左一）在延安合影。

1947年，兴安盟王爷庙地区召开牧民大会，进行民主改革的发动宣传。图为牧民代表发言。

1947年5月当选为内蒙古自治政府主席的乌兰夫

内蒙古自治政府成立时部分政府委员合影，二排左三为乌兰夫、二排左二为哈丰阿。

1948年10月，内蒙古人民解放军骑兵第一师在辽沈战役黑山阻击战中向敌人冲锋。

1949年3月，内蒙古共产党工作委员会扩大会议召开期间与会人员合影。

1949年6月，中共代表与傅作义部代表共同议定《绥远协议》。图为双方部分代表合影。

1949 年9 月18 日，董其武领衔在绥远起义通电上签名。

1949年9月，解放军第十九兵团司令员杨得志（左三）与阿拉善旗洽谈和平解放事宜的代表合影。

1949年10月，绥远省党政机关进驻归绥，受到群众热烈欢迎。

内蒙古自治区行政区划统计表

地级				县级	
行政单位	行政区划代码	驻地	面积（平方千米）	行政单位	合计（个）
9地级市 3盟				23市辖区 11县级市 49旗 3自治旗 17县	
呼和浩特市	1501	新城区	17 208	市辖区：新城区、回民区、玉泉区、赛罕区 土默特左旗、托克托县、和林格尔县、清水河县、武川县	4市辖区、1旗、4县
包头市	1502	昆都仑区	27 774	市辖区：昆都仑区、东河区、青山区、九原区、石拐区、白云鄂博矿区 土默特右旗、达尔罕茂明安联合旗、固阳县	6市辖区、2旗、1县
呼伦贝尔市	1507	海拉尔区	252 779	市辖区：海拉尔区、扎赉诺尔区 满洲里市、扎兰屯市、牙克石市、根河市、额尔古纳市 莫力达瓦达斡尔族自治旗、鄂温克族自治旗、鄂伦春自治旗 阿荣旗、新巴尔虎右旗、新巴尔虎左旗、陈巴尔虎旗	2市辖区、5县级市、3自治旗、4旗
兴安盟	1522	乌兰浩特市	59 348	乌兰浩特市、阿尔山市 科尔沁右翼前旗、科尔沁右翼中旗、扎赉特旗、突泉县	2县级市、3旗、1县
通辽市	1505	科尔沁区	58 927	市辖区：科尔沁区 霍林郭勒市 科尔沁左翼中旗、科尔沁左翼后旗、库伦旗、奈曼旗、扎鲁特旗、开鲁县	1市辖区、1县级市、5旗、1县
赤峰市	1504	红山区	90 065	市辖区：松山区、红山区、元宝山区 阿鲁科尔沁旗、巴林左旗、巴林右旗、翁牛特旗、喀喇沁旗、克什克腾旗、敖汉旗、林西县、宁城县	3市辖区、7旗、2县
锡林郭勒盟	1525	锡林浩特市	201 884	锡林浩特市、二连浩特市 阿巴嘎旗、苏尼特左旗、苏尼特右旗、东乌珠穆沁旗、西乌珠穆沁旗、正镶白旗、正蓝旗、镶黄旗、太仆寺旗、多伦县	2县级市、9旗、1县
乌兰察布市	1509	集宁区	54 753	市辖区：集宁区 丰镇市 察哈尔右翼前旗、察哈尔右翼中旗、察哈尔右翼后旗、四子王旗、卓资县、化德县、商都县、兴和县、凉城县	1市辖区、1县级市、4旗、5县
鄂尔多斯市	1506	康巴什区	87 452	市辖区：东胜区、康巴什区 达拉特旗、准格尔旗、鄂托克前旗、鄂托克旗、杭锦旗、乌审旗、伊金霍洛旗	2市辖区、7旗
巴彦淖尔市	1508	临河区	65 139	市辖区：临河区 乌拉特前旗、乌拉特中旗、乌拉特后旗、杭锦后旗、磴口县、五原县	1市辖区、4旗、2县
乌海市	1503	海勃湾区	1 669	市辖区：海勃湾区、海南区、乌达区	3市辖区
阿拉善盟	1529	阿拉善左旗	269 903	阿拉善左旗、阿拉善右旗、额济纳旗	3旗

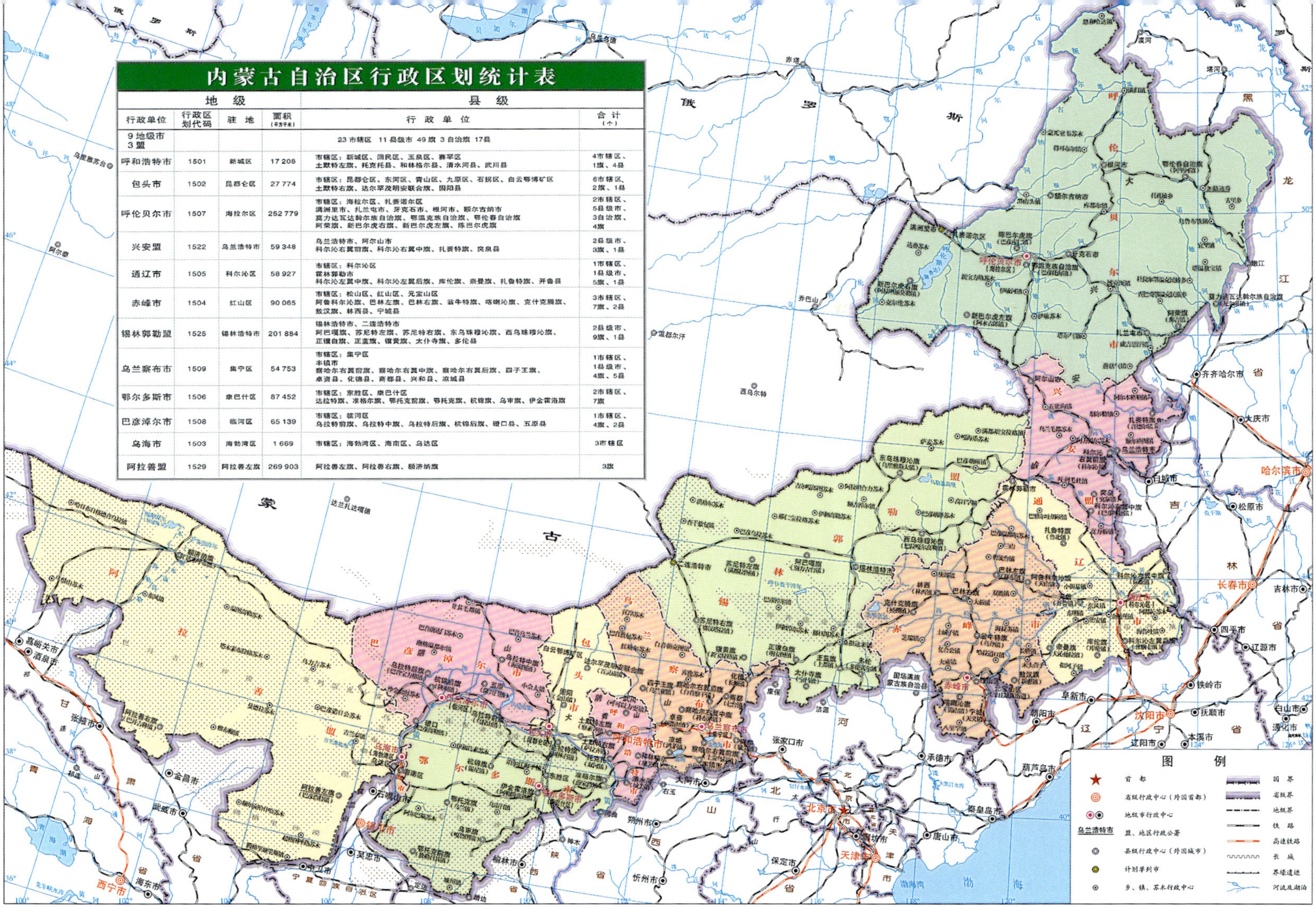

注：加格达奇为黑龙江省大兴安岭地区行政公署驻地

审图号：蒙S(2021)026号　比例尺 1∶6 200 000

内蒙古自治区政区图

第 一 卷

目 录

第一编
共产党组织在内蒙古地区的创建和大革命的开展
（1921 年 7 月—1927 年 7 月）

第二编
土地革命战争时期党领导的内蒙古地区革命斗争和抗日救亡运动

（1927年8月—1937年7月）

第四编
党领导实现内蒙古民族区域自治和支援全国解放战争

（1945 年 8 月—1949 年 9 月）

前 言

在历史的长河中，伟大的中华民族创造了悠久灿烂的中华文明，为人类作出了卓越贡献。地处祖国北部边疆的内蒙古地区各族人民，在这片古老的地域上共同书写了悠久的历史、创造了灿烂的文化、培育了伟大的精神。

近代以来，西方列强的入侵和封建统治的腐朽，使内蒙古与全国一样逐渐成为半殖民地半封建社会。在这块土地上生活的各族人民遭受帝国主义、封建主义、官僚资本主义“三座大山”压迫剥削，饱经沧桑磨难。面对山河破碎、生灵涂炭的深重苦难，内蒙古地区各族人民掀起了持续不断的反帝反封建斗争，但这些黑暗中的摸索和抗争，都未能彻底改变内蒙古地区半殖民地半封建的社会性质和各族人民的悲惨命运。

十月革命一声炮响，为中国送来了马克思列宁主义。1921 年中国共产党的成立，是中国历史上开天辟地的大事变，深刻改变了近代以后中华民族发展的方向和进程，深刻改变了中国人民和中华民族的前途和命运，深刻改变了世界发展的趋势和格局。自从有了中国共产党，中国革命的面貌焕然一新。内蒙古地区各族人民从此有了前进的主心骨，从此有了最为先进最为坚强的革命领导核心。

中国共产党建党之初，李大钊就直接领导和参与在蒙古族群众中传播马克思主义、培养共产主义先进分子的工作，内蒙古产生了包括乌兰夫在内的第一批共产党人，建立了中共热河、察哈尔、绥远、包头 4 个工作委员会等第一批党的组织，在内蒙古大地上播撒下党领导各族人民进行革命斗争的火种。

土地革命战争时期，中国共产党从大革命失败的挫折中奋起，以武装斗争反抗国民党的反动统治，开辟了中国革命的新道路。党领导内蒙古地区各族人民，努力恢复和重建内蒙古地区党组织，继续坚持革命斗争。九一八事变之后，党秉持团结抗战的方针，领导和发动抗日武装对日作战，支持察哈尔民众抗日同盟军，发动百灵庙抗日武装暴动，推动绥远抗战，在轰轰烈烈的抗日救亡斗争史上写下了内蒙古地区的光辉一页。

全国抗战时期，中国共产党在以毛泽东同志为主要代表的党中央领导下，成为全民族抗战的中流砥柱。党领导内蒙古地区各族人民，广泛发动抗日武装斗争，作出建立大青山抗日游击根据地的战略决策，八路军部队挺进大青山，有效遏制了日本侵略者西进南下的企图。八年全民族抗战，党领导内蒙古地区各族人民浴血奋战，为赢得中华民族近代以来反对帝国主义侵略的第一次完全胜利，作出了不可磨灭的贡献。

全国解放战争时期，中国共产党领导全国人民展开了两条道路、两种前途、两个命运的决战。党团结带领内蒙古地区各族人民全力保卫抗日战争胜利成果，坚决反击国民党对解放区的武装进攻，坚定维护国家统一和民族团结，成立中国共产党领导的第一个省级少数民族自治区，成为党运用马克思主义解决国内民族问题的成功实践。党领导翻身解放当家作主的内蒙古地区各族人民，投身农村牧区社会改革，参加和支援解放战争，为东北和华北地区的解放作出了重要贡献。随着绥远和平解放、阿拉善额济纳旗宣布起义，内蒙古地区实现了完全解放，开启了民族平等团结、前途幸福光明的历史新纪元。

雄关漫道真如铁。《中国共产党内蒙古历史》第一卷（1921—1949），记述的就是从中国共产党诞生到中华人民共和国成立这一历史时期，党领导内蒙古地区各族人民，围绕实现中华民族伟大复兴这一主题而展开的不懈奋斗史、不怕牺牲史、理论探索史、为民造福史和党的自身建设史；再现的就是新民主主义革命时期，中国共产党在内蒙古地区领导和推动谋求中国人民幸福、追求中华民族复兴事业所经历的筚路蓝缕、所承载的苦难辉煌，揭示的就是在中国共产党领导下，内蒙古地区各族人民坚定维护国家统一和民族团结、实行民族区域自治制度的历史必然性。

历史是一面镜子。习近平总书记告诫全党："无论我们走得多远，都不能忘记来时的路。"学好这段历史，做到学史明理、学史增信、学史崇德、学史力行，才能知史爱党，知史爱国。我们要从历史中得到启迪、得到定力，进一步增强"四个意识"，坚定"四个自信"，做到"两个维护"，继承发扬"坚持真理、坚守理想，践行初心、担当使命，不怕牺牲、英勇斗争，对党忠诚、不负人民"的伟大建党精神，牢牢把握党中央赋予内蒙古的战略定位，践行守望相助理念，铸牢中华民族共同体意识，书写新时代内蒙古发展新篇章，赓续新时代模范自治区新辉煌。

第 一 编

共产党组织在内蒙古地区的创建和大革命的开展

（1921年7月—1927年7月）

第一章

五四运动对内蒙古地区的影响

1840年爆发的鸦片战争，是中国近代史的开端。鸦片战争后，中国社会逐步成为半殖民地半封建社会，帝国主义和中华民族的矛盾、封建主义和人民大众的矛盾，成为近代中国社会的主要矛盾。推翻帝国主义和封建主义的统治、争取民族独立和人民解放，彻底改变国家贫穷落后的面貌、实现国家富强和人民幸福，成为中华民族面临的两大历史任务。围绕这两大历史任务，中国人民反帝反封建的民主革命迅速兴起。

鸦片战争后，内蒙古地区①与全国一样逐步沦为半殖民地半封建社会，帝国主义和中华民族的矛盾、封建主义和人民大众的矛盾日益加

---

① 本书所称内蒙古地区，系指今内蒙古自治区行政区划内的所有区域，这些区域在近现代历史上的归属几经变动。清末的内蒙古（内札萨克蒙古）含哲里木盟、昭乌达盟、卓索图盟、锡林郭勒盟、乌兰察布盟、伊克昭盟。辛亥革命后，1914年7月北洋政府在内蒙古由东向西设热河、察哈尔和绥远3个特别区。1928年9月国民政府改3个特别区为热河、察哈尔和绥远3个省。1947年5月内蒙古自治政府成立，辖呼伦贝尔盟、纳文慕仁盟、兴安盟、锡林郭勒盟和察哈尔盟。1949年四五月间，哲里木盟、昭乌达盟划归内蒙古自治政府管辖。1949年12月2日，中华人民共和国中央人民政府委员会决定，内蒙古自治政府改称内蒙古自治区人民政府。1950年9月，察哈尔省所辖多伦、宝昌、化德3个县划归内蒙古自治区。1954年6月，绥远省并入内蒙古自治区。1956年初，原热河省所辖翁牛特、喀喇沁、乌丹、赤峰、宁城、敖汉6个旗县划归内蒙古自治区。1956年4月，甘肃省的巴彦浩特蒙古族自治州和额济纳蒙古族自治旗划归内蒙古自治区。1962年7月，河北省商都县划归内蒙古自治区。至此，基本形成目前的内蒙古自治区行政区划范围。

深，各族人民反抗帝国主义和封建主义的斗争从未止息。1919年爆发的五四爱国运动，在内蒙古地区引起很大反响。这场运动启蒙了大批知识分子特别是各族青年，引发了马克思主义在内蒙古地区的传播。

一、近代以来内蒙古地区的社会变迁和人民早期的反抗斗争

1840年鸦片战争后，随着帝国主义列强侵略的逐步升级，内蒙古地区向半殖民地半封建社会的演变不断加速。面对帝国主义和封建主义的剥削和压迫，苦难深重的内蒙古地区各族人民一次又一次掀起反抗斗争。

内蒙古地区半殖民地半封建化

内蒙古地跨东北、华北、西北3个地区，北部和东北部分别与蒙古国、俄罗斯交界，有4221公里的国境线，具有十分重要的战略地位。

内蒙古地区自古以来就是中华民族繁衍生息地。从春秋战国时期开始，中华各民族建立的很多王朝都在这里建立过政权。由于长期的封建专制统治和阶级压迫、民族矛盾、宗教毒害，内蒙古地区经济、社会处于极端落后、复杂和不平衡的状态，加之近代以来资本帝国主义的长期渗透、煽动和侵略，各族人民生活困苦不堪，长期挣扎在水深火热之中。

内蒙古地区在中国近代历史上遭受俄、英、法、美、日等资本帝国主义国家的侵略、掠夺和渗透非常严重，其中，又以俄国、日本的侵略最为严重。资本帝国主义列强在内蒙古地区攫取特权，从输出商品到输出资本，从割占领土到划分势力范围，从经济掠夺到政治控制，从策动外蒙古独立到企图吞并内蒙古地区，破坏了中国在内蒙古地区的主权完整，打破了内蒙古地区的自然经济形态，使内蒙古地区半殖民地半封建化程度日益加深。

俄国在第二次鸦片战争中通过中俄《瑷珲条约》《北京条约》《勘分东界约记》《勘分西北界约记》等不平等条约侵占中国约144万平方公里领土，对内外蒙古地区形成东、北、西三个方向的包围态势，不断强化经济、文化侵略，获得领事裁判权，力图实现其从政治上控制内外蒙古地区的目的。

19世纪90年代，随着西方主要资本主义国家过渡到帝国主义阶段，俄国成为军国主义特色浓厚的帝国主义国家，继续在中国北方扩张领土，划分势力范围，企图吞并中国东北和内外蒙古地区。辛亥革命爆发后，俄国策动外蒙古地区独立，阴谋推动内蒙古东部地区搞分裂、叛乱，遭到中国各族人民的英勇反抗才未得逞。

中日甲午战争中国战败后，清政府被迫与日本签订《马关条约》，日本加紧向内蒙古东部地区渗透。1905年日俄战争后，内蒙古东部一些地区成为日本的势力范围和进一步入侵内蒙古地区的基地。1915年，日本帝国主义提出灭亡中国的“二十一条”，其重要侵略目标包括内蒙古地区。

英、法、美等列强也不甘落后，加紧向内蒙古地区侵略扩张，将内蒙古各族人民一步步推入遭受内外双重压迫的深渊。

资本帝国主义对内蒙古地区的军事、政治侵略和控制，伴随着经济上的渗透和掠夺。

20世纪初，俄国就攫取了在中国内外蒙古地区的贸易和通邮特权，前期倾销商品，随后输出资本，用“银行加铁路”的办法进行经济扩张，控制了内蒙古东部地区的金融市场，强占了扎赉诺尔煤矿和奇乾河、吉拉林金矿及大片牧场。

日本在内蒙古东部地区攫取了居住、经商、土地租借买卖和矿藏开采等一系列特权。英、法、美等国于19世纪后半期即在归化(今呼和浩特旧城)、包头及张家口等主要城市设立洋行，倾销商品，且倚仗不平等条约享受免税特权，排挤中国传统商业和民族商品，同时也把内蒙古地区作为掠夺原料的重要基地，通过价格操控，廉价收购大量皮毛、畜产、亚麻、药材等，获取巨额利益。

总之，鸦片战争以来，一方面，外国侵略势力与清朝封建统治者以及地方封建势力相勾结，使内蒙古地区成为半殖民地半封建社会；另一方面，作为列强倾销商品、输出资本的目的地及原料产地，内蒙古地区原有的经济基础逐步解体。农牧业格局的重大变化，工矿企业、城乡商业贸易和手工业的发展，以及邮电通信和近代文化教育的兴起，一定程度上引起了人们生活方式、思维方式、价值观念、道德规范、行为准则的变化，为新思想、新文化的传播创造了条件。

内蒙古地区各族人民的反帝反封建斗争

有压迫就有反抗。内蒙古地区各族人民对帝国主义的侵略和封建专制统治的反抗斗争贯穿半殖民地半封建社会始终。特别是进入20世纪后，反抗斗争愈演愈烈，逐渐融入全国人民反帝反封建斗争的洪流之中。

内蒙古地区是帝国主义列强利用宗教进行侵略活动的重灾区。伴随着帝国主义入侵，天主教、基督教和东正教等外来宗教开始在内蒙古地区传播，教会势力强占大量土地，奴役压迫各族人民，干预地方事务，进行精神控制，加剧了广大群众的苦难。

1900年6月，义和团运动从北京、直隶①和山西发展到内蒙古地区，号召“杀洋灭教”。内蒙古东部和西部地区各族群众纷纷响应，打击侵略势力。伊克昭盟②乌审旗③、鄂托克旗、札萨克旗的民众广泛采用“独贵龙”④运动形式打击洋教，内蒙古西部地区成为全国反洋教斗争最激烈的地区之一，显示了中国社会底层群众反抗帝国主义侵略的决心和力量。

1900年，俄国在参加八国联军侵占天津、北京行动的同时，又出动

---

① 河北省的旧称。

② 盟：与地级市、地区、自治州的行政地位相同，属地级行政区，由若干个旗县组成。

③ 旗：与非直辖市的市辖区、县级市、县、自治县的行政地位相同，属县级行政区，由地级市、盟管辖。

④ “独贵龙”系蒙古语音译，意为圆圈、环形。参加“独贵龙”的人聚会议事时坐成圆圈以表示成员的平等身份，在上书呈报签名时组成环形，不知首尾，以避免暴露领导者。“独贵龙”运动是蒙古族人民近代反帝反封建斗争的一种组织形式。

军队分路入侵，武装占领了中国东北和内蒙古东部地区。满、蒙古、汉、达斡尔、鄂温克等各族军民对侵略者进行了英勇顽强的抗击，显示了中华民族不屈的意志。在八国联军侵华期间，内蒙古地区各阶层还以多种方式支持、资助和参与京津地区的反侵略斗争，打击侵略者的嚣张气焰。

在进行反帝斗争的同时，内蒙古地区各族人民还长期坚持反封建斗争，其中以"独贵龙"运动声势最大，持续时间最久，反抗最为激烈。1858 年，伊克昭盟乌审旗牧民首先发动的"独贵龙"运动，不仅反对洋教，而且反对封建暴政、苛捐杂税、兵差徭役和官府强迫旗民代偿高利贷债务，迫使封建官府作出了让步。"独贵龙"运动后来发展成有组织的人民起义和武装斗争。辛亥革命后，"独贵龙"运动重新活跃起来，提出了更加鲜明的反封建主张。

1911 年 10 月，辛亥革命爆发，内蒙古地区民众奋起响应。归绥①、包头、河套等地先后爆发反清武装起义，组建革命军，攻克县城，建立革命政权，涌现出内蒙古地区最早的一批资产阶级革命者，助推了推翻清王朝专制统治的斗争，为结束中国两千多年的封建帝制作出了贡献。

1915 年 9 月，参加过辛亥革命的陈独秀创办《青年杂志》(后改名为《新青年》)，在思想文化领域掀起了一场以民主和科学为旗帜，向传统的封建思想、道德、文化宣战的新文化运动。

以批判封建专制和礼教、提倡民主和科学为主要内容的新文化运动在全国各地兴起，加速了新理念、新思想的传播。以归绥为中心的内蒙古西部地区进步青年通过阅读《新青年》等进步刊物，在参加反帝反封建的革命斗争中，成为绥远乃至内蒙古地区最早得到启蒙、最早投入新文化运动的先锋。进步青年高举反帝反封建大旗，影响各族群众，与北京、上海、天津等地的新文化运动遥相呼应，通过办报纸、办刊物、集会、结社、宣传演说、创作发表反帝反封建文学作品，投身新文化运动，同一切旧势力、旧制度进行决裂和斗争。对内蒙古地区青年而言，这是一场前所未有的启蒙运动和空前深刻的思想解放运动，为马克思主义在内蒙

---

① 今呼和浩特市，清末民初由归化城和绥远城合并而成。

古地区的传播创造了有利条件。

在旧民主主义革命时期，内蒙古地区各族人民开展的反帝反封建斗争给国内外敌人以沉重打击，但最终都归于失败。究其根本原因，就在于这一系列的斗争都属于自发的、分散的反抗行动，没有先进革命政党的坚强统一领导，也没有科学革命理论和明确革命纲领指引，无法把革命导向成功。领导内蒙古地区革命的重任，历史地落在中国无产阶级先锋队中国共产党的肩上。

二、内蒙古地区青年学生经受五四运动洗礼

五四运动是近代中国历史上具有划时代意义的重大事件。五四运动的发生，是一次彻底的不妥协的反帝反封建的伟大爱国运动，是中国新民主主义革命的伟大开端，引起了一场广泛深刻的马克思主义传播运动。

五四运动是在反对帝国主义列强在巴黎和会上损害中国主权、反对北洋政府卖国政策的背景下爆发的，直接导火线是中国在巴黎和会上的外交失败。

1919 年上半年，第一次世界大战取胜的协约国在巴黎举行“和平会议”（即巴黎和会）。巴黎和会在几个帝国主义强国把持下，拒绝了中国代表提出的废除外国在中国的势力范围、撤退外国在中国的军队等七项希望和取消 1915 年中日协约及换文等提案，规定德国应将在中国山东获得的一切特权转交给日本。北洋军阀政府屈服于帝国主义列强的压力，准备在丧权辱国的巴黎和约上签字。中国在巴黎和会上外交失败的消息传到国内，激起了各阶层人民的强烈愤慨。以学生斗争为先导的五四爱国运动爆发了。

1919 年 5 月 4 日，北京大学等 13 所大中专学校的 3000 多名学生冲破北洋政府教育部代表及警察的阻拦，来到天安门前集会。他们号召广大民众反对巴黎和会的协定，要求中国代表拒绝在巴黎和约上签

字，提出“外争主权、内除国贼”“废除二十一条”和“还我青岛”等口号。会后举行游行，却遭到北洋军阀政府的镇压，激起全国民众的强烈愤慨。各地学生和群众迅速行动起来，声援北京学生的爱国壮举，抗议北洋军阀政府的暴行，并演变成全国性工人罢工、学生罢课、商人罢市的“三罢”斗争，五四爱国运动走向高潮。工人罢工遍及全国20多个省的100多个城市。

内蒙古地区各族青年学生积极响应五四运动，掀起了反帝反封建的爱国热潮，汇入到全国的革命斗争洪流之中。经过五四运动的洗礼，内蒙古地区各族青年有了新的觉醒，一批共产主义先进分子脱颖而出。

内蒙古地区青年参加北京和天津地区反帝爱国运动

在群情激愤、举国声援五四运动过程中，在北京求学的内蒙古青年荣耀先①、王祥、赵瑞年、巴文峻、张良翰等，在天津求学的内蒙古青年韩麟符②等，都直接参加了京津地区的五四反帝反封建爱国运动。

北京蒙藏学校学生荣耀先，在北京学生五四大游行之前，参加了北京十几所大中专院校为集会游行召开的准备会议。1919年5月4日，荣耀先带领蒙藏学校的学生与北京各高校青年学生在天安门前会合，参加集会和示威游行。5月5日，荣耀先又作为蒙藏学校的代表参加了北京中等以上学校学生联合会的成立大会。蒙藏学校中一批来自内蒙古的学生成为北京学生运动的一支重要力量。

在位于天津的直隶省立第一中学求学的青年学生韩麟符、陈镜湖③等积极参加天津学生的五四爱国运动，韩麟符被推选为天津市学生联合会副会长和天津各界联合会评议部成员。1919年6月26日，韩麟符

---

① 荣耀先（1896—1927），蒙古族，又名谦登若宪，今内蒙古自治区呼和浩特市土默特左旗人。1918年在北京蒙藏学校学习，1919年参加五四运动，1923年4月由中国社会主义青年团团员转为中国共产党党员。1927年在北伐战争中牺牲。

② 韩麟符（1899—1934），今内蒙古自治区赤峰市元宝山区人。1919年在天津参加五四运动，1923年加入中国共产党，曾任中共内蒙古特别委员会书记。1934年9月牺牲。

③ 陈镜湖（1901—1933），化名李铁然，今辽宁省建平县富山乡人。1923年加入中国共产党。曾任中共热河特别区工委负责人、中共内蒙古特别委员会书记。1933年5月牺牲。

作为天津各界联合会推选的十名代表之一进京请愿。在举国上下、各方各界压力下，总统徐世昌电令中国谈判代表拒绝在巴黎和约上签字。1919 年 9 月，韩麟符与于方舟、陈镜湖等人组织新生社，主张“国望在于新生”，并出版刊物《新生》，在学生界产生积极影响。1920 年，韩麟符以新生社为基础创立向明学会，出版《向明》半月刊，倡导新思想、新文化，积极宣传爱国进步主张。1920 年 3 月，李大钊在北京主持成立了北京大学马克思学说研究会，吸收进步青年学习宣传马克思主义。同年秋，在李大钊的指导下，韩麟符将新生社改组为马克思学说研究会，开始较为系统地研究革命理论、传播先进思想。韩麟符本人也在革命活动中不断进步成长，1920 年 10 月在天津加入中国社会主义青年团，1923 年 1 月经李大钊、高君宇介绍，与陈镜湖等同时在北京加入中国共产党，并参加了由李大钊、张太雷、罗章龙等人主持的民族问题研究会。

通过参加京津地区五四爱国运动，一批来自内蒙古地区的进步青年经受了洗礼和锻炼，不少人逐步成长为坚定的革命者、马克思主义在内蒙古地区的传播者、中国共产党在内蒙古地区革命事业的领导者。

五四运动在内蒙古地区的影响

五四运动引发了一场广泛的深层次的马克思主义传播运动。内蒙古地区各族人民在这场运动中开始了思想解放和政治觉醒，内蒙古地区的革命斗争从此具有全新的意义。

五四运动爆发以后，荣耀先等为唤醒家乡同胞参加到运动中来，专门派赵瑞年、巴文峻等回到归绥开展活动。

归绥是绥远地区的政治、经济和文化中心，有土默特高等小学校、归绥高等小学校和归绥中学三所学校，学生总数有五六百人，是内蒙古西部地区知识分子相对集中的地方。赵瑞年、巴文峻等回到归绥后，首先来到这几所学校，讲述北京五四运动的经过，揭露帝国主义瓜分中国的罪恶阴谋，痛斥北洋军阀政府出卖民族利益的行径，并且针对“二十一条”中与内蒙古地区有关的内容逐条进行分析和批判，呼吁归绥学生行动起来，支持北京学生的爱国斗争。

归绥学生满怀爱国热情，积极声援北京学生的爱国行动。学生们举行座谈会，谋划响应北京学生的爱国斗争。几所学校成立了学生会，统一领导学生反帝爱国斗争。1919 年 5 月 17 日，北京学生联合会决定自 5 月 19 日起举行全体总罢课，罢课学生达 2.5 万多人。归绥中学、土默特高等小学校、归绥高等小学校师生约 500 人也全部行动起来，走出校门，举行游行演讲。师生们高呼“反对在巴黎和约上签字”“废除二十一条”“还我山东主权”“惩办卖国贼”等口号，举行全市罢课。师生们组成 10 多个小组，在归绥城宣传演讲，张贴爱国标语传单，引起社会各界关注，影响甚至扩展到一些偏远地区。在青年学生的影响下，绥远总商会通电全国，支持学生的爱国行动。绥远各界的爱国运动汇入到全国五四爱国运动的潮流中。

与此同时，内蒙古东部地区也掀起以青年教师和学生为骨干的反帝爱国运动。赤峰劝学所所长和高等国民学校校长，联合城区 9 所小学的校长和教师组成国民外交后援会，各学校的学生组成学生救国团，声援五四运动。1919 年 6 月 5 日，赤峰学商各界人士在国民外交后援会和学生救国团的组织下，走上街头游行示威。游行队伍打出“打倒日本帝国主义”“否认二十一条”“抵制日货”“誓死救国”“严惩卖国贼”等标语。学生救国团组成稽查队专门查禁日货。翁牛特旗乌丹镇两所小学近百名学生上街游行，罢课活动持续了半个多月，经棚县商学两界也上街游行。在齐齐哈尔省立一中上学的呼伦贝尔籍达斡尔族青年福明泰等参加了黑龙江省赴京学生请愿团。这些活动有力地声援了北京学生的爱国行动。

1919 年 7 月，李大钊专程到天津举办讲习班。热河师范学校选派两名教师赴天津参加讲习班。两名教师回到承德后，利用暑期开设讲习班，召集热河地区 15 所学校的教师学习，扩大了五四运动的影响。

五四运动在内蒙古青年学生中产生了很大影响。此后每年 5 月，归绥各学校师生都要组织纪念五四运动和不忘“五七国耻日”的示威游行活动，重申五四以来的反帝爱国主张，表达各族青年学生的爱国情感。五四运动之后，在各学校学生会的基础上成立了绥远学生联合会，统一领导绥远的学生运动。

五四运动在许多人心中播下革命的火种。韩麟符站在反帝爱国斗争的前沿，在发动同学斗争的同时，以《大公报》《商报》《益世报》《晋阳日报》为阵地，发表小说、杂文、诗歌、戏剧等各种体裁的文学作品二三百篇，内容多以“穷人杂感”“民间写实”为题，揭露社会现实，传播革命思想。在归绥中学学习的李裕智①以“若愚”为笔名，在《西北实业报》发表长诗《献给青年》，在广大青年中产生积极影响。1922年，归绥中学学生开始用白话文写文章、写信，集资订阅进步书刊。通过阅读发表在《新青年》上胡适的《文学改良刍议》、陈独秀的《文学革命论》、鲁迅的《狂人日记》等文论和文学作品，不少文学青年受到启迪，更加富有变革精神。

经过五四爱国运动的洗礼，内蒙古地区青年学生的思想发生了深刻变化，他们对于帝国主义瓜分中国的阴谋，特别是对日本帝国主义强加给中国的“二十一条”和对中国的经济侵略深恶痛绝。反对“二十一条”、反对日资在绥远开办企业、反对日货进入绥远市场，成为内蒙古地区各族青年反帝斗争的重要内容。

1921年9月，归绥中学、土默特高等小学校和归绥高等小学校的学生，在李裕智、吉雅泰②、孟纯等人率领下展开反对沈文炳勾结日本公司在绥远开办电灯公司和电话局的斗争，取得胜利。

1923年5月，面对日货充斥归绥市场、民族工商业受到严重冲击的局面，归绥学生举行声势浩大的抵制日货示威游行，会同绥远商会组成日货检查团，作出封存市内商号日货、处理商号日资等规定，以实际行动回击日本帝国主义利用不平等条约、通过倾销商品进行经济侵略的行径。

五四反帝爱国运动进一步激发了内蒙古地区青年学生的爱国热

① 李裕智（1901—1927），蒙古族，又名巴图尔沁，今内蒙古自治区呼和浩特市托克托县人。1924年由中国社会主义青年团团员转为中国共产党党员，是最早的蒙古族共产党员之一，曾任中共包头工委负责人。1927年10月在鄂尔多斯乌审旗被叛徒杀害。

② 吉雅泰（1901—1968），蒙古族，今内蒙古自治区呼和浩特市土默特左旗人。1923年加入中国社会主义青年团，后转为中国共产党党员。中华人民共和国成立后，曾任中共中央监察委员会委员、内蒙古自治区党委常委、内蒙古自治区人民委员会副主席、内蒙古自治区政协副主席，是中共八大代表和第一、二、三届全国人大代表。

情，在广大群众中传播了爱国思想，一批学生运动骨干崭露头角。多松年[①]、乌兰夫[②]、李裕智、吉雅泰、奎璧[③]、孟纯、佛鼎[④]、云润、康根成、赵诚[⑤]、高布泽博等一批优秀青年学生经过斗争实践，开始深入思考国家和民族的未来，走上寻求救国救民真理的道路。

三、马克思主义在内蒙古地区的传播

五四运动以后，在纷繁复杂的社会思潮中，马克思主义以其高度的科学性和革命性，对进步青年的吸引力日益增强。在李大钊等人的指

① 多松年（1905—1927），蒙古族，曾用名多寿，今内蒙古自治区呼和浩特市人。1924年由中国社会主义青年团团员转为中国共产党党员，1925年10月到莫斯科中山大学学习。曾任中共察哈尔特别区工委负责人，中共五大代表。1927年在张家口牺牲。

② 乌兰夫（1906—1988），蒙古族，曾用名云泽、云时雨，化名陈云章等，今内蒙古自治区呼和浩特市土默特左旗人。1923年12月加入中国社会主义青年团，1925年9月转为中国共产党党员。曾到苏联学习和工作，后在内蒙古地区和延安从事革命活动。抗日战争胜利后，历任绥蒙政府主席、中共内蒙古工委书记、内蒙古自治运动联合会主席、内蒙古自治政府主席等职务。中华人民共和国成立后，到中央参加民族统战领导工作，曾任中央人民政府委员、中央民族事务委员会党组书记、主任、中共中央统战部部长、中共中央华北局副书记、中共中央华北局第二书记、国务院副总理、全国人大常委会副委员长、全国政协副主席、国家副主席等职务，并长期担任内蒙古自治区党政军主要领导职务。1955年被授予中国人民解放军上将军衔。乌兰夫以毕生精力从事中国人民的解放事业和社会主义建设事业，为民族团结复兴和祖国统一繁荣建立了卓越的功勋，是久经考验的共产主义战士、党和国家优秀的领导人、杰出的无产阶级革命家、卓越的民族工作领导人。

③ 奎璧（1903—1986），蒙古族，今内蒙古自治区呼和浩特市土默特左旗人。1925年由中国社会主义青年团团员转为中国共产党党员。中华人民共和国成立后，曾任内蒙古自治区党委副书记、内蒙古自治区党委书记处书记、内蒙古自治区人民政府副主席、内蒙古自治区政协主席等职，是中共第八届中央候补委员和第五、六届全国人大常委会委员。

④ 佛鼎（1905—1993），今内蒙古自治区呼和浩特市新城区人。1924年由中国社会主义青年团团员转为中国共产党党员。中华人民共和国成立后，曾任内蒙古自治区煤炭工业管理局党组副书记等职，以自治区副主席待遇离休。

⑤ 赵诚（1899—1959），蒙古族，今内蒙古自治区呼和浩特市土默特左旗人。1925年由中国社会主义青年团团员转为中国共产党党员。中华人民共和国成立后，曾任内蒙古自治区高级人民法院院长、内蒙古自治区人民委员会委员等职。

引和推动下，内蒙古地区进步青年开始接触马克思主义、接受马克思主义，许多人将其作为终身信仰。

早在建党之初，中国共产党就十分关注民族问题。李大钊直接领导和参与在蒙古族群众中传播马克思主义、培养共产主义先进分子的工作。这项工作首先从北京蒙藏学校开始。成立于1912年的蒙藏学校，坐落在北京西城区小石虎胡同，是中华民国政府蒙藏事务局为解决蒙古族和藏族子弟求学问题创办的少数民族学校，其中蒙古族学生居多。1923年夏，已加入中国共产党的荣耀先代表蒙藏学校回到家乡绥远土默特旗招生。他受中共北方组织①委派，动员在归绥中学和土默特高等小学校读书和就职的吉雅泰、李裕智、孟纯、多松年、乌兰夫、奎璧、云润、佛鼎、赵诚、高布泽博、朱实夫等30多人进入蒙藏学校学习。同时，卓索图盟的乌勒吉敖喜尔、特木尔巴根②、王瑞符等和哲里木盟的乌云珠等一批蒙古族青年也进入蒙藏学校学习。之后，贾力更③等蒙古族青年也陆续进入蒙藏学校。

李大钊多次到蒙藏学校开展工作，他与青年学生促膝谈心，交流思想，向他们介绍马克思主义，特别是运用马克思的阶级斗争学说为他们分析民族压迫和阶级压迫的关系，阐述各民族劳苦大众受压迫的原因，指出各民族人民要想翻身得解放，必须打倒帝国主义、封建军阀、王公贵族和地主豪绅。在北方地区活动的一些共产党员邓中夏、黄日葵、赵世炎、何孟雄、刘伯庄（后脱离革命队伍）以及韩麟符、朱务善等，也先后到蒙藏学校开展工作，与蒙古族青年学生谈心交流，揭露北洋军阀压

---

① 泛指1921年7月至1925年10月先后成立的、负责北方地区党的工作的中共北京地方委员会（简称中共北京地委）、中共北京区执行委员会兼北京地方执行委员会、中共中央北方局。1925年10月之后，负责北方地区党的工作的是中共北方区执行委员会（简称中共北方区委）。

② 特木尔巴根（1901—1969），蒙古族，今内蒙古自治区赤峰市喀喇沁旗人。1946年由联共（布）党员转为中国共产党党员。中华人民共和国成立后，曾任内蒙古自治区党委常委、内蒙古自治区高级人民法院院长、内蒙古自治区政协副主席等职，是第一届中国人民政治协商会议代表和第一、二、三届全国人大代表。

③ 贾力更（1907—1941），蒙古族，原名康富成，今内蒙古自治区呼和浩特市土默特左旗人。1925年由中国社会主义青年团团员转为中国共产党党员，是党在土默特地区组织的主要负责人之一。1941年3月在护送一批青年赴延安途中牺牲。

迫蒙古民族的情况，揭露帝国主义对内蒙古地区的侵略和掠夺的罪恶行径。

1923年冬，中共北方党组织在北京举办了马克思主义学习小组，吸收蒙藏学校学生多松年、赵诚、佛鼎等参加。他们在邓中夏、夏之栩、刘清扬等人的讲解和辅导下，系统学习了《共产党宣言》《列宁主义基础》等经典著作，从理论上弄懂了各民族群众贫穷落后受压迫的根源，明白了蒙古族人民的解放与中国革命乃至世界革命的关系。

李大钊等共产党人利用北京蒙藏学校这个阵地，有效扩大了马克思主义在内蒙古地区青年中的影响，培养了内蒙古地区最早的一批马克思主义者。

在外求学的青年知识分子，在接触和接受马克思主义之后，回到内蒙古地区积极深入民众进行宣传。早在1921年冬，荣耀先就以蒙藏学校学生会负责人身份，率领该校话剧团到归绥、包头演出《孔雀东南飞》《一元钱》等反封建文明戏，给内蒙古地区传播要民主、要自由的革命思想。1922年，荣耀先回到家乡开办了土默特旗高等小学校察素齐分校，动员各民族男女青年入学求知，并在归绥的一座喇嘛庙办起平民工读社，宣传马克思主义思想。这一时期，韩麟符等也在天津创立了新生社（后改为向明学会），其热河籍会员利用假期回乡之机，宣传革命思想和马克思主义，在内蒙古东部地区产生广泛影响。

马克思主义在内蒙古地区的传播呈现出先进知识分子与工人群众相结合的特点。1922年5月，何孟雄受中共北方党组织和李大钊派遣，到张家口领导京绥铁路工人运动。何孟雄在张家口期间，陆续在京绥铁路工人中间开办工人夜校、文化补习学校、读报组和报告会等学习组织，从提高工人文化素质做起，逐步向工人群众传播马克思主义。何孟雄把中国劳动组合书记部机关刊物《工人周刊》发放给工人传阅，宣传共产党的主张，启发工人的阶级觉悟。李裕智受中共北方党组织委派，回到内蒙古地区开展革命工作，在包头组织马克思主义学习小组，吸收地毯厂、铁工厂、泥木工场、甘草店的工人参加学习。归绥的青年团员和进步青年也积极开办工人夜校，绥远地区的党团员既是夜校组织者，又是教员。他们对工人既教文化知识，又讲革命道理，向工人宣传马克思主义，在社会上引起很大反响。

为了向内蒙古各族人民宣传革命、传播马克思主义，中共北方党组织和李大钊决定由蒙藏学校进步学生创办进步刊物。多松年、乌兰夫、奎璧等人接受任务，开始筹办工作。1925 年 4 月 28 日，《蒙古农民》正式出刊。《蒙古农民》是内蒙古地区最早的革命刊物，其宗旨是结合内蒙古地区实际，宣传中国共产党反帝反封建的革命纲领。《蒙古农民》正确阐述了蒙汉民族之间的关系和共同的命运、共同的使命，被广泛散发到热河、察哈尔、绥远等地，对促进各族群众革命意识觉醒、推动反压迫反剥削斗争起到启蒙引路的作用。

第二章

内蒙古地区工人运动的兴起和共产党组织的创建

1921年7月，中国共产党第一次全国代表大会召开，宣告中国共产党正式成立。从此，在古老落后的中国出现完全新式的，以马克思列宁主义为行动指南的，以实现社会主义和共产主义为奋斗目标的统一的无产阶级政党。这是中华民族发展史上开天辟地的大事变，是近代中国革命历史上划时代的里程碑。自从有了中国共产党，灾难深重的中国人民有了可以信赖的组织者和领导者，中国革命有了坚强的领导力量。

党的一大闭幕后，中共北方党组织和李大钊贯彻大会要求，集中力量领导工人运动，通过组织领导京绥铁路工人罢工、石拐煤矿工人罢工等活动，提升中国共产党在内蒙古地区的威望和影响，通过培养内蒙古地区有共产主义觉悟的先进分子入党，为内蒙古地区共产党组织的创建积蓄骨干力量。中国共产党在内蒙古地区的组织建立后，内蒙古地区革命翻开新的篇章。

一、工人运动的开展和京绥铁路工人罢工斗争

中国共产党在成立之初就十分注意同工人阶级的密切联系。中共

一大通过的中国共产党第一个决议规定，中国共产党在当前的基本任务是成立产业工会，“在工会里灌输阶级斗争的精神”①，要派党员到工会去工作。为大力开展工人运动，党的最高领导机构中央局于 1921 年 8 月成立中国劳动组合书记部，继而发起召开第一次全国劳动大会，引导工人阶级走向全国团结的道路。此时的内蒙古地区，以铁路和煤矿工人为主的产业工人队伍已逐步发展起来。在中共北方党组织的关注和引导下，内蒙古产业工人反剥削反压迫的罢工斗争成为全国工人运动的重要组成部分。

工人组织的建立及工人运动的开展

1920 年秋，受北京的共产党早期组织②和北京大学马克思学说研究会的派遣，何孟雄、罗章龙、邓中夏、高君宇、王仲一等人先后到京绥铁路③线上的南口进行调查访问，联络工人，组织工人运动。中国劳动组合书记部成立后，在北京、广州、汉口、长沙及上海建立地方分部，热河、察哈尔、绥远地区属于在北京建立的北方分部的工作范围。北方分部的工作重点是组织和发动北方地区铁路工人和开滦煤矿工人开展斗争。

1922 年 4 月至 5 月，北京政局发生变化，在第一次直奉战争中获胜的直系军阀吴佩孚控制了北洋政府，原来的交通系内阁倒台。吴佩孚为了笼络工人，标榜“保护劳工”。中国共产党抓住机会，积极发动工人斗争。1922 年 5 月，何孟雄受李大钊派遣以北洋政府交通部京绥铁路稽查员身份到铁路工人相对集中的张家口，领导铁路工人运动，开展建立党组织和重建车务工人同人会工作。

1922 年 5 月至 6 月，何孟雄在张家口组建京绥铁路工人共产党小

---

① 《中国共产党第一个决议》（1921 年 7 月），中共中央文献研究室、中央档案馆编：《建党以来重要文献选编》（一九二一——一九四九）第 1 册，中央文献出版社 2011 年版，第 4 页。

② 中共一大召开前，各地方建立的共产党组织名称不统一，有“共产党支部”“共产党小组”“共产党”等称法。现一般称为中国共产党早期组织。

③ 京绥铁路系著名爱国工程师詹天佑设计并具体指挥筑成的中国第一条自建铁路，始建于 1905 年 4 月，全线分京张（北京至张家口）、张绥（张家口至归绥）、绥包（归绥至包头）三期建成，1923 年 1 月全线通车，是贯穿北京、河北、山西、内蒙古，沟通内地与西北边疆的第一条交通大动脉。

组，吸收铁路车务段6名工人为中共党员。党小组名为中国劳动组合书记部张家口铁路工运小组，这是中国共产党在察哈尔和绥远一带最早建立的基层组织。党小组成立后的主要任务是领导工人建立和发展工会组织、宣传马克思主义、开展反压迫反剥削斗争。1922年10月至1923年初，京绥铁路的共产党员达到20多人，组建了车务、机务、机厂3个党小组。随着党员队伍扩大，1923年春，中共张家口铁路车务工人支部正式成立，受中共北方党组织领导，是中国共产党在京绥铁路建立的第一个党支部。

1922年夏，为维护工人权益，何孟雄发动工人改组了由上层员司把持的车务工人同人会，推选工人李连升任会长，何孟雄任秘书，使同人会真正成为铁路工人自己的组织。随后在京绥铁路沿线的西直门、南口、康庄、张家口、大同、平地泉（在今乌兰察布市察哈尔右翼前旗，靠近集宁）、归绥、包头8个大站设立分会，全线60多个车站、1500多名工人参加同人会。京绥铁路车务工人同人会成为京绥铁路线上最早成立的由共产党领导的工人组织。

1923年二七惨案[①]发生后，全国工人运动暂时转入低潮，各地的工会组织几乎全部遭到封闭。1925年初，中国北方工人运动再度高涨，随着斗争形势的好转，中共北方区委主办的《工人周刊》得以公开发行，党在工人运动中的影响日益扩大。

张家口铁路工人精业研究所、工业研究所、车务工人同人会的活动迅速恢复和发展起来。在京绥铁路沿线各主要车站建立基层工会的基础上，京绥铁路总工会于1925年8月在张家口宣告成立。总工会下辖8个分会，分别建在西直门、南口、康庄、张家口、大同、平地泉、归绥、包头8个车站，京绥铁路工会构成紧密的组织体系，全线铁路工人结成团结统一的战斗集体，党开展工人运动有了扎实的群众基础。在中共北方党组织的领导下，京绥铁路总工会着手组建工人纠察队，成立工人俱乐部，开办工人夜校，编辑出版《京绥铁路总工会周刊》，推动了工人

① 1923年2月7日，京汉铁路罢工工人遭到吴佩孚武力镇压，工人家属也遭军警迫害洗劫，京汉铁路总工会江岸分会委员长、共产党员林祥谦壮烈牺牲，京汉铁路总工会与湖北全省工团联合会法律顾问、共产党员施洋被秘密杀害。

运动的深入开展。在京绥铁路工人运动的影响下，张家口各行各业工人纷纷效仿，建立自己的工会组织，凝聚了京绥铁路沿线工人阶级的斗争力量，扩大了中国共产党在内蒙古地区的影响。

京绥铁路工人罢工斗争

京绥铁路在政治、经济、军事上具有重要作用，自建成之日起便遭到帝国主义列强的觊觎。1922 年前后，由于铁路局频繁向外国借款订货，导致京绥铁路负债经营、难以为继，北洋政府交通部总长屈服于帝国主义的压力，与美国太康洋行签订展期合同，将京绥铁路做了抵押，使其从实际上控制了铁路经营权，京绥铁路的国有主权名存实亡。

路权被出卖的消息传出后，全路工人群情激愤。1922 年 8 月 6 日，京绥铁路车务工人同人会召开铁路工人和员司大会，组成 300 多人的救国护路请愿团。8 月 7 日，请愿团派出代表到北京呈文请愿，声明京绥铁路全路工人“迫于公义，奋不顾身，对于此项亡路合同，誓死不能承认”。8 月 9 日，发表《京绥路同人会反对交通部丧权之宣言》。8 月 19 日，向交通部发出请愿书，声明如不取消亡路合同，京绥铁路即与交通部断绝隶属关系而独立。8 月 21 日，在北京由 500 多人组成的请愿团高呼“打倒卖国贼，取消亡路合同”“宁为护路而死，不忍偷安求生”等口号，先后到北洋政府众议院、参议院、国务院请愿。8 月 22 日，请愿团又直奔总统府，陈述请愿缘由，要求惩办祸路罪魁、卖路主使。与此同时，京汉铁路长辛店 3000 多名工人也进行罢工声援，全国各界联合会发出通电，力陈京绥铁路在政治、经济、军事上的重要地位，呼吁国人一致行动起来，否认亡路合同，对京绥铁路护路斗争给予极大关注和支持。京绥铁路员工的护路斗争在全国人民的声援支持下最终取得胜利，维护了京绥铁路的国有主权。

京绥铁路工人的这次护路运动，是在中国共产党领导下开展的一次反对帝国主义及其代理人、体现工人阶级高度爱国觉悟的政治斗争。这次斗争的胜利，鼓舞了京绥铁路工人的斗志，提升了中国共产党的威望，使中国共产党的政治主张不断深入人心，使革命力量不断聚集和发展壮大。

护路斗争胜利之后，京绥铁路车务工人又发动了索薪罢工。罢工的背景是，军阀混战和路政腐败，京绥路局连续八个月未给工人发工资，铁路工人生活极为困苦。在三次递交请愿书未果的情况下，1922年10月，何孟雄在张家口领导车务工人同人会召开全路各站工人代表会议，决定举行全路车务工人索薪大罢工，提出“争平等、争人权、争自由、争待遇”“反对军阀卖国、祸国殃民”等罢工口号，发表《京绥铁路车务工人为罢工告各界同胞书》和《京绥铁路车务工人罢工宣言》，提出七项条件，痛陈工人的疾苦和补薪增资的愿望。10月26日，路局拒绝工人要求。10月27日，京绥铁路工人转入全线总罢工，全线60多个车站和1500多名车务工人率先罢工，接着铁路大厂、机修厂工人支援响应，全路1.3万多名工人都参加了此次总罢工斗争。

总罢工使京绥铁路陷于瘫痪，客货列车全部停运。铁路当局和美、日等列强企图从内部瓦解罢工斗争，反动军警试图对工人进行武力镇压，均被挫败。北洋政府交通部迫于压力于10月28日答应了罢工工人的基本要求，在经济利益上对工人作出了一定让步，罢工斗争达到了预期目的。

1922年，京绥铁路工人的护路运动和索薪罢工，是在第一次全国劳动大会召开后，由中国劳动组合书记部领导发动的北方罢工区的工人运动。京绥铁路工人护路运动和罢工活动，与北方罢工区内长辛店铁路工人罢工、京奉路山海关铁路造桥厂工人罢工、京奉路唐山制造厂工人罢工、正太路工人罢工、开滦煤矿工人大罢工等彼此呼应，与武汉、湖南、上海、广东等重点罢工区域罢工运动遥相配合，给中外资本家及封建势力以沉重打击，充分显示了工人阶级的巨大力量。

1925年12月，京绥铁路总工会组织工人再次开展索薪运动。京绥铁路沿线各站工会紧密配合，采取一致行动，包头、绥远车站率先举行罢工，沿线各站纷纷响应，迫使京绥铁路当局答应了工人提出的条件，索薪运动取得胜利，京绥铁路总工会的威信大大增强，工人参加斗争的积极性更加高涨。

京绥铁路工人的几次罢工斗争都是在中国共产党的直接领导下进行的。罢工斗争准备充分、计划周密，车务工人同人会和京绥铁路总工会团结全体工人，不惧反动派的恫吓和破坏，勇敢斗争，取得了罢工的成功。罢工斗争震动了全国，产生了广泛的影响，成为新民主主义革命时期第一次工运高潮的组成部分。罢工斗争的胜利进一步扩大了中国共产党在京绥铁路沿线工人中的影响，直接促进了内蒙古革命运动的发展，为党组织在内蒙古地区的建立和发展创造了条件。

二、李大钊培养内蒙古地区先进分子加入共产党

中国共产党开展内蒙古地区的革命工作首先是从培养来自内蒙古地区的进步青年着手的。党的主要创始人之一李大钊直接领导、亲身参与了对内蒙古地区共产党员的培养，播撒了内蒙古地区的共产主义火种。

在蒙藏学校建立蒙古族第一个共产党支部

李大钊在北京蒙藏学校组织开展了中国共产党早期的民族工作，培养了最早一批少数民族共产党人。1923 年，李大钊指示在蒙藏学校发展党团员，培养少数民族干部，并建议在中共北京地委设民族工作委员会，专门负责少数民族工作。

1923 年 4 月，经中共北京地委委员韩麟符等人介绍，蒙藏学校的蒙古族学生荣耀先加入了中国共产党，成为内蒙古地区第一位蒙古族共产党员。

进入蒙藏学校的内蒙古地区的蒙古族青年，引起在北京的各政党、各政治派别的注意。社会民主主义者、无政府主义者等政治派别都曾派人到蒙藏学校进行活动，企图拉拢少数民族青年学生。李大钊及其领导的中共北方党组织牢牢把握主动权，积极在这些蒙古族进步青年中开展党的工作，极力把这些富有朝气的蒙古族青年引导到党领导的革命队伍中来，培养他们成为内蒙古地区革命工作的骨干力量。

1923 年冬，乌兰夫、奎璧、赵诚、佛鼎、高布泽博、康根成等加入中国社会主义青年团。1924 年 3 月，多松年、李裕智、吉雅泰、孟纯、云润、

任殿邦、云霖等也加入中国社会主义青年团。中共北方党组织在蒙藏学校成立了团支部，多松年、乌兰夫先后任团支部书记，这是蒙古族第一个青年团组织，团员后发展到42名。

1924年下半年，在党的悉心培养下，多松年、李裕智、孟纯、佛鼎等由中国社会主义青年团团员转为中国共产党党员。1925年9月，乌兰夫转为中国共产党党员。同年，奎璧、吉雅泰、赵诚、高布泽博、云润、贾力更等也转为中国共产党党员。随着党员队伍的不断壮大，中共北方党组织在蒙藏学校建立由蒙古族党员组成的第一个共产党支部，即中共蒙藏学校支部①，多松年任党支部书记，这是中国共产党历史上第一个由少数民族党员组成的党支部。1923年至1925年间，在北京从事革命活动的喀喇沁右旗蒙古族青年白海峰、乌文献和察哈尔正黄旗蒙古族青年纪松龄②等也先后加入中国共产党。内蒙古地区的第一批共产党人在北京产生。

组织各族青年参加重大政治斗争实践

中共北方党组织对成长起来的这批内蒙古地区革命青年加大培养教育力度，让他们在实际斗争中锻炼成长。蒙藏学校的党员团员和进步青年学生在中共北方党组织的领导下，先后参加纪念二七大罢工一周年活动、列宁逝世纪念活动、迎接孙中山先生北上活动、推动召开国民会议促成会③全国代表大会运动、五卅反帝大示威运动、孙中山先生逝世追悼大会以及北京反帝大联盟组织开展的反帝废约运动等。蒙藏学校党员团员多次担任北京学联组织的游行示威、纪念集会活动的组织

---

① 1925年底，为便于指导基层党组织的工作，中共北方区委所属的中共北京地方执行委员会（简称中共北京地委）下设东、西、南3个部委员会，分别领导各自所在地附近的各党支部工作。其中，西部委员会由乐天宇任书记，辖有蒙藏学校、北京女子师范大学、中法大学、北京美术专门学校、西直门火车站等十几个党支部。

② 纪松龄（1899—1942），蒙古族，又名赛胜嘎，今内蒙古自治区乌兰察布市察右前旗人。1925年在李大钊、赵世炎的介绍下加入中国共产党。1930年9月赴莫斯科东方大学学习。1933年4月在绥东开展革命活动，后参加百灵庙抗日武装暴动。1942年2月，遭国民党特务枪杀。

③ 国民会议促成会于1924年底至1925年春由中国共产党发起，目的在于欢迎孙中山北上，反对段祺瑞政府操纵的“善后会议”，促进国民会议的召开。

者。孟纯曾被推选为北京学联常委，担任李大钊的交通员。多松年和佛鼎担任北京西城区党组织的宣传员，经常传送文件，散发传单。乌兰夫、佛鼎、云润在举行纪念列宁大会时负责会场会务工作。

蒙藏学校的这批来自内蒙古地区的年轻革命者在一次次重大政治斗争实践中得到历练，思想觉悟得到升华，斗争经验得到积累，为承担中国共产党领导内蒙古地区革命的重任作了准备。

蒙藏学校内蒙古地区青年的革命活动，使北洋军阀政府意识到这批蒙古族青年不是他们原本设想的培养用以统治少数民族的工具，而是一支正在成长起来与自己为敌的政治力量。1925 年初，北洋军阀政府通过蒙藏院，下令取消蒙藏学校的官费制并停发学生服装，企图以断绝经济来源的手段达到逼迫大部分贫困学生退学的目的，从而遣散这批正在成长的革命力量。蒙藏院的无理做法激怒了学生，他们立即组织起来进行抗议。北洋军阀政府不顾社会舆论和学生们的强烈反对，派出官僚政客担任校长，以“整饬纪律”“追究激进党”为名，压制学生的抗争怒潮。在党员团员的带领下，蒙藏学校的学生们最终把政府先后派来的两任反动校长驱逐出校，赢得斗争胜利。

这场斗争更加引起北洋军阀政府对蒙藏学校学生的警惕，不时派暗探到学校周围逡巡，派军警进学校搜查。中共北方党组织和李大钊意识到，蒙藏学校的这批蒙古族进步青年在党组织的培养下经过实际斗争的锻炼考验，已逐渐成长起来，将会成为中国共产党领导革命斗争的坚强力量。为了保护和进一步培养这批青年，为党孕育优秀的民族干部，使之担负起未来艰巨的革命重任，中共北方党组织和李大钊把他们分期分批送到广州黄埔军官学校、苏联莫斯科中山大学和军事院校、外蒙古党务学校、广州农民运动讲习所等处学习，同时选派李裕智、吉雅泰等部分学生回内蒙古地区开辟工作。1924 年 4 月，先期选送荣耀先、白海峰到广州黄埔军校第一期学习，之后又派王瑞符到第二期学习。1925 年上半年派奎璧、赵诚、特木尔巴根、佛鼎、张福恩、乌勒吉敖喜尔等到外蒙古学习。1925 年下半年，选送多松年、乌兰夫、云润、康根成、荣照等到苏联莫斯科中山大学学习。1925 年底到 1926 年初，又选送高布泽博、朱实夫、云继先、云星槎、荣崇仁、荣尚义（勇夫）、云继璋等数十人到黄埔军校第四期学习。

1926年5月，中共北方区委和李大钊选送贾力更、高布泽博、赵文翰、任殿邦、李春荣、麟祥、云继珍等七名蒙古族青年和王建功①、郭宝安、郭宝山、左天顺、马德照等十名汉族青年，到毛泽东主持的第六届广州农民运动讲习所学习。在广州农民运动讲习所，内蒙古地区来的进步青年们学习了以农民问题为中心的政治、理论、历史、地理、经济、军事、法律、工运、农运等25门课程，并接受了军事训练，到韶州、海丰等地考察，于1926年9月11日毕业。学习期间，毛泽东讲授中国农民问题、农村教育、地理，萧楚女讲授帝国主义、中国民族革命运动史、社会问题与社会主义，周恩来讲授军事运动与农民运动，恽代英讲授中国史概要，李立三讲授中国职工运动，彭湃讲授海丰及东江农运状况等课程。通过学习，这批进步青年的马克思主义理论水平和革命活动能力得到了进一步提高，多数人后来成为中国共产党领导内蒙古地区革命的骨干。

三、内蒙古地区共产党组织的创建

五四运动以后，马克思主义在内蒙古地区的广泛传播，为中国共产党在内蒙古地区创建党的组织准备了思想条件；内蒙古地区一批共产党员的涌现和成长，为创建内蒙古地区党的组织准备了干部和人才条件；工人组织的建立及工人运动的开展，为创建内蒙古地区党的组织奠定了阶级基础；第一次国共合作的建立，反帝反封建革命新局面的形成，为内蒙古地区中共党组织的创建创造了有利时机。

---

① 王建功（1906—1996），今内蒙古自治区呼和浩特市土默特左旗人。1926年加入中国共产党。中华人民共和国成立后，曾任内蒙古自治区党委委员、内蒙古自治区政协副主席等职。1984年以正省级待遇离休。

中共热河、察哈尔、绥远、包头四个工作委员会的建立及其初步工作

1924年1月国民党第一次全国代表大会以后，国民党和共产党形成联合反帝反封建的统一战线。1925年1月，孙中山为促成国民会议召开和争取国家和平统一，由广州北上到达北京，国民党中央政治委员会也从广州迁到北京。中共北方党组织与国民党携手合作，积极开展革命运动。同年春，国民会议促成会全国代表大会结束后，中共北方党组织决定在热河、察哈尔、绥远三个特别区以及包头[①]帮助国民党建立组织机构，同时秘密建立中国共产党的工作机构，并公开以中国国民党的名义开展革命工作、发动革命运动。中共党员于树德[②]、韩麟符[③]、陈镜湖、杨洪涛、吉雅泰、李裕智等受中共北方党组织和李大钊的派遣，分赴内蒙古各地，以组建中国国民党党部的名义，秘密建立中国共产党的工作机构，于1925年初先后组建了中国共产党热河特别区、察哈尔特别区、绥远特别区和包头（除负责包头地区外，还负责伊克昭盟、河套及土默特部分地区党的工作）四个工作委员会（习惯上称“四个工委”），以国民党的名义公开在城镇乡村发动群众，建立基层组织，宣传反帝反封建的革命主张。

中共热河特别区工委公开名义为中国国民党热河特别区党部，工委机关设在承德，负责人陈镜湖、杜真生以国民党党部执行委员身份开展活动。陈镜湖曾以共产党员身份出席中国国民党第一次全国代表大会，利用广泛的社会关系与热河的军界、政界建立了联系，为开展革命活动创造有利条件。中共察哈尔特别区工委负责人为张良翰、杨洪涛，均以国民党区党部执行委员身份从事革命活动，工委机关设在张家口，公开名义为中国国民党察哈尔特别区党部。1926年秋，多松年从苏联回国后接任察哈尔特别区工委负责人。中共绥远特别区工委负责人为

---

① 包头，原系萨拉齐县管辖的一个镇。随着黄河水运的发展、商贸活动的增多和京包铁路的建成通车，于1923年设立了包头设治局，1926年改设包头县。

② 公开身份为中国国民党中央执行委员会委员。

③ 公开身份为中国国民党中央执行委员会候补委员。

吉雅泰，工委机关设在归绥旧城巧尔气召，公开名义为中国国民党绥远特别区党部，吉雅泰以区党部执行委员的身份开展革命活动。中共包头工委负责人为李裕智，工委机关设在包头召梁的福徵寺，公开名义为中国国民党内蒙古党部。

中国共产党内蒙古地区第一批党组织的诞生，为内蒙古地区的革命事业作了组织准备。“四个工委”一经建立，便发挥了很大作用。

1925年5月4日，在承德“演武厅”广场，中共热河特别区工委召开有各中小学师生和热河师范学校学生近千人参加的纪念五四运动六周年大会，宣传国共合作和反帝反封建革命纲领，激发青年学生的革命热情。陈镜湖登台演讲，揭露帝国主义侵略并瓜分中国的罪行，痛斥北洋军阀政府勾结帝国主义出卖民族利益的丑恶行径。他介绍了十月革命的情况，指出中国穷苦百姓翻身得解放要走的道路。会后，参加大会的师生还在承德市区举行了示威游行。这次大规模纪念五四运动的活动在热河地区引起强烈反响。上海发生震惊中外的五卅惨案后，中共热河特别区工委根据中共北方党组织和李大钊的指示，于1925年6月初成立了热河学生联合会，组织各校学生、各界人士参加集会示威游行以及募捐活动，声援上海工人阶级的行动。1926年，为纪念孙中山逝世一周年，中共热河特别区工委又发动热河省立师范等学校师生举行了追悼大会和纪念活动。

1925年初，中共察哈尔特别区工委成立后，主要任务是开展城市、农村和牧区的工作。

中共绥远特别区工委在归绥的工厂、学校及周边旗县村镇广泛开展活动，利用各种形式宣传革命思想，给国民党员和进步青年讲解革命道理，并从国民党员和进步青年中秘密发展共产党员和共青团员，建立党团组织；在农村秘密组织农民协会，进行减租、反剥削的斗争。中共绥远特别区工委存在期间，先后在五个旗县建立中国共产党的工作委员会，包括萨县工委（书记李瑞）、和林县工委（书记万寿）、武川县工委（书记温财旺）、归绥县工委（书记赵绶恩）和土默特旗工委（负责人崇德臣、孙承业）。在中共绥远特别区工委的组织领导下，这些地方的革命活动开展得很有声色。

中共包头工委的活动十分广泛，在深入工厂、学校、军队、商界和郊区农民中开展活动的同时，还对哥老会[①]会众进行争取工作。工委负责人李裕智多方奔走，筹措资金，以经营照相馆为掩护，组织马克思主义学习小组，吸收50多名积极分子参加学习。李裕智为青年积极分子宣讲马克思主义的同时，十分注重对骨干力量的培养，逐步发展刘兆高等30多名青年入党入团。1925年秋，中共包头工委领导石拐沟煤矿工人罢工斗争取得胜利，扩大了中国共产党在内蒙古地区的影响。

在内蒙古“四个工委”开展工作过程中，中共北方党组织派何资琛和共产国际代表奥齐罗夫到各个工委检查工作，李大钊也曾多次派人帮助各个工委开展活动，对内蒙古地区的革命斗争进行指导。热河特别区、察哈尔特别区、绥远特别区、包头“四个工委”的建立和党的工作的初步开展，标志着中国共产党从组织上领导起了内蒙古地区的革命斗争。

内蒙古地区其他早期党组织的建立

随着大革命的蓬勃发展，1925年10月，中共第四届中央执委会第一次扩大会议在北京召开。会后，改组中共北京区委兼北京地委，成立中共北方区执行委员会（简称中共北方区委），由中共中央直接领导，负责北方地区党的工作，李大钊任书记。中共北方区委领导范围包括北京、天津、河北、山西、陕西、热河、察哈尔、绥远以及东北、西北一些地区的党组织。中共北方区委在上述地区的一些城市建立了党的十多个地委、几十个特别支部和独立支部。其中，中共张家口地方委员会（简称中共张家口地委）成立于1925年10月，除领导张家口附近的支部外，还领导热河、察哈尔、绥远三个特别区和包头四个工作委员会。

在中共北方区委和张家口地委的双重领导下，中共绥远特别区工委在冯玉祥于包头创办的《西北民报》[②]报社成立中共《西北民报》支部，

---

① 旧社会民间秘密组织，会员多是破产农民、小手工业者和游民无产者等。

② 《西北民报》于1925年下半年在李大钊的帮助下创办，蒋听松任社长，胡英初任总编辑。冯玉祥五原誓师后，改为《中山日报》。1926年10月报社迁往银川，1927年上半年停刊。

蒋听松任支部书记，马吉良任支部副书记，胡英初、丁宝铨、刘贯一为支部成员。中共《西北民报》支部在包头期间，利用该报纸占领思想舆论阵地，宣传革命思想。

1926年春，中共北满地方执行委员会成立，随后在中东铁路沿线各站段，包括满洲里、海拉尔、博克图等车站建立党支部、发展党员。到1927年初，北满地委所辖区域中共党员发展到130多名。1927年4月，北满地委遭到敌人破坏，党员人数减少到30多名。

为加强中国共产党对绥远地区革命的领导，1926年9月，中共北方区委决定，建立中共绥远特别区地方委员会（简称中共绥远地委），熊味根、路作霖先后任书记，杨曙晓、麟祥先后任宣传部部长，路作霖兼组织部部长，吉雅泰任国民运动委员会主任并负责蒙古民族工作，路作霖兼职工运动委员会主任，杨曙晓任副主任，贾玉琴、李士杰先后负责妇女工作。中共绥远地委下设中共归绥县委和中共归绥县西区委员会。中共归绥县委由路作霖兼任书记；中共归绥县西区委员会由王建功任书记，张文理任组织部部长，郝俊文任宣传部部长，郄敬书为委员。中共绥远地委除领导归绥市内的各级党组织外，还辖有不塔气等16个农村党支部。中共绥远地委成立后，领导绥远人民开展广泛的革命运动，发展党团组织，成立农民协会，开展铁路工人斗争，支持国民军，反对军阀的统治和掠夺。

从总体上看，内蒙古地区早期党组织的创建体现出以下特点：一是早期党组织是由中共北方党组织和李大钊派人组建的；二是很多早期党员是在北京加入共产党组织以后，回到各地发展党员并建立组织；三是首先在知识分子中发展党员，建立组织；四是注重在产业工人和农牧民中开展工作，建立组织。从中共绥远特别区工委等“四个工委”的创建到中共绥远地委的成立，形成了内蒙古地区党组织建设和革命运动的高潮。早期党组织在宣传革命思想、组织发动群众、发展党团组织的同时，还成功领导了几次规模较大的群众运动。

四、青年团组织的建立和学生运动的初步开展

1925年5月，何孟雄在京绥铁路开展工人运动时就建立了中国共产主义青年团（以下称共青团）小组。1925年10月，在中共张家口地委成立的同时也组建了共青团张家口地委，协助中共热河特别区、察哈尔特别区、绥远特别区、包头四个工委开展共青团工作。

1925年初，吉雅泰领导的中共绥远特别区工委即在归绥各中小学校开展活动，宣传革命思想。吉雅泰还定期组织进步青年开会，向他们讲解革命道理，介绍《犁头》《向导》等进步书刊，启发革命觉悟。杨植霖①等一批进步青年在吉雅泰的影响下走上了革命道路。吉雅泰还在介绍进步青年加入国民党的过程中，从中挑选优秀青年加入共青团，组成了秘密的共青团小组。

1926年初，中国共产主义青年团北方区委派路作霖到绥远负责共青团工作。路作霖以国民党员身份，在绥远西北职业学校担任训育主任，并在中共绥远工委领导下，利用授课、交谈等机会广泛接触青年学生，传播革命道理。他向青年学生介绍《列宁专号》《什么是共产主义》《红五月》等进步书刊，讲解国内外形势、十月革命和中国共产党的革命主张等。一时间，西北职业学校成为绥远共青团的活动中心。路作霖先后介绍进步青年刘进仁和张焕文、绥远教育厅政报编辑杨曙晓和绥远日报社编辑李子光，以及归绥中学的陈国齐、张献孟、张国林、崔书铭、丁育文、李福、张国玺、王培治、陈国才等10多名学生加入共青团，分别成立了团支部、团小组，路作霖任归绥团支部书记，受共青团张家口地委领导。

---

① 杨植霖（1911—1992），今内蒙古自治区呼和浩特市土默特左旗人。1930年加入中国共产党。中华人民共和国成立后，曾任内蒙古自治区党委书记处书记、内蒙古自治区人民政府副主席、内蒙古自治区政协主席、中共中央西北局书记处书记、中共青海省委第一书记、中共甘肃省委书记等职，是第五、六、七届全国政协委员和第五、七届全国政协常委。

1926年上半年，共青团北方区委又派彭振刚来绥远，协助路作霖开展共青团工作。为便于活动，彭振刚以张家口西北青年互助社的名义设立绥远分社，刘进仁担任绥远分社常务委员。同年6月，经路作霖、彭振刚介绍，杨曙晓、刘进仁先后加入中国共产党，并组成了党支部，路作霖担任支部书记。

随着绥远革命形势的发展，以及共青团员数量的急剧增加，1926年9月，在共青团北方区委和中共绥远地委的领导下，建立了共青团绥远地方委员会，杨曙晓任书记，张国林为组织委员，崔书铭为宣传委员，学生部由张焕文、刘进仁负责，工人部由刘进仁负责。随后在丰镇、集宁、包头等地建立了团组织。中共萨拉齐县工委还在县第一高等小学堂成立了共产主义少年先锋队组织。

内蒙古各级共青团组织成为党在内蒙古地区开展革命工作的得力助手。团组织通过开办工人夜校吸引进步青年，从学员中培养和发展共青团员，在工厂中建立团支部和团小组。团员和青年们在工人、农牧民群众中积极开展工作，活动在京绥铁路沿线的团员青年，还负责掩护革命同志往来，并协助传递信函、文件、传单、刊物。

共青团绥远地方委员会成立后，内蒙古西部地区的青年运动在中国共产党的领导下，进入到有领导、有组织、有方向的新阶段。在内蒙古地区党的组织刚刚建立，大革命运动即将蓬勃兴起的形势下，大批加入共青团的各族进步青年发挥了骨干作用，成为内蒙古地区各族人民反帝反封建斗争的重要力量。

1923年成立的绥远学生联合会曾是绥远青年学生中的一面战斗旗帜，因组织领导反帝爱国斗争，在社会上有着较大的影响。1925年初，中共绥远特别区工委成立后，首先抓了学联的工作，完善了学联的组织机构，加强了领导，推选共青团员张焕文担任绥远学联主席。学联下设总务、宣传、募捐、交际、纠察等5个股，分别由归绥中学的张焕文、崔书铭、张国林、刘进仁和绥远师范学校的范建中负责，学联机关设在归绥中学。此时，归绥地区除原有的归绥中学、绥远师范学校和土默特高等小学校、归绥高等小学校外，还有新成立的西北职业学校、西北五族学院（后又改称西北公学、绥远五族学院、中山学院）、绥远女子师范学校、绥远农科职业学校、绥远工科职业学校等。各学校进步教师和青年学生人数日益增多，他们接受革命思想，积极追求进步，满怀报国志向和革命热情，绥远五族学院、归绥中学、绥远女子师范学校都开展学生运动，与反动势力进行了激烈斗争。在中国共产党的领导和影响下，在绥远学生联合会的号召下，学生运动日趋活跃，青年学生的组织程度大大增强，有组织的青年学生，以全新的姿态投入到反帝反封建斗争当中来。

第三章

大革命时期内蒙古地区的革命斗争

1923 年 6 月，中国共产党第三次全国代表大会在广州召开，确定了采取党内合作的形式同国民党建立民主的联合战线，在保持政治上、思想上和组织上独立性的前提下，共产党员以个人身份加入国民党。

1924 年 1 月，中国国民党第一次全国代表大会在广州召开，事实上确立了联俄、联共、扶助农工的三大政策，大会通过的宣言和章程，成为国共合作的政治基础。国民党第一次全国代表大会的召开，标志着国民党改组的完成和第一次国共合作的正式形成。国共合作的大革命（又称国民革命），由此拉开了帷幕。

内蒙古地区的中国共产党人紧紧围绕建立革命统一战线这个中心，从内蒙古地区各族人民长期遭受帝国主义侵略、军阀混战、王公贵族压迫剥削的实际情况出发，遵循中共北方党组织的指导方针，大力开展工作，推动建立国民党地方组织，发展中共党组织，组建革命统一战线，大力开展军事工作，组织发动学生、工人、农牧民运动，有力地推动了内蒙古地区大革命运动的开展。

一、中共北方组织对内蒙古地区革命的指导

中国是一个多民族国家，各民族在长期历史发展中相互交流交往交

融，形成大杂居、小聚居、交错杂居的分布格局。各民族多元一体，休戚与共，同受压迫，共谋解放。只有处理好民族问题，才能维护国家统一、领土完整，才能增进各民族的福祉。

中国共产党成立之初就认识到处理好民族问题的重要性，尤其重视内蒙古地区的民族问题。党的二大即已通过包含关于民族问题的宣言。党的主要创始人陈独秀、李大钊也分别就内蒙古地区民族问题发表过见解和主张。

1925 年 10 月，随着全国大革命高潮的兴起，中共第四届中央执委会第一次扩大会议在北京召开，就中国革命面临的一系列重大问题作出决议，强调北方地区工作的重要性，决定加强党对北方国民革命运动的领导。会议认为，中国边境农工群众中的工作对党有很重要的意义，应当注意内蒙古的工作。会议作出了《蒙古问题议决案》，显示了内蒙古地区革命在全国革命运动中的重要作用。《蒙古问题议决案》强调，领导内蒙古革命需要十分注意当地的民族特点和地区特点，“我们的党应当注意内蒙古的特别情形——他们的经济利益和文化上、民族上的问题，都有互相的关系”①。《蒙古问题议决案》分析了内蒙古的阶级关系、民族关系、革命形势以及内蒙古地区的革命运动与全国革命的关系，提出了对内蒙古工作的具体要求，进一步明确了内蒙古革命的方向，对内蒙古革命统一战线的形成具有重要的指导作用。这次会议还就北方的军事工作作出指示，明确提出要帮助冯玉祥及其国民军，使之成为一支倾向革命的武装力量。

二、在推动国共合作中帮助发展国民党组织

国共合作统一战线的形成，有力地推动了国民革命运动，促进了国民革命的声势很快从中国的南方传播到北方，并扩展到内蒙古地区，形

---

① 《蒙古问题议决案》（1925 年 10 月），中共中央文献研究室、中央档案馆编：《建党以来重要文献选编》（一九二一——一九四九）第 2 册，中央文献出版社 2011 年版，第 538 页。

成了合作反对帝国主义和封建军阀的革命新局面。1924年，由李大钊等共产党人实际负责的国民党北京执行部建立，为北方地区国共合作提供了有利条件。李大钊依照中共中央1923年发布的第十三号通告精神，派遣一批中共党员和团员青年到各地去帮助国民党建立组织、发展党员，促使这些国民党党部的领导权掌握在共产党人和国民党左派手中，为中国北方地区国民革命的发展打下了组织基础。1925年初，中共北方党组织在热河、察哈尔、绥远三个特别区以及包头帮助国民党建立4个地方党部，而这4个党部的实际负责人均为中共党员，他们都以国民党区党部执行委员的公开身份活动，为推动内蒙古革命发挥了重要作用。

1925年1月11日至22日，中国共产党第四次全国代表大会在上海举行。李大钊被选举为中央执行委员会委员，具体领导北方革命运动。1月26日，孙中山指任李大钊为中国国民党中央政治委员会委员，参与国民党中央领导工作。李大钊以国民党北京政治委员会的名义，确定了部分中共党员作为孙中山北上的特派宣传员，分赴各地宣传孙中山的《北上宣言》，主张召开国民会议争取国家和平统一。其中，陈镜湖、杜真生被指派为赴热河宣传员，吉雅泰、奎璧、赵诚、高布泽博回绥远地区开展宣传。1925年3月，中共北方党组织和李大钊发挥领导核心作用，发起召开了国民会议促成会全国代表大会，虽然没有达到召开国民会议改组政府的目的，但影响空前。会议揭露了段祺瑞政府"善后会议"的反动性，宣传了中国共产党的民主革命纲领，显示了国共合作的巨大组织力量。

在中共北方区委的领导下，中共热河特别区、察哈尔特别区、绥远特别区和包头"四个工委"，遵照中共中央"凡关于国民革命的，均应用国民党名义，归为国民党的工作"的指示，经常以国民党的名义宣传群众、组织群众，开展国民革命运动。到1926年初，"热河特别区已建立县、市党部8个，党员3500余人，其中农民党员占80%，蒙古族党员占30%""察哈尔特别区已建县、市党部6个，党员3200余人，其中农民党员占80%，工人占5%，学生占10%，士兵占5%”①。在绥远特别区“建立县、市党部11个，区党部53个，区分部284个，党员3600余人，农民党员占80%，工人占3%，商人占4%，学生占8%，兵士占2%”②。这一时期，为了扩大国民党组织，吸收进步青年加入国民党，吉雅泰领导的绥远党部，决定成立国民党归绥党部，并组织召开了有80多人参加的国民党党员大会，选举路作霖为归绥党部的常务委员，刘进仁等两人为执行委员。其间，为了抵制陈国英等国民党右派的破坏，整顿国民党组织，归绥党部于1926年9月召开大会，对归绥国民党党员进行重新登记，改选了国民党的组织人选。1927年初，又对绥远党部进行了改选。由李裕智在包头组建的国民党内蒙古党部，是国民党专门从事内蒙古西部地区工作的党部。1926年初，“建立县、市党部6个，党员2100余人，党员中农民占60%，牧民占20%，兵士占10%，学生占10%”③。

内蒙古地区的国民党4个党部及其活动有如下特点：一是4个党部全部由中共北方党组织和李大钊派人组建，初期全部由共产党员组成，直到1926年10月以后国民党方面才派人参与，并从当地国民党员中挑选一些人参加领导工作；二是开展革命活动以农村为主，农民身份的国民党员占多数，而且有一定数量的蒙古族农牧民党员；三是国民党与农工兵大同盟、农民协会的组织相互重叠，党员、盟员、会员身份重叠，相互交叉。1926年1月1日，中国国民党第二次全国代表大会在广州召开，热河、察哈尔、绥远3个特别区和内蒙古党部代表韩麟符、陈镜湖、吉雅泰、李裕智等出席。在大会上，韩麟符作了热河、察哈尔、绥远3个特别区党务工作报告，李裕智作了内蒙古党务工作报告。

在国共合作的推动尤其是中国共产党的努力下，内蒙古的国民党组织发展迅速。到1926年初，全国共有十余个省区建有国民党省级

① 《中国国民党第二次全国代表大会各省区党务报告——热河、察哈尔、绥远、内蒙党务报告》。

② 《中国国民党第二次全国代表大会各省区党务报告——热河、察哈尔、绥远、内蒙党务报告》。

③ 《中国国民党第二次全国代表大会各省区党务报告——热河、察哈尔、绥远、内蒙党务报告》。

党部，内蒙古地区就建了4个省级党部。4个省级党部共建立市、县党部31个，发展党员12400多人，在中共北方区委所辖15个省区建立的国民党组织中占绝对多数。因青年学生、工人和农民的加入，国民党党员的成分结构有了大的改变，有利于内蒙古地区国民革命联合战线的形成。

三、内蒙古地区革命统一战线的形成

大革命时期，李大钊等人领导党在内蒙古地区的各级组织，正确执行党的联合战线政策和民族政策，结成有力的统一战线，推动了内蒙古地区国民革命的开展。

1925年10月，中共第四届中央执委会第一次扩大会议提出要成立在“中国共产党指导之下的农工兵大同盟”①，以“反对共同的仇敌——大地主王公帝国主义者和军阀等”②。按照这次会议精神，中共北方区委决定领导建立联合各族群众的统一战线性质的革命组织——内蒙古农工兵大同盟，以推动热河、察哈尔、绥远等地区党组织的建设和革命工作。

1925年10月底，李大钊到张家口，筹备成立内蒙古农工兵大同盟③。11月底，内蒙古农工兵大同盟成立大会在张家口召开。来自热河、察哈尔、绥远特别区及其他地区的各族代表100余人参加大会。中共北方区委宣传部部长兼职工运动委员会书记赵世炎、组织部部长陈乔年，中共北京地委书记刘伯庄等出席大会。

李大钊在大会上发表讲话，分析了全国的革命形势，强调建立革命统一战线对中国革命的意义，并联系内蒙古地区实际，阐述了中国共产

---

① 《蒙古问题议决案》（1925年10月），中共中央文献研究室、中央档案馆编：《建党以来重要文献选编》（一九二一——一九四九）第2册，中央文献出版社2011年版，第539页。

② 《蒙古问题议决案》（1925年10月），中共中央文献研究室、中央档案馆编：《建党以来重要文献选编》（一九二一——一九四九）第2册，中央文献出版社2011年版，第538—539页。

③ 亦称西北农工兵大同盟。

党反帝反封建的民主革命纲领和内蒙古农工兵大同盟的任务，指出帝国主义特别是日本帝国主义目前正加紧对内蒙古地区的侵略活动，各路军阀也在争夺对内蒙古地区的控制权，两次直奉战争以及他们正在准备联合起来进攻冯玉祥的国民军就是证明。李大钊要求代表们在内蒙古地区的民族问题上多做实际工作，团结一切进步势力，反对民族压迫，废除王公札萨克的封建特权制度，特别强调蒙汉两族人民联合起来谋求解放的重要意义，并指出蒙古族人民必须同汉族人民团结一起才能谋求自身的彻底解放。李大钊要求内蒙古农工兵大同盟通过自己的组织，在内蒙古各族人民中广泛揭露帝国主义的侵略，揭露军阀混战的本质，动员各族人民起来反对侵略、反对军阀。他还介绍了苏联在十月革命后的新气象和苏联工农政权的情况。在农工兵大同盟成立大会上，赵世炎、韩麟符分别作了政治报告和军事报告。大会还提出“拥护苏联”“反对帝国主义及军阀”“农工兵大联合万岁”等口号。

大会经过讨论，通过了《国民革命的任务》《和冯玉祥合作的关系》等决议，以及内蒙古农工兵大同盟的纲领和任务，选举产生了大同盟中央领导机构。李大钊当选为内蒙古农工兵大同盟中央执行委员会书记，赵世炎、韩麟符当选为副书记。李大钊、赵世炎、韩麟符、贾大容、吉雅泰、郑丕烈、王仲一、李裕智、陈镜湖、杨洪涛、锡尼喇嘛均为中央执行委员。中央执行委员大部分为中共党员及内蒙古地区党组织的负责人。大会还决定创办内蒙古农工兵大同盟机关刊物《农工兵》。该刊物成为继《蒙古农民》之后，中国共产党领导下创办的面向内蒙古地区公开发行的又一革命刊物。

这次大会是李大钊亲自指导内蒙古革命斗争的重要会议，是广泛联系内蒙古农工兵群众建立革命统一战线的大会，也是一次汇聚内蒙古各地区农工兵革命力量的动员大会。农工兵大同盟成立大会之后，中共热河特别区、察哈尔特别区、绥远特别区、包头 4 个工委和国民党热河、察哈尔、绥远、内蒙古 4 个党部都积极支持和帮助发展农工兵大同盟的基层组织和盟员，在热河、察哈尔、绥远的广大地区广泛建立了农工兵大同盟的基层组织，发展了众多盟员，发动和组织各族工农群众投身革命，推动了内蒙古地区大革命高潮的到来。

大革命时期，党在内蒙古建立革命统一战线的另一个重要举措是争取地方武装，其中对“老一团”的争取取得很大成功。“老一团”是绥远都统①下辖的一支蒙古族武装，当时驻在包头。部队历经多次改编，但长期保持一个团的建制，人们习惯称其为“老一团”。李裕智和吉雅泰非常重视对“老一团”的争取工作。他们利用亲戚、朋友和同乡的身份经常出入“老一团”宣传革命思想，产生了积极影响。“老一团”官兵中的许多人接受革命思想，开始倾向革命，一些人参加了中国共产党。排长李森②于1927年经吉雅泰介绍加入中国共产党后，利用自己的身份，为党的干部和革命工作者提供长期掩护。很多共产党人，如王若飞、乌兰夫、吉雅泰、奎璧、贾力更、佛鼎、赵诚、勇夫、朱实夫、高布泽博、王逸伦③等都得到过“老一团”官兵的掩护。

1925年10月，为进一步壮大革命力量，中共北方组织和李大钊发动和组织蒙藏学校的一批共产党员和共青团员参加内蒙古人民革命党④，要求他们在这个组织中发挥自己的战斗作用，以党员、团员的模范作用带动这个组织，执行中国共产党的政治路线。

---

① 官职名称。民国初年北洋政府仍沿用清末旧制，在绥远设绥远城将军，主管军政和蒙旗事务，后改绥远城将军为绥远都统。

② 李森（1902—1987），蒙古族，今内蒙古自治区呼和浩特市土默特左旗人。1927年加入中国共产党。中华人民共和国成立后，曾任内蒙古自治区政协副主席等职。

③ 王逸伦（1904—1986），今内蒙古自治区赤峰市翁牛特旗人。1932年加入中国共产党。中华人民共和国成立后，曾任内蒙古自治区党委副书记、内蒙古自治区人大常委会副主任、内蒙古自治区人民委员会副主席，是第三届全国人大代表和第五届全国政协常委。

④ 内蒙古人民革命党刚建立时是一个积极领导蒙古族人民从事革命斗争的联合战线组织。1927年四一二反革命政变后，以白云梯为代表的内蒙古人民革命党右派领导集团随之叛变，正式投靠国民党，并将内蒙古人民革命党机关改为“中国国民党内蒙党部”，内蒙古人民革命党陷于分裂状态，于20世纪30年代解散。抗日战争胜利后，部分原党员宣布该党重建，根据1947年4月20日《中共中央关于内蒙古自治问题给东北局的复示》，该党解散。

四、声援五卅反帝爱国运动

1925 年 5 月 15 日，上海发生日本资本家枪杀工人代表、共产党员顾正红事件，成为五卅运动的导火线。上海各学校的 2000 多名学生在 30 日到租界举行反帝示威活动，英租界当局拘捕 100 多人，打死 13 人，打伤数十人，制造了震惊中外的五卅惨案，激起了全国人民的极大愤怒，在党的领导下形成工人罢工、学生罢课、商人罢市的局面，反对帝国主义的民族运动浪潮迅速席卷全国。这场直接反抗帝国主义的伟大运动，促进了内蒙古地区各族群众的觉醒，推动了内蒙古地区革命运动的发展。1925 年 6 月初，中共绥远特别区工委负责人吉雅泰到北京向中共北方党组织汇报工作。党组织决定派乌兰夫和吉雅泰一同回绥远，发动和组织声援五卅运动的反帝爱国斗争。6 月上旬，在归绥旧城席力图召，绥远学生联合会发起和组织各族各界声援五卅惨案蒙难者、响应五卅运动群众大会，学生、工人、商人和市民约 2000 人参加。大会向上海学联发了声援电，对上海死难同胞的家属表示慰问并声援上海工人、学生和市民的反帝爱国斗争。会后，举行了大规模的示威游行。各学校统一行动起来，举行三天总罢课，并为上海受难的工人和学生募捐，表达各族群众对惨案中蒙难工人、学生的同情和对上海反帝爱国斗争的支持。

1925 年 6 月下旬，绥远学联组织宣传队分别到归绥近郊农村向农民进行宣传活动，把声援五卅运动的斗争扩展到各地。在归绥城北的坝口子、乌素图、攸攸板和城西的兵州亥、什报气等村，都有学生宣传队活动，五卅运动的浪潮由城市向农村推进，逐步席卷土默特平原。绥远学联还派人到包头、萨拉齐、五原、临河等地进行联络，以扩大五卅运动的影响。在包头，绥远学联组织了学生示威游行，吓跑了外国牧师；在五原，地方绅士和县长接待了绥远学联代表，并共同召开群众大会宣传五卅运动；在临河，设治局[①]局长接待了学联代表，组织了反对天主教经济文化侵略的活动；在萨拉齐，学生宣传队到耶稣堂示威，抗议帝国主义的侵略行径。绥远学联还组织学生到冯玉祥的国民军中开展慰问活动。归绥旧城一所基督教小学的学生，也冲破牧师阻挠，走上街头参加爱国活动。

绥远学生的爱国行动得到了上海、北京、天津、济南等地学联的支持。由各地学联组成的宣传队和话剧团，专程来到归绥，向普通民众、士兵和商人进行宣传活动，揭露日、英帝国主义在上海、青岛的暴行，还在旧城同和剧院连续演出反映五卅惨案的话剧。上海同济大学的宣传队在旧城北门外小校场为国民军将士演出日本资本家残杀顾正红的街头剧；绥远旅京学生同乡会宣传队在旧城民乐剧社演出新编话剧。这些运动搞得轰轰烈烈，使社会各界受到了强烈的爱国主义教育，促进了各族群众的觉醒。

五卅运动爆发之时，正是中国共产党在内蒙古地区的热河特别区、察哈尔特别区、绥远特别区和包头“四个工委”刚刚成立并着手开展工作之际。张家口作为察哈尔特别区的中心城市，工人队伍集中、人数较多、力量强大，工人运动基础较好，在五卅运动中党组织领导成立了以京绥铁路工人为骨干的五卅惨案后援会，声援上海工人阶级反对帝国主义的正义斗争。各铁路工会组织与当地学校师生联合，抽调大量骨干在铁路沿线各站散发传单、张贴标语、发表演说，并深入到工厂、农村、学校、街道，宣讲上海各界人民开展反帝斗争的经过，揭露和控诉帝国主义屠杀、镇压中国人民的罪行，并开展募捐活动。

中共热河特别区工委发动工人、学生和各界群众，纷纷参加集会，举行示威游行，散发反帝宣传手册，传唱爱国歌曲，控诉帝国主义的罪行。承德也成立了进步学生团体——热河学生联合会，声援五卅运动。

中东铁路[②]党支部也积极领导工人进行声援五卅运动的斗争，张贴

---

① 中华民国初年，在少数民族地区或边远地区的一种相当于县级的地方过渡性特别行政机构。临河设治局成立于 1925 年，1929 年后改为临河县。

② 中东铁路系中国东方铁路的简称，亦作东清铁路、东省铁路，是 19 世纪末 20 世纪初沙皇俄国为攫取中国东北的资源而修建的铁路，在内蒙古境内线路绵延有 500 多公里。

标语，组织演讲团、募捐团，在中东铁路西起满洲里、东至绥芬河的沿线各车站、工厂开展反对帝国主义的宣传和募捐活动。

这场声援五卅运动的反帝爱国斗争，使内蒙古地区的党组织得到了很大锻炼，促进了各族群众的觉醒，提高了对中国革命基本问题的认识，扩大了中国共产党在各族群众中的政治影响，初步积累了革命斗争的经验，推动了内蒙古地区大革命运动的发展。

五、争取冯玉祥国民军

大革命时期，根据中共中央的指示，李大钊等人决定把团结、争取冯玉祥及其统领的国民军作为中国共产党在北方地区军事工作的重点，取得了很大的成绩。

推动五原誓师

1924 年 10 月，直系将领冯玉祥发动“北京政变”。冯玉祥的革命倾向和进步思想引起了共产国际和中国共产党的关注。1924 年冬，李大钊多次动员“北京政变”后因受段祺瑞排挤而隐居的冯玉祥出任西北边防督办。1925 年 1 月，冯玉祥就任西北边防督办，实际控制了绥远、察哈尔地区。李大钊等人正确地分析了北方特别是热河、察哈尔、绥远 3 个特别区的形势，决定争取冯玉祥及其国民军支持和参加革命。1925 年 2 月，李大钊到张家口与冯玉祥会面，帮助冯玉祥制订苏联援助国民军的计划，安排冯玉祥先后同苏联大使加拉罕、苏联驻广东革命政府高级顾问鲍罗廷举行会晤，商谈苏联援助事宜。苏联政府先后向国民军派出两个军事顾问组并提供大量军需物资，帮助国民军建立炮兵、步兵、骑兵、机关学校，帮助训练国民军部队，并协助制定《国民军政治工作计划》。中共北方区委派出一批干部到国民军中开展政治工作，建立秘密党组织。1925 年 6 月，刚从苏联回国的王若飞被派到国民军第二军，帮助创办了以培养基层军事骨干为目标的北方联合学校。共产党人对国民军的帮助和支持，热河、察哈尔、绥远3个特别区革命活动的发展，使冯玉祥更加倾向于革命。在李大钊及苏联大使加拉罕的帮助、安排下，冯玉祥于1926年3月至8月到苏联进行考察。

1926年7月，北伐战争开始。冯玉祥部国民军进行南口保卫战并坚持到8月中旬，吸引了张作霖、张宗昌的部队，长时间拖住了吴佩孚部队的主力，使其不能南顾，有力配合了北伐军在两湖战场的行动。8月17日，冯玉祥结束在苏联的访问，立即归国召集旧部，组织国民军联军。9月17日，冯玉祥在五原县举行隆重的就职誓师授旗典礼，就任国民军联军总司令。中共党员刘伯坚被任命为国民军联军政治部副主任，苏联顾问乌斯马诺夫被聘为政治军事顾问。五原誓师标志着冯玉祥正式地参加了以国共合作为基础的革命统一战线①。五原誓师后，冯玉祥指挥国民军联军迅速向甘肃、陕西等地挺进，直接威胁奉系军阀的侧后方，对南方国民革命军的北伐形成了策应之势，也推动了包括内蒙古西部地区在内的广大西北地区革命形势的发展。10月8日，国民军联军总部迁到包头。

五原誓师是在第一次国共合作的影响和推动下，在中国共产党的支持和帮助下发生的，是中国共产党对冯玉祥国民军统一战线工作的成功实践，是党领导的内蒙古地区革命斗争的重要组成部分。

大批共产党员到国民军联军中开展工作

五原誓师后，冯玉祥致信李大钊，请求派遣干部帮助工作。李大钊随即派共产党员方仲如到包头与冯玉祥、刘伯坚商谈，之后将冯玉祥的来信报告中共中央。中共中央即派陈乔年到包头与冯玉祥、刘伯坚接洽，并商定从苏联莫斯科、广州黄埔军校及中共北方区委选派邓小平、肖明、陈延年、陈乔年、刘志丹、安子文等一批共产党员和进步青年到国民军联军中从事政治工作，协助训练干部、整顿队伍。在刘伯坚的领导下，国民军联军的各军、师、旅、团都设立了政治工作机构，共产党员宣

① 中国中共党史人物研究会编：《中共党史人物传》第58卷，中国人民大学出版社2017年版，第294页。

侠父、刘志丹、方仲如、魏野畴、贾从周、卢绍亭、李世乐等分别担任联军各部政治部主任。

早在五原誓师前，李大钊就为冯玉祥部国民军做了"进军西北、解围西安、出兵潼关、策应北伐"的谋划。李大钊向中共中央报告冯玉祥情况后，1926年9月20日，中共中央指出，国民军"非取陕西不能生存，得陕西后，可望东出潼关，沿陇海路直下河南，与北伐军联成一气，退亦暂可自保，以准备将来与南方北伐军夹攻奉军"[①]。五原誓师后，李大钊密函冯玉祥，告以上述建议，并提供了一些重要军事和政治情报，协助冯玉祥制定了"固甘援陕，联晋图豫"的战略方针。冯玉祥任命孙良诚、方振武为援陕正、副总指挥，率兵七路向西安进发，解西安之围后又挥师河南。

国民军联军入陕后，刘伯坚还与中共绥远地委联系，抽调李子光等一批中共党员到国民军联军中开展工作。路作霖也代表中共绥远地委慰问驻守武川的国民军联军刘郁芬部。这一时期，在国民军联军中工作的共产党员有近400人，军队政治工作的各级领导几乎全部由共产党人担任。中共中央为此拟定关于《国民军中工作方针》，要求国民军联军中的中共党员、共青团员重点做好政治训练、宣传教育和民运工作。中共北方区委专门发出《北方区对于三特别区及西北军中工作的意见》，全面安排了党在国民军联军中的工作。中共北方党组织和内蒙古地区党组织在国民军联军中的工作，使这支队伍更加倾向革命，对北伐战争形成有力的策应，也优化了内蒙古地区的革命环境。

六、发动农牧民斗争

中国共产党自成立之初，就非常重视占人口绝大多数的农民，要求革命者面向农民，促使他们觉悟。大革命进入高潮之后，许多共产党人

① 《中央局报告（九月份）——最近全国政治情形与党的发展》（1926年9月20日），中央档案馆编:《中共中央文件选集》第2册，中共中央党校出版社1989年版，第330页。

进一步认识到农民在民主革命中的地位，内蒙古地区的农牧民运动也在中共中央和中共北方党组织的领导下有了新的发展。农牧民群众中所蕴藏的革命力量在中国共产党领导的农牧民运动中被极大地激发出来，成为推动内蒙古革命形势向前发展的重要动力。这一阶段内蒙古地区比较突出的事件是农民群众的反清丈斗争，以及牧民群众开展的革命斗争。

1926 年 8 月，冯玉祥部国民军在南口战败西撤后，奉、晋军阀控制了察哈尔和绥远的大部分地区，晋军接管了绥远政权，商震出任绥远特别区都统。商震上任后，废止了许多国民军主政时的革新措施，通过清丈地亩和放垦夹荒余荒来搜刮民财，还开放了烟禁，允许种植罂粟，成立善后局，设卡征收过境烟税和烟灯捐，农民群众忍无可忍，掀起轰轰烈烈的反清丈斗争。1927 年初，和林格尔县 36 个村发生了抗清丈暴动。中共绥远地委宣传部部长麟祥、农民运动特派员贾力更、中共北方区委和李大钊派驻内蒙古的交通员孟纯及时组织农民协会会员，在毕克齐镇召开了斗争大会，揭露官方清丈中的徇私舞弊，没收不义之财，宣布清丈结果无效。

中共绥远地委和国民党绥远特别区党部密切关注事态的发展，决定以国民党绥远特别区党部名义，发动一场反清丈的大规模农民运动。1927 年 3 月 26 日，国民党绥远特别区党部作出决议，召开以农民为主，有工人、学生和市民参加的绥远难民大会，组织群众示威游行，要求废除清丈费，释放因抗拒缴纳清丈费而被捕的农民。3 月 27 日，中共绥远地委召开中共党员、国民党员、共青团员以及工会、农民协会、学生联合会负责人会议，从政治上、思想上特别是组织上进行了充分准备，决定于 28 日上午在归绥城南的孤魂滩举行绥远难民大会。

3 月 28 日上午，归绥周围的各族农牧民和城里的工人、学生及部分市民约五六千人会聚到孤魂滩，绥远难民大会如期召开。大会由国民党左派人士、绥远特别区农民协会会长李正乐担任主席，中共绥远地委派路作霖担任副主席。共青团绥远地委书记杨曙晓发表了慷慨激昂的讲话，揭露绥远都统署清丈地亩、开放烟禁、扣发“善后流通券”的阴谋，赞扬归绥、和林格尔两县农民奋起抗争的精神，明确提出“取消清丈”“废除清丈局”，号召工人、学生、市民与农民兄弟团结一致，共同斗争。农民、工人、学生、妇女等各界代表登台演讲，支持反抗清丈地亩的斗争。

大会结束后，集会群众在路作霖、杨曙晓的指挥下进城示威游行，砸毁了清丈局的办公设施，烧毁了丈地文书档册，包围财政厅、政务厅、教育厅，迫使绥远都统商震接受代表们提出的要求，发布了停止清丈地亩、严禁种植鸦片、照发“善后流通券”的命令，撤销了归绥县知事、垦务督办等官吏的职务，斗争取得了胜利。这次反清丈斗争史称孤魂滩事件。北京《晨报》以“空前未有之绥远市民示威运动”为标题，报道了整个孤魂滩事件。

孤魂滩事件是中国共产党在大革命时期通过统一战线形式，在内蒙古地区发动的规模最大并取得胜利的一次群众性革命斗争，使广大农牧民群众和社会各界人士认识到了团结斗争的力量。

做好牧民工作，发动牧民运动，反对封建王公专制制度，是内蒙古地区国民革命的重要内容和重要特征。大革命时期，中国共产党在内蒙古地区发动牧民群众的工作，不少是通过内蒙古农工兵大同盟、内蒙古人民革命党的支持和帮助间接开展的，如经由参加内蒙古人民革命党第一次代表大会的各盟旗代表，宣传中国共产党的民族政策、动员牧民群众投身民族解放运动；支持锡尼喇嘛等在伊克昭盟等地发动牧民运动，掀起“鄂尔多斯风暴”。同时也有不少工作是党直接领导开展的，如中共党员纪松龄、贺志远、莫杰等在锡林郭勒盟、察哈尔盟地区的蒙古族群众中开展革命活动，其中纪松龄还在当地建立党组织，发展了党员。

中国共产党领导和支持下的这些农牧民运动起到了动摇封建统治、传播党的革命主张、启迪农牧区群众革命思想的积极作用。

七、内蒙古地区大革命运动的失败

面对日益高涨的革命形势，反动军阀开始联手镇压革命运动。1926年春，在北方占据支配地位的奉系军阀同直系军阀暂时结成“反赤”联盟，共同进攻冯玉祥国民军。1926年8月察哈尔、绥远的大部分地区被奉、晋军阀占领后，内蒙古地区的革命形势开始发生逆转。在热河，中共热河特别区工委、国民党热河党部以及农工兵大同盟、农民协会等群众组织被迫停止活动。奉军控制察哈尔后，无论共产党员还是国民党员一律抓捕，把一切革命活动统统视为“赤党”捣乱，严加防范，中共张家口地委及共青团张家口地委处于瘫痪状态。在绥远，中共绥远地委、国民党绥远党部以及农民协会、学生联合会均被查封，各学校的学生会被解散，参加革命活动的积极分子被开除学籍或受到处分。

1927年4月12日，以蒋介石为代表的国民党右派在上海发动反革命政变，公开向共产党人和革命群众举起了屠刀。震惊中外的四一二反革命政变，是大革命从高潮走向失败的转折点。1927年7月，国民党汪精卫集团也叛变革命，开始“宁汉合流”，第一次国共合作全面破裂，大革命完全失败。大批共产党人和革命群众被屠杀或被逮捕关押，一些不坚定分子离开了革命队伍甚至背叛革命，全国革命形势发生了逆转。奉系军阀张作霖开始大肆捕杀革命人士，北方地区革命转入低潮。在反革命的白色恐怖中，中共北方区委遭到了严重破坏，活动被迫停止。4月28日，张作霖在北京杀害了中国共产党的主要创始人之一李大钊和中共北方区委领导人范鸿劼、杨景山等20名革命者。

四一二反革命政变发生后，内蒙古地区的革命形势更加艰难险恶。国民党内部左、右派斗争趋于公开化，内蒙古人民革命党右派领导集团暴露出反革命的真面目，公开背离革命道路，投靠蒋介石国民党反动派，反革命势力开始占据上风。1927年5月，绥远的国民党右派成立了国民党“清党委员会”，公开打出反共旗号，开始“清党”。他们纠集地痞、流氓上街鼓噪，诋毁共产党，张贴反共标语，在绥远都统商震的支持下，大肆缉捕共产党人和革命者。街上到处张贴着通缉布告，吉雅泰、熊味根、路作霖、麟祥、张克敏、王建功、刘进仁、张焕文等几十人被列入通缉名单。不久，杨曙晓以及归绥中学的学生张国林、崔文彬、丁钰文和贾玉琴等共产党员、共青团员遭到逮捕。为保存革命力量，共产党员、共青团员只得分散转移或隐蔽起来，党的活动被迫转入地下。中共绥远地委和基层党团组织遭到严重破坏。共产党员被开除国民党党籍，国民党绥远党部以及农民协会、学生联合会遭到查封。农会、学生会、工会积极分子被传讯、搜查，有的被指控为“共产党嫌疑分子”“赤化分子”而遭逮捕、监禁。少数不坚定分子倒向国民党右派，有的叛变，有的登报声明脱党。在农村，土豪劣绅也卷土重来，猖狂报复。内蒙古地区笼罩在白色恐怖之中。

内蒙古地区的大革命运动是一场以工农牧民为主体的，包括社会其他阶层参加的人民革命运动。在中国共产党的领导下，大革命运动在内蒙古地区一度燃成燎原之势，沉重地打击了封建军阀、王公贵族和帝国主义势力，使革命思想在内蒙古地区得到空前传播。大革命也启发、锻炼和教育了各革命阶级，内蒙古地区的工人、学生、农牧民大众经受了洗礼，提高了政治觉悟。轰轰烈烈的大革命虽然失败了，但为后来中国共产党在内蒙古地区继续开展革命活动奠定了坚实的群众基础。

第 二 编

土地革命战争时期党领导的内蒙古地区革命斗争和抗日救亡运动

（1927 年 8 月—1937 年 7 月）

第四章

大革命失败后内蒙古地区党组织的重建

大革命失败后，内蒙古地区的革命运动陷入低潮。在关系到党和革命事业前途命运的关键时刻，八七会议纠正了以陈独秀为首的中共中央所犯的右倾机会主义错误，为挽救党和革命事业作出了巨大贡献，中国革命从此开始由大革命失败到土地革命战争兴起的历史性转变。中共中央和邻近内蒙古地区的部分党组织深入贯彻八七会议精神，分别制定了在内蒙古地区开展土地革命的指导方针，多次向内蒙古地区派出干部，恢复重建内蒙古地区的党组织。在中共中央和上级党组织的领导下，内蒙古地区的党组织和广大共产党员在逆境中坚持理想，不惧牺牲，前赴后继，不屈抗争，克服种种艰难险阻，继续推动革命运动向前发展。

一、八七会议精神的贯彻和党对内蒙古的工作方针

1927 年 8 月 7 日，中共中央在湖北汉口秘密召开紧急会议（即八七会议），总结大革命失败的教训，讨论党的工作任务，确立了实行土地革命和武装起义的方针。面对国民党政府对内蒙古地区强化反动统治的形势，面对日本帝国主义对内蒙古地区的侵略野心，党领导内蒙古地区

各族人民，贯彻落实八七会议精神及中共中央对内蒙古地区工作的指导方针，推动内蒙古地区的革命斗争不断向前发展。

国民党政权对内蒙古地区的专制独裁统治

1927年4月，蒋介石在南京另行成立国民政府。7月，武汉国民政府汪精卫以“分共”名义，正式同共产党决裂，经过一段时间的争斗，宁、汉两个国民政府实现“合流”。1928年12月，新任东北保安司令张学良宣布“服从国民政府，改旗易帜”。至此，国民党政府在形式上实现了全国的统一。蒋介石背弃孙中山联俄、联共、扶助农工的三大政策，实行残酷压迫各族人民的反动政策，内蒙古地区和其他国民党统治区域一样，人民更加命运多舛。

1928年3月21日，国民党中央政治会议决定成立蒙藏委员会。1928年7月，国民政府宣布接收原北洋政府的蒙藏院。1929年2月，国民政府宣布正式成立蒙藏委员会。在加强对民族地区的领导和管理过程中，国民党政权只注重与蒙藏等少数民族的王公、喇嘛、土司等上层人物进行联络，主张“尊重王公、崇信活佛”，对蒙藏上层人物许诺和委以各种司令、宣化使、宣抚使、政府委员等职位，还积极鼓动和拉拢他们加入国民党，企图借助这些王公贵族和上层人物，继续实行对各族人民的封建统治。

1928年9月，国民政府公布了将热河、察哈尔、绥远、青海、西康改为行省的命令，进一步加强中央对民族地区的管理。1929年初，国民政府在内蒙古地区先后组建了热河、察哈尔、绥远3个省政府，其中，绥远省直辖乌兰察布盟六旗、伊克昭盟七旗和土默特总管旗，原属察哈尔特别行政区兴和道的丰镇、兴和、陶林①、凉城、集宁五县划归绥远省；卓索图盟、昭乌达盟划入热河省；锡林郭勒盟、察哈尔部左翼各旗划入察哈尔省；阿拉善旗和额济纳旗划入宁夏省。

国民政府在内蒙古地区改建行省后，内蒙古地区人民既要向蒙旗缴纳土地税、水草费、煤炭租税等，又要向省县设置在盟旗的征收局缴纳

① 旧县制，在今察哈尔右翼中旗境内。

租税，双重租税大大加重了各族人民的经济负担，严重影响各族人民的生计。

国民党采取种种手段，将专制独裁统治的触角不断向内蒙古地区延伸，套在各族人民身上的剥削压迫枷锁日益沉重。

八七会议精神的贯彻执行

大革命失败后，革命事业遭遇严重挫折。八七会议的召开是一个转折点，给正处在异常艰难环境中的中国共产党人指明了新的出路。中国革命进入中国共产党领导的武装反抗国民党反动统治的土地革命战争时期。

内蒙古地区长期处于封建王公和反动军阀势力统治之下。大革命失败后，很快又沦为军阀争夺的地区，国民党反动派勾结军阀势力，对共产党人和革命群众实行残酷镇压。尽管如此，党领导下的内蒙古革命运动并没有停止，大部分共产党人矢志不移，积蓄力量，等待时机继续斗争。

党很早就认识到，内蒙古革命运动必须与蒙古民族解放斗争结合起来。进入土地革命战争时期，从中共中央到内蒙古地区的党组织，对内蒙古地区的民族问题、民族解放运动、革命形势与社会状况，都进行了翔实的调查研究和全面分析，形成了内蒙古地区必须结合民族解放运动开展土地革命的正确认识和行动纲领。

八七会议后，中共中央派出许多干部分赴各地恢复和整顿党组织，发动武装起义。为了推动包括内蒙古地区在内的西北地区的土地革命运动，中共中央决定成立热河、察哈尔、绥远、甘肃、新疆五省区革命军事委员会，辛璞田任书记，主要任务是组织西北地区农民暴动，同时成立了热察分会，由杨洪涛负责，积极组织农民，准备武装起义。

1927 年 10 月 16 日，中共顺直省委通过《北方暴动计划》，决定在北京、唐山、京东、玉田等市县及绥察地区组织大暴动。陈镜湖、郑丕烈（后叛变）、杜真生、卢东白回到热河地区开展工作。于方舟、韩麟符等人去玉田县开展工作。同时还成立了中共察哈尔省委，由陈儒仁、李泽、李振庭等人负责。魏华池带领八人工作组奔赴内蒙古地区了解情况，准备组织农民暴动。郑丕烈等人前往建平、赤峰交界地区，组织起1000余人的农民武装，建立了游击区，坚持斗争三个月之久。

1928年3月，中共顺直省委制定了《关于内蒙工作方针》，提出内蒙古地区革命运动的主要任务是发动和组织群众，反对帝国主义、封建主义，取得内蒙古地区革命的领导权，肃清勾结帝国主义的反动分子。对于内蒙古地区开展土地革命，《工作方针》明确提出："我们应以最大的努力去发动与组织此广大的农民群众，剧烈的实行土地革命的争斗，以至武装暴动，建立苏维埃。"① 对于恢复内蒙古地区党组织的工作，《工作方针》明确指示："为完成以上重大的任务，必须于最短期间恢复与发展C.P.（指共产党——引者注）的组织。只有本党组织及其政治影响在内蒙有伟大的发展，内蒙革命才有发展与成功的可能。现在察哈尔省委业已成立于张家口，绥远省委即须成立于包头，五原、多伦、林西、赤峰各处须迅速成立县委。"② 关于内蒙古地区开展土地革命的主要力量，《工作方针》的指导非常具体，就是"从内蒙南部直到黄河沿岸，尤其是河套一带有极广大的农民群众，这是西北最主要的革命力量"，"热河之林西、赤峰及热察之间的多伦，亦为重要工作地点。务于这些地点从争斗中，迅速建立雄厚的群众势力之基础"。③"3个月之内，应发展C.P.党员到一二千以上，同时，应发展青年团的组织。"④ 针对内蒙古土地革命的目标，《工作方针》明确提出："一切蒙旗劳苦民众联合起来，建立农工兵苏维埃的内蒙古！一切土地归农民与牧民！"⑤"一切蒙汉劳苦民众联

---

① 《中共顺直省委关于内蒙工作方针》（1928年3月），中央档案馆、内蒙古自治区档案馆编：《内蒙古革命历史文件汇集》（一九二八年——一九三七年），1988年印，第9页。

② 《中共顺直省委关于内蒙工作方针》（1928年3月），中央档案馆、内蒙古自治区档案馆编：《内蒙古革命历史文件汇集》（一九二八年——一九三七年），1988年印，第10页。

③ 《中共顺直省委关于内蒙工作方针》（1928年3月），中央档案馆、内蒙古自治区档案馆编：《内蒙古革命历史文件汇集》（一九二八年——一九三七年），1988年印，第9页。

④ 《中共顺直省委关于内蒙工作方针》（1928年3月），中央档案馆、内蒙古自治区档案馆编：《内蒙古革命历史文件汇集》（一九二八年——一九三七年），1988年印，第10页。

⑤ 《中共顺直省委关于内蒙工作方针》（1928年3月），中央档案馆、内蒙古自治区档案馆编：《内蒙古革命历史文件汇集》（一九二八年——一九三七年），1988年印，第9页。

合起来大暴动！”[①]根据《工作方针》的要求，内蒙古地区在恢复党组织的同时，也在全力落实发展党员、动员群众、准备暴动的任务。

中共中央北方局和中共顺直省委派遣的郑卫华和辛觉民到绥远后，联系当地的共产党员，不久与中共绥远特别支部负责人王建功取得联系，向其详细传达了八七会议精神，介绍了大革命失败后全国的革命形势。王建功汇报了绥远党组织遭到破坏的情况。郑卫华和辛觉民明确指示王建功，要迅速着手恢复、整顿、重建党的组织，建立秘密工作机关和秘密交通网，开展革命活动，同时要吸取教训，注意抓枪杆子，开展武装斗争。

1928 年 4 月，中共绥远特别支部经过认真调查研究，向中共顺直省委和中共中央呈送了《关于内蒙政治经济情况的报告》，分析了内蒙古地区的土地所有权关系、自然及社会环境和开展土地革命面临的现实状况。《报告》提出，“蒙汉两民族平民的共同要求是：打倒帝国主义、军阀、王公、喇嘛、土豪、劣绅、奸商，建设农工兵牧的民主政府”[②]，“将来政权的组织在实际上必须是农工兵牧苏维埃政权”，[③]反映了内蒙古地区党组织对内蒙古地区土地革命和各民族解放运动的认识和主张。

党的六大决议和对内蒙古的工作方针

大革命失败后，党发动了一系列武装起义，但革命形势依然处于低潮。由于当时的党还处于幼年阶段，政治上还不成熟，对中国社会性质和中国革命的性质、动力、前途等重大问题，党内还存在着认识上的分歧和争论。因此，召开一次党的全国代表大会已刻不容缓。由于国内白色恐怖异常严重，中共中央报请共产国际同意后，决定党的六大在苏联莫斯科召开。

---

① 《中共顺直省委关于内蒙工作方针》(1928 年 3 月)，中央档案馆、内蒙古自治区档案馆编：《内蒙古革命历史文件汇集》(一九二八年——一九三七年)，1988 年印，第 10 页。

② 《中共内蒙特支关于内蒙政治经济情况的报告》，中央档案馆、内蒙古自治区档案馆编：《内蒙古革命历史文件汇集》(一九二八年——一九三七年)，1988 年印，第 21 页。

③ 《中共内蒙特支关于内蒙政治经济情况的报告》，中央档案馆、内蒙古自治区档案馆编：《内蒙古革命历史文件汇集》(一九二八年——一九三七年)，1988 年印，第 22 页。

1928年6月18日至7月11日,中国共产党第六次全国代表大会在苏联莫斯科近郊举行。大会科学分析了中国社会的性质,明确指出,中国仍然是一个半殖民地半封建的国家,中国革命现阶段的性质是资产阶级民主革命;当前中国的政治形势是处于两个革命高潮之间,第一个革命浪潮已经过去,而新的浪潮还没有来到;党的总路线是争取群众,准备起义,而不是立即举行全国性的起义。大会提出把中心工作从千方百计地组织暴动转到从事艰苦的群众工作,要反对"左"、右两种错误倾向。这是党的工作方针的一次重要转变。

党的六大通过的《关于民族问题的决议》提出:"中国境内少数民族的问题(北部之蒙古,回族,满洲,高丽人,福建之台湾人,以及南部苗黎等原始民族,新疆和西藏),对于革命有重大的意义,特委托中央委员会于第七次大会之前,准备中国少数民族问题的材料,以便第七次大会时列入议事日程并加入党纲。"①党的六大以后,中共顺直省委认真落实这个决议,非常重视对内蒙古地区革命运动的研究和领导。在内蒙古地区党组织和中共顺直省委往来的一系列文件中,对内蒙古的社会经济和阶级剥削、土地问题和蒙汉关系、内蒙古的民族问题和革命运动、内蒙古革命的性质和任务以及内蒙古人民革命党等问题,进行了深入分析探讨,对内蒙古革命运动的方针政策以及工作问题提出了意见和建议。内蒙古地区的党组织贯彻执行党的六大精神,恢复和重建党的组织机构,领导开展群众斗争,革命运动逐步得到恢复和发展。

党的六大闭幕后,中共中央对内蒙古地区的工作继续提出一系列指导方针。1928年10月23日,中共中央在《致内蒙特支指示信》中指出:"特支的工作在目前,一是登记各地党员,照六次大会组织决议及中央组织通告建立布尔塞维克化的支部,必须有能在民众中起核心作用的支部才能夺取群众。二是努力的全体动员到群众中去,领导工农牧的日常经济斗争并扩大党的宣传以团结广大民众到党的周围。正是全国党的中心任务而在内蒙尤为重要,望遵照六大决议及中央各种通告所

① 《关于民族问题的决议》(1928年7月9日),中共中央文献研究室、中央档案馆编:《建党以来重要文献选编》(一九二一——一九四九)第5册,中央文献出版社2011年版,第450页。

指示的路线，努力执行”[①]。1929年2月中共中央在《给蒙委的信》中，针对内蒙古民族问题提出：“蒙汉被压迫民族联合起来；取消王公贵族一切特权，取消奴隶制；没收一切王公地主的土地牲畜，归牧民自牧，农民自耕；取消一切政府军阀王公贵族的捐税，实行统一的累进税。”[②]1930年11月，中共中央制定《关于内蒙工作计划大纲》，“确认内蒙革命的动力是工人和农民（雇农，贫农，中农），牧民，奴隶（以及兵士）。革命的对象是王公，军阀，地主，资本家和帝国主义。这一革命的任务是完成内蒙劳动群众——特别是蒙人——的解放，铲除封建制度，实行土地革命，赶走帝国主义，推翻王公军阀国民党政权”[③]。

1931年11月7日至20日，中华苏维埃第一次全国代表大会在中央革命根据地的瑞金举行，宣告成立中华苏维埃共和国临时中央政府。大会通过的《中华苏维埃共和国宪法大纲》规定，在苏维埃政权范围内，不分民族和宗教信仰，在苏维埃法律面前一律平等。大会发表了《全国苏维埃区域代表大会告国内少数民族书》，作出了《关于中国境内少数民族问题的决议案》，分析了中国民族问题的阶级根源、历史根源和少数民族遭受压迫的现状，指出少数民族人民不只受帝国主义和中国军阀地主资本家的压迫剥削，而且还受民族内部统治阶级的压迫；少数民族内部的统治阶级往往是帝国主义、中国军阀、地主、资本家剥削压迫少数民族劳苦群众的工具。《关于中国境内少数民族问题的决议案》庄严声明“反对一切对少数民族的压迫，而主张他们的彻底解放”[④]；提倡实行各民族一律平等，实现各民族联合起来共求解放。这个决议案用阶

① 《中共中央致内蒙特支指示信（摘录）——关于加紧领导内蒙的民族运动及整顿特支——》（1928年10月23日），中共中央统战部编：《民族问题文献汇编》，中共中央党校出版社1991年版，第91页。

② 《中共中央给蒙委的信》（1929年2月），中共中央统战部编：《民族问题文献汇编》，中共中央党校出版社1991年版，第102页。

③ 《中共中央关于内蒙工作计划大纲》（1930年11月5日），中共中央统战部编：《民族问题文献汇编》，中共中央党校出版社1991年版，第137页。

④ 《关于中国境内少数民族问题的决议案》（1931年11月中华工农兵苏维埃第一次全国代表大会通过），中共中央统战部编：《民族问题文献汇编》，中共中央党校出版社1991年版，第169页。

级分析的方法,解答了当时民族关系的核心问题,运用马克思主义的民族理论,指导解决国内民族问题,体现了中国共产党对中国民族问题认识的深化和进步。

中国共产党成立以来,对国内民族问题的认识有个逐步发展的过程,关于民族问题的基本政策也随着革命形势的变化而不断调整。到土地革命战争时期,中国共产党根据马克思主义民族理论和中国革命的现实任务,不仅对国内民族问题作了科学分析,提出了指导国内民族工作的基本政策,并且列入中共中央决议和《中华苏维埃共和国宪法大纲》,以法律的形式予以确定。这对国内少数民族包括蒙古民族的解放运动和革命斗争,具有非常重要的指导意义。

1934 年初,在中华苏维埃第二次全国代表大会上,毛泽东专门阐述了中华苏维埃共和国的民族政策。他在报告中指出:“争取一切被压迫的少数民族环绕于苏维埃的周围,增加反帝国主义与反国民党的革命力量,是苏维埃民族政策的出发点。”① 他对中国民族问题作了科学的分析:“国内的许多少数民族如蒙古人、西藏人、高丽人、安南人、苗人、黎人等等,历来都受着中国封建皇帝与封建军阀的剥削和统治。”② “另一方面,少数民族自己内部的统治阶级,如王公、活佛、喇嘛、土司等与中国国民党军阀相结合,使这些民族中的广大劳苦民众遭受更加利害的压迫与剥削。或者他们(如西藏、新疆、内蒙)直接投降于帝国主义,引导帝国主义迅速的殖民地化这些区域,更进一步的掠夺劳动民众。这是少数民族过去与现在生活的实质。”③ 毛泽东十分精辟地指出:“民族的压迫基于民族的剥削,推翻了这个民族剥削制度,民族的自由联合就代

① 毛泽东:《在第二次全国苏维埃代表大会上的报告》(1934 年 1 月 24 日、25 日),中共中央文献研究室、中央档案馆编:《建党以来重要文献选编》(一九二一——一九四九)第 11 册,中央文献出版社 2011 年版,第 128 页。

② 毛泽东:《在第二次全国苏维埃代表大会上的报告》(1934 年 1 月 24 日、25 日),中共中央文献研究室、中央档案馆编:《建党以来重要文献选编》(一九二一——一九四九)第 11 册,中央文献出版社 2011 年版,第 128 页。

③ 毛泽东:《在第二次全国苏维埃代表大会上的报告》(1934 年 1 月 24 日、25 日),中共中央文献研究室、中央档案馆编:《建党以来重要文献选编》(一九二一——一九四九)第 11 册,中央文献出版社 2011 年版,第 128—129 页。

替民族的压迫。然而这只有中国苏维埃政权的彻底胜利才有可能，赞助中国苏维埃政权取得全国范围内的胜利，同样是各个少数民族的责任。”① 毛泽东不仅对中国民族问题的实质，少数民族的解放与全国革命的关系以及民族解放的途径等重大问题作了透彻的分析，并且满怀信心地认为，共同的革命利益能够使各民族劳动民众真诚地结合起来。

毛泽东对中国少数民族问题的科学分析和精辟论断，表明中国共产党解决国内民族问题的基本原则是民族不分大小一律平等，实现民族团结，对待民族问题的态度与国民党反动派的压迫政策具有本质区别。

党的六大以后，内蒙古地区党组织不断恢复与重建，在艰难困苦中承担起执行党的路线方针、贯彻党的民族政策的重任，把党在内蒙古地区的革命事业持续推向前进。

二、党组织的恢复重建和从挫折中奋起

大革命失败后，国民党在内蒙古地区的统治逐步确立并组建起庞大的特务机构，到处破坏共产党组织，绑架、逮捕、杀害共产党人和进步人士，内蒙古地区革命运动转入低潮。但幸存下来的共产党员没有屈服，他们转入地下，克服困难，想方设法寻找党组织，恢复重建党组织，努力从挫折中吸取经验教训，重新奋起承担革命任务。

为了继续推动内蒙古地区的革命斗争，中共中央、共产国际和中共驻共产国际代表团、中共中央北方局、中共顺直省委、中共河北省委、中共山西省委、中共陕北特委、中共蒙古工委、中共少数民族工委等党的中央和地方组织，先后派遣干部到内蒙古地区，帮助恢复并重建地方党组织，贯彻落实党的各项决策部署，开辟内蒙古工作的新局面。

从 1927 年 10 月到 1936 年 10 月，在中共中央和上级党组织的领

① 毛泽东：《在第二次全国苏维埃代表大会上的报告》（1934 年 1 月 24 日、25 日），中共中央文献研究室、中央档案馆编：《建党以来重要文献选编》（一九二一——一九四九）第 11 册，中央文献出版社 2011 年版，第 130 页。

导下，内蒙古地区先后有许多党的组织得以建立和恢复，担负起组织和领导内蒙古革命运动的使命。

中共绥远特别支部

1927年5月，中共中央指示中共天津地委代替中共北方区委领导北方地区的工作。8月1日，中共顺直省委在天津正式成立，管辖范围包括京、津、冀、晋、热、察、绥等地的党组织，也曾一度指导赤峰地区的革命斗争。

八七会议后，中共北方局和中共顺直省委先后派遣郑卫华、辛觉民、李佩衡到绥远指导党组织恢复与重建工作。1927年10月，李佩衡在归绥主持召开了党的会议，宣布组成中共绥远特别支部（简称绥远特支），王建功任书记，李子光任组织委员，范建中任宣传委员；支部成员还有陈国奇、惠志诚、李亮明。特支机关设在归绥旧城的巧尔气召。这是大革命失败后，内蒙古地区恢复建立的第一个党组织。

根据中共顺直省委指示，绥远特支的主要任务包括联络、调查、了解绥远地区转入地下的共产党员；恢复党的基层组织；培养积极分子，发展党员，壮大革命队伍；指导工农运动，秘密开展群众工作。经过一段时间的艰苦工作，绥远特支联络到分散隐蔽的30多名共产党员，在归绥建立了3个支部，并与包头支部、临河支部取得联系。这样，绥远特支下设了归绥城区、归绥铁路、归绥手工业工人、包头、临河5个基层支部，为党在绥远地区恢复开展革命活动打下组织基础。

1928年6月，奉系军阀撤离绥远后，国民党右派又活跃起来，大肆搜捕共产党人，党组织处境极其艰难。绥远特支决定让遭国民党通缉的王建功暂时隐蔽，由李子光代理书记兼组织委员。10月初，绥远特支宣传委员范建中投靠国民党，供出了归绥党组织成员名单，归绥地区3个基层支部均遭到破坏，部分人员被捕后叛变。

1929年3月，王建功、李子光返回归绥，准备严格整顿党的组织。由于叛徒出卖，李子光一下火车便被逮捕，不久王建功也被捕，二人分别被国民党绥远省高等法院以“政治嫌疑犯”罪名判处三个月和半年徒刑，一年后获释。

中共绥远特别支部虽然只存在了一年多，但意义重大。作为大革命失败后绥远地区最早恢复建立的党组织，绥远特支在白色恐怖中组织联络失散党员，恢复组建基层支部，领导党员，依靠群众，坚持开展革命斗争，为内蒙古地区其他党组织的恢复和发展做出了榜样。

中共内蒙特别支部

1927 年 8 月，中共临时中央政治局第一次会议决定组建中共中央北方局，内蒙古、满洲等地的党组织工作由中共中央北方局管理。1927 年 11 月，中共中央决定撤销北方局，北方地区党的工作由中共顺直省委领导。1928 年 2 月，中共内蒙特别支部（简称内蒙特支）成立，归中共顺直省委领导，韩麟符任书记，成员有郑丕烈、杨洪涛、张开运、卢东白、云润、曲步霄、辛觉民、张良翰等。3 月，中共顺直省委作出《关于内蒙工作方针》，指导内蒙特支的工作。内蒙特支也向顺直省委、中共中央报送了《关于内蒙古问题与党的任务的报告》《关于内蒙古政治经济情况的报告》，陈述了内蒙特支关于在内蒙古开展土地革命的建议和意见。

1928 年 9 月，中共顺直省委派人到内蒙特支宣布了《中共顺直省委关于内蒙党目前的工作计划》，强调内蒙特支的工作“应该是很艰苦的去建立群众的组织，发动群众本身利益的斗争，号召群众反抗一切豪绅、官府、军阀、王公、教堂及国民党所加于农民的压迫和剥削，领导饥农难民的运动，扩大并深入党的政治宣传，恢复党的组织，建立党的基础，深入党的政治训练，铲除机会主义的及军事投机的错误倾向，培养党的干部人材”①。中共顺直省委还指出：“目前在热河最主要的斗争应该是反对军队的勒索，反对豪绅地主的压迫和剥削，反对一切捐税，有组织的作大规模的借粮运动，并抗还过高利息等。”② 按照工作计划，暂

① 《中共顺直省委关于内蒙党目前的工作计划》（1928 年 9 月），中央档案馆、内蒙古自治区档案馆编：《内蒙古革命历史文件汇集》（一九二八年——一九三七年），1988 年印，第 43—44 页。

② 《中共顺直省委关于内蒙党目前的工作计划》（1928 年 9 月），中央档案馆、内蒙古自治区档案馆编：《内蒙古革命历史文件汇集》（一九二八年——一九三七年），1988 年印，第 45 页。

时组成了中共热河临时县委，郑丕烈为书记，张树、卢东白为委员。各县暂时组织区委或特支，受中共热河县委领导。察哈尔工作暂由中共张家口市委领导。绥远暂时组织临时县委，机关设于绥远，云霖为书记，辛党民参加，并指示所有党员均须重新登记。

中共顺直省委曾专门向中共中央建议，有关内蒙古的工作应由中央直接指导。10月，中共中央决定改组内蒙特支，郑丕烈任书记，成员有杨洪涛、张振海、孟集平等。之后，内蒙特支致信中共中央，提出为了更好地开展工作，希望中央给予内蒙古工作更多关注，并上报了《关于大同张家口等支部活动情况的报告》，详细汇报了内蒙特支组织、成员及活动情况。

1929年1月，郑丕烈到上海向中共中央汇报工作。由于叛徒出卖，内蒙特支遭到破坏，杨洪涛等10余人被捕。2月，中共中央在《给蒙委的信》中指示：内蒙特支在地域分工明确后，即可改称中共内蒙古特别委员会（简称内蒙特委）。限于当时形势，内蒙特委的组建工作直到1930年初才完成，到当年6月又被国民党破坏，特委书记郑丕烈在天津被捕后叛变。

1928年到1930年，是党在内蒙古地区开展工作极其困难的时期。内蒙特委被破坏后，其下属党组织和党员与上级党组织的联系被迫中断。在屡次遭受破坏、经费拮据、上级党组织频繁变更的困难条件下，内蒙特支、内蒙特委继续坚持斗争，恢复和发展了热河、绥远、察哈尔的党组织，领导群众开展革命斗争。

中共西蒙工作委员会

在党的六大召开时，大会秘书处抽调了一批来自莫斯科中山大学、东方大学的师生，协助做会务工作。乌兰夫等10余名共产党员参与了中共六大文件翻译工作。会议期间，瞿秋白、周恩来、王若飞等中共领导人专门看望了在莫斯科学习的中国青年，介绍了国内的革命形势。因为李大钊、赵世炎、多松年、李裕智等良师益友已经牺牲，内蒙古的党组织遭到严重破坏，在东方大学毕业后留在莫斯科做翻译工作的乌兰夫决定回国参加革命斗争。他给中央领导写信，表示准备在家乡发动农民运动，开展武装斗争。他还给共产国际东方部写报告，表达自己的归国意愿。1929年6月，针对当时内蒙古革命斗争的实际情况，中共驻共产国际代表团团长瞿秋白在莫斯科和乌兰夫等人谈话，指示他们回到内蒙古地区建立党的地方组织，开展地下斗争，并提出途经外蒙古时，如果条件成熟，争取在外蒙古开办一个培养蒙汉革命干部的学校。临行前，共产国际执委会东方书记处的马吉尔召集乌兰夫等人，就他们回国开展革命斗争的方法作了具体指示。

1929年6月底，乌兰夫、朋斯克、特木尔巴根、佛鼎、德力格尔从莫斯科出发，到达乌兰巴托，见到了共产国际驻外蒙古代表阿莫嘎耶夫和中共党员王瑞符，听取了他们关于内蒙古地区情况的分析，研究了在内蒙古地区的工作任务。乌兰夫等人也转达了马吉尔、瞿秋白希望在外蒙古开办干部学校的建议。双方商定先由乌兰夫等人回到内蒙古，动员和选送革命者，然后在外蒙古开设培训班或培训学校。按照中共驻共产国际代表团和阿莫嘎耶夫的部署，成立了中共西蒙工作委员会（简称西蒙工委），佛鼎任书记，乌兰夫分管组织工作，奎璧负责宣传和交通联络。1929年7月，乌兰夫等人分成三路，陆续回到内蒙古各地开展革命工作。特木尔巴根、朋斯克到哲里木、热河一带工作，德力格尔到克什克腾旗和察哈尔一带工作，佛鼎、乌兰夫、奎璧、李森、云德胜回绥远工作，准备以归绥、包头为中心，开展革命斗争。1929年9月初，佛鼎、乌兰夫等人在四子王旗乌兰花和武川县白沙泉等地稍事停留，研究了每人的分工，决定佛鼎以黑沙图为落脚点，在武川县、四子王旗、达尔罕旗、茂明安旗开展工作；乌兰夫以归绥为中心，在土默川农村开展工作；奎璧在包头以开烟酒小铺为掩护，建立交通联络点；李森、云德胜承担交通联络任务，在包头附近向黄河以南活动。佛鼎、乌兰夫、奎璧、李森、云德胜等还确定了每个活动地区的联系时间、地点和方式。

西蒙工委成员到达预定地区后，佛鼎、乌兰夫、奎璧、李森和原在绥远的吉雅泰等人，在归绥至包头的蒙古族村落建立起一批党的联络点。吉雅泰建起了从包头福徵寺到归绥巧尔气召的以寺庙为掩护的秘密联络线。乌兰夫等人还开辟了归绥经百灵庙至乌兰巴托的国际秘密交通线。西蒙工委十分重视党组织建设和发展党员工作，与隐蔽在土默川农村的共产党员贾力更、高布泽博、勇夫等人取得联系，并与已经回国的中共内蒙古特支委员云润接上头。佛鼎以木匠和商贩身份作掩护，对大青山一带情况进行调查，在石拐煤矿工人中发展了19名共产党员，建立了6个党小组。奎璧回到土默川不久，因叛徒告密被捕，8个月后才被释放。

培养干部尤其是蒙古族干部，是共产国际和上级党组织交给西蒙工委的一项重要任务。佛鼎动员亲戚高凤英，又通过高凤英联络部分青年去外蒙古参加学习。乌兰夫与李森在伊克昭盟准格尔旗、包头“老一团”及家乡土默川一带动员了一批青年去外蒙古学习。1930年2月，由佛鼎、云润带队，毕力格巴图尔[①]、凯力布增、竹格德尔、长元、贾力更等30多名蒙汉族青年先后奔赴外蒙古参加学习。佛鼎走后，乌兰夫继任西蒙工委书记，主持工作。1930年7月，佛鼎带领毕力格巴图尔、高布泽博、竹格德尔、金山、贵仲、纪松龄、纪明德、敖特根8人前往莫斯科，进入东方大学学习。西蒙工委又派共产党员朱实夫护送宝音陶克陶、阿塞陶克陶、鄂尔登毕力格、乌日图那森、阿拉腾扎布等10多名蒙汉青年到外蒙古学习。通过这些努力，为内蒙古地区的革命斗争培养了一批干部。

20世纪30年代初，绥远地区持续大旱，民不聊生。国民党绥远省政府不顾人民死活，于1931年春颁布了征收锅厘税[②]的法令，激起各族群众的强烈不满。西蒙工委针对这一情况，决定在有条件的村镇建立农民协会，组织和发动群众开展反锅厘税斗争。乌兰夫和西蒙工委成员深入农村，在美岱召、毕克齐、沙尔沁、把什等10多个村镇建立农民协会，发展会员100多人。西蒙工委还召集10多个村庄农民协会负责人，在美岱召秘密举行学习会，研究斗争方法和策略。通过西蒙工委的精心组织领导，农民协会领导各村农民统一行动，坚决抵制征收锅厘税，把什村的村民还驱逐了收税人员，反锅厘税斗争取得胜利。

---

① 毕力格巴图尔（1908—1974），蒙古族，今内蒙古自治区呼和浩特市赛罕区人。1936年加入中国共产党。中华人民共和国成立后，曾任内蒙古党委书记处书记等职。

② 锅厘税，是国民党绥远省政府勒索群众的税收规定，即把过去按每户征税改为按每户的锅灶征税。

西蒙工委从1929年7月成立，到1937年2月乌兰夫担任国民革命军新编陆军第三师中共党务委员会书记止，一直与共产国际、中共西北特委、中共河北省委、中共绥远省特委保持着联系，坚决贯彻上级的指示精神，运用隐蔽斗争策略，恢复和建立基层党组织，组织农民协会，开展土地革命斗争，培养革命干部，壮大了党的力量，为党领导的内蒙古西部地区革命斗争深入开展提供了组织保证。

中共内蒙古特别委员会

1930年9月17日，中共顺直省委负责人之一李希逸在《关于热河工作的计划》中，就热河开展土地革命提出具体意见，重申了中共中央的内蒙古民族政纲，建议组织中共热河特委。①1930年10月2日，由陈镜湖、刘刚等主持召开内蒙古各旗县党部代表联席会议，提出了近期工作任务，决定重新建立中共内蒙古特别委员会（仍简称内蒙特委），确定了各地负责干部。内蒙特委随即成立，特委机关暂设热河省滦平县金沟屯，陈镜湖任临时书记兼组织委员，刘刚为宣传委员，张一川为农民委员，郭品端为工人委员，刘汉民为青年委员，陈修五、宫恕孔、王仲华为军事委员，肖生嘎为少数民族委员。内蒙特委成立后，一面派刘刚赴北平联络组织，一面派陈镜湖赴外蒙古寻求合作支持。1930年11月5日，中共中央讨论拟定了《关于内蒙工作计划大纲》，明确提出了内蒙古工作的行动政纲、民族政纲及具体工作方法，进一步明确了内蒙古民主革命的纲领、基本主张等。

1931年2月，重建的内蒙特委向中共北满特委和中共中央作了《关于内蒙党的工作报告》，陈述了内蒙古地区革命活动现状，并提出内蒙特委直属中共中央领导的请求。3月，内蒙特委向中共中央作了《关于内蒙古一般的政治经济状况的报告》，汇报了党组织及开展工作的具体情况。

内蒙特委重建后，在各级党组织的领导和推动下，热河、察哈尔、绥

① 《关于热河工作的计划》，中央档案馆、内蒙古自治区档案馆编：《内蒙古革命历史文件汇集》（一九二八年——一九三七年），1988年印，第114页。

远三省农牧民运动、工人运动、兵运工作开始逐渐恢复。九一八事变后，日军占领沈阳，很快占领东北地区。内蒙特委以热河为中心，领导各族民众开展抗日救亡运动，组织义勇军进行武装抗日斗争。1932年9月15日，内蒙特委发表了《为纪念“九一八”一周年反对帝国主义进攻热河告蒙汉劳苦民众书》，呼吁：“全内蒙的工农士兵劳苦群众及蒙族平民大众们！中国共产党内蒙特委在这里正式号召你们，团结起来，为反对日本帝国主义进攻热河而斗争”①。

1933年1月初，中共中央改组内蒙特委，组成了以陈镜湖、刘刚、王逸伦等人为常委的领导机构；组织了蒙汉抗日同盟军事委员会领导武装抗日；发表了《坚决抵抗日本帝国主义宣言》。内蒙特委成员分赴各地开展工作，陈镜湖负责承德、围场、经棚、丰宁各县；刘刚负责建平、朝阳、凌源、平泉各县；王逸伦负责赤峰、开鲁、林东、林西各县。特委其他成员分别前往各地开展工作。同年4月，内蒙特委机关移至张家口。陈镜湖、刘刚在平绥铁路沿线张家口、归绥、包头等地组织蒙汉抗日同盟会，建立平绥铁路党支部，成立张家口洋车夫工会，在热河组织了农民抗日团，各地的学生和牧民工作也开展起来。内蒙特委还参与了冯玉祥组建察哈尔民众抗日同盟军的工作。同年5月，陈镜湖牺牲，内蒙特委停止活动。

内蒙特委活动期间，向中共中央反映了许多对内蒙古地区革命活动的认识，提出了许多开展工作的建议，使中共中央更多地了解了内蒙古地区的革命形势及工作情况。

中共绥远地区特别委员会

绥远特支被破坏后，1931年4月，中共山西省委派遣赵鹏九、刘子安、李莉春以考察实业为名，到绥远开展党的工作，组建了中共绥远地区特别委员会（简称绥远特委），赵鹏九任书记，刘子安、李莉春任委

① 《为纪念“九一八”一周年反对帝国主义进攻热河告蒙汉劳苦民众书》（1932年9月15日），中央档案馆、内蒙古自治区档案馆编：《内蒙古革命历史文件汇集》（一九二八年——一九三七年），1988年印，第151页。

员。刘子安很快与中共地下党员刘金元、傅恒取得联系。4 月中旬，绥远特委联系上了隐蔽在农村的王建功，听取了他对绥远特支情况的汇报。王建功向绥远特委介绍了中共顺直省委派回绥远工作的杨植霖。杨植霖帮赵鹏九联络了部分党员和积极分子，绥远特委初步打开了工作局面。

1931 年五一国际劳动节前夜，绥远特委组织党员在归绥城里开展宣传活动，张贴标语，散发传单，宣传党的方针政策，揭露国民党的反动面目，号召广大群众进行反封建、反国民党新军阀的斗争。国民党绥远当局如临大敌，派出大批军警展开搜捕。与组织取得联系的范建中被捕后再次叛变，交代了绥远特委的所有情况，出卖了赵鹏九、刘子安、李莉春、王建功、杨植霖、刘金元、傅恒等共产党员。赵鹏九、刘子安、李莉春被捕并押往北平，交国民党北平军分会审理。王建功被判 5 年徒刑，杨植霖被判 2 年徒刑。

绥远特委成立不到一个月便遭破坏，主要原因固然是由于国民党反动派的严厉镇压，但自身也存在问题。党的六届四中全会后，以王明为主要代表的“左”倾教条主义错误在中央占据统治地位，“左”倾教条主义方针开始在各地贯彻，绥远特委受“左”倾路线影响，在立足未稳之际，开展工作过于冒进，特别是在对敌情还不了解、环境还不熟悉、党员背景还不明了的情况下，匆忙采取公开活动，暴露了力量，遭受了重大损失。另外，没有及早甄别并清除党内意志薄弱分子和投机变节分子，也是原因之一。

中共西北特别委员会

1931 年 7 月底，中共中央和共产国际决定，派遣王若飞、吉合①、潘恩普等人回国，主要工作是“发展并组织西北的革命运动，尤其以民

---

① 吉合（1905—1983），今河南省漯河市郾城区人。1931 年加入中国共产党。中华人民共和国成立后，曾任中国人民解放军军事科学院院务部副部长、外国军事研究部副部长等职。1955 年被授予少将军衔。

族运动为中心”[①]。8月初，王若飞等人在外蒙古乌兰巴托见到了共产国际代表切尔诺莫切克，研究了中国国内形势和回国后的工作任务、工作方式，组成了中共西北特别委员会（简称西北特委），王若飞任书记，吉合任军事部部长，潘恩普（后叛变）任委员。9月，他们分成两路回国。王若飞、吉合为一路，由正在外蒙古学习的朱实夫担任交通员，准备经归绥、包头到宁夏；潘恩普和共产国际代表奥其罗夫、交通员巴达玛为另一路，准备从科布多入境，经阿拉善旗定远营（今阿拉善左旗巴彦浩特镇）到宁夏。10月，王若飞（化名黄敬斋）一行回国后经归绥到达包头。经朱实夫联络，王若飞、吉合见到了在包头开展工作的乌兰夫、李森等人。

中共西北特委与中共西蒙工委取得联系后，王若飞传达了中共中央关于要抓武装斗争、共产国际关于要吸收和培养知识分子参加革命的指示。乌兰夫向王若飞汇报了中共西蒙工委的工作情况，得到王若飞的肯定。为了进一步推动绥远地区的革命斗争，王若飞提出在内蒙古地区组建中国共产党的外围组织平民革命党，乌兰夫表示赞同。王若飞起草了《平民革命党宣言》，号召蒙古族人民团结起来，在中国共产党领导下，反对日本帝国主义的侵略，反对国民党的统治，反对重税盘剥，准备在包头街头和广大农村秘密散发。1931年10月中旬，王若飞派吉合赴陕北联系红军，乌兰夫安排奇新民陪同前往。为了尽快将晋、绥、陕、宁、甘一带的革命力量连成一片，开展土地革命，王若飞准备前往宁夏，不幸在启程前的11月21日晚被捕。

王若飞被捕后，先后关押在绥远“第一模范监狱”和太原国民党陆军监狱。王若飞在狱中团结同志，顽强斗争，经受住了敌人的威逼利诱和假处决的生死考验。王若飞两次在绥远高等法院法庭上宣扬马克思主义思想和中国共产党主张，痛斥国民党反动派罪行，揭露国民党政府的腐败与残暴，显示了共产党人的凛然正气和大无畏斗争精神。王若飞还在狱中教导被关押的共产党员和革命者学会对敌斗争的方法和策

① 《内蒙古平民革命党同志向前书写给河北省委的报告书》（1933年7月1日），中央档案馆、内蒙古自治区档案馆编：《内蒙古革命历史文件汇集》（一九二八年——一九三七年），1988年印，第196页。

略，辅导狱友学习文化知识，提高大家的思想觉悟和理论水平。

王若飞的被捕对党在西北地区的工作是很大的损失。乌兰夫在敌人的通缉下，不畏艰险，多方设法营救王若飞，并借助私人关系将中共党员张有明安排在监狱工作，很快与王若飞建立了联系。1931 年底和 1932 年 7 月，乌兰夫等人两次去外蒙古向共产国际代表汇报营救王若飞的情况。但由于王若飞身份暴露，营救工作直到 1937 年国共再度合作后才取得成功。

吉合到达宁夏后，很快与刘志丹领导的陕甘红军接上了关系。1932 年 3 月，吉合从宁夏返回包头，在土默川农村与李森、奇新民等人取得联系。由于王若飞被捕，西北特委人员准备在宁夏会合的计划未能实现。后吉合以种牛痘医生身份作掩护，继续在土默川农村开展革命活动。不久，共产国际派到包头参加西北特委工作的共产党员曾涌泉到达绥远，得知王若飞被捕，遂在中共西蒙工委的协助下，以小商贩身份作掩护，继续在土默川开展革命活动。

中共归绥中心县委员会

1932 年 8 月，中共河北省委派巡视员杨一帆和北平文化总同盟的张璋到归绥，与同年 4 月建立的绥远反帝大同盟负责人、中共党员杜如薪取得联系，听取了关于绥远形势和反帝大同盟活动情况的汇报，充分肯定了反帝大同盟的工作成效，明确当前中国革命的中心任务是组织领导人民群众开展抗日斗争。1932 年 10 月，在绥远省立第三小学，杨一帆和杜如薪介绍苏谦益[①]、杨叶澎、马麟加入中国共产党。1933 年 1 月，杜如薪、张璋赴北平向中共河北省委汇报工作，杨一帆与在河套地区开展工作的王森也到达北平。中共河北省委负责人马辉之主持召开关于绥远工作问题的会议，研究绥远地区的革命形势，决定尽快组建由中共河北省委直接领导的归绥、河套地区党组织。

---

① 苏谦益（1913—2007），今内蒙古自治区呼和浩特市托克托县人。1932 年加入中国共产党。中华人民共和国成立后，曾任内蒙古自治区人民政府副主席、内蒙古军区党委常委等职，是中共八大代表，第一、二、三届全国人大代表和第六、七届全国政协常委。

1933年2月，中共归绥中心县委员会（简称归绥中心县委）成立，杜如薪任书记，马麟任组织委员，苏谦益任宣传委员，县委机关设在归绥旧城，同时还在旧城设立县委预备机关。后来，李明亮、朱葆光、王炳熨等也参加了县委工作。归绥中心县委的主要工作是在产业工人中发展党员，建立党的基层组织，同时寻找机会开展兵运工作。归绥中心县委随即领导成立反帝大同盟绥远省委员会，成员有杨一帆、杜如薪、苏谦益、杨叶澎、马麟、杨国兴。归绥中心县委领导和推动爱国运动从知识界向工人、士兵中发展，还积极组织群众开展抵制和销毁日货斗争。后由于部分成员身份暴露，杨叶澎、韩燕如、苏谦益、杨国兴等人先后被捕，杜如薪、王炳熨等人被迫转移到包头萨拉齐和河北保定，其他人员就地隐蔽。杨一帆被捕后瘐死狱中。1933年5月，归绥中心县委停止活动。

中共绥远省特别委员会

1933年5月，中共河北省委派刘仁到绥远地区开展党的工作，指示刘仁“将党的民族政策普遍在蒙古民族中进行宣传与解释工作，有计划的在他们之中去建立各种群众的革命组织”“在坚决进行反帝、反国民党、反王公、地主、喇嘛等斗争中去开展民族革命运动的工作”①。8月，组建了中共绥远省特别委员会（简称绥远省特委），刘仁任书记，吉合任组织部部长，梁一鸣任宣传部部长。1934年3月，鲁贲、安建平任特委委员。绥远省特委主要活动于绥远西部地区的临河、包头，特委机关设在包头，直接向中共中央驻北方代表孔原汇报工作。

绥远省特委的主要工作是组织开展农民运动。1933年底到1934年春，刘仁两次去河套地区，帮助中共临河县委恢复农村党支部，组织农民斗争。在绥远省特委领导下，临河县委发动农民开展夺粮斗争，组织渠工罢工，发动农民反抗县保卫团的剥削，领导清算地主村长的斗争，取得一定胜利。吉合学会了蒙古语，以行医为掩护，经常深入农牧

① 《关于绥远党的工作报告》（1934年2月27日），中央档案馆、内蒙古自治区档案馆编：《内蒙古革命历史文件汇集》（一九二八年——一九三七年），1988年印，第240页。

民家中，宣传民族平等和民族团结、推翻王公贵族、争取民族解放的道理，并结交了恒升、卜子嘉等一批蒙古族朋友。

1933年，中共绥远省特委在平绥铁路包头站积极开展工作，发展工人中的积极分子入党，并建立包头铁路党支部，铁路职工业余学校听差张廷珍任书记。1934年6月，工人党员发展至13人，组成一个工作委员会，张廷珍任书记。在绥远省特委领导下，包头铁路工人举行了一系列的罢工。直至同年秋，上海铁路总工会接收包头铁路党支部工作，绥远省特委在包头铁路工人中的工作结束。

绥远省特委在土默川地区建立党支部，宣传党的民族政策，发动各族群众，将土默川分为两区开展工作。以萨拉齐为中心的西区由吉合负责；以毕克齐为中心的东区由五人组成的东区工作委员会负责。两区都通过积极有效的工作，壮大了革命力量。

1935年春，平津地区的党组织遭到破坏，绥远省特委与中共河北省委的联系中断。国民党当局不断强化镇压，包头一带形势不断恶化，梁一鸣、鲁贲、安建平被迫离开绥远。7月，刘仁、吉合、王逸伦、恒升等人在乌兰夫、奎璧等人的协助下，取道外蒙古前往苏联。绥远省特委工作至此结束。

中共临河支部、临河特别支部、临河县委员会

1927年10月成立的中共绥远特支，下设5个基层支部，其中中共临河支部由刘进仁任书记，这是内蒙古河套地区第一个党组织。1928年10月，临河支部在与绥远特支联系中断的情况下坚持斗争，努力壮大党的力量，吸收陈广范、杜方方、刘昆山等人入党，并在陕坝、蛮会等地建立了党小组。当时临河支部共有15名党员，是绥远地区党员人数最多的支部。年底又建立了4个党小组，党员发展到19名。

刘进仁曾任国民党绥远省党部执行委员，在临河上层人物中有一定声望。他与临河支部组织委员兼军事委员李春秀分别借助教育局督导员和视学的公开身份，发动群众集资办新学，通过营造社会舆论，迫使国民党当局筹款建立临河一校，结束了河套地区只有教会学校的历史。刘进仁出任临河一校校长，将该校建成中共地下党的活动据点。临河

支部与上级党组织中断联系后，独立开展工作长达4年之久。

1932年8月，临河支部的党员发展到40余名，建立基层支部5个。中共绥远省委指示临河支部扩建为临河特别支部，王森任书记，下辖16个党支部，150余名党员。1933年3月，中共河北省委派巡视员到临河视察后，于5月23日建立中共临河县委员会，王森任书记。1934年6月，霍士奎任第二任临河县委书记，8月病故。王逸伦接任临河县委书记。

1934年秋，河套地区灾荒严重，临河一带饿殍遍野。中共临河县委指示陕坝大顺城党支部采取措施，帮助群众渡过难关。大顺城党支部积极领导农民群众开展"吃大户"夺粮斗争，鼓舞了人们的斗志，也引起反动势力的注意。1935年4月，临河县军警大肆搜捕共产党员和穷人会会员，杀害共产党员杜三柱、吕六、班三。由于形势恶化，县委成员先后转移。当年7月，王逸伦跟随刘仁、吉合赴苏联向共产国际汇报工作，临河县委工作结束。

中共乌审旗工作委员会

党在伊克昭盟乌审旗的工作拥有良好基础。早在大革命时期，共产党员高岗、曹动之等人就深入乌审旗开展党的工作。1927年冬，党组织安排曹动之到陕北靖边西沟村小学任校长兼教员，他领导的游击队经常在伊克昭盟的清河沟、毛乌素、巴图湾一带活动。1928年，乌审旗纳林河成立伊克昭盟第一个党小组，组长范希芳，有五六名党员，隶属陕西省横山县第一高小党支部。1934年8月，乌审旗掌高图党支部成立，这是伊克昭盟第一个党支部。同年，中共乌审旗工作委员会（简称乌审旗工委）建立，曹动之任书记，成员有张文彪、曹布诚、曹仲诚，这是伊克昭盟第一个旗县级党组织，接受中共陕北特委领导。1935年5月，巴图湾成为革命根据地，伊克昭盟第一个乡级党组织巴图湾乡党支部成立。

1935年末，陕北党组织派郝登鸿到乌审旗嘎鲁图、派杨建林和鲁富业到札萨克旗、派薛向晨到桃力民、派王治崎和任景喜到郡王旗、派三德胜和盛恩才到杭锦旗开展党的工作。1936年2月，成立一个月的中共乌审县委和县苏维埃政府在中共中央指示下撤销。3月,恢复乌审旗工委,张德生、曹动之、杨彩斌先后任书记,委员有徐子猷、田万生、詹玉琪、白汉臣、王占胜等,下辖掌高图、巴图湾、纳林河3个党支部。当年年初,红军骑兵团团长兼政委张爱萍率领部队抵达长城特区后,根据中共中央指示,领导开展了乌审旗的工作。1937年,乌审旗工委接受中共少数民族工作委员会的指示,进驻乌拉尔林一带,建立党支部。

中共垦区工作委员会

九一八事变后,大批东北难民入关,流落平津一带。国民政府迫于社会舆论压力,责成绥远省垦务五分局购买安北县(今巴彦淖尔市乌拉特前旗的一部分)7万亩荒地,建立垦区,安置难民。

1934年初,绥远省和硕公中(今乌拉特前旗北新安镇)垦区(也称扒子补隆垦区)成立,一部分东北抗日义勇军战士及家属、流亡的青年学生和一些东北难民陆续到达垦区。1935年夏,陈钟、苏梅等共产党员到垦区开展党的工作。秋季,中共垦区特别支部(简称垦区特支)成立,苏梅任书记,陈钟、祁志仁(后叛变)为委员,受中共中央北方局直接领导。垦区特支的主要任务是发展党组织,吸收先进分子入党,大力开展抗日救亡宣传和统一战线工作,把垦区建成党的活动据点。

中共中央北方局为了加强党在绥远地区特别是和硕公中垦区的工作,派遣李衡以北方局特派员身份到垦区负责领导党的工作,派遣熟悉垦区情况的陈钟(1935年曾离开垦区)一起前往,后又派遣熟悉军事的白乙化到垦区。1936年2月,在中国共产党领导下,北平进步学生成立了中华民族解放先锋队,300多名队员和青年学生分批来到垦区,其中有共产党员100多人,党在垦区的力量迅速壮大。7月,在北方局领导下,陕甘宁省委派遣王一民到垦区主持成立中共绥远省工委,李衡任书记,陈钟、彭德、张文远为委员。中共绥远省工委除了在垦区开展工作外,还负责绥西地区以及乌拉特前、中、后三个旗的地下工作,垦区党员发展到200多人,成为绥西地区党员最集中、党的工作最活跃的地区。

1936年10月,中共中央北方局为了加强领导,派李大钊长子、中共北平市委书记李葆华到垦区主持建立了中共垦区工作委员会(简称垦区工委），白乙化任书记，王志成、王方为委员，专门负责垦区工作。中共中央北方局明确指示，垦区工委受北方局直接领导，垦区先期成立的中共绥远省工委受中共中央北方局和中共陕甘宁省委双重领导。垦区工委成立不久，中共绥远省工委机关迁至包头。同年冬，陈钟调离，绥远省工委增补白乙化、郑林为委员。

绥远省和硕公中垦区表面是国民政府救济安置流亡难民的基地，实际上成为中国共产党在绥西地区宣传抗日救亡、发展党的组织、积蓄抗日力量的坚强阵地。

中共鄂托克旗工作委员会

1936 年 6 月，红军解放定边、盐池两县城，在定边成立中国共产党蒙古工作委员会（简称中共蒙古工委，1936 年 10 月改为中共少数民族工作委员会，简称中共少数民族工委），高岗任书记，大力向伊克昭盟南部开展根据地新区创建工作。

1936 年 7 月，高岗指挥蒙汉骑兵支队进驻鄂托克旗二道川、三段地、马场井一带开展活动。8 月，中共蒙古工委派遣高德义、曹布诚等政工人员到达三段地，宣传党的民族政策，开展统战工作；李占胜带领一支骑兵部队从定边来到二道川、三段地一带活动。随后，中共蒙古工委派遣政工人员金生华、白步华、慕生发等人成立了中共三段地工作委员会。1936 年 10 月，在中共三段地工委的基础上成立了中共鄂托克旗工作委员会（简称鄂托克旗工委），金生华、张生瑞先后任书记，曹布诚任副书记，李占胜、慕生发、白步华、高谦、刘占良等任委员，接受中共少数民族工委领导。鄂托克旗工委很快发展了 20 多名党员，建立了三段地、马场井、二道川、葫芦素淖 4 个党支部，在三段地建立了贫农总会和妇女联合会等群众组织，还在漫水塘、洪山塘、北梁、东壕、葫芦素淖、召皇口子 6 个地方建立贫农分会。同时建立了一支 40 多人的游击队，队长齐廷珍，政治指导员杨勤生。后因游击队部分成员叛变，齐廷珍不幸牺牲。鄂托克旗工委成立后，发展党员，发动群众，开展统战工作，经常向蒙古族各阶层人士宣传党的民族政策和抗日主张，团结蒙古、回、汉等各族人民共同抗日，为巩固陕甘宁根据地北方门户作出了贡献。

土地革命战争时期，内蒙古各地恢复建立的党组织虽然隶属关系纵横交错，演化变换纷繁复杂，但从总体看，中国共产党在内蒙古地区的革命活动始终没有停止，中国共产党人在白色恐怖下，不怕牺牲，顽强斗争，坚持将党领导的内蒙古地区革命事业不断向前推进。

三、秘密交通线的建立和安全护送党的六大代表

20 世纪二三十年代，内蒙古地区是中国通往世界上第一个社会主义国家——苏联的重要陆路通道。中国共产党开辟和维护了多条经过内蒙古东北部和中西部地区的国际秘密交通线。很多中共领导人和革命者走戈壁、穿沙漠、过草地，北上南下，往来穿梭于这些交通线上。

开辟满洲里秘密交通线

满洲里至苏联赤塔的秘密交通线开辟时间较早、持续时间较长、发挥作用较大。这条交通线的建立可追溯到大革命兴起之前，最早由苏联和共产国际的交通组织和秘密联络站负责，到苏联学习或考察的中国革命者主要经这条秘密交通线出入境。

早在 1920 年，苏俄红军击败了盘踞远东地区的高尔察克、谢苗诺夫白匪军，并在远东地区建立了苏维埃政权。为保障往来于中俄之间两国革命者的安全，俄共(布)[①] 中央和共产国际有关部门在赤塔、86 号小站和中国满洲里等地设立了秘密联络站。共产国际远东书记处责成国际联络部的丽雅·伊萨耶芙娜负责在上海、北京、哈尔滨、满洲里等地建立交通联络站，护送往来于中俄(中苏)之间的革命者。许多中国共产党早期领导人、重要干部出席共产国际重要会议或赴苏俄(苏联)考察学习都经由满洲里出入境，同时共产国际和苏俄(苏联)也派遣重要人员如维经斯基、马林、鲍罗廷、越飞、加伦等人由此交通线进入中国。

---

① 1925 年改为联共(布)。

1920 年 4 月，经共产国际批准，俄共（布）远东局海参崴分局外国处派全权代表维经斯基一行来华了解中国革命情况，由满洲里入境，在北京见到李大钊。1920 年冬，瞿秋白以北京《晨报》和上海《时事新报》特派记者的身份访问苏俄，对俄国十月革命后的社会和经济情况进行考察。同年，中国革命者王维舟经满洲里赴苏俄，翌年又经此路线回国。1921 年上半年，中共北京早期组织委派张太雷、上海早期组织委派俞秀松作为中国代表团成员分别经满洲里出境，在伊尔库茨克会合后同赴莫斯科出席共产国际第三次代表大会。中国共产党成立后，经满洲里出入国境的革命者开始增多。1922 年 1 月张国焘、王尽美、邓恩铭、高君宇、柯庆施出席远东各国共产党及民族革命团体第一次代表大会，同年 11 月陈独秀率中共代表团出席共产国际第四次代表大会、王俊代表京汉铁路工会出席赤色职工国际第二次代表大会，1923 年 8 月国共两党组成“孙逸仙博士代表团”赴苏联进行为期三个月的考察，1924 年 6 月李大钊率中共代表团一行参加共产国际第五次代表大会等，都经满洲里前往莫斯科并又经此交通线回国。

1922 年后，东三省巡阅使张作霖为防止苏俄“赤化”的影响，加强了边境防务。1923 年 10 月，中共在哈尔滨的组织建立了临时秘密交通站，担负迎送革命者往返苏联的任务。11 月，中国劳动组合书记部干事李震瀛护送中共党员黄镜由哈尔滨到满洲里，再由交通员引导前往苏联。1926 年春，中共北满（哈尔滨）地委成立后，高度重视国际交通站工作的开展，在中东铁路沿线发展党团组织，设专门人员负责国际交通工作，并在绥芬河也建立了国际交通站。

安全护送党的六大代表

1928 年 4 月 2 日，中共中央临时政治局常委开会，传达了共产国际关于同意中共六大在苏联莫斯科召开的决定。会议确定参加党的六大的南方代表先到上海集中，然后分批出境。4 月底南方的六大代表们陆续抵达上海，参加一周的培训后，分批越过中苏边境向莫斯科进发。

当时从中国前往莫斯科的陆上路线有 4 条。其中从哈尔滨坐火车到满洲里出境的路线不仅路途较近，沿路反动势力相对薄弱，而且共产国际和中共东北党组织在满洲里已先期建立了国际地下组织，能够安全接送六大代表从满洲里进入苏联。共产国际方面为接应中共六大代表，确保代表安全，分别在哈尔滨、满洲里、绥芬河设立了交通站，在苏联边境地区也有安全部门的人员接应。

中共哈尔滨临时县委在道里四道街中共党员阮节庵家设立了临时交通站，负责接待和护送六大代表。中共中央派龚饮冰、何松亭、杨之华等先期到达哈尔滨，与国际交通站取得联系。龚饮冰以开设的估衣铺作为接应代表们的联络地点。1928 年 4 月至 5 月，许多六大代表陆续到达哈尔滨，在接待站重新编组，一般是五六人一组，由交通站派出护送人员，乘一天一夜火车抵达满洲里，由共产国际设在满洲里的交通站和中共地下组织负责接应。在满洲里的接头地点有时在火车站附近，有时在道北站前马车停车场。代表们下车后，凭哈尔滨交通站发放的号码牌，坐上苏联人的马车，趁黑夜向西北直接越过边界，进入苏联境内的 86 号小站。暂时不能出境需要住下来的代表，党的地下工作人员把他们领到自己家或安排在旅店，然后由专人护送过境到达苏联奥特堡尔站，再乘火车经赤塔赴莫斯科。

经满洲里交通站护送前往苏联的六大代表有瞿秋白、周恩来、李立三、邓颖超、蔡畅、杨之华等近百人。共产国际和中共地下组织为了掩护代表从满洲里安全出境，不畏曲折惊险，克服重重困难。在边界上，东北军边防部队的哨卡林立，为防止苏联“赤化”影响，一般不许人们出入境。党的地下工作者机警地利用走亲戚、做买卖、拉草、种地等理由寻找突破口。这期间，中共满洲省委常委、出席六大的满洲省委代表团团长唐宏经承担了护送三批南方代表由哈尔滨至满洲里出境的任务。第一批护送的是广西和云南代表，第二批是甘卓棠等 5 名广东代表，第三批有张国焘、罗章龙、夏曦、张昆弟等。

党的六大结束后，参加会议的代表和大批革命者要从苏联回国。1928 年下半年，曾在莫斯科东方大学学习的赵毅敏回到哈尔滨苏联接待站做地下交通工作，在满洲里、绥芬河各开了一家杂货铺作掩护，设立秘密交通站开展接待工作。在共产国际的领导下，他成功将出席中共六大的代表和一些从莫斯科中山大学、莫斯科东方大学毕业的学生安全地接应回国，再安全地送往全国各地。

开辟和建立其他国际交通线、交通站

内蒙古西部地区很早就建有去往外蒙古和苏联的 3 条国际交通线。第一条国际交通线是从张家口或平地泉经二连浩特前往外蒙古、苏联。沿着这条交通线，1925 年，有中共党员佛鼎、奎璧、赵诚、特木尔巴根、乌勒吉敖喜尔等人从张家口乘汽车前往外蒙古学习；1926 年，有多松年从苏联回到察哈尔地区开展革命工作；1928 年，有纪松龄、乌勒吉敖喜尔从外蒙古回国从事地下斗争。第二条国际交通线是从归绥至乌兰巴托。在内蒙古地区革命运动的早期，许多绥远地区革命青年去往外蒙古或苏联学习，走的就是这条国际交通线；王若飞从苏联回国开展革命工作，走的也是这条线路。第三条国际交通线是从宁夏城（今银川）经定远营至乌兰巴托。1926 年，邓小平、王涤亚、朱逸尘等人从苏联回国，就是经过乌兰巴托、定远营到达宁夏城的。

从 20 世纪 30 年代初到 1937 年七七事变发生，由共产国际和中国共产党领导的内蒙古东北地区秘密交通线一直保持畅通运行。1930 年，为了获取日本关东军在中国东北的情报，中共满洲省委联合苏联伯力城情报科建立了以齐齐哈尔为中心的情报网。多松年和乌兰夫的同乡、曾在莫斯科中山大学学习的中共党员康根成，当时是伯力城情报科中国组组长和少尉翻译，多次在中东铁路沿线进行军事侦察。和康根成在伯力城情报科一起工作的苏子元在齐齐哈尔建立了龙江医院，作为中心联络站，并在齐齐哈尔、沈阳、哈尔滨等地先后建立几处交通点，同时在靠近苏中边境的扎赉诺尔、二卡、绥芬河等地建立情报网，并先后开辟 6 条护送中方人员前往苏联的秘密交通线。

1931 年 11 月，中共北满特委负责人李大昌派遣中共党员纪中发和李芳假扮夫妻到满洲里，以“晋丰泰”杂货铺作掩护，建立秘密交通站。1934 年 5 月前，先后安全护送 70 多位中共高级干部去往苏联。1932 年 2 月，中共哈尔滨特委在扎赉诺尔设立秘密交通站，由共产党员杨殿成负责，作为满洲里秘密交通站的一个备用点。

东北三省全部沦陷后，从上海经哈尔滨、满洲里再到苏联的交通线受到直接影响。上海党组织遭敌人破坏后，中共满洲省委和哈尔滨特委失去联系。1934 年 4 月，根据中共中央指示，在呼伦贝尔地区各个交通站工作的中国人全部由东北地区党组织调配，满洲里交通站和扎赉诺尔交通站由共产国际交通局接管。1934 年 5 月，纪中发、李芳按组织安排调离，由中共党员杨永和、李秀珍接替他们的工作，仍以“晋丰泰”杂货铺作掩护。

1934 年中共中央随中央红军主力长征后，中共驻共产国际代表团直接领导东北地区的党组织开展工作，在哈尔滨建立国际交通局。随后，沿中东铁路和中苏边境先后设立满洲里、扎赉诺尔、博克图、绥芬河、密山等多处交通站。共产国际哈尔滨交通局还在满洲里设立一个直通交通站，李子文任站长，宋恩来为助手，在满洲里道北三道街开设了“承和顺”商铺作掩护。中共地下组织在博克图建立秘密交通站，站长王凤山，助手刘熄林，一方面负责转送中共党员和情报信息，一方面作为满洲里和扎赉诺尔交通站的备用站点。

1937 年 4 月，中共哈尔滨特委宣传部部长傅景勋叛变，供出满洲里交通站和共产国际哈尔滨交通局的情况。中共哈尔滨特委书记韩守魁和满洲里交通站负责人杨永和被日本特务逮捕，先后叛变，供出了国际秘密交通线组织情况及人员名单。随后，日本特务逮捕了中共哈尔滨特委联络人崔光棣，满洲里直通交通站李子文，满洲里联络人张发，博克图交通站王凤山，扎赉诺尔交通站杨殿成、宋恩来等 20 多人，内蒙古东北地区的国际秘密交通线和交通站被完全破坏。

中国共产党和共产国际在内蒙古东、中、西部地区开辟和建立的多条交通线和多个交通站，圆满完成安全护送大批党的重要干部和共产国际人员出入境以及搜集情报、传递文件、沟通联系等许多艰巨任务，为中国革命事业和国际共产主义运动作出了重要贡献。

四、大革命失败后内蒙古地区共产党人的英勇不屈精神

大革命失败后的白色恐怖时期，盘踞在内蒙古地区的军阀势力和国民党反动派，持续搜捕、关押、屠杀共产党人和革命群众，破坏共产党组织以及工会、农会、学生会等革命团体。许多共产党员被捕、遇害或转入地下，其中有的人信念动摇，临危退缩。但是，内蒙古大多数共产党人信仰坚定，意志坚强，在中共中央和上级党组织的领导帮助下，努力恢复和重建党的组织，自觉推动党的工作，表现出忠贞不渝、英勇不屈的革命精神。

大革命的失败，不但使中国共产党遭受了自成立以来最大的挫折，也让所有共产党员特别是刚加入组织不久的共产党员遭遇了前所未有的考验。在危急时刻和生死关头，大多数共产党员保持了坚定的共产主义信仰和革命信念，做好了随时为党、为信仰、为革命流血牺牲的准备。有的舍生取义，坚贞不屈；有的继续斗争，坚韧不拔。

1927 年 4 月 28 日，中国共产党主要创始人之一、中共北方区委书记、内蒙古农工兵大同盟执委会书记、内蒙古共产主义战士的引路人、为开辟内蒙古革命工作作出巨大贡献的李大钊在北京从容就义。绥远地区的共产党人和革命群众无比悲愤，在归绥五族学院礼堂举行了悼念李大钊大会。陈志仁主持大会，杨绍萱介绍了李大钊的革命事迹，痛斥反动军阀祸国殃民、残杀革命志士的暴行，号召民众振奋精神，继承烈士遗志，将革命事业进行到底。悼念李大钊大会结束后，绥远职业学校、绥远师范学校、绥远女子师范学校、归绥中学的师生走上街头，举行游行示威。

1927 年 5 月，内蒙古地区首批蒙古族共产党员之一、内蒙古早期党组织负责人多松年在武汉出席党的五大后，为尽快向内蒙古各地党组织通报国共合作开始破裂的情况和五大会议精神，不顾危险返回张家口。

8 月，多松年先后到归绥、包头，向两地党组织传达了中共五大精神，返回张家口时被敌人逮捕。在狱中他受尽酷刑，坚贞不屈，表现出共产党人视死如归的高尚气节，并于同月英勇牺牲，年仅 22 岁。

1927 年 5 月末至 6 月初，共青团绥远地区书记、共产党员杨曙晓被营救出狱，立即深入包头萨拉齐县，紧急部署党组织工作，对付国民党的“清党”。他掩护中共绥远地委负责人路作霖夫妇在水涧沟门村隐蔽，并在共产党员魏昭茂家中召开党员团员会议，研究布置坚持革命斗争的具体事宜，体现出共产党员的斗争意志和履职尽责的担当精神。

1927 年 10 月，内蒙古地区首批蒙古族共产党员之一、包头第一个党组织负责人李裕智，因坚决反对白云梯叛变革命的行为，被其心腹暴子清暗杀于乌审旗毛乌素沙漠，年仅 26 岁。

内蒙古早期共产党员韩麟符在大革命失败后，坚持斗争，建立了赤峰、建平、朝阳 3 个党支部，恢复了热河地区的党组织，后被国民党军警逮捕入狱，出狱后致力改造孙殿英的部队。1934 年在山西被叛徒特务秘密杀害。

绥远地区最早的党组织负责人之一吉雅泰，在大革命失败后混乱的局势下，一度失去与党组织的联系，辗转于包头、宁夏等地，后因形势所迫，去往外蒙古和莫斯科东方大学学习。1934 年回国后不畏艰险，继续在北平、天津和东北等地开展党的地下工作。

1927 年 9 月，中共临河支部与遭到破坏的绥远上级党组织失去联系。支部书记刘进仁冒险去宁夏寻找党的关系。冬天，中共临河支部决定以办学为名，继续开展反帝反封建斗争，组织穷苦百姓开展抗征粮、反摊派、抗租抗税、抗烟款等斗争并取得胜利。后来推动成立了党的外围组织穷人会，继续开展革命斗争。

1928 年春，中共党员纪松龄扮成喇嘛，去往乌兰巴托向共产国际代表汇报白云梯叛变革命的情况。后来多次回国，在内蒙古西部地区开展革命斗争，1933 年在绥东一带从事地下活动。

绥远中共党员刘洪雄在大革命失败后，受党组织派遣到北京门头沟煤矿从事地下工作，深入矿工中宣传革命道理，组织工人纠察队进行罢工斗争。1932 年又受党组织委派加入东北抗日义勇军。1933 年再被派往察哈尔民众抗日同盟军，在多伦战役中身先士卒，英勇杀敌，受到吉鸿昌将军的通令嘉奖。

克什克腾旗中共党员肖生嘎在大革命失败后，与陈镜湖等共产党人冒着随时被捕的危险，奔走于北平、承德、张家口、绥远等地继续开展革命活动。肖生嘎以克什克腾旗第一小学校长的身份长期从事地下工作，带领学生在经棚街上张贴打倒王公贵族、争取民族平等的漫画和标语，并协助德力格尔、白永伦等50多名蒙古族进步青年赴外蒙古和苏联学习。

大革命失败后，内蒙古地区革命运动一度转入低潮，党的力量损失严重，共产党员的数量减少了，但革命意志更加坚定，更加顽强，斗争经验更加丰富。他们分散在内蒙古各地，克服困难，蓄积力量，坚持斗争。

第五章

开展兵运工作 组织革命武装

八七会议明确了实行土地革命和武装起义的方针，调派工作积极、意志坚强、经验丰富的同志，分赴各地发动和领导农民暴动，组织工农军队，创建革命政权，解决农民土地问题。1929年夏，中共六届二中全会根据中共六大精神和当时的政治局势，提出了深入推进土地革命斗争，开展游击战争，建立和扩大红军等任务。1930年11月5日，中共中央在《关于内蒙工作计划大纲》中，号召发动和领导工农群众士兵的革命斗争。内蒙古地区各级党组织贯彻落实中共中央的指示精神，对建立革命武装的工作高度重视，先后领导了呼伦贝尔、包头、河套、伊克昭盟等地区的一系列兵运工作和武装暴动。

20世纪30年代前半期，党内先后发生了李立三"左"倾冒险错误和王明"左"倾教条主义错误。特别是1931年1月2日，党的扩大的六届四中全会在上海召开后，以王明为代表的"左"倾教条主义错误在党的领导机关内开始了长达4年的统治。同年9月下半月，根据共产国际执行委员会远东局的提议，成立由博古(秦邦宪)负总责的中共临时中央政治局(临时中央)。临时中央未能适应九一八事变后出现的抗日救亡运动形势发展的需要，继续推行冒险主义和关门主义的方针，要求上海等地"尽量用全力来准备各个企业的总罢工"，要求在山西、河南、河北、山东等地的党组织，通过发动兵变和工农运动，立刻"创造北方苏维埃区域"。

在“左”倾教条主义错误方针统治全党的几年中，北方革命包括内蒙古地区革命遭受了严重挫折，党的组织屡遭破坏，革命力量受到极大削弱。党在内蒙古地区开展的兵运工作多数未能成功。

一、呼伦贝尔地区的兵运工作

呼伦贝尔地处内蒙古东北部，毗邻东北三省，土地革命战争时期主要由中共满洲省委领导当地党的工作。

1927 年中共满洲省委成立后，非常重视开展对奉军（东北军）的兵运工作，派共产党员赵羽石、刘伯刚等到东北讲武堂和各旅、各镇守使署所辖军队中活动。他们先开展兵运工作，在奉军第十四、第十五、第十六、第十七旅等部建立了联系，在官兵中发展党员，建立党的组织。

驻呼伦贝尔博克图车站的东北军第十五旅第三十八团官兵受苏联红军影响，思想有所觉醒。1929 年夏，该团机关枪连中士班长卢透云在东北讲武堂士官班进修时，经任日文教官的中共地下党员刘伯刚介绍加入了中国共产党。1930 年 5 月卢透云返回博克图后，根据党的指示开展兵运工作，先后发展连长庞永胜，排长汤得胜、金永和、李庚辰，士兵高文久、李广海、关雷等 10 余人加入中国共产党，秘密建立起中共三十八团委员会，卢透云任书记。

受当时党内“左”倾冒险错误影响，中共三十八团党委决定尽快组织军事暴动。1930 年 9 月 14 日，卢透云给中共满洲省委军委写信，报告在三十八团的工作进展情况，并提出将在百日前后举行暴动。11 月，卢透云等又组织士兵委员会，每连 10 余人参加，积极准备暴动。12 月 23 日，卢透云再次写信给中共满洲省委军委，报告称中共三十八团党委已决定在阳历年前后发动暴动。

此时，中共六届三中全会已终止李立三“左”倾冒险错误[①]的行动计划的执行。中共满洲省委常委、军委书记韩源波于1931年1月3日到达博克图，传达中共中央六届三中全会精神和满州省委关于停止武装暴动的指示。卢透云汇报说改变暴动计划已来不及，韩源波权衡再三，同意举行暴动。1月4日下午，由于排长方锦桥告密，参加暴动的官兵遭到搜捕，韩源波、卢透云、李庚辰、高文久、李广海等人被捕，1月14日英勇就义。他们是最早在东北军中为开展革命斗争而牺牲的共产党员，韩源波牺牲时年仅26岁。中共满洲省委在给中央的报告中认为，“此次牺牲与失败，完全是过去立三路线在满洲实行的结果”[②]。

二、河套地区的兵运工作

河套地区内连华北、西北，北接外蒙古，得黄河灌溉之利，是内蒙古西部经济较为发达地区。20世纪30年代初，甘陕晋等地的军阀割据势力纷纷染指河套，这一地区变成“兵家必争之地”。中共党组织充分利用大小军阀之间的矛盾，积极开展对敌斗争，多批次派出党员干部到河套地区开展兵运工作，争取建立革命武装。

1931年冬，中共河北省委派党员孙景绪（孙金宣）等到临河，打入王英的“西北抗日义勇军”开展兵运工作。1932年3月，中共河北省委又先后派王森、朱侠夫、李松山、高敏夫到王英部队，协助孙景绪工作。五名共产党员在临河县城秘密成立中共特别支部，孙景绪任书记，负责

---

① 从1929年到1930年，国内国际政治形势发生了一些重要变化。这时中共中央的一些领导人，看到形势发生一些有利于革命的变化，又受到共产国际的“左”倾指导思想的影响，头脑开始发热。他们无视国内国际革命力量仍然相对弱小的基本状况，片面夸大形势对革命有利的一面，逐渐形成“左”倾冒险错误。一些比较系统的错误主张，主要是由时任中共中央政治局常委兼中央宣传部部长的李立三提出的。因此，这次“左”倾错误，史称“立三路线”。

② 《中共满洲省委军委关于军事工作给中央军委的报告》《中共满洲省委军委致中央军委的两封信——关于博克图被破坏的情形》，中央档案馆、辽宁省档案馆、吉林省档案馆、黑龙江省档案馆编：《东北地区革命历史文件汇集》甲7，1988年印，第41、83页。

全面工作；王森任组织委员，负责开展地方工作；李松山任宣传委员，朱侠夫、高敏夫任军运委员，分别负责王英部队三个旅的兵运工作。1932年4月，晋军王靖国部第七十师进入河套地区“剿匪”，王英部队溃散，特别支部仅存在40多天便失去了继续工作的条件，遂决定王森留在临河继续开展地方工作，其余4人撤回北平。1932年5月下旬，中共临河支部改选，王森任书记。

1932年8月，中共临河支部改建为中共临河特别支部（简称临河特支），王森任书记，房鲁泉任组织委员，侯进国任宣传委员。临河特支重点在阎锡山部驻河套屯垦军中开展兵运工作。1932年秋，临河特支经反复了解考验后，吸收屯垦军第四一〇团第三营第十一连第三排排长徐政权入党，这是临河特支在该部发展的第一个党员。年底，第十一连成立了党支部，徐政权任书记，王奇山任组织委员，谢应棠任宣传委员。此后，临河特支又在第十二连、机枪连、迫击炮连建立党组织。到1933年4月，临河特支在上述连队建立4个支部。地下党员张鉴（张悦民）在第四〇九团第一营第一连发展许树勋、吴金山入党，建立了党小组；在第一营第三连建立了党支部，刘如田任书记。根据兵运形势，临河特支建立了兵运小组，由王森任组长，房鲁泉、徐政权为成员。兵运小组的成立，推动了河套地区组建革命武装工作的深入开展。

为加强临河党组织的兵运工作，中共河北省委又派阎定础（化名老叶三）、魏思文（化名高五）到河套协助王森开展工作，并于1933年5月成立了中共临河县委，由王森任书记，阎定础任组织部部长，侯进国任宣传部部长。县委设军运小组，由魏思文任组长，列席县委会议。中共临河县委成立后，王森以医生身份在屯垦军士兵中讲述工农红军的历史，宣传中央苏区粉碎白军“围剿”、建立苏维埃政权、穷人斗地主分田地情况，讲解红军开展游击战争、实行农村包围城市的策略，使士兵的思想觉悟迅速提高。数月时间，屯垦军第四一〇团第十一连就有三分之一的士兵加入共产党。1933年9月6日，驻祥泰裕的屯垦军第十一连共产党员李占海身份暴露，第十一连党支部决定当晚立即举行起义，拉部队上狼山打游击，参加起义的官兵共有80多人。由于组织者缺乏经验，起义部队被伪装成向导的民团分子领入河汊泥淖中，遭到民团和屯垦军骑兵营的伏击，官兵大多壮烈牺牲。

驻祥泰裕屯垦军起义是河套地区中共党组织领导开展的第一次武装斗争，震撼了国民党在内蒙古西部地区的反动统治。起义失败后，国民党当局对屯垦军内的共产党员进行了“大清洗”，第四一〇团的党组织被完全破坏。临河地方党组织也受到影响，阎定础、魏思文、房鲁泉、李德铭、白英等中共党员被迫转移，临河地下革命斗争转入低潮。

1929 年 6 月，马仲英部被吉鸿昌部逐出宁夏后，到河套地区招兵买马，中共临河支部派党员李春秀到马仲英部活动。不久，李春秀在该部韩进禄师谋得连长职务作为掩护。8 月，支部书记刘进仁也到驻河套的苏雨生部活动，谋得副官和参谋职务作为掩护。但刘进仁与李春秀在马仲英部建立革命武装的愿望一直未能实现。

1931 年 6 月，李春秀等人到退守五原的晋军黑马队进行策反，事泄被捕，英勇牺牲。

三、包头地区的兵运工作

包头地区的兵运工作是在中共绥远省特委直接领导下组织开展的，主要是做国民党军孙殿英第四十一军的工作。

国民党军第四十一军拥有数万人，因不是蒋介石嫡系部队，备受歧视。1933 年 6 月，蒋介石任命孙殿英为青海屯垦督办，限令于 7 月底全军撤离河北沙城开赴西北。中共河北省委察哈尔前线委员会准确把握第四十一军状况，在其中安插了不少共产党员和进步人士，如高级顾问李锡九①、政训处处长韩麟符和政训处主任罗念冰等，还安排刘仁、梁一鸣等随第四十一军到包头。罗念冰介绍刘仁与第四十一军副军长谭松廷相识，谭松廷多次请刘仁给官兵讲话，宣传革命思想和抗日救亡的

① 李锡九（1872—1952），河北省安平县人。早年追随孙中山参加同盟会，辛亥革命后曾任中华民国众议院议员，1922 年加入中国共产党。大革命失败后参加反蒋抗日活动。中华人民共和国成立后，曾任中央人民政府委员、河北省人民政府副主席等职。

道理，在官兵中产生了积极影响。

1933 年 8 月，中共绥远省特委会同第四十一军中的地下党员，力图将第四十一军改造成一支名副其实的抗日部队。韩麟符说服孙殿英等人吸收北平、天津和赤峰一带的学生成立学生大队，邀请从外蒙古回来的朱实夫担任副大队长，按照苏联红军操典和科目进行军事训练。不久，学生大队扩充为 650 人左右的军事教导队，也称随军军官学校，分五个大队。

中共绥远省特委将争取第四十一军的工作重点放在随军军官学校。组织该校的党员建立了五个党支部和一个支干会，成立“读书会”，进行抗日救国教育和半公开宣传。在党支部周围建立起“反帝红旗会”“士兵大同盟”等进步组织，军官学校师生在党组织的领导和校方的支持下，在包头城内张贴抗日标语，揭露日军侵华罪行，痛斥国民党蒋介石的不抵抗政策，激发了第四十一军官兵和包头市民的抗日热情。

到达包头初期，刘仁、吉合、梁一鸣等了解到第四十一军大多数军官对现实不满，具有抗日爱国热情。经过中共绥远省特委的秘密工作，部分军官制作旗帜准备起义，不慎暴露计划。在情势紧迫的情况下，中共绥远省特委决定提前举事，由于众寡悬殊，起义队伍很快被打散。

此后，中共中央北方局派阎红彦参加中共绥远省特委工作，以进一步加强对第四十一军的工作。1933 年底，第四十一军向青海开拔，中共绥远省特委和第四十一军地下党组织设法将军官学校和辎重营留在包头，准备起义后由阎红彦带往陕北。但因第四十一军迅速溃败，留在包头的部队在调往前线时被败兵冲散，其后聚拢起来的人员又被晋绥军缴械，起义计划未能实现。

四、伊克昭盟地区游击队的组建

土地革命战争时期，伊克昭盟地区开展兵运和组建革命武装的工作，先后由中共陕北特委、中共蒙古工委、中共少数民族工委等领导。

1930 年七八月间，中共中央决定将中共陕北特委活动地区划为军事暴动区，归中共中央北方局领导。伊克昭盟乌审旗党的工作负责人曹动之遵照中共陕北特委和榆林县委指示，多次打入国民党部队和地方民团开展工作。

1930 年，曹动之打入国民党驻宁条梁高世雄骑兵团，秘密策动起义，被发觉后安全撤离。1934 年，又针对龙州民团团总樊应乔讲迷信的特点，利用“红枪会”包围樊应乔所在的寨子，准备迫使民团接受改编。冲突中樊应乔被打死，改编民团未能成功。

此前，在党的领导下，曹动之曾于 1928 年春在乌审旗拉起一支伊克昭盟最早的游击队。游击队最初仅有十多个人、两杆步枪，活动在西沟、清河沟、毛乌素、巴图湾一带，宣传党的革命主张，领导群众均富济贫。到 1930 年，曹动之游击队活动范围已延伸到大小石砭、乌拉尔林等地。

1934 年冬，党组织在靖边南山组建蒙汉骑兵游击支队，曹动之任队长，陕北红军干部吴亚雄任政委，部队番号为中共陕北特委领导的二十七支红军支队中的第二十二支队。蒙汉骑兵游击支队转战于陕北和伊克昭盟交界的大小石砭、乌拉尔林、城川、白泥井、巴图湾、纳林河、掌高图、海则滩、石湾、青杨岔、镇靖和盐池、甘泉、安塞一带。在红军攻克靖边、解放杜新庄和黑峰子等一系列战斗中，蒙汉骑兵游击支队指战员英勇善战，连战皆捷。

1935 年 5 月 4 日，红二十六军第四十二师一部和红二十七军第八十四师主力在王家湾会师，成立了刘志丹任总指挥的总指挥部，蒙汉骑兵游击支队归总指挥部统一指挥。

根据中共陕北特委决定，红二十六军骑兵团在政委高锦纯和参谋长刘约三率领下，于 1935 年初进入乌审旗和鄂托克旗，消灭了马鸿逵残部，积极发动群众，组建起一支骑兵游击队，称蒙古游击队，由红二十六军骑兵团和靖边县委领导，吴亚雄任队长。蒙古游击队成立以后，配合骑兵团转战于陕北和伊克昭盟南部，屡建战功。1936 年初，红二十六军骑兵团派齐廷珍和杨勤生到蒙古游击队任队长和政委。

蒙古游击队配合红二十六军骑兵团行动的同时，还护送往来干部深入当地群众，接近蒙古王公，宣传党的政策，扩大红军的影响，培养民族干部，使队伍不断发展壮大。1936 年 6 月，蒙古游击队配合红军主力部队解放了宁夏盐池和陕北定边以后，奉命驻守盐池，从此活动中心转到盐池和鄂托克旗，改由中共蒙古工委领导。

1937 年 6 月，中共少数民族工委决定将蒙汉骑兵游击支队和蒙古游击队合并，名称改为蒙汉游击队。

第六章

组织领导工农革命斗争

土地革命战争时期，中共中央有关工农运动的战略决策贯穿着对组织争取群众、武装夺取政权极端重要性的认识。在中共中央一系列方针政策的指引下，内蒙古地区在恢复和重建党组织的同时，积极领导开展工农运动，反抗剥削压迫，在内蒙古东西部部分地区发动工农大众，开展争取自身权益的斗争。

一、通辽地区的工人斗争

通辽地区的革命运动受东北党组织领导。1929年，中共满洲省委成立了通辽特别支部（简称通辽特支），设在通辽火车站，有党员三人，通信员一人。在中共满洲省委和中华全国铁路总工会的领导下，通辽特支在工人中间组建反帝爱国组织和赤色工会，创办刊物，启发工人的思想觉悟，引导工人参加各种活动，推动了通辽地区革命形势的发展。

四（平）洮（南）铁路由北洋政府向日本借款修建，营运初期，铁路工人不满日资的控制和干涉，自发成立了同仁协进会组织，与资方进行斗争。通辽机务分段属于四洮铁路的第五机务分段，这里的同仁协进会分会工作活跃，创办了《协进》会刊，发表揭露日本帝国主义侵略野心和罪恶行径的文章，激发铁路工人的斗志。分会还举办工人夜校，组织工人学习文化，同时进行时事宣传教育，提高工人阶级觉悟。日本侵略势力派密探监视工人活动，九一八事变后大肆搜捕同仁协进会成员，查封了《协进》，捣毁了工人夜校，同仁协进会的活动被迫停止。

1929年春，在北平西直门机务段参加过铁路工人罢工斗争的徐长恭调到通辽机务分段。9月，徐长恭联络工人积极分子秘密召开各车间工人代表会议，成立了通辽机务分段工会，徐长恭为会长，宋文洲、陆连增、杨彬周等人为干事。工会成立后，以基层工人为主发展了近300名会员，还编发了油印小报《工会报道》，介绍工人斗争情况，鼓舞工人斗志。

1929年至1930年，通辽地区第一次出现了大规模的工人运动。1929年10月下旬，北宁铁路局局长高纪毅乘专车到达通辽，通辽机务分段工会组织工人包围专车，并切断电话线，拆掉站内道岔，宣布集体罢工，迫使高纪毅答应了工人增加工资的要求。

1930年初，中共满洲省委派欧阳强等几名共产党员来到北宁路，领导工人运动，开展了争"花红"①斗争。当时，北宁铁路局规定的"花红"分配方法是到年终给职工增加一个月的工资，但是通辽机务分段两年未发"花红"。1929年底，铁路当局竟以"捐献军需"为名，准备侵吞工人的"花红"。在中共地下组织的领导下，在以沟帮子为中心的关外各段展开了一场有组织、有计划的争"花红"斗争。几百名铁路工人冲破监工、把头的阻拦，喊出"增加工资，补发花红，缩短工时"等口号，包围铁路公事房。1930年2月，铁路当局被迫答应工人提出的全部要求，争"花红"斗争取得彻底胜利。

1930年，四平机务分段工人联合通辽机务分段的工人集体签名请愿，要求增加工资。通辽机务分段签字盖章的工人达200多名。8月，工人代表们聚集到四平，与铁路当局交涉，铁路当局最终答应了工人的全部要求。

---

① "花红"为旧中国企业沿用多年的一种额外报酬，即企业在所得利润中提出一定份额，按职位高低及薪额大小进行分配。

二、临河地区的农民斗争

临河地区是清末民初以来逐渐形成的农业经济区，九成以上土地掌握在地主手中，雇农和佃农生活极其困苦。苛捐杂税、地租和高利贷盘剥严重，到20世纪二三十年代，破产的中农和贫农超过三分之二。“临河农民在客观条件上，群众已走到革命的道路上”[①]，开展农民运动成为中共绥远省特委在河套地区的主要工作。1933年底到1934年春，中共河北省委派杨一帆到临河视察，中共绥远省特委书记刘仁也两次到河套，领导临河党组织在恢复农村党支部的基础上开展农民运动。在上级党组织领导下，中共临河支部、特委和县委先后组织饥民夺粮斗争，领导渠工罢工，发动农业合作社买地运动，都取得了一定的胜利。

临河地区的党组织通过发展党的外围组织，强化了党的领导作用，推动了临河地区农民运动。穷人会组织是党的外围群众组织，土地革命战争时期全国各地多有组建。临河地区穷人会组织成为党连接贫雇农的重要纽带桥梁，起到了凝聚引领农民群众的重要作用。1932年4月，留在临河继续开展工作的王森发动十余处渠工开展罢工斗争并取得胜利后，在6月间组织了穷人会，推选张鱼子、张五为主事人，在中共临河支部的领导下，建成河套地区第一个农民组织。1933年底中共临河县委成立后，张鱼子、李四任农运委员，专门负责穷人会的工作。穷人会成立后，会员迅速发展到2000多人。党组织及时把穷人会中的积极分子吸收入党，党员很快成为穷人会的骨干。穷人会组织群众与反动

① 《中共绥远特委给北方代表的工作报告——有关临河、铁路、内蒙、城市及炭窑、军事等工作》(1934年4月30日)，中央档案馆、内蒙古自治区档案馆编:《内蒙古革命历史文件汇集》(一九二八年——一九三七年)，1988年印，第265页。

当局和地主大户开展了各种形式的斗争。1935 年发生大顺城惨案[①]，穷人会的活动和河套地区的农民运动转入低潮。

临河地区的党组织还借助成立农业合作社，组织农民开展合法斗争。早在 1931 年初，中共临河支部就曾派李春秀、白英组织无地和少地的贫苦农民，联合向绥远省政府请愿，要求购买地主的一些弃荒地。绥远省政府批示由陕坝地亩局办理，这成为中共临河支部组织买地的合法依据。8 月，中共临河支部以陕坝为中心设办事处，发动部分农民报名，办理买地登记。在地亩局即将实施卖地时，国民党绥远省党部和政府一些支持买地的上层人士，提出在河套成立农业合作社，欲在办理买地的相关事宜中谋取私利。中共临河支部认为，可以利用这个公开合法的机构，更广泛地团结和发动农民群众。1932 年 2 月，“绥远省陕坝农业合作社”在陕坝西沙壕成立，由白英负责处理日常事务。合作社成立后，入社农户很快达到 1500 多人。

因合作社触动了部分官员、地主的利益，地亩局很快勾结地主大户将多余土地归还地主。中共临河支部通过农业合作社领导群众展开斗争，迫使地亩局答应卖给农民部分土地。农业合作社的各种活动引起了反动当局和地主的极端仇视。1932 年 8 月，国民党临河县党部和临河县政府以“诱惑乡民，扰乱治安”为名，将白英逮捕问罪，农业合作社被解散。中共临河支部在农业合作社这个合法招牌的掩护下，领导农民群众进行了公开的大规模斗争，宣传了革命道理，提高了群众觉悟，壮大了农村党组织，发展了杨子华、陈高锁、侯进国等一批党员，在三道桥、马场地、大顺城、山淖尔等党员较多的地方先后建立党支部或党小组，增强了党在临河地区的整体力量。

临河地区的党组织领导农民群众进行的买地斗争，打击了反动当局和地主大户，唤醒了广大农民的阶级意识和斗争精神，党组织也在斗争中得到进一步发展。

---

① 1935 年 4 月初，国民党当局派出大批军警特务，四处侦察河套地区地下党组织的活动，在临河县大顺城一带搜捕共产党员和穷人会会员。先后有共产党员、穷人会会员和进步群众 30 多人被捕入狱，共产党员杜三柱、穷人会小组长吕六和穷人会会员班三、陈四惨遭枪杀，河套地下党组织再次遭到破坏。

三、包头地区的工人运动

民国时期，包头是绥远省的重镇之一。1933 年中共绥远省特委在包头成立后，以包头火车站为中心，相继领导开展了铁路工人、洋车行工人的罢工斗争。

平绥铁路局包头铁路段有 500 余名工人和职员，多数在大革命时期经历过党领导的罢工斗争，具有一定的阶级觉悟和斗争经验。中共绥远省特委派人深入到铁路工人中，联络大革命时期参加过罢工斗争的老工友，与新工友交朋友，启发他们的阶级觉悟，在其中发展积极分子加入党组织，建立起中共包头铁路支部，同时成立有 50 余人参加的赤色工会小组。

1934 年 6 月至 7 月，中共包头铁路支部在中共绥远省特委领导下，开展了改造原工会和建立赤色工会的工作。8 月 13 日，中共驻北方代表在给绥远特委的信中指出："以党和赤色工会小组为骨干，团结黄色工会下的群众，在自己的周围建立平绥路包头铁路工人委员会。在这一基础之上去开展平绥全路反对与瓦解黄色工会的工作，恢复与发展我们在五个城市中的工作堡垒（绥远、张家口、大同、平地泉、北平），去争取平绥工人的大多数，这是摆在绥远党面前的战斗任务。"① 为落实中央驻北方代表的指示，中共绥远省特委派梁一鸣领导中共包头铁路支部组建了赤色工会委员会。

为反对资本家和封建把头势力残酷的剥削压迫，在中共绥远省特委、中共包头铁路支部的领导和赤色工会小组的发动下，1933 年 8 月 24 日至 9 月 15 日，平绥铁路包头铁路段工人连续开展了一系列罢工斗争。

8 月 24 日，数百名铁路工人聚集在包头火车站广场，掀起反对"包

---

① 《中央驻北方代表给陕北（绥远）特委的信》（1934 年 8 月 13 日），中央档案馆、内蒙古自治区档案馆编：《内蒙古革命历史文件汇集》（一九二八年——一九三七年），1988 年印，第 323 页。

工制”罢工，提出“取消工头”“不准开除工人”“各开各支”等八项要求，铁路段长被迫答应工人的要求，斗争取得了胜利。1934 年 1 月至 4 月，包头铁路段工人又发起反对恢复“包工制”罢工，斗争再次取得胜利。

中共包头铁路支部在中共绥远省特委的领导下，总结斗争经验，加强对工人的团结和教育工作，使工人们进一步认识到团结斗争的必要性。1934 年 4 月至 9 月，铁路支部组织工人先后开展反对平绥铁路局不合理“新章程”的斗争，发动工程飞班工人要求增加加班费的斗争，发动工程、道班、木匠、擦车、煤台等单位工人要求减少工作时间的斗争等，均取得了胜利。通过一系列斗争的开展，提高了党组织和工会组织的威信，增强了工人斗争的凝聚力。

1934 年 6 月，铁路支部奉绥远省特委指示，派出党员深入洋车工人中，发动反对洋车行不合理规定的斗争。洋车工人于中秋节实行全体罢工，取得胜利。罢工后，铁路支部从洋车工人中培养了 3 名积极分子，成立了赤色工会小组。

内蒙古地区恢复和重建的党组织，继续领导了工农运动，使广大工农群众认识到团结斗争的重要性，党组织的影响深入人心。

第七章

九一八事变和党领导的内蒙古地区抗日救亡运动

经过1894年至1895年的甲午战争和1904年至1905年的日俄战争，日本把中国东北的南部地区强行划为其势力范围。1927年，通过东方会议和“田中奏折”，确立了先独占中国东北、内蒙古地区进而侵占全中国的侵略扩张政策。1931年，驻东北的日本关东军蓄意挑起九一八事变，占领了中国东北和内蒙古东部地区。

中国共产党在国家和民族危亡的关键时刻，毅然肩负起抗日救国的历史重任，站在抗日救亡的最前列。在中国共产党积极抗日主张和对内蒙古地区抗日救亡运动指导方针的推动下，内蒙古地区各族各界同全国人民一道，掀起了轰轰烈烈的抵抗日本帝国主义侵略的斗争。

一、九一八事变和内蒙古东部地区部分国土的沦陷

日本对内蒙古地区的觊觎由来已久。1931年日本侵略者发动九一八事变，攻占东北三省全境和内蒙古东部地区，扶植傀儡政权，借伪满洲国将内蒙古东部地区纳入其直接统治范围，并不断向内蒙古中西

部地区扩张，妄图在内蒙古地区实现殖民统治。

日本帝国主义对内蒙古地区的觊觎

19 世纪下半叶，日本明治维新之后，经济实力和军事实力日益增强，对外扩张野心日益膨胀，对中国东北三省和内蒙古地区更是虎视眈眈。

1894 年至 1895 年的中日甲午战争，以清政府战败告终。战后，清政府对东北地区的管辖日益松懈。1904 年到 1905 年，日本与沙皇俄国在中国东北进行了一场大规模战争，即日俄战争。日本战胜俄国，并夺得旅顺、大连租借地和南满铁路支配权，随即成立“关东都督府”“南满洲铁道株式会社”，并以此为基础，开始向中国东北及内蒙古地区扩张侵略势力。1907 年、1910 年和 1912 年，日、俄两国三次签订密约，重新划分它们在中国东北地区和内外蒙古的势力范围。1927 年大革命失败后，日本帝国主义见国共两党合作破裂，无暇顾及东北地区，认为入侵中国东北三省的时机已经成熟，随即开始采取实际行动，谋划侵华事宜。紧邻东北三省、地处边疆战略要冲的内蒙古地区面临极大危机。

1927 年 6 月，日本政府召开东方会议，制定了《对华政策纲领》，强调所谓“日华共荣”是“对华政策之根基”，并要把“满蒙”地区和整个中国分割开来。《对华政策纲领》声称，“满蒙”地区在日本的国防和国民生存上具有重大利害关系，在日本的特殊地位权益受到侵害时“将采取武装干涉，并要扶植和支持亲日的地方政权”。东方会议之后，传出日本首相田中义一根据会议精神，起草了一份奏折呈送日本天皇，史称“田中奏折”，内称：惟欲征服支那，必先征服满蒙；如欲征服世界，必先征服支那。东方会议和“田中奏折”确定了日本第一步占领中国东北和内蒙古地区、第二步占领全中国的扩张政策。日本侵略中国的步伐明显加快。

九一八事变的发生

20 世纪 30 年代初，正当国民党统治集团调动兵力大规模“围剿”

红军的时候，日本帝国主义者发动了武装侵略中国东北的战争。发生在沈阳的九一八事变，是日本政府长期以来推行对华侵略扩张政策的必然结果，是它企图变中国为其独占殖民地而采取的严重步骤。

1929年秋爆发的世界性经济危机，使帝国主义国家之间、帝国主义国家和殖民地半殖民地之间、资本主义国家内部工人和资本家之间的矛盾空前尖锐。为了摆脱危机，帝国主义各国政府在对国内各阶层人民进行残酷统治和压榨的同时，加快了对外侵略扩张的步伐。日本受到这次经济危机的猛烈冲击，国内阶级矛盾日益激化。面对严重的经济、政治危机，日本统治集团更急于发动侵略中国的战争，以缓和国内的阶级矛盾，摆脱经济危机带来的困境。1931年上半年，日本政府及其在中国东北的殖民机构加紧进行武装侵略的一系列政治、军事部署。1931年9月18日夜，日本驻中国东北的侵略军——关东军自行炸毁沈阳北郊柳条湖附近南满铁路的一段路轨，反诬中国军队破坏铁路，并以此为借口，突然袭击中国军队驻地北大营和沈阳城。9月19日晨，日军侵占沈阳，随即在几天内侵占安东（今丹东）、海城、营口、辽阳、鞍山、铁岭、本溪、抚顺、四平、长春、吉林等20多座城市及其周围广大地区。9月，辽宁（除锦州及辽西）、吉林两省沦陷。11月，黑龙江省基本沦陷。1932年1月，锦州及辽西地区沦陷。2月，哈尔滨沦陷。至此，在短短4个月内，整个东北一百多万平方公里的大好河山，包括内蒙古东部部分地区都被日军占领。

日本之所以能够如此轻易地实现它的侵略计划，主要是因为以蒋介石为首的国民党政府对日本侵略采取不抵抗主义，实行不抵抗政策。蒋介石采取不抵抗主义的基本理由是“攘外必先安内，统一方能御侮”①。

九一八事变是日本帝国主义大规模侵华的开端，标志着中国人民抗日战争的起始，揭开了第二次世界大战东方主战场的序幕。九一八事变对内蒙古地区而言，是东部地区土地被日军占据、人民被侵略者奴役

① 蒋介石：《外交为无形之战争》（1931年11月30日），张其昀主编：《先总统蒋公全集》第1册，台湾中国文化大学出版部1984年版，第626页。

的开端，也是中国共产党领导各族人民奋起反抗日本侵略的序篇。

伪满洲国对“兴安总省”的统治和通辽等地的沦陷

1931年9月22日，日本关东军制定《满蒙问题解决方案》，决定“建立由我国（日本）支持，领土包括东北四省（指1928年12月东北易帜后中国东北地区的辽宁、吉林、黑龙江三省以及热河省，抗日战争以前合称东北四省——引者注）及蒙古，以宣统皇帝为元首的中国政权”①。其中的“蒙古”即指原包括在东北四省内的内蒙古东部的哲里木盟、昭乌达盟、卓索图盟及呼伦贝尔等地。

1931年10月，九一八事变罪魁祸首之一石原莞尔在其拟定的《解决满蒙问题之根本方策》中提出，“建设一个以东北四省和内蒙古为领土的独立的满蒙新国家，它与中国本土断绝关系，表面上由中国人统一管理，其实权掌握在我方手中”②。在日本关东军国际法顾问松木侠起草的《满蒙共和国统制大纲草案》中提出“明确划分满洲与蒙古的行政区域”。1931年11月，日本关东军正式制定《满蒙自由国建设方案大纲》，具体提出满蒙独立国“由奉天省、吉林省、黑龙江省、热河省、东省特别区和蒙古自治领六省区组成”。日本帝国主义侵吞内蒙古地区的野心昭然若揭。

1932年3月1日，在日本关东军的直接操纵下，伪满洲国在长春（后改称新京）成立。3月9日，日本扶持清朝废帝爱新觉罗·溥仪就任伪满洲国“执政”。同日，伪满洲国设立伪兴安局，分管其辖区内为蒙古族居民所划定的特殊行政区域——兴安省。兴安局内设总务处、政务处、劝业处。6月27日，伪满洲国政府确定原哲里木盟十旗及伊克明安旗、东布特哈八旗、齐齐哈尔八旗、墨尔根八旗为兴安局管辖的“另定地域”。同时，在兴安局内成立“旧蒙务整理委员会”，作为兴安局总长监督各旗政务的咨询机构。1933年3月，日本侵占昭乌达盟，接着将内

① 复旦大学历史系编译：《日本帝国主义对外侵略史料选编》（1931—1945），上海人民出版社1975年版，第17页。

② ［日］关宽治、岛田俊彦：《满洲事变》，王振锁、王家骅译，上海译文出版社1983年版，第431页。

蒙古东部地区并入伪满洲国版图，设立专管蒙古人事务的机构，逐步建立起一整套殖民统治体系。在伪满洲国政府内，设置伪兴安局（后改称兴安总署），废除盟（部）级建制，改设伪兴安东分省、南分省、北分省、西分省，隶属于伪兴安局，1934年又改为伪兴安东、西、南、北四个省。在各伪省及内设机构中均设有日本人专任的参事官掌握实权，成为实际的统治者。自此，日本在内蒙古东部地区完全建立起了殖民统治体系。

日军侵占东北三省的同时，就开始不断向西进犯。1931年10月初，哲里木盟地区洮辽镇守使张海鹏在洮南宣布“独立”，投靠日军。其后，日本关东军很快占领四（平）洮（南）铁路沿线。10月中旬，日军以支持“蒙古独立”为由，利用“蒙古自治军”①的势力，在郑（家屯）通（辽）线大林站向通辽发起进攻。11月7日，通辽沦陷。截至1932年12月，以王爷庙（今乌兰浩特市）为中心的“东蒙古”②地区主要城镇全部沦于日军之手。1933年2月25日，日军大举进犯热河省。至3月26日，热河境内的昭乌达盟、卓索图盟全部沦陷。

二、内蒙古东部地区抗日斗争的开展

九一八事变强烈震撼了中国社会各阶层。中国共产党率先高举武装抗日的旗帜，号召全国人民动员起来、武装起来，反对日本侵略和国民党反动统治。在中国共产党积极抗日主张的影响下，全国抗日救亡运动迅速兴起。内蒙古东部地区各族民众更是不甘沦陷的命运，纷纷响应共产党号召，积极反抗日本的侵略和奴役。

面对日本对内蒙古东部地区的大举侵略，中共内蒙特委全力领导各族群众开展抗日救亡斗争。1932年9月15日，中共内蒙特委发表《为纪念“九一八”一周年反对日本帝国主义进攻热河告蒙汉劳苦民众书》，

---

① 九一八事变后，在日本关东军的支持下，由甘珠尔扎布纠集武装人员成立。

② 范围大体包括今内蒙古自治区东部的呼伦贝尔、兴安、通辽3个盟市和今吉林省前郭尔罗斯蒙古族自治县，黑龙江省杜尔伯特蒙古族自治县、泰来县、富裕县等地区。

号召全内蒙古地区的工农士兵劳苦群众及蒙古族平民大众行动起来，反对日本侵略军进攻热河。1932年底，中共内蒙特委负责人陈镜湖、王逸伦在上海向中共中央汇报内蒙古地区的工作后返回北平，于1933年初召开特委紧急会议，贯彻中共中央指示，组建了20余人的蒙汉抗日同盟军事委员会，同时组建蒙汉抗日同盟军。蒙汉抗日同盟军事委员会发表了《坚决抵抗日本帝国主义宣言》，号召各族人民迅速组织起来积极投入抗日斗争。

为进一步推进抗日斗争，中共内蒙特委制定了三个月工作计划草案，提出："在发展以扩大反日的民族革命战争的任务之下，内蒙党须十百倍地加紧对义勇军的工作"① "要加强党的领导，招集大批工人加入义勇军，以形成义勇军中无产阶级的骨干"②，并要求"刻不容缓的去实行"③。会后，中共内蒙特委负责人分赴北平、热河、承德及张家口等地开展工作。特委还向中共中央报送了《内蒙党报告》《内蒙特委致中央的信》《内蒙古一般政治状况分析》等十余份文件，为中共中央正确指导内蒙古的抗战工作提供了可靠依据。

1933年9月至1936年2月，中共满洲省委领导的反日游击队相继改编为东北人民革命军、东北抗日同盟军和东北反日联合军。随后东北人民革命军、反日联合军、反日游击队一律改编为东北抗日联军、抗日游击队。东北抗日联军在东北各地以及内蒙古东部地区消灭和牵制了大量日、伪军，沉重地打击了日本侵略者的嚣张气焰，为最终取得全国抗战的胜利作出了重大贡献。

九一八事变后，内蒙古各地民众不堪忍受日本侵略者的欺凌和压

---

① 《中共内蒙古特委三个月工作计划草案（节录）》（1933年2月22日），中共内蒙古自治区委员会党史研究室编：《"九一八"——"七七"内蒙古抗日救亡运动》，内蒙古人民出版社1991年版，第160页。

② 《中共内蒙古特委三个月工作计划草案（节录）》（1933年2月22日），中共内蒙古自治区委员会党史研究室编：《"九一八"——"七七"内蒙古抗日救亡运动》，内蒙古人民出版社1991年版，第160页。

③ 《中共内蒙古特委三个月工作计划草案（节录）》（1933年2月22日），中共内蒙古自治区委员会党史研究室编：《"九一八"——"七七"内蒙古抗日救亡运动》，内蒙古人民出版社1991年版，第160页。

迫，在中国共产党积极抗战号召的感召下，纷纷组织起来，采取各种斗争形式抗击日本侵略者，涌现出辽北抗日义勇军、蒙边抗日义勇军、东北民众救国军等各路抗日力量，在内蒙古东部广袤的土地上与日本侵略者展开了长期的武装斗争。

1931 年 10 月底，东北军军事委员会步兵训练组少将组长高文彬在通辽组建辽北蒙边宣抚专员行署，收编地方武装，联络蒙汉人民共同抗日。高文彬委任李海山为骑兵第一路司令、刘震玉为骑兵第二路司令。李海山卖掉自己的家产，全部用于购买马匹、武器弹药和军需物资。刘震玉将原有蒙古骑兵 120 人加以整顿，征集蒙汉青壮年扩充队伍，使抗日武装迅速扩大。两路骑兵厉兵秣马，誓师联手抗日。1931 年 11 月中旬到 1932 年 2 月中旬，在通辽、舍伯吐、余粮堡等地奋勇杀敌，给日、伪军以沉重打击。此后，高文彬所部一直坚持战斗到 1936 年。

1932 年初，关玉衡化名国尔家，从北平到上海参加东北义勇军后援会，任委员，负责辽北蒙边抗日义勇军的后援工作。6 月，关玉衡又改名为郭尔佳，化装到开鲁县，同辽北蒙边宣抚专员高文彬共同努力，先后建立开鲁后援会和辽北蒙边抗日义勇军，争取爱国的蒙旗官兵，发动贫苦农牧民，组建起一支 1000 多人的民众抗日武装，被北平救国会编为辽北蒙边义勇军的右路军。这支以关玉衡为总指挥的队伍，成为活跃在东北及内蒙古东部地区的一支重要民众抗日力量。

1932 年 2 月，科尔沁左翼中旗反满抗日义勇军在开鲁成立，团长陈国清，团副赵道冷阿，全团 500 多人。义勇军口号为“宁做站着鬼，不为亡国奴”，个人自备枪支弹药和马匹，专打日本人。1932 年 3 月至 8 月，反满抗日义勇军转战扎鲁特旗、科尔沁左翼中旗，给日、伪军造成一定杀伤。

1932 年 10 月，曾任呼伦贝尔警备司令、中东铁路哈满线护路司令的苏炳文在海拉尔组建东北民众救国军，自任总司令，任张殿九为副总司令、谢珂为总参谋长、金奎璧为副总参谋长。救国军下设 5 个旅，第一旅旅长朴炳珊，第二旅旅长吴德林，第三旅旅长张玉挺，第四旅旅长张兢渡，第五旅旅长李振华，前敌总指挥李海青。东北民众救国军长期在齐齐哈尔、富拉尔基等地与日军作战。后于 1932 年底退入苏联境内。

1934年7月，奈曼旗群众自发组织500多人的抗日救国军，在周荣久等人的带领下，收复八仙筒镇，捣毁日伪警察署，捕杀日本参事官等伪官吏，解救出50余名爱国人士和群众，并张贴布告宣传抗日。这支队伍先后与辽西、建平等地义勇军会合，最多时超过1500人，多次血战日军。

除以上抗日力量外，在内蒙古东部地区还活跃着不少从黑龙江、吉林、辽宁等省转战而来的抗日队伍。如东北民众抗日救国军第十六路祖耀时部第一梯队，曾在通辽一带活动。黑龙江马占山部抗日义勇军400余人曾攻克突泉县城，并在当地将队伍扩充到2000多人。吉林冯占海部、黑龙江檀自新部曾进入开鲁，与辽北蒙边抗日义勇军并肩作战。东北民众抗日救国军骑兵第二路军马世锦部活动于茂林一带。这些队伍都为抗日救亡贡献了力量。

三、推动建立绥远反帝联盟组织

九一八事变后，中国共产党秘密领导组建了绥远反帝大同盟、中华民族解放先锋队绥远队部、绥远牺牲救国同盟会、绥远省妇女会等反帝联盟组织，动员社会各界民众行动起来，积极开展抗日救亡斗争。

反帝大同盟是一个国际保卫和平组织，于1927年由宋庆龄、高尔基、罗曼·罗兰等国际知名进步人士共同发起成立，宗旨是反对帝国主义侵略，支持被压迫民族的独立解放运动。中国反帝大同盟总部设在上海，北平、河北等地都建有地区组织。1932年，北平文化总同盟派于伶、李佩衡、邸力等率领话剧团到归绥公演，与中共党员杜如薪、进步青年苏谦益、马麟取得联系，于4月下旬召开组建绥远反帝大同盟的会议，决定由杜如薪任绥远反帝大同盟书记，苏谦益任宣传委员，马麟任组织委员。会议还制定了斗争策略和斗争任务，确定大同盟以秘密的方式活动。

绥远反帝大同盟成立后，秘密在归绥各学校爱国师生中发展成员50多人，并陆续成立了若干基层小组。中山学院小组负责人为武达平，归绥第一中学小组负责人为杨叶澎，归绥师范学校小组负责人为杨国兴，省立第三小学小组负责人为赵维新，省立第五小学小组负责人为何继宗，扶轮小学小组负责人为李迪九，归绥火车站小组负责人为何继武。包头、固阳的组织活动分别由朱葆光、侯清和负责。绥远反帝大同盟还在农科职业学校建立了组织。

1933年4月中旬，绥远反帝大同盟派韩燕如参加在北平召开的河北省反帝大同盟第二次代表大会。会议决定大同盟的工作重点由发动爱国学生运动转为发动与组织工农群众共同抗日。会后，绥远反帝大同盟有计划地在归绥旧城小东街人力车厂、面粉厂、毛织厂、火车站的工人中开展工作，张贴标语，开展抗日救亡宣讲，引起了国民党绥远当局的恐慌。1933年4月15日，杨叶澎、韩燕如、苏谦益、杨国兴分别被捕，杜如薪、王炳熨、武达平、任子良、杜琏等被迫转移，绥远反帝大同盟遭到严重破坏。之后，武达平、任子良、杜琏等又重返归绥，继续以文艺形式开展抗日宣传。

1934年，在上海左翼作家联盟和中国诗歌会的影响下，武达平、章叶频、任子良、袁尘影、李穆女等在进步人士杨令德的支持下，借绥远《民国日报》副刊的版面，复刊《塞原》文艺旬刊，组织“塞原社”发表新诗歌、小说、短文、书评、翻译文章等，为工农疾呼，为民族高歌。1934年12月23日，“塞原社”在归绥旧城北门外绥远新闻社举行了绥远文艺界茶会，讨论了文艺发展的方向和任务、内容与形式等问题，明确了文艺与抗日救亡运动的关系。1935年冬，章叶频、袁尘影、凌信之等人创办“漠南剧团”，演出进步剧目，宣传抗日救亡。

党领导的爱国进步思想文化运动，唤醒了民众，推动了绥远地区抗日救亡斗争的开展。

1936年2月1日成立于北平的中华民族解放先锋队（简称民先队），是中国共产党领导下的以抗日民主为奋斗目标的先进青年群众组织。12月，民先队总部的郑天翔①、张士珍代表北平学生到绥远慰问抗日将士，与当地抗日救亡运动积极分子章叶频、吴殿甲、吴秉周、赵维新、郭新清等共同组织集会，成立了民先队绥远队部，由章叶频任绥远民先队队长并兼管宣传工作，武达平负责组织工作，并与北平的总部建立了秘密通信联系。

民先队绥远队部成立后，在绥远各学校的进步青年中发展队员，编写发表了大量声援绥远抗战和宣传中国共产党抗日主张的诗歌和文章。在援绥抗战中，民先队员宣传抗日救亡，组织募捐、慰问、支前活动，帮助各地来绥远慰问团了解情况，成为一支十分活跃的抗日宣传力量。

1936年9月，民先队绥远队部组织成立了绥远牺牲救国同盟会（简称绥远牺盟会），总负责人为贾润芝，武达平负责组织工作，章叶频负责宣传工作，吴殿甲、吴秉周、赵维新等负责各校学生工作。绥远牺盟会在开展抗日救亡活动的同时，还先后向山西牺盟会输送了30多名进步青年。全国抗日战争爆发后，这些青年大都成为抗日骨干，如中共党员杨植霖、苏谦益、郑庭烈、张志德、吴殿甲、赵维新、段松林等。民先队员还帮助学生联合会开展工作，利用假期深入城镇、农村向各族群众宣传绥远抗日形势，揭露日本侵略者侵略罪行，激发群众的抗日救亡热情。归绥沦陷前民先队员发展到100多人。日军侵占归绥和包头后，民先队员少数转入地下，一部分前往延安，大部分到河套地区坚持抗战。绥远民先队和绥远牺盟会活动期间，团结爱国进步青年，动员各族各界人民群众，宣传中国共产党的抗日主张，为挽救民族危亡做了大量卓有成效的工作。

为团结组织广大妇女参加抗日救亡运动，1936年11月6日，绥远爱国青年成立了绥远省妇女会，陈介平、谢汝珍、郭新清、李作栩、赵承芳、卜效夏6人为理事，陈介平任常务理事，总部设在绥远省第四小学。绥远省妇女会在绥远《西北日报》开辟了“绥远妇女”专栏，在妇女中宣传抗战。绥远省妇女会着力组织培养妇女干部，使一批思想进步的女

---

① 郑天翔（1914—2013），今内蒙古自治区乌兰察布市凉城县人。1936年加入中国共产党。中华人民共和国成立后，曾任中共包头市委书记、最高人民法院院长等职，是中共八大代表和第五届全国人大代表。

同胞逐步走上了抗日救亡和争取解放的道路。

中国共产党还特别注重在绥远地区的蒙古族群众中开展抗日救亡活动。乌兰夫、奎璧、吉雅泰、李森、高凤英、毕力格巴图尔等蒙古族共产党人和革命者，以土默特高等小学校为依托，利用人地皆熟的优势，传播进步思想，广泛开展抗日救亡活动。针对日本帝国主义煽动民族分裂的企图，他们编演抗日救亡话剧，组织开展救亡演讲、歌咏会等，成立蒙古族历史研究会，启发民族觉悟，号召团结抗日，在抗日救亡运动中发挥了特殊作用。

四、支持察哈尔抗日同盟军

内蒙古中部的锡林郭勒和察哈尔地区与外蒙古相邻，是连接华北、东北的战略要地。九一八事变后，日本帝国主义为实现其侵略野心，对内蒙古地区实行军事占领和政治诱骗"双管齐下"的政策。日本侵略者在锡林郭勒和察哈尔地区采取各种手段拉拢当地蒙古族王公贵族，进行挑拨离间，煽动分裂和独立。

1931 年，日本关东军在多伦建立"善邻协会"，并以此为据点，准备进一步采取侵略行动。

随着民族危机的一步步加剧，抗日救亡运动也日趋高涨。在中国共产党广泛深入发动下，在爱国主义精神感召下，平、津、晋、冀、鲁、豫等地的爱国青年、从东北退下来的抗日义勇军、一些主张抗日的地方部队陆续集中到察哈尔省省会张家口，在察哈尔地区汇聚起强大的民众抗日力量。在中国共产党的大力支持下，冯玉祥开始组建察哈尔民众抗日同盟军（简称抗日同盟军）。1930 年，冯玉祥离开军队到山西汾阳玉带河隐居，其间与中国共产党取得联系。1931 年夏，中共党员萧明、张祝唐到玉带河，就举行武装抗日问题和冯玉祥深入商讨。1932 年 10 月，冯玉祥赴张家口秘密组建抗日武装。1933 年 1 月，中共河北省委组织派宣侠父、张存实、张慕陶、吴化之、武止戈、许权中、马志敬、杨晓初等人到张家口、热河等地，协助冯玉祥组建抗日同盟军。1933年3月，在抗日同盟军中最有影响的原冯玉祥部将领吉鸿昌开始联络旧部，筹集资金，购买枪支弹药，随后赶往张家口，和冯玉祥共举抗日义旗。

1933年3月，日军进占承德，进犯锡林郭勒和察哈尔地区。3月9日，曾在赤峰抗击日军的孙殿英部由围场退至多伦，锡林郭勒和察哈尔形势日益危急。

1933年5月26日，冯玉祥和吉鸿昌、方振武等爱国将领在张家口正式举起察哈尔民众抗日同盟军的大旗，队伍发展到10余万人。冯玉祥任抗日同盟军总司令，方振武任前敌总司令，吉鸿昌任第二军军长。中共河北省委成立前线委员会，柯庆施任书记，成员有同盟军军事委员会常委和第五师师长宣侠父、第十八师师长许权中、北路军参谋长武止戈，还有刘少义、张存实、史汀尘、张慕陶等人。党组织先后派到抗日同盟军的共产党员有300多人，其中有不少人在抗日同盟军中担任重要职务，如周益三任骑兵第十六军参谋长，张养吾负责宣传队，赵梅僧任北路军总指挥部教导团团长，刘洪雄任吉鸿昌部团长。受中国共产党影响的原绥远土默特旗蒙古族武装“老一团”部分官兵也加入抗日同盟军，为抗日同盟军的发展壮大作出了贡献。

1933年5月27日，在中共前线委员会的领导下，张家口3000多名工人、农民、学生、市民及士兵集会，成立察哈尔省御侮救亡会，选举出10名执行委员，其中5名为中共党员。6月15日，察哈尔民众抗日同盟军第一次军民代表大会在张家口召开，共产党员宣侠父、张慕陶等参加大会。会议组织建立了抗日同盟军军事委员会，选出的军事委员会常务委员包括吉鸿昌以及宣侠父、张慕陶等共产党员。

1933年6月20日，冯玉祥任命吉鸿昌为抗日同盟军北路军前敌总指挥，誓师北征，计划收复敌占区。中共前委组织“三人团”，由柯庆施负责，带领10余名宣传干部随队出征。中共前委主要做宣传工作，并发动农民支援抗日，同时开展政治工作。7月12日，抗日同盟军击退日、伪军，收复沦陷70余日的多伦，并乘胜收复察哈尔全部失地。7月13日，张家口数万军民在上堡体育场举行庆祝大会，发出察哈尔民众同贺克复多伦通电，宣告抗日同盟军一举收复四县，毙敌千余人。全国抗日团体和海外侨胞纷纷来电祝贺，各族各界民众欢欣鼓舞，踊跃捐献钱物支援抗日同盟军，在全国掀起了轰轰烈烈的抗日热潮。

国民党政府对抗日同盟军采取软硬兼施的破坏政策，先后调集16个整师的兵力进行“围剿”，并对冯玉祥部下进行政治拉拢和分化瓦解。冯玉祥被迫于1933年8月5日通电宣布将察省军政大权交国民党政府任命的察哈尔省主席宋哲元办理，随后撤销抗日同盟军总部。

冯玉祥离去后，抗日同盟军大部被宋哲元收编，在共产党影响下的部队一万余人根据中共前线委员会的决定，转战于热河、长城一线。到1933年10月中旬，该部在北平近郊遭受日军和国民党军队的联合进攻，终因众寡悬殊，弹尽粮绝，伤亡惨重。吉鸿昌乔装潜回天津，继续进行抗日活动。1934年11月9日，共产党员吉鸿昌被国民党政府逮捕，24日在北平就义。

在中国共产党的影响、支持和帮助下，察哈尔民众抗日同盟军浴血奋战，消灭敌人，收复失地，在中华民族抗击日本帝国主义侵略的史册上写下了光辉的一页。中国共产党采取的同国民党人联合抗日的新举措，对推动全国的抗日运动，促进国共两党合作抗日产生了积极的影响。

五、发动百灵庙抗日武装暴动

20世纪30年代的百灵庙是乌兰察布草原上的重镇，控扼着纵横交错的两条要道，一条连接外蒙古与内蒙古，一条连接内蒙古的东西部地区。1934年4月，南京国民政府批准在百灵庙成立蒙古地方自治政务委员会（简称蒙政会）。时任蒙政会秘书长德穆楚克栋鲁普[①]控制蒙政会实权后，以他在20世纪20年代末组建的乌滂守备队为基础，组成约千余人的蒙政会保安队，其中土默特和察哈尔的蒙古族青年占了大多数。德王把这支武装视为推行“蒙旗自治”并与绥远、察哈尔两省当

① 即德王，时为锡林郭勒盟副盟长、苏尼特右旗札萨克。

局抗衡的重要力量，绥远、察哈尔两省当局将其视为国民政府执政的障碍，中国共产党和蒙古族进步人士及广大民众则希望这支武装成为民族解放的力量。中共西蒙工委在蒙政会保安队中做了大量工作，并在德王公开投敌的关键时刻引导这支部队发起武装暴动，加入抗日行列，给日伪势力以沉重打击，极大地振奋了全国人民团结御侮、共同抗日的精神。

百灵庙抗日武装暴动的酝酿

中共西蒙工委按照中共中央和中共西北特委的指示，从 1931 年开始就坚持在地方武装中开展工作。从蒙政会保安队组建之初，中共西蒙工委就密切关注这支武装力量，在其中做了大量工作。百灵庙武装暴动“不是一个偶发的事件，而是中共西蒙工委在地方部队中做了多年工作的结果”①。

中共西蒙工委书记乌兰夫很早就开始关注百灵庙的情况，王若飞被捕后他着手开辟新的国际秘密通道，选中了经由百灵庙到乌兰巴托的路线，格外重视这一带的政局民情。乌兰夫为了隐蔽地积蓄革命力量，积极动员和推荐许多进步青年加入德王组建的干部学生队和武装力量中，从而达到影响这支控制国际秘密通道的队伍的目的。1934 年春，利用蒙政会保安队招兵之机，中共西蒙工委派出共产党员云清、赵诚、赵俊臣等以及一些进步青年参加蒙政会保安队，动员几十名北平蒙藏学校毕业生、被遣散的“老一团”官兵和土默特高小 30 余名学生进入保安队。在乌兰夫的影响和动员下，早年参加过社会主义青年团、毕业于黄埔军校第四期的云继先进入蒙政会并被聘为教官，任蒙政会保安处二科科长；中共党员朱实夫任蒙政会保安处三科科长兼教官。黄埔四期生荣崇仁、九期生云蔚和任秉钧等土默特进步青年也进入保安队任职。云继先、朱实夫与中共西蒙工委始终保持密切联系。

乌兰夫还先后两次去百灵庙摸底并做德王和保安队官兵的工作。经过调查研究，明确了争取和掌握保安队的工作方针，为日后发动暴动

① 乌兰夫：《纪念百灵庙暴动五十周年》，《人民日报》1986 年 6 月 8 日。

作出了决策部署。

1934年秋，为了实地了解百灵庙和保安队的情况，乌兰夫、奎璧等人到百灵庙，以走访老乡找熟人的方式，向保安队官兵宣传抗日救国思想，讲解各民族团结起来共求解放的道理，做了许多争取这支蒙古族武装力量的具体工作。

1935年春，针对德王同意日军在其辖地建立间谍机构“邻善协会”支部、已经与日本人勾结的情况，乌兰夫只身前往百灵庙。通过朱实夫引荐，乌兰夫以归绥教员的身份和德王进行了简短交谈，察觉到德王明确投日的意图。随后和云清、赵诚等党员商讨对策，与云继先、朱实夫、云蔚进行了深谈，商定只要德王公开投日，保安队就在抗日的旗帜下举行暴动。

1935年秋，乌兰夫派李森再赴百灵庙。向保安队进步官兵传达了中央红军长征胜利到达陕北的喜讯，广大爱国官兵深受鼓舞。云清、赵诚、赵俊臣等中共党员以及云蔚、纪寿山等开始秘密商议暴动事宜。

1935年11月末，德王应邀前往伪满洲国“首都”长春“访问”，并接受日本的金钱和武器援助。这一举动刺激了保安队的爱国官兵。1936年1月，乌兰夫指示回到土默特旗过春节的云继先、朱实夫、赵诚等人，只要德王在日本操纵下从事“蒙古独立”运动，举行军事暴动的时机就算成熟。此前傅作义曾通过国民党驻蒙政会要员巴文峻做云继先、朱实夫的工作，要他们脱离蒙政会，参加绥远当局谋划中的“绥境蒙政会”。为了暴动成功后能得到傅作义的支持，云继先、朱实夫、苏鲁岱等曾专程到归绥进见傅作义，向他表明如德王公开投靠日本，保安队就举行武装暴动。

1936年初，德王纠集一批蒙古族上层人物，以“蒙政会”名义成立伪察哈尔盟公署。2月10日，德王公开投靠了日本侵略者，成立伪蒙古军总司令部，自任伪蒙古军总司令。5月成立伪蒙古政府，任总裁兼总司令，设日本顾问部，改元易帜。德王组建伪蒙古军两个军共8个师，自兼伪蒙古军第二军军长，计划将保安队调往苏尼特右旗编入伪蒙古军。德王投日的心迹已化为具体行动，保安队的爱国官兵按照乌兰夫的指示，决定举事。

百灵庙抗日武装暴动的发动

1936年2月21日晚，百灵庙抗日武装暴动开始。按照事先的计划，暴动队伍分头行动。首先由云蔚率部到稽查处，处死了德王的亲信李凤诚，放出被关押的士兵。另一路暴动队伍打开军火库，武装了暴动人员。其他几路人马有的砸电台，切断蒙政会与德王府的通讯联系；有的包围了蒙政会驻会官员，促使文职人员参加暴动。暴动队伍还打开会计科的钱柜，将两万银元全部抛掷于地，表明广大官兵抗日救国不贪钱财的态度。暴动成功后，起义人员与预先赶到南营盘的云继先、朱实夫会合，把这支近千人的暴动队伍连夜拉出百灵庙。德王得知暴动消息后立即派兵尾追，暴动队伍击退追兵，向归绥方向行进。暴动部队在傅作义部接应下到达归绥后，被暂编为归绥县和萨拉齐县"防共保安队"，分别在归绥县三两村和萨拉齐县水涧沟门村驻防。

1936年2月25日，暴动部队由云继先领衔发表通电，宣布脱离德王阵营，投身抗日行列。

百灵庙抗日武装暴动发生后，全国大力声援，支持高举义旗的蒙古族抗日武装。暴动部队历经改编、哗变、遣散、收容、整顿，在中共西蒙工委努力下，保留了骨干，许多共产党员在部队中担任了重要职务。1937年，暴动部队被马占山改编为蒙旗独立混成旅，参加了抵御日军进犯归绥的大黑河阻击战。部队后移防伊克昭盟，成为战斗在鄂尔多斯高原的一支抗日劲旅和守护陕甘宁边区的重要武装力量。百灵庙抗日武装暴动后，这支武装力量实际上成为由中国共产党领导和控制的"内蒙民族中最前进的力量，最大的抗日军队"①。

百灵庙抗日武装暴动高举爱国抗日的义旗，打响了内蒙古西部地区人民武装抗日反对分裂的枪声，打乱了日军利用蒙奸西进的部署，使正在推行"征服中国必先征服满蒙"罪恶计划的日本帝国主义受到沉重的打击，同时使蒙古族上层中的投敌卖国分子受到沉重打击。

百灵庙抗日武装暴动也极大地鼓舞了内蒙古各族人民坚决反对日

① 《关于绥蒙工作的决定》(1938年11月22日)，中共中央统战部编:《民族问题文献汇编》，中共中央党校出版社1991年版，第614页。

本军国主义侵略、反对德王卖国投降和争取人民解放的斗志，极大地振奋了全国民众抗日救亡的士气人心。

六、支持推动绥远抗战

绥远地处内蒙古西部，北通外蒙古，南临陕晋，东接平津，地理位置十分重要。1936年2月，日本侵略者开始制订和实施侵绥计划，伪蒙古军、“大汉义军”等对绥远地区重兵压境。中共中央坚持共同抗日的一贯主张，密切关注绥远局势，努力策动、积极支持绥远抗战。国民党军傅作义部奋起抵抗，连战连捷。绥远抗战沉重打击了日本侵略者的嚣张气焰，牵制了日军行动，为抗战全局作出了重要贡献。

中共中央对绥远抗战的策动

1935年12月底，中共中央召开瓦窑堡会议，确立了建立抗日民族统一战线的新策略，并相应地调整了各项具体政策。1936年8月14日，毛泽东分别致信国民党绥远省主席傅作义、察哈尔省主席宋哲元，敦请他们积极抗日。毛泽东在致傅作义的信中指出：“先生北方领袖，爱国宁肯后人？保卫绥远，保卫西北，保卫华北，先生之责，亦红军及全国人民之责也。今之大计，退则亡，抗则存；自相煎艾则亡，举国奋战则存。”“为救亡图存而努力，知先生必有同心也。”[①]毛泽东在给宋哲元的信中也明确表示：“誓竭全力以为后援。近者国内统一战线大有进步，红军主力渐次集中，国际联系已有把握，凡此均非徒托空言，而有实际力量，足以资为抗日之用者也。惟具体实施步骤，必须规划周详，方免贻误。”[②]并具体提出愿意派出军队作为绥远抗战之用。这些信件内容体现了中国共产党抗日救国的决心、诚意和建立抗日民族统一战线的广阔胸襟，以及在绥远和察哈尔地区发动抗战的战略眼光和大局观念。

---

① 中共中央文献研究室编：《毛泽东书信选集》，中央文献出版社2003年版，第37页。

② 中共中央文献研究室编：《毛泽东书信选集》，中央文献出版社2003年版，第35页。

1936年8月24日，中共中央发出《关于内蒙古工作的指示信》，强调指出："帮助蒙古人民的反帝斗争与民族解放，联合他们一同进行对日抗战，乃是整个中国抗日斗争之重要一环。"[①]10月22日，毛泽东致信刘少奇指出："北方统一战线非常要紧，特别着重于军队方面，加紧二十九军工作之外，晋绥应放在第一位。"之后，中共北方局派张友渔和中共中央联络代表张经武赴绥远会见傅作义，策动该部抗日。

1936年10月25日，毛泽东再次致信傅作义，诚挚提出："红军远涉万里，急驱而前，所求者救中国，所事者抗日寇。"并指出了红军在春天时就准备东渡以图正面抗击日军，然而被蒋介石、阎锡山阻挡。"红军主力之三个方面军已集中于陕甘宁地区，一俟取得各方谅解，划定抗日防线，即行配合友军出动抗战""在已得正式谅解而向抗战阵地开进与实行抗战时，自当以其全力为友军之助，而绝不丝毫妨碍共同抗战之友军及其后方之安全与秩序。"[②]信中还提及多次与阎锡山协商共同抗日不见回复，所以派彭雪枫赴绥与傅作义商谈协同抗日事宜。毛泽东的信体现了中国共产党建立爱国抗日统一战线的诚挚热情和急切愿望，以及愿意支援协助绥远抗战的明确态度。

中国共产党抗日救国的坚决态度和坚定立场对绥远地区军民产生了积极影响，对绥远地区的抗战形成了有力推动。

绥远抗战早期主要战役

全国抗战爆发前，绥远抗战的主要事件是红格尔图战役和百灵庙战役。

1936年10月5日，日本关东军在嘉卜寺召开军事会议，决定以王英、李守信部为主力进犯绥远，日方负责战争所需武器弹药和作战经费。11月5日，德王以察境蒙政会的名义发出通电，进行战争威胁，傅作义当即复电严斥。11月8日晚，傅作义召开秘密军事会议，研究作战

---

① 《中共中央关于内蒙古工作的指示信》（1936年8月24日），中共中央文献研究、中央档案馆编：《建党以来重要文献选编》（一九二一——一九四九）第13册，中央文献出版社2011年版，第258页。

② 中共中央文献研究室编：《毛泽东书信选集》，中央文献出版社2003年版，第70页。

部署。

1936 年 11 月 13 日，日、伪军向红格尔图进犯。红格尔图国民党守军一个步兵连、两个骑兵连及百余民兵，在当地蒙汉民众的帮助下，英勇抗击五昼夜，先后七次击退千余名日、伪军在飞机大炮掩护下的猛烈进攻，直至援军到达。战事紧张之时，傅作义亲往前线指挥作战。1936 年 11 月 18 日，敌军全线溃退，傅作义部骑兵一直追击至察哈尔省境内。红格尔图战役毙伤日、伪军数百名，俘虏 300 余名，缴获汽车、电台、弹药等大批军用物资，绥远抗战首战告捷。

日、伪军在红格尔图战败后，又集结在百灵庙一带，企图伺机从北面进犯绥远。傅作义识破日、伪军的企图，决定收复百灵庙。他任命孙长胜和孙兰峰为收复百灵庙作战总指挥、副总指挥，率领骑步兵各三个团及炮兵、装甲车队秘密向百灵庙进发，于 1936 年 11 月 23 日夜发起总攻。经一夜激战，毙敌 300 余人，伤敌 600 余人，俘敌 400 余人，缴获枪炮、战马、电台、弹药、汽油、粮食等大量物资，收复百灵庙。日军驻百灵庙特务机关长盛岛角芳、伪蒙古军师长穆克登宝等率残部逃走。日、伪军此后数次反攻百灵庙，都以失败告终。傅作义部乘胜向大庙发起攻击，“大汉义军”的石玉山旅、金宪章旅、安华亭旅、王子修旅杀死军中 20 多名日军顾问，先后起义，“大汉义军”基本瓦解。日、伪军残部败退察北，绥远抗战又一次取得重大胜利。

1936 年 12 月 1 日，中共中央发出通电，指出“抗日救亡是每一个中国人的天职”①，号召全国人民援绥抗战，同时宣布红军准备立即开赴晋绥抗日前线，抗击日、伪军的进攻，为保卫晋陕、保卫华北、保卫中国而奋战到底。毛泽东、朱德代表中国共产党电贺绥远抗战的胜利，高度赞扬傅作义的爱国之举。中共中央特派南汉宸率团到绥远慰问抗日将士，并赠送“为国御侮”锦旗。

1937 年 2 月上旬，中共中央先后发出《关于蒙古工作应以援绥抗日为中心的指示》《关于内蒙工作给少数民族委员会的信》，调整了对内蒙

---

① 《中共中央、中国苏维埃中央政府关于绥远抗战通电》(1936 年 12 月 1 日)，中共中央文献研究室、中央档案馆编：《建党以来重要文献选编》(一九二一——一九四九) 第 13 册，中央文献出版社 2011 年版，第 404 页。

古工作的方针政策，指出内蒙古工作“应以援绥抗日为中心”“发动全蒙的人民拥护绥远的抗战，拥护阎傅[①]抗战”。

绥远抗战的意义和影响

绥远抗战使全国人民看到了中华民族抗日救亡的希望，抗日信心和斗争意志愈加坚定，在全国掀起了援绥抗日的爱国热潮，各社会团体、港澳同胞、海外侨胞以各种形式支援绥远军民抗战。北平、上海、天津、太原等地组织了救护队、慰劳队、义勇军奔赴前线。学生、妇女纷纷为绥远将士赶制棉衣，赶赴前线慰问官兵、救护伤员。全国知名人士、著名学者和学联代表黄炎培、朱自清、范长江、郑天翔，上海“左联”陈波儿和进步文艺团体的崔嵬、张瑞芳、陈强、吕骥等携带大量慰问品和捐款来到绥远慰劳抗日将士。各慰问团、看护队、服务队顶风冒雪，翻越大青山，到百灵庙、大庙、乌兰花等地前线慰问抗日将士，极大地鼓舞了官兵士气。

1937年3月13日，毛泽东和朱德致电吊唁绥远抗战阵亡将士。电文中说：“诸将士英勇杀敌，成仁取义，伟大之精神足以昭示后世，风励全国。泽东等追悼国殇，同深恸悼。”[②]

绥远抗战体现了中华民族团结抗争、不屈不挠、英勇顽强的民族精神，激发了全国各党派、各阶层和各族人民群众的爱国热情，使中国共产党的抗日救国主张更加深入人心。

---

① 阎傅，指阎锡山和傅作义。

② 中共中央文献研究室编：《毛泽东年谱》（1893—1949）上卷，中央文献出版社2002年版，第663页。

第八章

瓦窑堡会议后中共中央、毛泽东对内蒙古地区民族工作的指导

由于“左”倾错误路线的影响，中央红军第五次反“围剿”失败，踏上战略转移的漫漫征程，开始了世界历史上前所未有的二万五千里长征壮举。1935 年 1 月，中央政治局在长征途中举行遵义会议，事实上确立了毛泽东同志在党中央和红军的领导地位，开始确立以毛泽东同志为主要代表的马克思主义正确路线在党中央的领导地位，开始形成以毛泽东同志为核心的党的第一代中央领导集体，开启了党独立自主解决中国革命实际问题新阶段，在最危急关头挽救了党、挽救了红军、挽救了中国革命，并且在这以后使党能够战胜张国焘的分裂主义，胜利完成长征，打开中国革命新局面。这在党的历史上是一个生死攸关的转折点。1935 年 10 月，中央红军胜利到达陕北。

面对抗日救亡运动新高潮和从土地革命战争向民族革命战争转变的新形势，中国共产党在瓦窑堡会议上确定了新的战略方针。在此背景下，中共中央和毛泽东对内蒙古地区的民族工作作出新的指示，引领内蒙古地区各级党组织和各族人民，团结一致开展抗日救亡运动。

一、中共中央对内蒙古地区民族工作的指示

抗日救亡运动新高潮和瓦窑堡会议

1935年六七月间的“何梅协定”①和“秦土协定”②，国民党当局实际上把包括北平、天津在内的河北、察哈尔两省的大部分主权奉送给日本，更加助长了日本吞并整个华北进而灭亡中国的嚣张气焰。1935年10月，中共中央发表《为抗日救国告全体同胞书》(即“八一宣言”)③，呼吁停止内战，一致抗日，表达了全国各界爱国力量的心声。11月，蒋介石为向日本妥协，指示国民政府准备实行华北特殊化，史称华北事变，激起全国人民义愤。12月9日，北平学生和市民举行大规模示威游行，喊出“停止内战，一致对外”的口号，全国许多地方学生罢课、工人罢工，掀起一二九运动，抗日救亡斗争出现了新的高潮。

1935年12月17日至25日，中共中央政治局在陕北瓦窑堡召开扩大会议。会后第三天，毛泽东根据会议精神作了《论反对日本帝国主义的策略》报告，强调了建立抗日民族统一战线的可能性、必要性和重要

---

① “何梅协定”，指国民党北平军事长官何应钦和日本华北驻屯军司令官梅津美治郎达成的协定。1935年5月日军制造河北事件后，日本方面多次向国民党北平军事长官何应钦提出对华北拥有实际统治权的无理要求。6月9日，日本华北驻屯军司令官梅津美治郎向何应钦提交“备忘录”，并要求限期实行。“备忘录”主要内容有：取消河北省和北平、天津两市的国民党党部；撤退驻河北省的国民党中央军、东北军和宪兵第三团；撤换河北省主席和北平、天津两市市长；撤销北平军分会政治训练处；禁止全国抗日活动等。7月6日，何应钦致函梅津美治郎，表示6月9日所提各事均承诺之。梅津美治郎的“备忘录”和何应钦的书面复函，被称为“何梅协定”。

② “秦土协定”，1935年6月11日，日本方面借口其人员在张北受到中国军队盘查，向察哈尔省代主席、民政厅长秦德纯提出无理要求。6月27日，国民党政府指派秦德纯与日军代表土肥原贤二以换文方式签订了“秦土协定”。华北国民党当局同意从察哈尔省撤退中国驻军和国民党部，解散抗日机关和团体，“招聘”日本人为军事和政治顾问。

③ “八一宣言”，1935年8月1日由中国共产党驻共产国际代表团起草，10月1日以中国苏维埃政府和中国共产党中央的名义在法国巴黎出版的《救国报》上发表。

性，还提出“少数民族，特别是内蒙民族，在日本帝国主义的直接威胁之下，正在起来斗争。其前途，将和华北人民的斗争和红军在西北的活动，汇合在一起”①。

瓦窑堡会议是中国共产党历史上一次极为重要的会议。瓦窑堡会议决议和毛泽东的报告是中国共产党在政治路线方面的一次重大调整，是中国共产党在国难当头之际，顺应形势变化的一次重大转折。瓦窑堡会议之后，中共中央确定，党在新的历史时期将要到来时的基本策略和任务是，联合各族各界各阶层，建立广泛的抗日民族统一战线，而且中国共产党在抗日民族统一战线中必须起到具有决定意义的领导作用，必须掌握政治上的主动权。中共中央据此也为内蒙古地区革命斗争制定了新的策略，提出了新的要求。

毛泽东发表《对内蒙古人民的宣言》

1935 年 11 月，中共中央抵达陕北不久，即以中共西北中央局的名义作出《关于开展抗日反蒋运动工作的决定》，明确要求“加紧少数民族的工作，特别是蒙古人民中的工作，发动他们反对日本帝国主义的侵掠与汉人官僚军阀的奴役，同他们一切的反日反汉奸军阀的武装队伍订立作战协定”②；明确指示内蒙古地区的工作中心和首要任务是联合各种武装力量建立抗日民族统一战线。

1935 年 12 月 10 日，中共中央以中华苏维埃人民共和国中央政府主席毛泽东的名义，发表了《对内蒙古人民的宣言》，明确指出在日本帝国主义进攻面前，蒙古民族面临着民族灭亡或民族解放两条道路，号召蒙古民族在抗日旗帜下团结起来，反对日本帝国主义和国民党反动派。《宣言》呼吁内蒙古的全体民众，在全世界大变动的关头，不要甘受日本帝国主义及中国军阀的宰割，不当他们的炮灰，要乘机奋起，努力图强。《宣言》揭露日本帝国主义对内蒙古地区的欺诈和野心，揭示了蒙

① 毛泽东：《论反对日本帝国主义的策略》（1935 年 12 月 27 日），《毛泽东选集》第一卷，人民出版社 1991 年版，第 151 页。

② 《中共西北中央局关于开展抗日反蒋运动工作的决定》（1935 年 11 月 13 日），中共中央统战部编：《民族问题文献汇编》，中共中央党校出版社 1991 年版，第 319 页。

古民族面临的危险处境和严重危机，指出日本侵略者“正在用各种欺骗手段，假借‘大蒙古主义’，来达到占领蒙古的整个土地财富，奴役整个内蒙古人民的目的”[①]。《宣言》揭露了国民党及军阀们强占蒙古民族的牧场、盐池，不断制造民族矛盾的行为，正在成为“日本帝国主义的清道夫，加速内蒙古民族之灭亡”。《宣言》最后明确提出：“我们认为只有我们同内蒙古民族共同奋斗，才能很快的打倒我们共同的敌人日本帝国主义及蒋介石。”[②] 以毛泽东名义发表的这个《宣言》，在日本加快对中国侵略步伐的严重关头表达了中共中央对内蒙古局势的关注和对内蒙古党组织的期望，是中国共产党指导内蒙古革命斗争的纲领性文献，为内蒙古各族人民的革命运动和抗日救亡斗争指明了方向，引导内蒙古革命斗争走向新的发展阶段。

中共中央不仅明确提出了党在内蒙古地区联合各种武装力量建立抗日民族统一战线的主张，而且迅速开始了具体的部署。瓦窑堡会议期间，1935 年 12 月 23 日，中共中央在《关于军事战略问题的决议》中提出了开展内蒙古工作的三个战略步骤：第一步要“着手绥远方面的布置”和“着手组织蒙古游击队”；第二步要“着手对内蒙民族的宣传工作取得部分的切实成绩”“扩大蒙古游击队最少二百人”“完成与苏联的通信联络”“完成出绥远的政治上、军事上、组织上的准备”；[③] 第三步要择机向绥远地区推进。这些详细部署，体现出内蒙古地区的抗日救亡斗争已经处在中共中央的直接领导和具体指导之下。

中共中央发出《关于内蒙古工作的指示信》

1936 年 5 月 12 日，德王公开投靠日本侵略者，成立伪蒙古军政

① 《中华苏维埃共和国中央政府对内蒙古人民的宣言》（1935 年 12 月 10 日），中共中央文献研究室、中央档案馆编：《建党以来重要文献选编》（一九二一——一九四九）第 12 册，中央文献出版社 2011 年版，第 509 页。

② 《中华苏维埃共和国中央政府对内蒙古人民的宣言》（1935 年 12 月 10 日），中共中央文献研究室、中央档案馆编：《建党以来重要文献选编》（一九二一——一九四九）第 12 册，中央文献出版社 2011 年版，第 510 页。

③ 《中央关于军事战略问题的决议》（1935 年 12 月 23 日），《毛泽东军事文集》编辑组编：《毛泽东军事文集》第一卷，军事科学出版社 2017 年版，第 420 页。

府。针对这一情况，中共中央于 8 月 24 日发出《关于内蒙古工作的指示信》，指出“内蒙绥远，形势非常紧急”[①]，揭露了日本帝国主义打着支持内蒙古“独立自治”的旗号，扶持一些蒙古王公上层人物，出于维护封建贵族利益而背叛祖国、背叛中华民族，组织“独立”政府，妄图脱离中国，把整个内蒙古地区变成日本帝国主义的殖民地；指出“德王借外力以求独立，联合日本以脱离中国军阀的理论只有害于蒙古人民”[②]。《指示信》同时指出内蒙古面临民族存亡的两条道路：听随日本侵略者，走德王的“独立自治”道路，内蒙古则亡，变为日本殖民地；驱逐日本侵略者，摆脱军阀的压迫，才能真正实现自治与繁荣。关于内蒙古革命斗争的根本任务，《指示信》明确指出“蒙古人民的斗争首先就应当是民族解放的斗争”[③]。《指示信》还指出，为了发动内蒙古地区人民抗日救亡斗争必须进行艰苦的工作，要求内蒙古地区党组织采取口头的、文字的、个人联络、结拜兄弟等方法进行宣传和交往，促使内蒙古地区人民的觉醒。《指示信》提出“为了进行蒙古人民反日的民族解放斗争，必须建立民族统一战线。这个统一战线不仅应当团结蒙古广大平民群众，并且应当把王公、军人、喇嘛、知识分子也都团结在内”[④]。《指示信》要求内蒙古地区党组织必须把反军阀压迫斗争与抗日救亡斗争联系起来，但是当军阀参加抗日斗争时，就应与之联合，必须以诚恳的态度，取得内蒙古地区各族人民的信任，“正确的实行布尔塞维克的民族政策，耐心的艰苦的进行实际工作，一定能够取得内蒙人民大多数的同情与赞助，来

① 《中共中央关于内蒙古工作的指示信》（1936 年 8 月 24 日），中央文献研究室、中央档案馆编：《建党以来重要文献选编》（一九二一——一九四九）第 13 册，中央文献出版社 2011 年版，第 255 页。

② 《中共中央关于内蒙古工作的指示信》（1936 年 8 月 24 日），中央文献研究室、中央档案馆编：《建党以来重要文献选编》（一九二一——一九四九）第 13 册，中央文献出版社 2011 年版，第 257 页。

③ 《中共中央关于内蒙古工作的指示信》（1936 年 8 月 24 日），中央文献研究室、中央档案馆编：《建党以来重要文献选编》（一九二一——一九四九）第 13 册，中央文献出版社 2011 年版，第 258 页。

④ 《中共中央关于内蒙古工作的指示信》（1936 年 8 月 24 日），中央文献研究室、中央档案馆编：《建党以来重要文献选编》（一九二一——一九四九）第 13 册，中央文献出版社 2011 年版，第 259 页。

联合内蒙人民与中国人民手携手去反对共同敌人——日本帝国主义，取得蒙古人民与中国人民的独立自由与解放”①。

中共中央《关于内蒙古工作的指示信》明确阐述了在抗日救亡新形势下，必须联合各方面武装力量和各族民众，建立广泛的抗日民族统一战线，共同对付中华民族的敌人——日本帝国主义。

在中国共产党抗日民族统一战线政策和党中央对内蒙古地区工作方针的指导下，内蒙古地区党组织明确了斗争方向，坚决贯彻中央精神，发动各族各界深入开展抗日救亡运动，不仅迟滞了日本军队入侵内蒙古地区的步伐，也抑制了反动势力投敌卖国的行动。

二、中国共产党蒙古工作委员会和少数民族工作委员会的成立

中共中央为加强西北地区少数民族工作，建立广泛的抗日民族统一战线，在三边（指陕北与伊克昭盟交界的定边、安边、靖边）地区相继成立专门领导机构，先有主要面向伊克昭盟的中国共产党蒙古工作委员会，后有主要面向内蒙古、宁夏、甘肃的中共少数民族工作委员会，在民族政策宣传、统一战线维护、民族干部培养、民族武装建设等方面做了大量工作。

成立中国共产党蒙古工作委员会

伊克昭盟紧邻陕北地区。中共中央和中央红军到达陕北后，很快在伊克昭盟建立党组织，开展革命活动，动员各族群众进行反封建压迫和反国民党统治的斗争，在开展革命活动时非常注意少数民族地区的特点，力求得到少数民族群众的理解和支持。

---

① 《中共中央关于内蒙古工作的指示信》(1936 年 8 月 24 日)，中央文献研究室、中央档案馆编:《建党以来重要文献选编》(一九二一——一九四九)第 13 册，中央文献出版社 2011 年版，第 261 页。

瓦窑堡会议之后，为了贯彻落实党建立抗日民族统一战线的意图，开展伊克昭盟地区的民族解放斗争，中共中央决定成立红军二路骑兵团（后改为中央军委骑兵团），高岗任司令员，张爱萍任政委。他们带领只有十几个人的骑兵团骨干进入陕北靖边、横山和伊克昭盟乌审旗、鄂托克旗一带活动，开展建立抗日民族统一战线和扩建骑兵团工作。为团结蒙古族上层人物以利于开展工作，高岗、张爱萍等人与乌审旗副协理、保安司令部副官奇国贤（道布庆道吉尔）、蒙古族著名社会活动家那素滴勒盖等结为盟兄弟。

陕北定边县毗邻伊克昭盟和宁夏边界，而且与蒙古族、回族等少数民族聚居区接壤。1936 年 6 月，红军西征解放了定边、盐池两县。为了进一步开展少数民族地区工作，巩固和发展西北地区的革命形势，中共中央决定在定边县成立中国共产党蒙古工作委员会（简称中共蒙古工委），高岗任书记，先后有赵通儒、曹动之、贾拓夫、张德生、毛泽民、田万生、白汉臣、郝登鸿、徐子猷、曹布诚、霍适德等人在中共蒙古工委工作。8 月，应中共蒙古工委邀请，乌审旗大石砭寺庙的大喇嘛毛罗木扎木素（汉名赵云海）组织了昌煌、包日呼舒、新庙、纳林河四地寺庙的大喇嘛到定边参观，共同探讨建立抗日民族统一战线问题，受到高岗、毛泽民、宋任穷、宋时轮、李志民、张德生等人的热情接待，并互相结为“安达”（蒙古语，意为“拜盟兄弟”）。秋天，毛罗木扎木素应邀去中共中央所在地陕北保安（今志丹县）参观，受到毛泽东与朱德等中央领导的欢迎。毛泽东还送他一支勃朗宁手枪，希望他回到乌审旗后，宣传共产党的抗日民族统一战线政策，组织有代表性的民族宗教人士到陕北苏维埃地区参观访问。

中共蒙古工委还在陕北定边和鄂托克旗三段地各开设了一个牧民招待所，专门接待来访的蒙古族和回族牧民。在定边开展新区工作的中华苏维埃政府国民经济部部长毛泽民参与了定边招待所的筹建工作。定边招待所设于万聚永商号大院内，隔街与中共蒙古工委相望。招待所的工作人员主动向牧民们宣传党的民族政策，带他们参观苏维埃区域，并委托他们转达苏区政府对广大蒙古族、回族人民及上层人士的问候，还赠送他们绸缎、皮料、地毯等礼品。牧民招待所很快成为蒙古、回等少数民族认识苏区面貌、了解中国共产党民族政策和抗日民族统一战线方针的窗口，成为党在伊克昭盟开展民族工作的阵地。同时，中共蒙古工委还开办训练班，培养蒙古族干部，组建了一支民族武装——蒙汉骑兵游击队。

成立中国共产党少数民族工作委员会

1936 年 5 月 24 日，中国工农红军总政治部在《关于回民工作的指示》中指出，甘肃、宁夏两省有着占人口二分之一至四分之三的回民群众，争取回民参加抗日，帮助回民反对国民党，是“党和红军极迫切的重要的政治任务”①。

1936 年 10 月，中共中央为了进一步加强西北地区蒙古、回、藏等少数民族的工作，建立广泛的抗日民族统一战线，决定在中共蒙古工委基础上，成立中共少数民族工作委员会（简称中共少数民族工委），由中共陕甘省委领导，李维汉任书记，委员有高岗、宋任穷、宋时轮、贾拓夫等。同月，成立中共三边特委，贾拓夫任书记，朱协辉任组织部部长，贺捷山任宣传部部长，高岗任军事部部长，秦力生任白区工作部部长，杨俊勋任青年团书记。

中共三边特委除了领导三边地区工作以外，还负责指导伊克昭盟的工作。为促成抗日民族统一战线的建立，中共三边特委在定边创办了《蒙古报》，不定期出版，向伊克昭盟地区的蒙古族同胞宣传党的民族政策和抗日民族统一战线方针。1945 年中共伊克昭盟工作委员会（简称中共伊盟工委）在城川成立后，《蒙古报》由伊克昭盟工委接管，更名为《伊克昭盟报》。

1936 年 12 月，为了适应革命形势的发展，中共中央撤销了中共三边特委，成立了定边中心县委，重新组建了中共少数民族工委，直属中央领导，李维汉调离，高岗接任书记。中共少数民族工委除了领导原中共蒙古工委所属各单位外，新增设了蒙民部、回民部、回民游击司令部

---

① 《中国工农红军总政治部关于回民工作的指示》（1936 年 5 月 24 日），中共中央统战部编：《民族问题文献汇编》，中共中央党校出版社 1991 年版，第 362 页。

和中共鄂托克旗工作委员会。1937年2月，中共中央致信中共少数民族工委负责人高岗、罗梓铭等人，提出内蒙古地区的工作方针由于形势环境的改变而应有所变化，中心任务是抗日援绥，发动与团结全内蒙古各族人民共同抗战，抵制日本侵略者入侵绥远。

中国共产党在三边地区及周边地区开展的形式多样的民族宗教统战工作，最大限度地团结了一切可以团结的力量，为中国共产党在西北地区建立巩固的抗日民主根据地打下了基础，同时也为全国抗战爆发后，深入开展党的民族宗教工作积累了一定经验。

七七事变爆发后，日本侵略军先后占领归绥和包头，集中了一批蒙奸派往伊克昭盟、阿拉善旗活动，同时收买了一批回奸派往宁夏、兰州一带活动。中共中央认真分析形势后认为，在伊克昭盟和宁夏地区仅仅做好蒙古族和回族群众的工作还不够，必须同时加强广大汉族群众的工作，只有汉族、蒙古族、回族人民群众能够联合起来，才能有效地抗击日本侵略者。因此，中共中央决定撤销中共少数民族工作委员会，分别成立了中共绥蒙工作委员会和中共宁夏工作委员会。白如冰①任中共绥蒙工委书记，赵通儒、于占彪、乌兰夫等人为委员，工作机关由陕北靖边张家畔移驻到伊克昭盟桃力民地区。

中共中央和毛泽东自长征到达陕北以后，始终关注内蒙古地区的政治局势和革命斗争的发展情况，始终把内蒙古地区民族工作列为重要的议事内容，不断作出重要决策，制定方针政策，采取一系列重大措施，不断加强对内蒙古地区革命斗争的领导。

三、党领导的内蒙古地区少数民族工作的开展

紧邻陕北的内蒙古伊克昭盟以及河套地区是中国共产党建立党组

① 白如冰（1912—1994），今陕西省榆林市清涧县人。1928年由中国共产主义青年团团员转为中国共产党党员。中华人民共和国成立后，曾任中共山东省委第一书记、山东省政协主席等职，是中共第十、十一届中央委员。

织开展民族工作的重要地区之一。中共中央首先根据上述地区民族关系的实际情况，真诚细致地开展民族工作，赢得了当地各族各界的拥护和赞扬，取得了良好的政治影响和社会效果。

党在伊克昭盟鄂托克旗的民族工作

1936年3月，毛泽东亲自致信伊克昭盟鄂托克旗保安司令章文轩，表示友好之意，请他派人协商具体合作事宜。5月，红军开始西征的同时，毛泽东致信乌审旗官员孟克乌力吉，表示愿与蒙古族人民团结一致，坚决反对日本侵略内蒙古及国民党的欺凌压迫；希望将长城沿边各地如宁条梁等地划为通商地区，增进商业的发展；愿与蒙古族联合一起，缓急相助，共同打倒公敌。毛泽东的信重申了党对内蒙古民族工作的基本主张，为开展乌审旗党的工作创造了条件。

1936年4月，中共中央组织成立了中央巡视团，贾拓夫任团长，负责民族工商业工作的毛齐华任副团长，团员将近20人，包括党、团、民族、农工、青年、妇女、经济、文化、宗教等各方面的代表。中共中央指示贾拓夫，中央巡视团视察伊克昭盟的宗旨是检查新区工作，落实工商业政策，实行土改和建立政权，宣传党的民族政策，用实际行动向新区人民证明中国共产党的诚意。中共蒙古工委成立以后，以三边地区为基地，继续向北开展蒙古族工作。

1936年5月，红军西征解放陕西定边县、宁夏盐池县及伊克昭盟鄂托克旗南部的宁条梁后，陕北革命根据地与伊克昭盟成了毗邻地区。中共中央格外注意执行好民族政策。毛泽东、周恩来给彭德怀写信，指示他们与鄂托克旗保安司令章文轩的代表进行谈判，要求与鄂托克旗建立友好通商关系。6月底，中央巡视团从延安出发，经保安抵达吴起镇，得到李富春、萧劲光、蔡畅等人的进一步指导。中央巡视团到达定边、盐池等新区后，立即与西征红军政治部和中华苏维埃工农民主政府国民经济部一起开展工作，除了在乡村宣传党的政策、解放民众思想、土改除霸以及开展党、团、农、工、青、妇各项工作外，把少数民族工作放在特别重要地位，大大改善了当地的民族关系，促进了各族人民的友好往来，扩大了中国共产党在伊克昭盟的影响。

党在伊克昭盟乌审旗的民族工作

中共中央到达陕北之前，刘志丹领导的陕甘红军一直活动在陕北横山、靖边一带，并与伊克昭盟乌审旗有着友好往来。陕甘红军尊重当地的民族风俗，实行民族平等政策，通过贸易往来与乌审旗蒙古族群众建立了良好关系。乌审旗也成为伊克昭盟接受革命影响最早的地区之一。

1935 年 2 月，陕甘红军粉碎了陕、甘、宁、晋国民党军队的“围剿”，乘胜北上，在横山县境内建立了赤源县工农政府。8 月，长征先期到达陕北的红二十五军与陕甘红军会师后，在赤源县第八区的基础上成立了长城特区，专门负责伊克昭盟乌审旗和其他旗县的民族统战工作。1936 年 2 月，赤源县和长城特区决定成立中共乌审县委和县苏维埃政府。中共陕北省委得知这一情况后，批评了这种错误决定，提出不能到处用苏维埃的方式去组织少数民族地区的政权，指出如果急于在蒙古族地区改旗设县、建立政权，将不利于争取和团结蒙古族上层共同抗日、共同反对国民党独裁统治。中共中央还从抗日民族统一战线的角度强调要尊重少数民族的传统和习惯，不急于在少数民族地区建立红色政权，以减少敌人进攻乌审旗的借口，争取充分的时间在乌审旗建立统一战线组织，开展统一战线工作，以共同抵抗日本帝国主义。1936 年 2 月底，赤源县和长城特区根据中共中央指示，撤销了中共乌审县委和县苏维埃政府，3 月成立了中共乌审旗工委。

在恢复乌审旗建制的过程中，中共乌审旗工委通过与乌审旗西协理、保安司令部副官奇国贤的商谈和接触，更增进了双方的了解和信任。奇国贤等人也从这件事中认识了中国共产党的民族政策，从此更加倾向革命。

中共乌审旗工委成立后，一方面率领蒙汉骑兵游击队配合红军作战，一方面大力开展民族工作。田万生等人以边贸商人的身份在乌审旗活动，向蒙古族各阶层宣传党的民族政策和抗日救亡道理，使不少牧民走上了革命道路。田万生向乌审旗王爷特古斯阿木古郎宣传共产党的抗日主张，把毛泽东《对内蒙古人民的宣言》等宣传品送给他，公开了自己的共产党员身份。特古斯阿木古郎逐渐对共产党产生了好感，赞赏共产党的民族政策和抗日主张，表示愿意合作，帮助共产党解决困难。当地蒙古族士兵曾经护送赵通儒等6名共产党员安全抵达神府特区。中共乌审旗工委通过与蒙古族同胞沟通感情，建立信任，宣传党的民族政策，打通了联络蒙古族上层人物和深入蒙古族下层群众的渠道。

1936年秋，乌审旗和鄂托克旗因为旗界纠纷，互相兵戎相见数月，各族百姓深受其害。中共中央高度重视此事，希望尽快停止争斗，和平解决纠纷，并指示两旗工委出面调解冲突。中共蒙古工委和乌审旗工委、鄂托克旗工委派人劝解协调，成功说服两地放弃积怨重归于好，团结起来，共御外侮。

随着党在乌审旗工作的深入开展，越来越多的蒙古族群众希望更多地了解共产党和红军，纷纷提出想去延安看看。经中共中央同意，1937年2月中旬，中共乌审旗工委安排第一批牧民参观团47人前往延安，受到延安军民的热烈欢迎。毛泽东、朱德专门看望了牧民参观团一行，还和大家进行了座谈。在生活条件十分艰苦的情况下，延安军民对参观团热情款待，让牧民们感受到了共产党对少数民族的真情实意和深切关怀。参观团一行目睹了延安军民自力更生、艰苦奋斗、蓬勃向上、团结抗日的新气象，加深了对中国共产党的认识和了解。

中国共产党以诚恳的态度和认真细致的工作，赢得了蒙古族各阶层的信任和支持。随着党在伊克昭盟地区影响的日益扩大，党的组织和革命力量也不断发展壮大，为下一步建立广泛的抗日民族统一战线，把伊克昭盟构筑成陕甘宁边区的坚固屏障，奠定了坚实基础。

党在河套地区的民族工作

河套地区与伊克昭盟是阻止日本侵略势力进入中国大西北的战略要地。因此，做好河套地区的民族工作是内蒙古地区党组织同样重要的任务。

1933年5月组建的中共绥远省特别委员会，主要活动在河套地区的临河和绥西一带。对于河套地区的民族工作，中共中央北方局强调党的主要工作任务是在内蒙古各族群众中，普遍地宣传和解释党的民族政策，有计划地发动和开展革命斗争，要求中共绥远省特委首先要用最大力量揭露日本帝国主义与德王等内蒙古王公勾结，企图利用内蒙古民族运动实现其进一步的侵略与鲸吞内蒙古地区的阴谋。

中共绥远省特委根据上级指示精神，一直将民族工作列为重要任务之一，利用各种形式广泛联络少数民族人士。中共绥远省特委书记刘仁很快与乌拉特前旗保安团团长色林保交上朋友。色林保不仅向刘仁介绍旗内的情况，还将在包头的旗保安团团部让给刘仁等人居住，给中共绥远省特委提供了隐蔽的活动场所。当时，乌拉特前旗的石拉布道尔吉（石王）在绥远省政府支持下，继任了旗札萨克。锡林郭勒盟德王派人鼓动石王投靠日本人。中共绥远省特委为了争取石王，做了大量工作。特委宣传部部长梁一鸣起草了《告蒙古人民书》，并翻译成蒙古语，印成传单散发，揭露德王投敌卖国的罪恶行径，号召广大蒙古族同胞团结起来，认清德王的丑恶嘴脸，不要上当受骗。

刘仁和特委组织部部长吉合还在色林保的陪同下，两次前往乌拉特前旗王府，向石王和上层人士介绍全国形势，揭露日本侵略者“协助兴蒙”的欺骗宣传和德王投靠日本人、分裂祖国、出卖民族利益的罪行，劝说他们不要做任何分裂国家的事情。在刘仁等人的说服教育下，大多数旗府官员认识到，跟着德王走就是分裂国家、背叛民族，蒙古族只有团结在中华民族的大家庭里，才能实现真正的繁荣和发展。

刘仁还建议石王与绥远省政府主席傅作义取得联系，争取军事支持。后来，傅作义出兵打败了德王派来的军队，反对石王的亲日势力也土崩瓦解。中共绥远省特委的工作不仅让许多蒙古族群众了解了日本帝国主义妄图霸占内蒙古地区、分裂中国的野心，而且让他们对德王和所谓的“蒙政会”也有了更加清醒的认识。这是中国共产党民族工作的胜利。

中国共产党在伊克昭盟及河套地区开展的民族工作，维护了陕甘宁根据地北方门户的稳定与安全，增进了蒙古族上层人物和普通群众对中国共产党的认识和了解，为促进内蒙古的民族团结打下了良好基础。

第 三 编

党领导的内蒙古地区抗日战争

（1937 年 7 月—1945 年 8 月）

第九章

党对内蒙古地区抗战的重大决策及其贯彻执行

全国抗战爆发后，日本侵略者侵占了内蒙古大部分地区。中国共产党把发动内蒙古地区各民族抗战作为开展内蒙古地区工作的重要任务，制定一系列方针政策，团结争取一切抗日力量，大力培养蒙古族干部，为坚持和发展抗日游击战争创造了重要条件。

一、七七事变后日军对内蒙古地区的全面侵略

内蒙古地区多地沦陷

1937 年 7 月 7 日夜，日本侵略军在北平西南的卢沟桥以北举行军事演习，借口一名士兵失踪，炮轰宛平县城，攻击卢沟桥中国驻军，当地中国驻军第二十九军奋起抵抗，史称卢沟桥事变，又称七七事变。日本由此开始了全面侵华战争，中国展开了全国性抗战，一场决定中华民族命运的殊死大搏斗拉开帷幕。

七七事变之后，日本侵略者很快占领了北平、天津等地，并不断西进、南下。国民党军队边抵抗边败退，内蒙古西部地区很快面临沦陷的

局面。

1937年8月初，日军以30万兵力，沿平绥、平汉和津浦铁路大举进攻。8月11日至29日，日本关东军完全占领了张家口以东平绥铁路东段。9月5日，日本关东军察哈尔派遣兵团沿平绥铁路继续西进，13日占领大同，16日攻下丰镇。9月23日，日军和伪蒙古军攻陷集宁。

日本关东军察哈尔派遣兵团一个旅团，在伪蒙古军的配合下，分三路向绥远和包头进犯。1937年10月11日，日军由集宁出发，从南路侵占凉城，逼近归绥。李守信带领伪蒙古军四个师，从中路沿平绥铁路西侵。德王率伪蒙古军四个师，从北路沿大青山北麓包抄。12日、13日，国民兵和蒙旗独立混成旅在归绥城南大黑河一线阻敌进犯。14日，日、伪军三面迫近城郊并以重炮轰击，守军全线西撤，归绥失陷。16日，日、伪军占领萨拉齐县城，17日攻陷平绥铁路最西端的包头。11月，日军又侵占了伊克昭盟准格尔旗黄河以北地区和达拉特旗部分地区。

至此，除伊克昭盟大部、河套地区以及阿拉善旗、额济纳旗以外，内蒙古西部地区的主要城镇和主要交通线平绥铁路相继沦陷。

扶植伪政权残酷迫害各族人民

日军攻占察哈尔、晋北及绥远等地的同时，在其占领区内扶植伪政权。日军占领张家口后，于1937年9月4日操纵成立了伪察南自治政府。占领大同后，于10月15日成立了伪晋北自治政府。10月28日，在日军的操纵下，由伪蒙古军政府改组的伪蒙古联盟自治政府在归绥市成立，云王①任主席，德王任副主席，李守信任伪蒙古军总司令，日本人金井章二任最高顾问部顾问。伪政府所在地归绥市改称厚和豪特（简称厚和）。

为了控制3个伪政权，掌握平绥线经济命脉，1937年11月22日，伪蒙疆联合委员会在张家口成立。该委员会统一领导察南、晋北、蒙古3个伪自治政府，处理有关产业、金融、交通及其他重大事项。金井章

① 即云端旺楚克。1938年3月24日病死。同年7月1日，德王接任伪蒙古联盟自治政府主席兼伪政务院院长，李守信任副主席兼伪蒙古军总司令。

二任最高顾问兼总务委员会委员长，成为委员会和3个伪政权的实际领导者。伪蒙疆联合委员会的成立标志着日本傀儡政权伪蒙疆政权的形成，也标志着日本在内蒙古西部地区殖民统治的正式确立。

1939年9月1日，伪蒙古联合自治政府在张家口成立，德王任主席，金井章二任最高顾问。伪蒙古联合自治政府是在伪蒙疆联合委员会的基础上，由3个伪政权合并而成。1941年8月，伪蒙古联合自治政府对内改称“蒙古自治邦政府”。伪蒙疆政权为了欺骗、拉拢和操纵部分蒙古封建上层王公而几易其名，但其本质始终是日本侵略者控制的傀儡政权。1945年8月日本投降，伪蒙疆政权最终彻底崩溃。

为了强化殖民统治，日本侵略者建立和强化了日、伪军警宪特机构。日本驻军是其实行殖民统治的核心力量。日本侵略者为了强化对内蒙古东部地区的军事统治，在伪兴安各省都驻有不同数量的日军和日本宪兵队。1938年7月，“蒙疆”地区防务由日本驻蒙兵团改称的驻蒙军维持，总兵力3万余人，大部分兵力沿平绥铁路驻扎于张家口、大同、集宁、归绥、包头及其附近的城镇和火车站，掌控“蒙疆”地区局势。伪军是日军控制内蒙古地区的重要军事力量。为维护日本在内蒙古东部地区的殖民统治，日本侵略者在伪兴安四分省（后改建为伪省）分别成立了伪兴安警备军（统称兴安军），担负各伪分省（伪省）境内的治安、警备任务。1940年3月，伪满洲国政府在伪兴安四省范围内分别设立第九和第十军管区。伪蒙古军是伪蒙疆政权最重要的武装力量。伪蒙古军下辖九个师，起初有万余人，后缩减为几千人，协助日军作战，承担西部盟旗防务。伪军没有任何独立性，完全是日本顾问、教官、指导官操纵下的傀儡军队。伪警察特务机构是维护日本殖民统治的主要支柱之一。伪警察队分布于内蒙古沦陷地区城乡各地，主要任务是协助日、伪军作战，维持地方治安。日军在贝子庙、西苏尼特、百灵庙、多伦、化德、归绥、包头等地设立特务机关，又在各地设立分支机构。

日军在侵占和统治内蒙古地区过程中，以极其凶残的手段，对各族群众进行了野蛮屠杀和肆意残害。除大肆抓捕、迫害中共党员和爱国群众外，日军还有组织、有计划地用多种野蛮残暴、灭绝人性的方法大规模屠杀平民。1937年10月14日，日军在归绥经过大黑河时，因河内有淤泥，坦克过不去，竟把百姓枪杀在河中，以人垫道让坦克过河，其残暴行径令人发指。据不完全统计，整个抗战期间，内蒙古地区各抗日武装伤亡 24319 人，各类平民直接伤亡[①]57396 人、间接伤亡[②]437100 人以上[③]。

进行疯狂的经济掠夺

日军占领内蒙古地区后，实行了一系列经济侵略和资源掠夺政策，疯狂侵占和榨取内蒙古地区的各种经济利益。

日本侵略者把内蒙古东部地区作为战争资源供应地。1938 年，伪满洲国各省实行地方税制改革，增加了名目繁多的新税和附加税，伪兴安各省的地方税项目多达五大类 38 种。日本侵略者设立荒务局，以“借地养民”为幌子，招徕汉族农民和日本移民垦荒种田，征收荒租。1938 年 9 月，伪满洲国颁布法令，强制实行“蒙地奉上”，日本侵略者夺得了蒙旗土地所有权。开展大规模移民侵略，建立各类“开拓团”，强占大量农民已垦土地。推行经济“统制”政策，几乎垄断了该地区的经济命脉。特别是 1941 年，推行“粮谷出荷”“牛羊出荷”政策和“配给”制度，农牧业遭到严重破坏。沦陷期间，仅“出荷”一项，每年就从内蒙古东部地区掠去各类牲畜近 70 万头（只）。日本侵略者利用鸦片毒化和剥削内蒙古地区各族人民，不断扩大鸦片生产，造成鸦片烟毒泛滥。昭乌达盟在内蒙古东部地区烟毒泛滥最为严重，仅宁城县就“有烟民 18645 人”[④]。这不仅是对各族人民经济上的掠夺，更是对各族人民精神上的毒害。日本侵略者还组织劳工砍伐、劫掠和破坏了大量森林资源。

---

① 此处所指平民直接伤亡，包括因日军试验和使用细菌、化学武器及鼠疫伤亡人数，因飞机轰炸和日、伪军及非军人的日本人屠杀伤亡人数，以及因战争和日、伪军掳掠妇女造成的失踪人口数。

② 此处指因日军捕俘“反满抗日”人员、强抓劳工，因战乱造成的难民和灾民等原因间接造成的伤亡人数。

③ 参见内蒙古自治区委党史研究室编：《内蒙古抗日战争时期人口伤亡和财产损失》，中共党史出版社 2014 年版，第 26、33、37 页。

④ 内蒙古自治区委党史研究室编：《内蒙古抗日战争时期人口伤亡和财产损失》，中共党史出版社 2014 年版，第 65 页。

据不完全统计，1931 年至 1945 年，“共砍伐木材 5000 多万立方米”[①]。

日本侵略者在政治和军事方面把“蒙疆”地区视为“防共特别地带”[②]，在经济方面将其视为“以战养战”和经济掠夺的重要基地。日本侵略者在“蒙疆”地区，同样通过推行一整套经济“统制”政策，完全掌控了该地区的经济命脉。先后通过“满铁华北事务局”“华北交通会社”等，全面“统制”了以平绥铁路线为主的交通运输。1937 年 11 月，设立“蒙疆银行”，大量发行“蒙疆银行券”，全面“统制”了“蒙疆”地区的金融。将“蒙疆”地区的煤、铁和畜产品视为该地区“三大国防资源”，通过伪蒙疆政权制定实施“盐法”“矿业法”等，严格“统制”煤矿、铁矿以及盐、碱等矿产资源的开采、运输、销售。1939 年，通过伪蒙古联合自治政府公布“贸易统制法”和“物资统制法”，全面“统制”了“蒙疆”地区的进出口贸易，指定掠夺了日本急需的工业及军品生产原料。“蒙疆”地区沦陷八年间，“日军从锡林郭勒盟掠走马 5.66 万匹、牛 5.23 万头、绵羊 26.67 万只、山羊 4.79 万只、骆驼 7.558 万峰”[③]。收税是日本侵略者在“蒙疆”地区进行经济掠夺的主要手段之一。征税名目之多、税率之高是空前的。日本侵略者在沦陷区先后设有鸦片税、盐税、统税、关税、田赋、契税、烟酒税、印花税、牙税、牲畜税、屠宰税、茶叶税等。抗日战争期间，绥远省仅田赋、契税、烟酒及牌照税、斗税、屠宰税、营业税、车捐、驼捐、船筏捐、警捐等 10 种税收总损失为 139594932 元（法币）[④]。为了增加税收，更为了在中国推行罪恶的“毒化”政策，从 1938 年起，日本侵略者强迫农民大量种植鸦片，使“蒙疆”地区成为战时日本占领区最大的鸦片生产基地。日本侵略者在牟取暴利的同时，还用鸦片毒害中国人民、削弱抗日意志。内蒙古西部地区各族人民深受其害。

---

① 内蒙古自治区委党史研究室编：《内蒙古抗日战争时期人口伤亡和财产损失》，中共党史出版社 2014 年版，第 14 页。

② 1938 年 11 月 30 日，日本内阁御前会议通过的《日支新关系调整方针》中规定，“蒙疆是高度的防共自治区域”。1939 年 5 月 8 日，日本驻蒙军拟定的《蒙疆建设基本计划》中提出，要把蒙疆变为“防共特别地带”。

③ 内蒙古自治区委党史研究室编：《内蒙古抗日战争时期人口伤亡和财产损失》，中共党史出版社 2014 年版，第 15 页。

④ 数字似未折算为 1937 年 7 月法币价值。

据不完全统计，抗战时期内蒙古地区沦陷区吸食鸦片人数约占当地人口数的10%，西部地区沦陷区因吸毒死亡人数约10万人。

日本侵略者将“蒙疆”地区视为“日本共荣圈”唯一的畜产品产地，始终十分重视对战略物资畜产资源的掠夺，对畜产品实行严格“统制”。日本占领当局通过特务机关、驻蒙军和伪蒙疆政权等，由军方指定的日资公司垄断所有畜产品的最终收购、贩卖，并优先满足军方的需求。1939年至1941年，“日军从伪蒙疆地区掠走绒毛800多万公斤，占同期产量的37%；掠去皮张490余万张，占同期产量的60%以上”①。

对沦陷区人民施行奴化教育和思想禁锢

日本侵略者为在内蒙古东部地区施行奴化教育，办起了育成学院、兴安学院、扎兰屯国民高等学校、海拉尔国民高等学校等院校。伪满洲国的建国大学广招蒙古族青年，向他们灌输亲日反共思想。1938年1月1日起伪满洲国施行的“新学制”，根本特点是殖民奴役性。伪满洲国各级教育行政机构中始终设“指导监督”教育行政的视学机构②，强化殖民奴化教育。在课程设置上以教授日语为主，日语被作为所谓“国语”列为大、中、小学的主课。在中小学还开设“国民科”“建国精神”等课程，向学生灌输“日满亲善”“尊重日本天皇”的思想。师生到校必须向日本和伪满洲国国旗敬礼，高等学校要用日语授课，并强制学生进行军事训练。

日本侵略者在内蒙古西部地区的中小学校同样施行奴化教育，大肆鼓吹“亲日防共”。日语作为伪蒙疆政权的官方用语，在学校的课程设置中占很大比重，不少教员是日本人。日本侵略者为了实现“工业日本，农业蒙疆”企图，强调初级教育和农牧业技能教育，对蒙古族的教育

---

① 内蒙古自治区委党史研究室编：《内蒙古抗日战争时期人口伤亡和财产损失》，中共党史出版社2014年版，第15页。

② 伪满洲国视学机构分“中央”“省”“旗县”三级。1932年7月伪满洲国文教部成立时就设有“督学室”。1937年7月文教部并入民生部时该室设在教育司内。1940年，“督学室”改称“教学官室”，原督学官改称教学官和副教学官。1943年4月，重新设立文教部时教官则归属于教学司。

尤其强调实业及实务教育。“蒙疆”地区沦陷期间，仅设立了一些农牧业职业技术学校，未设立工业类院校。日本侵略者在各级各类学校教育中始终施行分化教育政策。蒙古族、汉族和回族的教育行政机构和初等、中等学校分立，蒙古族学生不准学习汉文，汉族学生不准学习蒙古文，体现了日本侵略者“分而治之”的殖民统治意图。由于“蒙疆”地区战略地位重要以及各族人民抗日情绪不断高涨，日本侵略者十分注意舆论控制，在“蒙疆”各地设立了大量文化团体，强化亲日防共反华宣传。1941 年，增设了弘报局、放送局，出版发行了《蒙疆新闻》等报刊，宣传伪蒙疆政权的施政方针。

从全国抗战爆发到抗战胜利的八年间，在内蒙古地区，日本侵略者通过扶植伪政权，疯狂掠夺数以千亿计的财富，导致数以千万计的群众饥寒交迫、流离失所，犯下了累累罪行。日本军国主义的野蛮侵略和殖民统治给内蒙古人民造成空前巨大的灾难，激起了内蒙古地区各族人民的顽强反抗。

二、把发动蒙汉联合抗日作为重要任务和中心工作

七七事变后，内蒙古地区多地沦陷，日本侵略者为加强殖民统治和掠夺，实施民族分化政策，挑拨民族关系，企图挑起民族间的仇恨、制造民族分裂。国共两党采取两条不同的抗战路线：国民党坚持片面抗战的路线和消极防御的战略方针，单纯依靠政府和军队抗战；中国共产党领导的八路军和新四军开赴抗日前线，一面积极坚持对日作战，一面在国民党军队丢弃的敌后广大国土上，深入发动群众，独立自主地开展抗日游击战争。内蒙古地区已是抗日前线，争取与团结内蒙古地区少数民族各阶层共同抗日具有特殊意义。

围绕发动全民族抗战的目标，中共中央及时制定了针对内蒙古地区的方针政策，领导各族人民团结一致，共同抗日。1937 年 7 月 10 日，

中共中央发出《关于蒙古工作的指示信》，明确指出日本侵略者正在准备比以前更大规模的新的进攻，号召绥蒙人民积极的准备和充分的动员以抗击日本侵略者的进攻。《指示信》强调，“一切指导蒙古工作地方党组织与担任蒙古工作的人员，应当把发动蒙古民族抗日运动高潮当做今天第一等重要任务和一切工作的中心”①。《指示信》明确，中国共产党在绥蒙工作的最高原则是“蒙汉联合抗日”；要求领导内蒙古工作的中共地方组织，在缓解蒙汉矛盾、促进蒙古民族内部团结以及蒙汉团结方面做出努力，面对国民党中央及地方当局开展统一战线工作，把内蒙古地区各阶层人士团结到抗日战线上来。

1938 年 1 月 3 日，中共陕甘宁边区三边特委举行座谈会，讨论内蒙古地区抗日工作，何凯丰、李富春、高岗、王若飞等出席②。会议分析了内蒙古地区的形势，指出在内蒙古地区援蒙抗日的工作中对蒙古族群众不应有过高的要求，并设法保持其抗日的力量，不要过早暴露出来，被日本侵略者消灭。要积聚力量，待时而动。会议发出“蒙古平民王公团结一致抗日”“蒙汉团结抗日”“一切服从于抗日”等号召，致力扩大抗日民族统一战线。

1938 年 10 月，毛泽东在党的扩大的六届六中全会报告中提出了“团结中华各族，一致对日”的民族工作总方针，指出蒙古族等少数民族与汉族享有平等权利，在共同对日原则之下“有自己管理自己事务之权，同时与汉族联合建立统一的国家”③。这表明党对国内各民族不可分离的关系有了更进一步的认识，对当时中国革命的总形势总任务以及各民族共同利益和愿望有了更准确的把握，对各民族平等团结建立统一国

---

① 《中共中央关于蒙古工作的指示信》（1937 年 7 月 10 日），中共中央文献研究室、中央档案馆编：《建党以来重要文献选编》（一九二一——一九四九）第 14 册，中央文献出版社 2011 年版，第 363 页。

② 何凯丰，时任中共中央宣传部副部长。李富春，时任中共中央组织部副部长。高岗，时任中共中央西北工作委员会委员、中共少数民族工作委员会书记。王若飞，时任中共陕甘宁边区委员会统战部部长。

③ 毛泽东：《论新阶段——抗日民族战争与抗日民族统一战线发展的新阶段》（1938 年 10 月 12—14 日），中共中央文献研究室、中央档案馆编：《建党以来重要文献选编》（一九二一——一九四九）第 15 册，中央文献出版社 2011 年版，第 621 页。

家的目标有了更为切实的主张，中国共产党对解决国内民族问题方针进行了重要调整。

党的扩大的六届六中全会后，中共中央作出了《关于绥蒙工作的决定》，对绥远敌占区，包括国民党统治下的河套、伊克昭盟工作作了全面部署。《决定》提出中国共产党和八路军在绥蒙工作的任务是“要去唤起和团结蒙汉一切力量，一致联合抗日”，“要以我们坚持抗战的模范作用，去提高蒙汉军民王公官吏抗战必胜的信心，是要广大的展开绥蒙抗日游击战争，把绥蒙全境造成敌人不可征服，不能巩固统治的游击区，逐渐在将来敌我力量的变动中，形成坚强的抗日根据地，形成我反攻阶段的前进阵地”①。中共中央还要求驻伊克昭盟八路军骑兵团在推动蒙汉抗战和团结蒙汉抗战中更要起到核心作用，提出推动各方面帮助沙克都尔扎布（沙王）②抗日，使其成为号召蒙古族抗日的旗帜，以影响和团结其他抗日王公和进步青年，争取受日本侵略者欺骗利用的王公及蒙古群众；提出尽力争取被迫被骗附敌的蒙古王公和伪蒙古军，甚至对德王也提出“回头抗日”的口号。《决定》中的方针政策，是在充分调查研究和总结绥蒙工作经验的基础上，从抗日战争全局要求出发提出来的，为全面推进绥蒙抗日斗争提供了重要遵循。

在八路军大青山支队于 1938 年挺进大青山、开辟抗日游击根据地时，中共中央和毛泽东曾再三强调，在绥远敌占区开展敌后抗日游击战争必须团结蒙汉人民联合抗日，要以中国共产党的正确民族政策改变反动统治者历来的民族压迫政策，要揭露日本侵略者的欺骗宣传和伪蒙疆政权的反动实质，要使蒙古民族尽快地觉醒抗日，发挥巨大作用。

随着抗战形势的发展，中共中央认识到，蒙古民族问题在抗日战争中愈来愈重要，对涉及蒙古民族的一系列重大问题必须作出明确的回答，党对蒙古民族的政策需要进一步具体化，党的蒙古民族工作也需要有新的进展。为此，中共中央西北工作委员会经过充分的调查研究拟定，中央书记处于 1940 年 7 月批准发布了《关于抗战中蒙古民族问题

① 《关于绥蒙工作的决定》（1938 年 11 月 22 日），中共中央统战部编：《民族问题文献汇编》，中共中央党校出版社 1991 年版，第 612 页。

② 沙克都尔扎布（沙王），即伊克昭盟盟长、札萨克旗郡王，时任绥境蒙政会委员长。

提纲》。这是中国共产党继1935年12月发出《对内蒙古人民的宣言》以来，又一个在系统、全面、深入研究蒙古民族问题的基础上形成的纲领性文献。《提纲》分析了蒙古民族的历史、现状与特点，全面、深刻地揭露了日本侵略蒙古民族的过程，分析了伪蒙疆政权的特征与傀儡实质，指出了它与日本侵略者及广大蒙古人民之间的矛盾，抨击了国民党大汉族主义政策的反动本质和给蒙古民族造成的严重恶果，细致分析了蒙古民族对抗战的态度。《提纲》指出，“蒙古民族是中华民族的一部分，它直接受日寇统治、压迫、侵略，并且它居住于中日战争极关重要之战略地带，是中国抗战必须争取的力量，所以蒙古民族在抗战中处于非常重要的地位”[①]。中共中央认为，在蒙古民族中坚决投降日本侵略者的是少数，而坚决抗日的暂时也是少数，大部分对抗战抱着观望态度。因此，抓紧争取蒙古民族站在抗战一方，是一项十分紧迫的任务。《提纲》分析了团结蒙古民族走上抗日道路的可能条件，认为蒙古民族对日本侵略者和伪蒙疆政权的本质逐渐有了认识，全中国的抗战特别是共产党、八路军积极抗战的行动在蒙古民族中的影响日益扩大，蒙古民族中已经有了一部分抗日的先进分子，蒙古族群众的抗日觉悟也在不断提高，就连蒙古王公上层的大多数也是可以争取的。《提纲》据此提出党对蒙古民族的九项基本政策，包括唤醒并提高蒙古民族坚决抗日的认识和信心，一致奋起，推翻日本侵略者与伪蒙疆政权、伪满洲国的统治，驱逐日本侵略者，收复失地；蒙古民族应与汉族在政治上享有平等权利；保证蒙古民族各项民主权利，并组织牧人、农民、军人、学生、喇嘛等各种团体参加抗日；尊重蒙古民族的风俗、习惯、宗教、语言、文字，反对与禁止任何侮蔑与轻视蒙古民族之言论与行动；帮助蒙古民族改善与提高其人民生活，激发蒙古人民抗战热忱与生产热忱；帮助蒙古民族实行武装抗日，组织与扩大其抗日部队，展开并坚持绥远敌占区的游击战争；实施抗战教育，发扬其优良文化和光荣的革命传统，培植抗战人才；扶助蒙古族人民发展生产，提高其经济生活；改善各民族间的关系，巩固抗

---

① 《关于抗战中蒙古民族问题提纲》（1940年7月），中共中央文献研究室、中央档案馆编：《建党以来重要文献选编》（一九二一——一九四九）第17册，中央文献出版社2011年版，第415页。

日团结。这些政策措施从当时的历史条件和民族关系出发，既反对日本的殖民侵略，也反对国民党的大汉族主义民族压迫，其中贯穿了各民族平等团结共同奋斗共建国家的一贯主张。为实施上述政策，《提纲》又提出26条具体措施，重点指明了蒙汉联合抗日是内蒙古地区工作的中心，党对抗战时期蒙古民族工作的政策趋于系统、不断完善。

在中共中央的高度重视和直接领导下，抗战时期中国共产党对蒙古民族工作的一系列方针、政策，动摇了日本侵略者在内蒙古地区的殖民统治，戳穿了各伪政权的反动本质，树立起团结抗日的旗帜，粉碎了日本侵略者破坏我国民族团结、实行“分而治之”的阴谋，正确地指导了内蒙古地区的民族工作，也是中国共产党解决国内民族问题进行的重要探索和实践。

三、运用统一战线策略团结争取一切爱国力量

党在绥蒙地区的抗日民族统一战线政策

七七事变后，1937年9月22日，国民党中央通讯社发表《中共中央为公布国共合作宣言》；次日，蒋介石发表实际上承认共产党合法地位的谈话，认为必须“集中整个民族之力量，自卫自助，以抗暴敌，挽救危亡”。中共中央的《宣言》和蒋介石谈话的发表，标志着国共两党第二次合作和中国抗日民族统一战线的形成。中共中央、毛泽东随即发出“为动员一切力量争取抗战胜利而斗争”的号召，中国共产党在内蒙古地区更广泛深入地执行抗日民族统一战线政策。1938年11月22日，中共中央《关于绥蒙工作的决定》就绥蒙地区建立统一战线事宜指出，“必须使我们抗日民族统一战线策略更正确的，具体的按照各种不同的地区，不同的对象，不同的情况去处理，切忌机械的一般化”[①]。

① 《关于绥蒙工作的决定》(1938年11月22日)，中共中央统战部编：《民族问题文献汇编》，中共中央党校出版社1991年版，第612页。

为加强内蒙古地区抗日民族统一战线的力量，1938 年 7 月，第二战区民族革命战争战地总动员委员会（简称战动总会）在山西省岢岚县组建了战动总会晋察绥边区工作委员会（简称总动委会），随八路军大青山支队开赴绥远敌占区。战动总会是抗日民族统一战线组织。1939 年 2 月，中共中央应傅作义商请，派出潘纪文等数十名党员和干部帮助其巩固部队、从事统一战线工作，帮助组织绥远省战地动员委员会。5 月 4 日，绥远省战地动员委员会成立，傅作义任主任，一些中共党员和干部在各个机构中工作。在绥远省战地动员委员会的组织领导下，县、区、乡也成立了动员委员会（简称动委会），不少共产党员、进步人士任县区乡动委会区长和主任，组织了农民、工人、妇女、青年、儿童、蒙民救国会等群众组织，既壮大了抗战力量，也为大青山抗日游击战争奠定了深厚的群众基础。

随着抗日民族统一战线工作的开展，中共中央根据绥远敌占区抗日斗争的需要，指示将动委会逐步过渡到抗日民主政权，大力发动群众开展抗日斗争。1940 年 8 月，中共绥远省委为了统一大青山抗日游击根据地各族、各界、各党派团结抗日步调，推动抗日民主政权建设，在绥西武归县小西梁村召开了绥察人民代表会议，成立了晋绥第二游击行政公署驻绥察办事处。从此，大青山抗日游击根据地政权建设，由动委会完全过渡到抗日民主政权阶段。

1941 年 4 月 15 日，中国共产党领导下的绥察行政公署正式成立。7 月 1 日，绥察行政公署发布《关于动员各党派、各民族、各阶级爱国人士组成抗日民族统一战线的布告》，公开声明："本政府，乃为各个抗日的阶级对日寇汉奸的联合政权，绝非某一党派所专有。故凡各党、各派、各民族、各阶级抗日而又赞成民主者，均欢迎参加政府工作。本政府且必与各党、各派、各民族、各阶级暨绥察人民始终合作，共度甘苦，领导绥察人民坚决执行抗日民族统一战线，以与日寇抗战到底。"[①]10 月

---

① 《绥察行政公署关于动员各党派、各民族、各阶级爱国人士组成抗日民族统一战线的布告》（1941 年 7 月），中共内蒙古自治区委员会党史资料征集研究委员会、中国人民解放军档案馆、内蒙古自治区档案馆编：《大青山抗日游击根据地资料选编》上册，内蒙古人民出版社 1986 年版，第 245 页。

1 日，又制定发布了《绥察行政公署施政纲领》，进一步明确民主政权的民主性质和加强抗战的任务。1942 年 1 月，绥察行政公署制定了《关于聘任参议员办法》，各级抗日民主政府也都积极推进聘任参议员工作，绥察地区的统一战线工作有了进一步的丰富和发展。

绥察抗日民主政权无论是开始创建时的动委会，还是之后正式成立的行政公署，始终致力于贯彻党的统一战线政策，为争取傅作义部队抗日做了大量的工作，为争取各民族各阶层抗日付出了不懈努力，推动绥蒙地区形成了全民族共同抗战的局面。

对国民党傅作义部队及伪蒙古军的统战工作

中共中央十分重视对傅作义部队的统一战线工作，在《关于绥蒙工作的决定》中指出："要尽力争取一切友军，与我们亲密的团结抗日"，"傅作义在绥远抗战中所处地位更为重要，因为他是绥省主席兼北路总司令，对抗战极坚决，他现在的思想又很前进，我们更应该帮助他巩固部队，扩大部队，团结蒙汉，一致抗日。要使他相信共产党员在他部队中的工作，只是更加巩固他的部队，而不是挖他的墙角"。① 全国抗战爆发之初，1937 年 9 月，周恩来、彭德怀等先后在大同、忻口、太原等地与傅作义多次交谈，使他对共产党抗日救国主张有了比较深刻的了解。1938 年初，傅作义的北路军总司令部驻山西省离石县柳林镇时，毛泽东派曾三、程子华与他会谈合作抗日事宜。随后，傅作义派周北峰去延安谒见毛泽东，请共产党派干部和进步青年帮助其巩固部队。此后，八路军第一二〇师、山西战动总会在晋西北动员 3700 多名青年加入傅作义部队，增强了中国共产党对傅部官兵的影响力和傅部的战斗实力。

1939 年 4 月，傅作义部队的郭希鹏骑二军、王煦坤骑六师、朱子文察哈尔游击军从河套开往绥远敌占区，八路军大青山支队给予积极协助。在日、伪军发动五月大"扫荡"时，八路军与郭希鹏部联合行动，反击日、伪军"扫荡"，八路军绥中部队带领和掩护郭部突围，并为其收留

① 《关于绥蒙工作的决定》(1938 年 11 月 22 日)，中共中央统战部编：《民族问题文献汇编》，中共中央党校出版社 1991 年版，第 614、615 页。

溃散官兵数百人，帮其重整旗鼓继续抗日。12月19日，为配合傅作义部队反攻包头，八路军大青山骑兵支队攻占毕克齐敌据点和旗下营火车站，阻击日、伪军增援。八路军陕北骑兵团所属中滩游击队还直接参加了进攻包头的战斗。

1940年初，日、伪军抽调大批兵力，由盘踞包头的驻蒙军司令官冈部直三郎指挥，分三路大举进犯河套地区。河套地区各级党组织积极配合傅作义部队，发动民众参加抗战，史称绥西战役。在绥远省战地动员委员会的组织动员下，全社会各阶层都行动起来，群策群力，拥军支援前线。河套地区党组织以抗日后援会的名义，开展募捐活动。在战役过程中，发动村村户户，坚壁清野，使侵占五原的日、伪军粮草无措，难以据守。为配合傅作义部队在河套地区对日、伪军的反攻，粉碎日、伪军西进计划，八路军大青山骑兵支队破袭了包头、归绥、集宁间铁路，致使平绥铁路西段10余日不能通车，严重迟滞了日、伪军行动。在社会各阶层的全力支持与配合下，傅作义部队于3月22日下午攻克五原县城。此次战役共歼灭日、伪军3400余人，俘敌300余人，击毙日军步兵联队队长大桥大佐、特务机关长桑原荒一郎等，缴获大批军械物资。五原大捷消息传开，鼓舞了全国人民的士气。

绥远民众抗日自卫军是国民党绥远当局统辖的一支武装力量，也是中国共产党在军事上对绥蒙地区国民党进行统战工作的重要对象。1937年10月绥远沦陷后，自卫军总指挥部及部分人员先退到山西省河曲县，又退至陕西省榆林地区。1938年秋返回大青山。八路军大青山支队一到绥远敌占区就与自卫军取得联系，10月，与自卫军总指挥部在武川县哈拉合少乡庙沟会师，结成友军关系。八路军除向自卫军宣传中国共产党抗日的基本主张和抗日民族统一战线政策外，还鼓励帮助他们整顿军纪、保护人民利益、改善军民关系，并拿出战斗中缴获的武器弹药支援自卫军，将节省下来的物资供给自卫军，接待救治自卫军伤病员，协助自卫军化解内部矛盾，对自卫军违反军纪行为进行耐心教育。八路军大青山支队政治部主任彭德大（又名彭得大）主持抢救了自卫军一位伤重团长，其伤愈后表示，要与八路军同心协力抗战到底。在绥西，八路军与自卫军郭长清、王德保、杨国保、赵青山等部均建立了友军关系。

中国共产党还十分注重对伪蒙古军的统一战线工作。绥远地区党组织对绥远敌占区伪军状况作了充分调查研究，认为伪军受日军欺压歧视，与日军的矛盾越来越尖锐，伪军官兵甘心投日的是少数，这是做好伪军、伪政权统战工作的有利条件。绥远地区党组织随后制定出具体的政策和策略，即从长期坚持抗日游击战争的基本任务出发，尽力争取一切伪军、伪政权，使之保持中立态度；要使对抗战持消极态度的伪军不反对抗战，对抗战持积极态度的伪军能拥护与帮助抗战。绥察行政公署先后发布了《关于动员伪军反正爱国的布告》《告伪军暨伪政权同胞书》，劝导伪军弃暗投明、反正爱国。八路军大青山支队在游击战争中，与伪蒙古军第一、第二、第三、第六、第七、第九师所属部队订立秘密协定，对方经常为八路军提供情报及军需用品，在被迫与八路军作战时，故意朝天放枪应付日军。在绥西，地下党员和八路军干部较早地对伪塞外防共自治军第二师开展了争取工作，该师师长韩伍完全接受了中国共产党和八路军的抗日主张，为八路军购买运送许多军需物资，传送军事情报，掩护地下工作人员在察素齐一带开展工作。在绥东，对伪军傅谢德部、陈占鳌部和伪蒙古军第七师的争取工作都比较成功。在丰（丰镇）东、绥南和平绥铁路沿线，也争取到不少伪保甲团、伪警察为我方工作。这些统战工作，对坚持游击战争，开展群众工作，建立与巩固、扩大抗日游击根据地都起到了积极作用。1939 年 1 月 2 日，毛泽东在《八路军军政杂志》发刊词中指出，“争取蒙伪军的成绩较大，但还须更进一步”①，对开展伪蒙古军的统一战线工作给予了肯定，提出了希望。

早在 1936 年，在内蒙古东部从事地下工作的乌勒吉敖喜尔就受共产国际派遣打入德王的伪蒙古军，并由毕力格巴图尔协同联络。乌勒吉敖喜尔于 1939 年取得伪蒙古军参谋处长一职，后又被任命为第九师

---

① 《〈八路军军政杂志〉发刊词》（1939 年 1 月 2 日），中共中央文献研究室、中央档案馆编：《建党以来重要文献选编》（一九二一——一九四九）第 16 册，中央文献出版社 2011 年版，第 3 页。

师长，通过毕力格巴图尔与姚喆[①]、杨植霖取得联系，不断将日伪军事情报送往大青山抗日游击根据地，对八路军掌握敌情起到了重要作用。同时，毕力格巴图尔、李森等人还通过认老乡、交朋友、攀亲戚等方式，在伪蒙古军各部中宣传抗日主张，分化敌伪力量。

在争取国民党部队、自卫军和伪蒙古军抗日的工作中，绥远地区党组织既有成绩和经验，也有失误和教训。中国共产党在傅作义部队中开展统一战线工作，引起国民党的疑虑和恐慌。百川堡会议[②]期间，在傅部的国民党军统、中统特务大肆进行捣乱破坏，第八战区副长官部主任张彝鼎、国民党中央委员姚大海等分别向傅作义施加压力，极力鼓动傅作义排除共产党。在国民党顽固派发动第一次反共高潮后，傅作义也开始了排共反共活动。1939 年 9 月至 1940 年底，先后有 100 多名中共党员、民先队员和革命青年被迫离开河套返回延安。1941 年，河套地区许多中共地下党员被捕。由于日军的严密控制，加之绥远地区党组织不注意秘密开展工作，公开宣传抗日，导致在对伪塞外防共自治军第二师的工作中出现失利，致使该师暴露了目标并被日军缴械，使大青山抗日游击根据地失去了一支可以依靠的重要力量。

争取各民族各阶层抗战

中国共产党把在内蒙古农村建立广泛的抗日民族统一战线，视为坚持抗日游击战争、发展抗日游击根据地的重要保证。党组织根据内蒙古地区农村特点，这一时期统一战线工作的重点是：团结争取开明地主、士绅支持抗日；改造伪乡村政权，为抗日出力办事，成为革命的“两面政权”，团结争取伪乡村政权人员成为抗日的力量；广泛地组织农村各阶级各阶层以不同形式参加抗日斗争。

中共绥远地区各级组织在建立动委会时期，就广泛宣传党的统一战线政策和抗日救国主张，并在农村建立起农民救国会，吸收广大劳动

---

① 姚喆（1906—1979），今湖南省邵阳市双清区人。1929 年加入中国共产党。中华人民共和国成立后，曾任中国人民解放军第二十三兵团副司令员、武汉军区副司令员等职，是第四届全国人大代表和第五届全国政协常委。1955 年被授予中将军衔。

② 1939 年 5 月，傅作义在百川堡举办“抗战建国讨论会”，轮训各级军政干部。

人民和爱国开明地主、富农和士绅参加。农民救国会把广大农民组织起来，消除了民族、宗教和籍贯上的隔阂，对抗日救国起到了积极作用。绥察行政公署成立后，把巩固统一战线作为中心任务，制定了有利于提高农民抗日积极性的经济政策，同时注重团结地主阶级，避免逼使地主转向日本侵略者方面。发布了财政经济工作条例，在征集物资、筹措经费方面废除募捐方式。在抗战给养上，也很慎重地区别区域和不同情形，实行税收制度，对公粮、草料、皮衣、军鞋等也采取合理的办法进行征收。这些措施减轻了农民负担，增强了其生产积极性，也团结了地主阶级，巩固了各级抗日民主政权的基础。由于中国共产党的抗日救国政治主张深得人心，绥远敌占区农村许多开明地主、士绅和上层人士主动靠拢八路军，参加动委会和各级抗日民主政权，出钱、出枪、出粮、出物支援抗战。武川县乌尔图四号村地主南万泉热心抗日，除按规定向抗日民主政府和游击队交纳抗日救国公粮和各种税款外，在抗日部队遇到困难时，拿出粮草、衣服、油脂等物资慷慨相助。绥西万家沟地主杨广德，让八路军军政人员经常吃住在他家，还经常捐献粮食、草料接济八路军。

在农村开展统一战线工作的另一个重要内容是争取伪乡政人员抗日，改造伪乡村政权为革命“两面政权”，为抗日办事出力。日伪乡村政权人员极为复杂，阶级成分、政治态度差异很大。党组织在充分调查研究的基础上制定出具体政策和策略，对伪乡政人员进行抗日救国的教育，宣传共产党的抗日主张，解释抗日民族统一战线政策，使其有抗日的觉悟；正确指导伪乡政人员学会明里巧妙应付敌人，暗中支援抗日部队，同时要保护群众的利益；帮助伪乡政人员合理解决农民与地主之间的矛盾，说服地主减轻对农民的剥削，打击巧取豪夺、鱼肉百姓的土豪劣绅、恶霸地主，特别是严厉惩办死心塌地为日本侵略者效劳的汉奸。各级党组织通过开展深入细致的宣传和争取工作，在抗日民主政府依托地区和八路军游击活动区域，大部分伪乡政权转变成为革命的“两面政权”。在日、伪军据点及控制区域，相当一部分伪乡政人员对敌我均采取两面态度，表面应付敌人，暗中为抗日民主政府办事。一部分冥顽不化追随日本侵略者的伪乡政人员则遭到八路军坚决打击。

各级党组织派出工作人员深入绥远沦陷区大小城镇，对商人宣传中国共产党的抗日民族统一战线政策，激发他们的爱国热情。许多爱国商人积极帮助解决抗日民主政权和抗日部队物资短缺问题，以各种形式支援抗日战争。在八路军大青山支队改建为骑兵的过程中，包头、萨拉齐、察素齐、归绥等城镇的爱国商人，冒着极大的风险，将马装具、布匹、药品甚至枪支弹药等禁止买卖的军需物资转运到根据地。在日、伪军严密的经济封锁下，绥中东八号、三元井、西河子、活佛滩等地爱国商人积极支援抗日民主政权和部队所需的食盐、火柴、布匹、羊毛、皮张、成衣以及日、伪军禁销的电池、纸张、油墨等紧缺物资。归绥商界不少爱国人士与中共地下组织建立了密切的联系，许多商人冒着极大的风险，组织货源和军需物资，转送到游击根据地，为粉碎日、伪军对大青山抗日游击根据地的经济封锁，解决抗日民主政府和八路军军用物资和生活物资短缺问题，作出了很大贡献。

各级党组织注重在内蒙古地区的知识分子中传播抗日救国道理，发展积极抗日的先进分子和培养革命干部。绥察行政公署成立后，规定“优待小学教师及一切文化人士”“奖励成绩优良之教育人才”[①]，鼓励和吸收一切爱国的知识分子参加抗战，在各级抗日民主政府中大力吸收知识分子参加抗日。1942年，仅绥南地区就吸收40多名农村知识分子参加抗日，在归凉县政府及所属各区中吸收27名知识分子参加工作，他们在抗日工作中发挥了重要作用。绥远党组织秘密组织的绥蒙各界抗日救国会，主要以青年学生、小学教师以及其他各界知识分子为骨干，成员达200多人。

在内蒙古西部地区，教会、会道门组织分布很广，参加或受其影响的群众数量很多。各级党组织把争取教民和会众参加抗日斗争作为扩大抗日力量的重要途径。日本侵略者在“蒙疆”地区实行殖民统治，在政治上、经济上及教义上损害了教会的利益，一些外国传教士同情中国人民的抗日斗争，不少教民更因身为中华民族同胞，有着强烈的爱国热

---

① 中共内蒙古自治区委员会统战部、内蒙古自治区档案馆编：《内蒙古统战史档案史料选编》（一），1987年版，第208页。

情和抗日愿望。党组织选派工作人员到信教群众中，宣传和解释中国共产党的抗日主张和对教会的政策，与教会建立统一战线，在教民中开展宣传发动工作。许多教堂和教民为抗日捐助马匹、物资和款项，有的教堂还接收和救治八路军伤病人员，不少教民参加了游击队，拿起武器进行武装斗争。对少数反动教父和教徒，党组织也进行了有理、有利、有节的斗争，争取他们保持中立。党组织派工作人员利用各种关系打入会道门，争取了不少有民族感情的成员为抗日出力，变消极因素为积极因素，并利用会道门关系深入敌占区开展活动。

和平解决伊盟事变

1941 年，正当抗日战争如火如荼向前发展的关键时刻，内蒙古地区国民党顽固派开始破坏抗战，制造分裂。同年冬季，国民党当局在伊克昭盟先后设立了伊克昭盟保安长官公署、地方自治指导长官公署、蒙旗宣慰使公署、察绥蒙旗党务特派员办事处、蒙旗三青团特派员办事处、第五区党务督导室等机构，不断强化专制统治，压制伊克昭盟人民抗日斗争。国民党军伊克昭盟守备军总司令陈长捷率第二十六师何文鼎部、骑七师朱巨林部约 3 万多人进驻伊克昭盟地区。陈长捷部围攻和排挤中共伊克昭盟工作委员会及骑兵第三营，企图建立包围陕甘宁边区的“北线防共基地”。根据中共中央关于避免与国民党发生磨擦的指示，中共伊盟工委同骑兵第三营奉命撤回陕甘宁边区。

陈长捷部在排挤伊克昭盟地区共产党组织及其领导的人民抗日力量的同时，还对蒙古族人民实行残酷的民族压迫，通过政治渗透、军事渗透、经济文化渗透政策，全方位加强其专制统治。国民党军还向牧民强征粮食，甚至搜取蒙古族妇女头饰。陈长捷成立屯垦督办公署，宣布要开垦牧场 30 万亩，激起蒙古族各阶层的强烈不满和普遍反抗。

1943 年 2 月 21 日，札萨克旗保安队官兵不堪忍受国民党压迫，杀死了追随陈长捷、主使放垦的国民党驻伊克昭盟党务特派员白音仓。事发后，陈长捷不顾多方劝阻，向札萨克旗王府派兵镇压。札萨克旗保安司令鄂其尔巴图决定起义。3 月 26 日凌晨，札萨克旗保安队官兵 400 多人，在连长劳赖的带领下兵分三路，向伊克昭盟保安长官公署、绥境蒙政会、察绥蒙旗党务特派员办事处等处发起进攻,击毙国民党要员2名,扣捕绥蒙党部特派员等40余人,捣毁国民党党部电台。

札萨克旗武装起义得到了伊克昭盟各界和各旗人民的响应,起义者向国民党当局提出反对在当地开垦土地、拒绝在当地驻兵、减轻派购军粮、按月发给保安队粮饷等四项要求。鄂托克旗保安队也在阿拉庙一带集结,伺机行动。1943年4月15日,乌审旗保安队部分官兵和群众2000余人,在大队长奇金山领导下也举起了义旗。三旗保安队的举事,史称伊盟事变。

事变发生后,国民党当局指令陈长捷、何文鼎以伊克昭盟守备军骑七师、二十六师主力进行镇压,札萨克旗、乌审旗起义军民进行了长时间的顽强抵抗。

中国共产党坚决反对和强烈谴责国民党顽固派屠杀、镇压蒙古族人民的罪行,对札萨克旗、乌审旗的起义军给予政治上、物资上的热情帮助。毛泽东亲自接见了札萨克旗郡王沙王派出的代表,讲解了共产党的抗日民族统一战线政策和民族政策。中共三边地委专门成立了"沙王接待处",派负责同志把起义军送到安全地带,将起义队伍妥善安置与保护在乌审旗红柳河以南地区。

从坚持团结抗日的大局出发,中国共产党主张和力促伊盟事变和平解决。在军事镇压失败和全国舆论的压力下,蒋介石不得不同意和平解决。1943年5月12日,沙王代表起义人员提出和平解决伊盟事变六项要求:陈、何部队立即撤出伊克昭盟;严惩肇事罪魁陈长捷、何文鼎,释放被捕蒙胞;赔偿蒙胞损失,救济遇难蒙胞,抚恤被害蒙胞家属;保证蒙胞享有自治权、信教自由及保存风俗习惯的权利;保证蒙胞人权,不得任意更换军政职员和杀害蒙胞;免征蒙胞土地、驼马牛羊及粮食。经过4个月的反复谈判,国民党当局被迫答应将陈长捷撤职,暂缓开垦土地和征派粮畜,暂撤驻札萨克旗王府军队,"宣慰"札萨克、乌审两旗。10月初,沙王和起义军民回到札萨克旗。中国共产党促成伊盟事变和平解决,稳定了伊克昭盟形势,维护了抗日民族统一战线大局。

伊盟事变虽以沙王和起义人员返回札萨克旗而基本结束,但不久国民党军队和特务重新控制了札萨克旗。国民党当局在派员组织"宣慰团”到伊克昭盟进行“安抚”的同时，制定了“缉拿严办”札萨克、乌审两旗起义主要领导者劳赖和奇金山的计划。1944年2月24日，国民党特务诱杀了劳赖；1945年2月，又谋害了在乌审旗坚持斗争的奇金山。毛泽东在党的七大《论联合政府》的报告中指出，1943年对伊克昭盟蒙古族人民的屠杀事件，是国民党“大汉族主义的错误的民族思想和错误的民族政策”[①]的体现。

中共中央在促使伊盟事变和平解决过程中的态度和行动，彰显了中国共产党坚持民族平等、民族团结的一贯方针。

四、制定和执行正确的民族政策

党在七七事变后的民族政策和关于内蒙古地区民族工作的方针

抗日战争时期，在绥远省境内有伊克昭盟七旗、乌兰察布盟六旗、归化土默特旗和绥东察哈尔右翼四旗等蒙旗，蒙古族人口约23.6万人，广泛分布在绥远省的大部分地区。当时，民族问题是绥远地区一个非常重要而又复杂的问题。国民党当局实行专制统治，强垦牧场，制造农牧纠纷，无休止地进行经济掠夺、政治压制、文化歧视，再加上王公贵族的封建剥削，内蒙古地区各族人民普遍遭受国民党和封建势力双重压迫，群众生活极度困苦。

日军侵占绥察后，利用存在的民族问题，拉拢一部分蒙古王公和上层分子，建立其殖民统治。这部分王公和上层分子出于维护封建统治地位、贵族阶层特权以及既得经济利益的需要，接受日本侵略者的所谓“复兴蒙古”“共存共荣”“收复蒙地”“帮助蒙古独立自治”等欺骗性宣传，对日本扶植起来的伪蒙疆政权抱有极大的幻想。不少蒙古族群众

① 毛泽东：《论联合政府》（1945年4月24日），《毛泽东选集》第三卷，人民出版社1991年版，第1084页。

一时也被蒙蔽。这是党在绥察地区开展民族工作面临的极其严重的问题，也是内蒙古地区坚持团结抗战的关键问题。

全国抗战爆发后，为了有效推进全民族抗战，中共中央根据国内外形势包括内蒙古地区的实际情况，适时制定了抗日战争中的民族政策。

1937 年 8 月，中共中央在《中国共产党抗日救国十大纲领》中提出了动员蒙古族、回族及一切少数民族共同抗日的方针。1938 年 11 月，中共中央在《中共扩大的六届六中全会政治决议案》中，把“团结中华各民族（汉、满、蒙、回、藏、苗、瑶、夷、番等）为统一的力量，共同抗日图存”[①]作为一项全中华民族当前的紧急任务。六届六中全会提出的民族政策，强调了政治上的平等，指出各少数民族与汉族杂居的地方，当地政府须设置由当地少数民族的人员组成的委员会，作为省县政府的一部门，管理和少数民族有关的事务，调节各族间的关系，在省县政府委员中应有少数民族人员的位置。六届六中全会提出的民族政策也强调了各民族文化上的平等，要求纠正存在着的大汉族主义思想，提倡汉族人用平等态度和其他各民族接触，禁止任何对少数民族带有侮辱性与轻视性的语言、文字与行动，彻底改善国内各民族的相互关系，真正达到团结起来、一致对外的目的。

在此基础上，中共中央在《关于绥蒙工作的决定》以及《关于绥远敌占区工作的决定》中，对绥蒙地区的民族工作提出了具体要求，强调贯彻执行民族统战政策，指出：“在绥蒙中进行统一战线工作，无论蒙人汉人，上层统一战线工作，均占着极重要的地位，必须上层工作弄的好下层工作方易展开，特别是在蒙人中，不把上层弄好，便无法开展下层工作”[②]。因此提出，要特别加强蒙古族上层人士工作，还要推动蒙古族进步知识青年到伪政权、伪蒙古军和蒙古族各阶层中进行长期隐蔽的工作。同时要求，在对蒙古民族的工作中努力避免关门主义倾向，对于蒙

① 《中共扩大的六届六中全会政治决议案》（1938 年 11 月 6 日），中共中央文献研究室、中央档案馆编：《建党以来重要文献选编》（一九二一——一九四九）第 15 册，中央文献出版社 2011 年版，第 760 页。

② 《关于绥蒙工作的决定》（1938 年 11 月 22 日），中共中央统战部编：《民族问题文献汇编》，中共中央党校出版社 1991 年版，第 612—613 页。

古族人中亲日或已经投降日军的不要轻易当蒙奸捉杀，应当耐心地说服与劝告；即使对坚决降日的蒙奸进行打击，也要由蒙古族自己去解决。进而强调维护民族团结，针对日本侵略者分裂破坏民族团结的活动，采取具体的对策；提出要以我们党正确的扶助境内少数民族解放政策，去帮助各方消除蒙汉间的对立，甚至要推动国民党有关各方面“从团结抗日与蒙汉平等联合的原则上，改变过去大汉族主义的政策，针对着蒙人的要求，针对着日寇的活动具体解决蒙汉间的一切冲突问题”①。中共中央要求在蒙古族中广泛宣传党的民族政策，揭露日本侵略者及伪蒙疆政权的谎言，严厉批判国民党的大汉族主义错误民族政策，从政治上唤起蒙古民族抗日意识的觉醒。

1941年，中共陕甘宁边区中央局公布《陕甘宁边区施政纲领》，规定“依据民族平等原则，实行蒙回民族与汉族在政治、经济、文化上的平等权利，建立蒙回民族的自治区，尊重蒙回民族的宗教信仰与风俗习惯”②。陕甘宁边区政府在伊克昭盟建立了城川蒙民自治区，开始进行民族区域自治制度的实践探索。中共乌审旗工委因临近三边特区，且抗战期间大部分时间受中共三边特委领导，在乌审旗西南部根据地建设中，也参照实行了民族区域自治政策。这些工作的开展，为党的民族区域自治政策的形成积累了经验。1941年10月，绥察行政公署公布的《绥察行政公署施政纲要》明确规定：“在民族杂居地区，抗日政府可设立蒙、回、满民族行政部门，专门处理民族自身问题”“在统一民族居住地区，帮助建立抗日政权”③。同时规定在政府机构中专门设立蒙古民族工作部门，配备蒙古族干部，组织蒙古民族抗日武装，制定保护蒙古民族利益的条例及各种规定。

---

① 《关于绥蒙工作的决定》（1938年11月22日），中共中央统战部编：《民族问题文献汇编》，中共中央党校出版社1991年版，第613页。

② 《陕甘宁边区施政纲领（摘录）》（1941年5月1日中共边区中央局提出，中共中央政治局批准），中共中央统战部编：《民族问题文献汇编》，中共中央党校出版社1991年版，第678页。

③ 《绥察行政公署关于颁布施政纲领的布告》（1941年10月1日），中共内蒙古自治区委员会党史资料征集研究委员会、中国人民解放军档案馆、内蒙古自治区档案馆编：《大青山抗日游击根据地资料选编》上册，内蒙古人民出版社1986年版，第265页。

1941年8月24日，中共绥察区委根据党的民族政策，制定了《关于绥察地区行政工作的决定》，其中的重点工作包括详细研究蒙古民族问题，切实调解蒙汉纠纷和蒙汉土地问题，减轻蒙古族人民负担，充实抗日民主政府中的蒙政部门，培训蒙古族青年，使其打入伪蒙疆政权在伪组织中开展工作等。1942年2月5日，中共晋西北区委作出《关于绥远工作的指示》，在民族问题上重申了党的上述方针政策。

中国共产党依据马克思列宁主义民族理论，结合内蒙古地区民族工作实际情况，在抗日战争中制定和实施的一系列民族方针政策，不仅为推动内蒙古地区各民族团结抗战发挥了重大指导作用，而且为党后来采取民族区域自治政策解决国内民族问题打下了实践基础。

加强对蒙古民族工作的领导

为应对内蒙古地区的复杂局势，团结引导蒙古民族共御外侮，实现全民族抗战，争取中华民族的解放和自由，中国共产党非常注重蒙古民族工作，大力加强对蒙古民族工作的领导，确保了中共中央制定的民族政策在内蒙古地区的正确执行。

早在日本侵略者进攻绥察时，中国共产党就派遣一批蒙古族共产党员在土默川蒙古族群众中开展抗日救亡活动。他们利用各种社会关系，广泛联系蒙古族群众和上层人士，宣传中国共产党抗日救国的主张，张贴标语、散发传单，组织群众抗粮、抗捐、抗差。在中国共产党的组织策动下，蒙旗独立混成旅、抗日团树起武装抗日旗帜，在蒙古族群众中产生了不小的影响。

全国抗战爆发之后，中国共产党首先从组织上加强对蒙古民族工作的领导。

1937年10月，根据抗战形势发展和中共中央洛川会议关于创建根据地的决定，中共少数民族工委派出工作组，深入到伊克昭盟桃力民地区开展工作。1938年4月，中共中央在三边地区成立蒙古工作委员会。5月，蒙古工作委员会改称绥蒙工作委员会，迁至伊克昭盟桃力民地区，就近领导工作。1938年11月，中共绥远省委成立，随即设立蒙民部，由省委书记白如冰兼任蒙民部部长。在蒙古族比较集中的绥西、绥中的地委和县委也设立了蒙民部。中共土默特旗蒙古工作委员会就是集中领导土默川蒙古民族抗日斗争的党的领导机构。党在动委会中也设立了蒙民工作委员会，在绥察行政办事处以及绥察行政公署下设蒙政处，作为抗日民主政权专门处理蒙古民族工作事务的部门，在专署和县的抗日民主政府中也分别设立蒙民部或蒙民科，具体开展蒙古民族工作。在大青山抗日游击根据地的党政机关中均设立蒙古民族工作机构。这些专门机构的设立，体现了中国共产党切实保障蒙古民族在政治上享有的平等权利，不仅与国民党的大汉族主义民族压迫政策形成了鲜明的对比，而且成为争取蒙古民族抗日、瓦解伪蒙疆政权的有力武器。许多蒙古族先进分子踊跃加入抗日阵线，在各级蒙古民族工作部门担任领导职务，或成为开展蒙古民族工作的骨干。这对于密切党与蒙古族群众的关系、唤起蒙古民族的觉醒、消除蒙汉对立与隔阂，实现蒙汉民族平等联合共同抗日，发挥了很大的作用。动委会蒙民工作委员会的蒙古族工作人员到基层开展工作，受到蒙古族群众的热烈欢迎，而且高兴地相互传告："动委会里也有了我们的人了。"

1938 年底，中共西北工委成立后，有领导、有组织、有计划地加强少数民族工作，除联系和指导陕甘宁边区工作外，还主管陕、甘、宁、青、绥五省的蒙古族工作和回族工作。为加强对民族问题的研究，给中央制定民族政策提供科学依据，中共西北工委设立了民族问题研究室，下设回族问题研究组和蒙古民族问题研究组。蒙古民族问题研究组除搜集文字资料外，还组织实地考察，进行调查研究。1939 年五六月间，中共西北工委派王铎①到伊克昭盟 7 个旗进行考察。1940 年 5 月，派孔飞②到绥远土默特旗考察。1940 年 12 月初，中共西北工委和陕北公学

① 王铎（1912—1997），今辽宁省鞍山市海城市人。1937 年加入中国共产党。中华人民共和国成立后，曾任内蒙古自治区党委副书记、内蒙古自治区党委书记处书记、中共内蒙古自治区顾问委员会主任等职，是中共八大、十二大、十三大代表，第一、四、五、六届全国人大代表和第五届全国政协委员。

② 孔飞（1911—1993），蒙古族，今内蒙古自治区通辽市科尔沁左翼中旗人。1936 年加入中国共产党。中华人民共和国成立后，曾任内蒙古自治区人民政府主席、内蒙古军区副司令员，是中共十二大候补代表和第六、七届全国政协委员。1955 年被授予少将军衔。

文艺工作团联合组成蒙古文化考察团，由王铎、焦心河率领，赴绥蒙一带考察。在中共西北工委在调查研究的基础上，中共中央制定下发《关于抗战中蒙古民族问题提纲》，成为中国共产党解决国内民族问题的纲领性文献之一。

中国共产党也从思想文化领域加强对蒙古民族工作的领导。

1939 年 5 月，陕甘宁边区政府为团结蒙古民族各阶层人民共同抗日，保护成吉思汗灵榇免遭日军侵害，积极主张和支持蒙古族人民把成吉思汗灵榇从伊克昭盟迁到甘肃。6 月 21 日，灵榇到达十里铺，延安党政机关联合举行了祭典活动。1940 年 3 月 31 日，在延安成立了蒙古文化促进会。这些工作的开展，对促进民族团结和蒙古族各界群众参加抗日斗争产生了明显的推动作用。

中国共产党还注重在军事和军政活动中加强对蒙古民族工作的领导。

八路军大青山支队在开辟游击根据地的过程中，认真执行党的民族政策，密切联系蒙古族各阶层，宣传党的抗日主张，传播八路军的影响。八路军和随八路军开赴大青山地区的总动委会，在抗日动员宣传工作中坚持把宣传党的民族政策、团结蒙古民族抗日作为中心内容之一，广泛宣传“蒙汉平等”“蒙汉一家”“蒙汉联合抗日”的主张。在实际活动中切实保护蒙古民族的利益，尊重蒙古民族的风俗习惯、语言文字、宗教信仰，力所能及地帮助蒙古族群众克服实际困难。热情联络蒙古族上层人士，对在伪蒙疆各级政权中干事或在伪蒙古军中当兵的蒙古族人士，也以诚相见，尽力争取其反正抗日，或至少保持中立。八路军大青山支队由于正确执行了中国共产党的民族政策，工作方法得当，态度热情积极，受到了蒙古族群众的欢迎，逐步增强了蒙古族群众对共产党的理解和认同，强化了党领导各族民众开展革命斗争的群众基础。主动援助抗日物资和支持中国共产党和八路军抗日活动，在蒙古族群众中成为普遍现象。

中国共产党还注重通过舆论宣传工作实现对蒙古民族工作的领导。

1941 年 10 月 1 日，绥察行政公署在发布施政纲领的同时，发表了《告绥察境内各民族书》，重申绥察抗日民主政府的民族政策和对民族问题的基本主张，指出“绥察抗日政府是绥察人民的领导者，始终与人民共甘苦，领导人民赶走日寇。抗日政府有鲜明的政治主张，正确的民族政策。为了纠正过去的错误，反对一切大汉族主义，为了亲密团结各民族，消除民族隔阂，因此，在各个民族聚居的地方，政府内参政者各民族有权选派代表参加政府工作。且设立民族专管部门，由各民族选出负责者，专理各个民族自身问题。在纯民族居住地区，各个民族都有权组织抗日地方政府与建立抗日武装，各个民族的负担要用于民族自己的事业上，在绥察抗日政府领导下，保证各民族互相尊重，互不压迫，日益走上亲密团结。这是同以往任何时期任何方面所不同的民族政策”①。1942 年 1 月 10 日，绥察行政公署又发表了《告蒙古同胞书》，戳穿日本侵略者高唱“蒙疆乐土”“帮助蒙古民族独立”等谎言，揭露日本侵略者对蒙古民族的掠夺剥削和剥夺蒙古族人民自由的行径，分析了抗日战争的形势和中国必将获得最后胜利的前途，号召蒙古民族抓住时机，团结起来，组织抗日武装和抗日政府，把日本侵略者驱逐出中国，争取抗日战争的胜利，争取蒙古民族的解放。绥察抗日民主政府的工作在一定程度上和一定范围内削弱了或者消除了日本侵略者破坏蒙汉民族关系的恶劣影响，增强了各民族团结抗日的力量。

中国共产党加强对蒙古民族工作领导的一系列举措，争取和团结了蒙古族群众，为坚持内蒙古地区的抗战提供了重要保证，同时也为中国共产党探索民族解放道路和实行民族区域自治积累了丰富经验。

发展壮大蒙古族抗日武装

中国共产党把建立蒙古族抗日武装作为领导内蒙古地区全民族抗日斗争的一项重要内容，团结蒙古族同胞一致对敌，直至取得抗日战争的最后胜利。

百灵庙抗日武装暴动后，起义部队被辗转改编为蒙旗独立混成旅，

---

① 《绥察行政公署告绥察境内各民族书》(1941 年 10 月 1 日)，中共内蒙古自治区党史资料征集研究委员会、中国人民解放军档案馆、内蒙古自治区档案馆编：《大青山抗日游击根据地资料选编》上册，内蒙古人民出版社 1986 年版，第 268—269 页。

旅长由白海峰担任，乌兰夫任政治部代理主任，各团部增设一名政治指导员，连队建立了中共的党支部。1937年10月初归绥失陷，蒙旗独立混成旅转移到包头。日军占领包头后，蒙旗独立混成旅南下伊克昭盟，于11月到达陕西府谷哈拉寨。1938年11月20日，中共中央书记处发出《关于蒙古混成旅工作的指示》，要求引导该部“发展成为内蒙民族抗日军的基本队伍”[①]“注意多培养蒙古干部”[②]。11月22日，中共中央在《关于绥蒙工作的决定》中要求：“帮助这个部队日愈巩固和扩大，帮助这个部队去团结内蒙前进青年，帮助这个部队去联系王公与青年关系，帮助这个部队在内蒙民族解放中起着极大的进步作用。”[③]1938年秋，乌兰夫、白海峰率蒙旗独立混成旅回师伊克昭盟。1939年夏，该部改编为国民革命军新编陆军第三师，在伊克昭盟地区广泛开展工作，所到之处形成了军民团结、共同抗日的局面。

1939年秋，中共土默特旗蒙古工作委员会组建蒙古抗日游击队，成为大青山抗日游击根据地第一支蒙古族抗日武装，李森、高凤英先后任队长，贾力更、徐秉智、彭光华、奇峻山[④]先后任政治指导员，勇夫等人也在队中担任领导职务。为提高蒙古抗日游击队的军政素质，中共绥远省委派老红军战士徐秉智带领全副武装的八路军一个班充实到游击队伍中。蒙古抗日游击队主要在土默川一带活动，宣传党的抗日政策，发动群众，打击汉奸、特务，配合正规军作战，逐渐打出了声威。游击队中的蒙古族队员和汉族队员亲密团结，用鲜血和生命树立起蒙汉人民并肩作战的榜样。游击队除对敌作战外，还动员青年参加游击队，协助抗日民主政权征收粮食，购置军需物资，多次护送赴延安学习的青年和往返大青山的人员，并通过各种社会关系深入伪蒙古军，进行争取伪蒙

① 《中共中央关于蒙古混成旅工作的指示》（1938年11月20日），中共中央统战部编：《民族问题文献汇编》，中共中央党校出版社1991年版，第610页。

② 《中共中央关于蒙古混成旅工作的指示》（1938年11月20日），中共中央统战部编：《民族问题文献汇编》，中共中央党校出版社1991年版，第611页。

③ 《关于绥蒙工作的决定》（1938年11月22日），中共中央统战部编：《民族问题文献汇编》，中共中央党校出版社1991年版，第614页。

④ 奇峻山（1918—1998），蒙古族，今内蒙古自治区呼和浩特市土默特左旗人。1940年加入中国共产党。中华人民共和国成立后，曾任内蒙古自治区人大常委会副主任等职。

古军反正的工作。1940 年夏，贾力更、高凤英率领游击队夜袭耿家营伪军马场，为八路军骑兵部队送去百余匹军马。蒙古抗日游击队还先后为大青山抗日游击根据地的八路军输送大批枪支弹药和军装布料，缓解给养困难。1941 年春，蒙古抗日游击队与和林抗日游击队合并。合并后的队伍发展到 130 多人，和林抗日游击队政治指导员陈璋任蒙古抗日游击队副政治指导员，在游击队中建立党支部，毛汉英任支部书记。同年夏秋之交，蒙古抗日游击队再次袭击归绥城西南耿家营子的伪军，缴获了一批武器和 60 多匹军马，从此装备为骑兵游击队，担负起为主力部队筹集转运军需给养、保护中共绥察区委机关以及绥西地委、专署的任务。1941 年 10 月 28 日，蒙古抗日游击队驻万家沟小火烧营地时被日、伪军包围，绥察区委社会部部长兼绥西地委书记王聚德、蒙古抗日游击队队长高凤英等 12 人在激烈的战斗中壮烈牺牲。后来，蒙古抗日游击队编入大青山骑兵支队，成为八路军正规部队。

五、大力培养蒙古族干部

全国抗战爆发后，中共中央方针政策的贯彻执行，特别是大青山抗日游击根据地的开辟，壮大了内蒙古地区党的组织和党员队伍。随着抗战形势的发展和抗日斗争的扩大，内蒙古地区需要更多的蒙古族干部去开展民族工作。有计划地培养少数民族干部和各方面人才，成为党在内蒙古地区民族工作的一项战略性任务。

抗日战争时期，延安成为全国各族人民争取自由和解放的灯塔，大批少数民族青年怀着抗日救国和民族解放的革命热情奔赴延安。1937 年，中共中央党校开办了两个少数民族班，培训随红军长征到达陕北的少数民族学员，开始有计划地培养少数民族干部。中共中央注重培养蒙古民族干部。1938 年 11 月 22 日，中共中央在《关于绥蒙工作的决定》中明确指出，党在蒙古族人民中的工作，要尽力设法培养民族干部，其文化程度较高者，进步有为者，可送到边区受训，普通的干部则由当地自办训练班进行短期培训。11月24日,毛泽东等在关于建立大青山抗日游击根据地及党的政策的指示中提出,大青山抗日游击根据地要吸收蒙古族中的知识分子,培养蒙古族干部。当时在培养蒙古族干部方面主要采用了两种形式:一是培养与训练蒙古族中的先进分子,二是训练适合做蒙古族工作的党员。党除在各地机关中训练干部外,还吸收大批蒙古族青年到延安学习培训。

在中共中央高度重视下,大青山地区的党组织从1939年秋开始动员、选送蒙古族青年到延安学习。中共土默特旗蒙古工作委员会负责人贾力更、奎璧以及李森、高凤英、勇夫等深入到土默特旗许多村庄,在蒙古族群众特别是在青年中进行了宣传动员,并对去延安的青年进行专门护送,贾力更在护送过程中壮烈牺牲。从1939年8月29日,张禄、布赫、云世英、云照光、云曙碧等第一批20多名蒙古族青少年从大青山抗日游击根据地启程,徒步约700公里,几经险阻,于9月到达延安。其后,一批又一批蒙古族青年离开家乡,不畏艰险奔赴延安,寻求革命真理。到1942年,内蒙古地区先后组织、动员了九批土默特地区蒙古族及王国善、戴峰、岳峰、王德义、阎耀先等汉、满族革命青年共100多人到延安,进入陕北公学或延安民族学院学习。跟随那素滴勒盖起义①的30多名伊克昭盟蒙古族青年,也进入陕北公学学习。

到延安学习的各族青年,受到中共中央的高度重视和热情关怀。中共西北工委与陕北公学将蒙古族青年单独编为第五十五队(又称蒙古青年队),专门进行教学和生活管理,由宋有田担任队长,王铎担任政治指导员。绥察行政公署主任杨植霖、副主任苏谦益专门致信慰问赴延安的绥察青年。绥察行政公署从节约出的经费中拨出1000元,资助在延安学习的各族青年。1941年夏,乌兰夫来到延安后,到陕北公学民族部看望了青年学员,勉励他们好好学习。

为适应抗战形势发展的需要,贯彻执行党的民族政策和加强少数

① 1940年,乌审旗保安队营长那素滴勒盖在中共伊盟工委的团结争取下,认清了革命道路,从伊克昭盟投奔延安,表示坚决拥护中国共产党的人民抗日斗争,坚决反对日本侵略和国民党顽固派积极反共、消极抗日的政策。1941年,那素滴勒盖被聘为陕甘宁边区第二届国民参议会的参议员,并被选为边区政府委员。1943年7月31日,那素滴勒盖在延安逝世。

民族的文化教育事业，培养少数民族干部，1941 年 7 月，中共中央西北局决定将陕北公学民族部、中央党校民族班，以及抗大、女大的一些少数民族学员集中起来，在延安城北文化沟北山坡上组建延安民族学院。延安民族学院直属西北局民族工作委员会领导，边区政府主持开办。延安民族学院开始招收学员 300 人左右，有回、蒙古、藏、满、苗、彝、汉等各族青年，10 月 10 日举行了开学典礼。中共中央西北局书记高岗兼任院长，高克林[①]任副院长，胡震任秘书长，杨春霖任院党总支书记，乌兰夫任教育处处长。延安民族学院汇聚了大量少数民族优秀青年，其中蒙古族学员人数最多，占学员总数的 40%。延安民族学院教员大部分是由西北局民族工作委员会、陕北公学、泽东青年干部学校等单位选调的熟悉各民族情况的专家，也有兼职的教员。他们在教学中根据党对培养少数民族干部的要求，制定出适合各民族青年特点的教学内容和课程，在进行文化知识教育的同时，普遍进行了爱国主义、国际主义和马列主义民族问题理论的教育[②]。通过教学，全体学员树立起革命的世界观和人生观，提高了政治思想觉悟和文化水平。在延安艰苦的岁月里，学校还组织学员们参加各种社会活动和生产劳动，自己动手挖窑洞、开荒种地、砍柴烧炭，使他们在实践斗争中得到了锻炼成长。

1943 年 4 月，根据中共中央精兵简政的精神，民族学院合并入延安大学。1944 年 5 月，延安民族学院迁至定边城北三边师范旧址，与三边师范等合并成立三边公学[③]。1945 年 3 月，中共中央西北局在城川重建中共伊克昭盟工作委员会后，又将延安民族学院从三边公学分出，迁到伊克昭盟城川，称为城川民族学院。在党的领导下，城川民族学院建立起组织和领导机构，王铎、宗群先后任院长。城川民族学院招收的新

---

① 高克林（1907—2001），今陕西省渭南市华县人。1925 年由中国社会主义青年团团员转为中国共产党党员。中华人民共和国成立后，曾任全国人大常委会法制委员会副主任、最高人民法院副院长、最高人民检察署副检察长等职，是中共十二大代表，第一、二、三、四、五届全国人大代表和第五届全国人大常委。

② 《延安民族学院的创立与发展》，中国延安干部学院编：《延安时期大事记述》，中央文献出版社 2010 年版，第 260—261 页。

③ 《延安民族学院的创立与发展》，中国延安干部学院编：《延安时期大事记述》，中央文献出版社 2010 年版，第 262 页。

生大多来自伊克昭盟鄂托克旗、乌审旗，也有部分来自陕西定边、靖边两县，学员总数约 200 人。城川民族学院在办学期间，将教学内容与内蒙古地区革命斗争实际紧密结合，积极引导青年学生学习马克思主义，参加社会调查和研究，提高他们的思想和理论水平；将教育与生产相结合，师生基本上是边学习、边参加生产劳动，学员们既改造了思想、学习了文化又树立了劳动观念、学会了生产技能，城川民族学院还为部队和当地政府举办多期军政干部培训班。1947 年 3 月，国民党军胡宗南部进攻延安，马鸿逵部进攻三边地区，城川民族学院被迫迁移。在一年多的时间里，先后在陕西北部的靖边、定边、吴旗及山西的临县一带辗转办学。1949 年 7 月，在校学员回到伊克昭盟札萨克旗参加工作，城川民族学院结束办学历程。

中国共产党在这一时期，通过有意识、有计划的培养，为抗战和蒙古民族解放斗争准备了大批干部。在延安学习的蒙古族青年在党的培养下迅速成长。他们肩负着党和人民的期望，积极投身到内蒙古地区的斗争洪流中，成为全民族抗战的中坚力量。

第十章
大青山抗日游击根据地的建立和巩固

全国抗战爆发后不久，中共中央和毛泽东从全国抗日战争发展局势和战略需要出发，作出了建立大青山抗日游击根据地的战略决策。从1938年秋开始，由八路军第一二〇师组建的大青山支队、第四支队和总动委会干部队挺进绥远敌占区，团结各族群众，同日本侵略者和伪蒙疆政权及日、伪军进行了艰苦卓绝的斗争，创建了大青山抗日游击根据地。大青山抗日游击根据地的巩固、壮大和游击战争的胜利发展，守卫了陕甘宁边区的北大门，保证了晋西北抗日根据地的安全，有效地遏制了日本侵略者西进南下的图谋，圆满完成了中共中央赋予的光荣使命，为赢得抗战胜利贡献了重要力量。

一、党创建大青山抗日游击根据地的决策

大青山位于阴山山脉的中段，东西绵延350余公里，南北宽50余公里，东控集宁，中临归绥，西接包头，扼守晋、绥，是通往外蒙古和苏联的要道。大青山山脉南北的绥远省中、东部地区，面积约9.3万平方公里，当时有人口约140多万。在长期的历史发展过程中，大青山地区形成了蒙古、汉及其他民族大杂居、小聚居的格局。

大青山地区的战略地位十分重要。该地区是通往大西北的咽喉，

日军由此向西，可侵占宁夏、甘肃、青海乃至新疆，卡住这个咽喉便可阻止日本侵略者实现进军大西北的企图。该地区也是陕甘宁边区的北方门户，日军由此向南可通过伊克昭盟进攻陕北，能否占据和守住这个门户，关系到中共中央的安危。作为晋绥抗日根据地的重要组成部分，该地区与晋察冀抗日根据地相呼应，构成广阔的晋、绥、冀、察敌后抗日战场，与日本侵略者争夺该地区关系到晋西北抗日根据地的安全和整个晋绥抗日战争的发展。同时大青山地区也是蒙汉杂居区，日本占领绥远后，企图以大青山地区为中心建立殖民政权，奴役各族人民，把绥远变成“以战养战”的基地，动员该地区各民族团结一致、共同抗日，对打破日军企图、维护抗日民族统一战线意义重大。开辟大青山抗日游击根据地，对于中国共产党打通国际交通线，沟通与外蒙古和苏联的联系也具有重要意义。

1937 年 8 月，中共中央召开洛川会议，决定在敌人后方开展独立自主的游击战争，配合正面战场，开辟敌后战场，建立敌后抗日游击根据地。1938 年 3 月，在晋西北抗日根据地初步建成后，中共中央和毛泽东根据抗战局势发展，适时作出了建立大青山抗日游击根据地的战略决策。

1938 年 3 月 30 日和 4 月 18 日，毛泽东和中共中央军委参谋长滕代远两次电询八路军第一二〇师师长贺龙、政委关向应、副师长萧克①，能否在大同以北、兴和、商都、康保地区建立一个根据地，能否沿大青山脉创立一个游牧性质的骑兵游击支队，要求“调查见告”。5 月 14 日，毛泽东致电朱德、彭德怀、贺龙、关向应、萧克，发出《关于沿大青山脉建立游击根据地的指示》，明确提出，“在平绥路以北，沿大青山脉建立游击根据地甚关重要。请你们迅即考虑此事”②。

在多次征求贺龙、关向应、萧克等人的意见后，11 月 24 日，毛泽东等就建立大青山抗日游击根据地及党的政策给周士第等人发出电报，指

---

① 文电中原为“肖克”，按中共中央党史研究室编写、中共党史出版社 2011 年出版的《中国共产党历史》第一卷（1921—1949），统一为“萧克”。

② 《毛泽东关于沿大青山脉建立游击根据地的指示》（1938 年 5 月 14 日），中共中央统战部编：《民族问题文献汇编》，中共中央党校出版社 1991 年版，第 589 页。

出在大青山建立游击根据地完全可能，坚持长期游击战争、建立游击根据地，是大青山地区党的中心任务。

1938 年 6 月 11 日，毛泽东复电朱德、彭德怀、贺龙、萧克、关向应等，对选派创建大青山抗日游击根据地的部队和领导人员提出要求，“该地应派何种部队何人指挥及如何作法，由你们依据情况处理之。惟开始建立根据地时，敌人知其重要意义，必多方破坏，故部队须选精干者，领导人须政治军事皆能对付，且能机警耐苦，而有决心在该地创立根据地者”[①]。此时，中共中央建立大青山抗日游击根据地的决策已经成型。

中共中央和毛泽东经过周密的调查研究，作出了创建大青山抗日游击根据地的决策，体现了宏大的革命气魄和高超的战略眼光。

二、八路军部队挺进转战大青山建立根据地

第一二〇师一部挺进大青山

根据中共中央和毛泽东指示，八路军总指挥朱德、副总指挥彭德怀决定由八路军第一二〇师派出去大青山的部队。1938 年 6 月下旬，八路军第一二〇师决定由第三五八旅第七一五团和师直骑兵营一个连，组成八路军大青山抗日游击支队（简称大青山支队，也称李支队）。

大青山支队由第三五八旅政治委员李井泉[②]任支队司令员兼政治委员，姚喆任参谋长，彭德大任政治部主任。支队所属主要武装是第

---

① 《毛泽东致朱德、彭德怀、贺龙、肖克、关向应电——大青山游击根据地须选派精干部队优秀领导者》（1938 年 6 月 11 日），中共内蒙古自治区委员会党史资料征集研究委员会、中国人民解放军档案馆、内蒙古自治区档案馆编：《大青山抗日游击根据地资料选编》上册，内蒙古人民出版社 1986 年版，第 6 页。

② 李井泉（1909—1989），今江西省抚州市临川区人。1930 年加入中国共产党。中华人民共和国成立后，曾任中共中央政治局委员、中共中央西南局第一书记、全国人大常委会副委员长等职，是中共第八、十、十一届中央委员。

三五八旅第七一五团，团长王尚荣、政委朱辉照、参谋长李文清。下属三个营：第一营营长傅传作，第二营营长唐金龙，第三营营长陈刚。大青山支队在山西五寨举行了挺进敌后、开展敌后游击战争誓师大会后，日夜兼程向偏关进军，在平鲁、左云、右玉、怀仁、大同以及长城沿线发动群众，开展游击战，准备挺进大青山。1938 年 7 月中旬，由太原成成中学师生抗日游击队改编的战动总会抗日游击第四支队（简称第四支队）在军事上划归大青山支队指挥，准备随大青山支队挺进绥远敌占区，参与创建大青山抗日游击根据地。

出发准备期间，第二战区战动总会在山西省岢岚县组建了战动总会晋察绥边区工作委员会即总动委会，武新宇任主任。总动委会决定配合大青山支队开赴绥远敌后。为加强对总动委会工作的领导，1938 年 7 月，中共晋西北区委根据中共中央和毛泽东的指示，在岢岚县组建了武新宇任特委书记的中共大青山特委，随总动委会开进。

大青山支队北上前夕，受杨植霖委派，中共党员刘洪雄等从绥远赶到晋西北与八路军第一二〇师取得联系，请求八路军部队尽快挺进大青山，并详细介绍了大青山地区日、伪军兵力部署，抗日游击队配置和民族关系及伪蒙古联盟自治政府的情况。

1938 年 7 月 29 日，八路军大青山支队、第四支队和总动委会干部队总计 2300 多人，踏上挺进大青山的征途。

从晋西北五寨到大青山只有 400 多公里，但大青山支队北上的过程十分艰难。一是因为绥远日军和伪蒙古军扼守丰镇至包头间的平绥铁路沿线，封锁了所有公路和交通要道，重兵把守长城以北地区。二是北上部队主力多数是南方战士，不熟悉绥蒙地区环境，不适应北方气候，行动困难。因此，部队经过两次北上才进入大青山地区。

1938 年 7 月 29 日，大青山支队以王尚荣率领的第三营为先导，从杀虎口越过长城，踏入了绥远凉城县境，沿长城脚下向东北方向进军到厂汗营一带，进行北上蛮汗山的侦察和准备工作。8 月 2 日，第四支队和总动委会干部队也挥师北上。

八路军挺进大青山的行动令日、伪军十分恐慌。大青山支队越过长城后，日、伪军便从大同、左云、右玉、丰镇、凉城等地调集 5000 余人的兵力，分七路合围堵截，企图把大青山支队消灭在长城脚下。为保存实力，大青山支队分路突围，转战到偏关一带。大青山支队第一次北上行动受阻。

1938年8月中旬，大青山支队从偏关贾堡第二次北上。部队以夜行军和急行军由杀虎口越过长城，进入凉城县境，在厂汗营一带集结。第七一五团第三营夜袭了岱海滩以东的天成村敌据点，歼灭敌军百余人、炸毁汽车10余辆后，到蛮汗山与大部队会合。大部队从岱海滩以南经香火地，穿越归凉公路，顺利到达蛮汗山主峰脚下的太平寨，取得了挺进大青山的第一个胜利。蛮汗山成为八路军挺进大青山的第一个立脚点，也是与晋西北抗日根据地保持联系的接应站。

部队在太平寨进行了短暂的休整。李井泉、姚喆、武新宇等经过仔细研究，决定分兵两路：由李井泉、武新宇、王尚荣等人带领主力迅即北上大青山腹地，开展游击战争和动员群众抗日；由姚喆带领第一营留在蛮汗山以游击战牵制敌人，掩护主力部队通过平绥铁路，并负责接应从晋西北送往大青山军需物资的工作。

大青山支队主力部队休整后继续北上，于1938年8月31日拂晓前安全通过了平绥铁路，9月1日抵达归绥、武川、陶林、集宁地域，到达预定地点。

大青山支队第一营在姚喆的指挥下，在蛮汗山区宣传中国共产党的抗日主张，传播八路军的优良作风，扩大了在群众中的影响。日、伪军调集数千人，向以太平寨为中心的蛮汗山八路军活动地区围攻。第一营以灵活的游击战术与敌人周旋，从杀虎口与大红城之间越过长城，退回平鲁境内。与此同时，八路军留守兵团警备第六团也于1938年9月8日从五寨出发北上，配合掩护大青山支队挺进。14日，警备第六团全歼驻守厂汗营伪蒙古军百余人，火速行军百余里，夜袭了平绥铁路丰镇与集宁之间的红沙坝火车站，与敌人周旋10天后撤回雁北。大青山支队第一营在平鲁接应了彭德大等向大青山运送的1400多件皮衣，又向大青山进发。10月初，越过平绥铁路，抵达速勒图一带，与主力部队会合。

至此，八路军大青山支队、第四支队和总动委会圆满完成了挺进大青山的任务。不久，大青山支队在绥中面铺窑子与杨植霖、刘洪雄等领导的抗日团（后改称绥蒙游击大队）胜利会师，共同开启了创建绥中游击区的斗争。

开辟绥中、绥西、绥南游击区

大青山抗日游击根据地创建初期，正值全国抗战进入战略相持阶段。中国共产党领导下的敌后抗日游击战争，打乱了侵华日军“速战速决”的计划。侵华日军被迫改变策略，逐渐抽调其主力，对付中国共产党领导下的敌后抗日武装。

在大青山创建抗日游击根据地面临诸多困难。大青山地区群众基础比较薄弱。由于国民党长期实行反动民族政策，加之日、伪军的欺骗宣传，造成了民族间的隔阂，有的蒙古族群众对共产党和八路军缺乏了解，不利于团结抗日。敌我力量对比悬殊。日军以 5000 人的一个旅团占据归绥、包头、集宁等城镇和军事要地，伪蒙古军及伪防共第一师、伪防共第二师等两万余人驻守在大青山及周围旗县，而八路军只有 2300 多人，兵力对比悬殊。日本侵略者占领绥远一年多时间，已经建立了殖民统治，把大青山地区变成了伪蒙疆政权的统治中心；而八路军新来乍到，立足未稳。八路军远离后方，物资给养非常短缺。由于天灾人祸和兵匪横行，当地各族群众十分贫困，八路军筹集物资非常困难。时值塞外秋寒，八路军指战员还身着单衣，造成一定的非战斗减员。国民党军第三十五军反攻绥远失败，使日、伪军的气焰更加嚣张，群众普遍存在抗战无望的消极悲观情绪。

八路军在极端困难的条件下，按照中共中央战略部署，发动和依靠各族人民群众，迅速展开游击战争。八路军进入大青山后，首先进驻绥中[①]的中心地区大滩一带（今察右中旗西南部山区），进行了三次较大规模的战斗，三战三捷，迅速打开了绥中抗日斗争局面。

1938 年 9 月 3 日，大青山支队夜袭陶林，一度攻破北门进入县城，消灭伪军一部，使八路军声威大震。

---

① 平绥线以北，归武公路以东，集宁至土木尔台一线地区。

1938年9月9日，大青山支队攻克乌兰花，俘虏伪蒙古军和四子王旗保安队180余人。八路军进入乌兰花镇后，严格遵守“三大纪律八项注意”，尊重蒙古民族的风俗习惯和宗教信仰，大力宣传共产党的抗日主张和民族政策，扩大了大青山支队在乌兰察布草原上的影响。

大青山支队夜袭陶林和乌兰花的战斗，使日军惊恐万分。为遏制八路军在绥中的活动，加强对大青山北麓的统治，日军连续从归绥向大青山以北运送物资和兵力。在侦知敌人动向后，大青山支队果断决定在归（绥）武（川）公路蜈蚣坝伏击日军。

1938年9月下旬，大青山支队在蜈蚣坝伏击歼敌80余人，把八路军抗日的声威从大青山北麓传到了南麓的土默川一带，鼓舞了各族人民的抗日斗志。

在大青山支队转战绥中的同时，武新宇领导的总动委会在第四支队的掩护下，在大滩、西河子、五塔背一带宣传抗日救亡，广泛发动和组织各族群众支援八路军抗战。经过一个多月的游击战争和群众工作，八路军胜利开辟了绥中游击区。

乌兰花战斗后，大青山支队转移至武川西南大青山深处的井儿沟。1938年9月下旬，大青山支队、第四支队和总动委会在井儿沟召开了党政干部会议，决定在坚持和发展绥中游击区的同时，尽快开辟绥西[①]和绥南[②]游击区。

李井泉、王尚荣等率大青山支队第三营、第二营五连、第四支队二连和总动委会部分工作人员，抵达武川、萨拉齐、固阳三县交界处的后脑包、官地、巴总窑子一带，开辟绥西游击区。挺进绥西的部队在后窑子、陶思浩和石拐镇三战三捷，很快打开了绥西局面。同时，以李维中为主任的绥西动委会及区、乡、村各级动委会相继成立。第四支队和总动委会密切配合宣传抗日，动员群众支援抗日游击战争。大青山支队司令部组建平川工作队，由第二营教导员姜文华任队长，以大青山为依

① 归武公路以西，包括武川县、归绥县西部、萨拉齐镇、固阳县、托克托县一部分和包头以东地区。

② 以蛮汗山为中心的平绥铁路以南地区，包括凉城县、清水河县、和林格尔县及归绥县、托克托县、丰镇县的一部分。

托，在绥西广泛开展群众工作和统一战线工作。

八路军在绥南地区开展工作较早，雁北八路军常在绥东南一带活动，大青山支队北上时也在群众中产生过较大影响。1938 年 10 月中旬，大青山支队第一营副营长邹凤山率领该营第三连、第四支队第一连和总动委会部分工作人员，从绥中速勒图出发，向南穿越平绥铁路，重返蛮汗山区，开辟绥南游击区。根据大青山支队司令部指示，绥南部队很快组建起八路军绥南骑兵，这是大青山支队组建骑兵的开始。

到 1938 年 12 月，大青山支队、第四支队和总动委会干部队在极其困难的情况下，转战大青山七百里，用 3 个多月的时间，在东起灰腾梁，西到包头、固阳，南抵黄河、长城，北至达尔罕、茂明安、四子王旗的广阔地区开辟了主要包括绥中、绥西、绥南游击区的大青山抗日游击根据地，牢牢揳入日、伪占领区的中心地带。

三、抗日游击根据地的发展巩固

党关于绥远敌占区工作和发展大青山抗日游击根据地的方针

1938 年 9 月至 11 月，中共扩大的六届六中全会召开，确定放手发动敌后游击战争。11 月 22 日，中共中央作出《关于绥蒙工作的决定》，要求八路军大青山支队坚持抗日游击战争，努力在绥东、绥中、后套一带发展，把这一带打造成坚强的抗日游击区，与晋西北及陕甘宁边区抗日斗争相呼应，并始终坚持游击战争，使自己得到迅速发展并装备成骑兵。

1940 年初，中共绥远省委书记白如冰回延安向中共中央汇报了绥远敌占区工作，中央对绥远省委和大青山支队所取得的成绩给予肯定。4 月，中共中央讨论了绥远地区工作，进一步明确绥远敌占区工作方针、任务，作出了《关于绥远敌占区工作的决定》。《决定》首先肯定了中共绥远地区的党组织初步建立大青山抗日游击根据地的成绩，指出由于游击队和地方干部党员在党的领导下艰苦奋斗，中共绥远地区的党组织在艰苦困难的条件下坚持了大青山地区的游击战争，并在建立武装、改进政权、发动民众、争取伪军、开展对蒙古民族工作以及建立党组织等方面都做了工作，使党和八路军的政治影响与组织力量逐渐扩大起来。同时，《决定》也指出绥远党组织的工作还存在着一些缺点，即在统一战线与群众运动中还有某些关门主义倾向，工作方针与领导方式上也还不能完全适合于绥远地区游击战争的环境与条件。

《决定》进一步指出，绥远敌占区既不宜于大兵团活动，暂时也不可能创立巩固的根据地。坚持与发展广泛的地方性与群众性的游击战争，积蓄力量以应对将来的局面，是绥远敌占区总的任务。为了完成这个总任务，必须努力进行以下各项工作：第一，提高部队及地方干部党员坚持游击战争的信心与决心，要巩固发展与提高现有游击队的战斗力，普遍建立群众性的地方游击小组，发动群众参加抗日游击战争。第二，建立广泛的抗日民族统一战线，克服过去存在的某些狭隘的关门主义倾向，以正确、灵活的策略去开展统一战线工作。第三，加强群众工作，依照具体情况把群众工作的主要方向放到利用公开合法团体的活动方面，建立党与广大群众的联系，与敌人展开合法的斗争，以便长期隐蔽，积蓄群众力量。第四，要把蒙古民族工作作为绥远敌占区党的中心工作之一，要加强对蒙古民族上层的工作；推动蒙古民族中进步的青年知识分子到伪政权、伪蒙古军及蒙古民族各阶层中去做长期隐蔽的工作，同时更广泛地在蒙古族群众中展开抗日宣传，以进步的青年和蒙古族干部为骨干，建立蒙古族的抗日游击队。第五，开展城市地下工作，在大城市和铁路沿线市镇中开展党的活动。第六，巩固与发展党的组织，加强党内政治阶级教育，有计划地培养地方干部。

根据绥远敌占区的形势和大青山抗日游击根据地的发展情况，为使绥远敌占区工作与晋西北连接起来，并能依靠晋西北的雁北地区来发展绥远敌占区的工作，中共中央还对绥蒙和晋西北的抗战工作进行了统筹，“决定绥远敌占区与雁北地区合组绥晋边区党委，统一该地区党政军民各项工作于绥晋边区党委领导之下。绥晋边区区党委应受晋西北军政委员会之领导”[①]。1940 年 7 月 24 日，中共晋绥边区委员会正式成立，白如冰任书记，驻地雁北。

《决定》通过总结绥远敌占区一年来游击战争和党的各项工作经验，进一步完善了党在绥远敌占区工作方针、政策和策略，从而正确指导了大青山地区抗日游击战争的开展。

1941 年 3 月，根据绥远抗日斗争形势的变化和需要，雁北地区重新划归晋西北，中共晋绥边区委员会改为中共绥察边区委员会，白如冰任书记，隶属中共晋西北区委领导。8 月，中共中央晋绥分局成立，中共绥察边区委员会改隶中共晋绥分局，领导中共绥西地委、绥中地委、雁北地委和绥南地委工作。

中共中央和毛泽东高度关注和直接指导大青山抗日游击根据地的建立和发展，使中共绥远省委和各级党组织特别是挺进大青山的干部和党员，进一步坚定了坚持游击战争的信心和决心，明确了对敌斗争的方向、策略和方式方法。

击退日、伪军对根据地的进攻

1938 年 12 月间，日本侵略者对大青山抗日游击根据地发动第一次大“扫荡”。日、伪军调集六七千人，从大同、丰镇、集宁、归绥、包头一线出动，兵分三路向绥南、绥中、绥西游击区进犯，妄图一举消灭八路军大青山支队，摧毁初创的大青山抗日游击根据地。英勇的八路军指战员在冰天雪地里与穷凶极恶的敌人展开顽强战斗。

在绥南，由骑兵、步兵、坦克组成的日、伪军千余人队伍，从归绥出发向游击区进犯。刚组建的八路军绥南骑兵对敌人实施袭击后，立即分散兵力跳出敌人的包围圈，安全转移到晋西北右玉西山休整，敌人的合围“扫荡”计划落空。

在绥中，日、伪军以机械化部队为先导，在飞机的配合下向八路军

① 《中共中央关于绥远敌占区工作的决定》(1940 年 4 月 5 日)，中共中央文献研究室、中央档案馆编:《建党以来重要文献选编》(一九二一——一九四九) 第 17 册，中央文献出版社 2011 年版，第 276 页。

活动中心大滩、西河子一带分进合击。八路军侦察到敌人的动向后，姚喆果断决定撤向土匪据点孔脑包、土城子一带，顺道开展剿匪。扑空的日、伪军发生误会对打一场，狼狈撤退。八路军绥中部队又返回了大滩。

在绥西，日、伪军调集2000余兵力，分四路向以巴总窑子为中心的八路军活动地区“扫荡”。八路军绥西指挥机关先撤至万家沟一带让日、伪军主力扑空，再经过韩沁坝、马场梁、九道拐、明安川、红沙坝、厂汗营等战斗，彻底粉碎了敌人的“扫荡”。

日、伪军对大青山抗日游击根据地第一次大“扫荡”以失败告终。

1938年12月，中央军委为了巩固加强冀中抗日根据地，决定调第一二〇师主力开赴冀中战场。12月22日，王尚荣、朱辉照率领大青山支队第七一五团主力东进冀中。在开辟大青山抗日游击根据地4个月的战斗中，第七一五团英勇拼杀，先后143人牺牲、46人负伤，伤亡人数占全团人数的11%。其中，中共党员21人，占全团党员总数的60%以上。这些英烈为内蒙古地区抗日事业作出了重大贡献。

八路军第一二〇师第七一五团第一营第三连，第二营第五连、第六连各一个排，第三营营部及第九连、第十连和机枪连一个排，加上第四支队、总动委会工作人员，总计不到1000人，由李井泉、姚喆带领继续坚持大青山抗日游击战争。

清剿匪患

全国抗战爆发后，绥远国民党主力部队一度退守山西，绥远地区城镇和铁路沿线被日、伪军统治，而农村和山区的许多地方则成为土匪的天下。大青山地区土匪活动猖獗，小股土匪有十几人、几十人，大股土匪多达几百人。有名的匪首有夏军川、康德胜、肖顺义、李维业、“红蚂蚁”等。这些土匪有的与国民党有关系，有的与日、伪军往来密切。他们手持武器却不抗日，专以欺压、掠夺、骚扰百姓为业，常年游窜于大青山麓，抢夺粮草，杀猪宰羊，打骂群众，奸淫妇女，绑票敲诈，无恶不作。在众多的土匪轮番骚扰下，大批群众逃离家园，许多村庄十室九空。清剿匪患，为民除害，提上了大青山抗日游击根据地建设日程。

中共中央对绥远土匪问题的政策是:“对于绥远一般的土匪及哥老会,都应争取他,联合抗日,避免与之对立,使为日寇利用。但在他损害群众利益,不能争取,在群众的要求与支持下,可以消灭他。”[①]大青山支队根据中共中央指示,对绥远民众抗日自卫军中的土匪武装一般按友军对待,争取、联合、促使其抗日。但是有些作恶多端的惯匪不听劝阻,继续危害群众;有些还与日本侵略者和国民党顽固派勾结起来残害八路军军政干部,抢劫八路军运输队;有些明里接受劝告,但暗中继续祸害百姓。大青山支队决定对部分妨碍抗日的土匪以及投靠日军的匪部,予以坚决消灭,清剿土匪的斗争在绥中、绥西、绥南3个地区同时进行。

1938年12月,八路军绥中部队反“扫荡”转移到大滩以北土城子、孔脑包一带时剿灭了康德胜匪部。1939年,八路军绥中部队在除夕夜突袭打垮了夏军川匪部。其他小股土匪也遭到毁灭性打击,有的闻风远遁,绥中匪患基本消除。各族群众拍手称快,绥中抗日游击区得到进一步巩固,成为大青山抗日游击根据地的中心。

绥西土匪主要在萨拉齐和托克托平川地区活动,多数是国民党部队溃逃的散兵游勇。1939年1月,八路军绥西部队化装突袭集中在萨拉齐北部的十几股土匪,歼灭百余人。绥西部队设伏逮捕惯匪“红蚂蚁”,公审后枪毙,为百姓除了一害。大青山支队第七一五团第二营五连在水磨沟、毕克齐一带,消灭了“三拐子”股匪60余人。小股匪徒纷纷逃匿或改邪归正,绥西匪患基本消除。

从1938年冬开始,八路军在开辟蛮汗山抗日游击区过程中,就开始了清剿土匪斗争。大青山支队第七一五团第一营第三连和第四支队第一连回师蛮汗山以后,在开展群众工作的同时,进行了几次较大的剿匪战斗。先后消灭了“干豌豆”肖顺义匪部,清剿了逃到绥南的夏军川及王兰根、“红公鸡”等股匪,绥南匪患基本清除。

1938年至1939年初,大青山支队共在绥中、绥西、绥南消灭土匪40多股约1500多人,基本肃清了三个游击区的匪患,为大青山抗日游

---

① 《关于绥蒙工作的决定》(1938年11月22日),中共中央统战部编:《民族问题文献汇编》,中共中央党校出版社1991年版,第616页。

击根据地巩固和发展创造了必要条件，大青山支队也进一步得到各族群众的信任和拥护。

组建大青山骑兵支队

根据中共中央指示及大青山地区地理环境和军事斗争特点，大青山支队在战斗中不断总结经验，决定发展骑兵武装，开展骑兵游击战争，以保证大青山抗日游击根据地的生存和发展。在八路军第一二〇师第七一五团主力东进冀中以后，大青山支队逐渐由步兵换装为骑兵。

绥远敌占区除大青山、蛮汗山是山峰较多的地区外，大部分地区是丘陵、草原和平原，地理环境适于骑兵行军作战。因为大青山支队基本上是步兵，在冬季，指战员常常在没膝深的大雪中行军，机动性不足，又经常出现冻伤，严重影响了部队战斗力。大青山地区日军大部分是骑兵和机械化部队，伪蒙古军绝大多数是骑兵，在行军速度上占优势。八路军和地方工作人员在敌人“扫荡”时难以迅速转移，对敌伪控制的平原和丘陵地区也难以构成威胁。

八路军部队挺进大青山后就注意骑兵建设问题。1938 年底，大青山支队司令部曾命令在绥南开辟根据地的第七一五团第一营第三连改建骑兵。李井泉曾就建设骑兵问题请示中共中央。中共中央在《关于绥蒙工作的决定》中明确指出“在这一地区的战斗，非有骑兵不行”①。

大青山支队建立骑兵面临很多困难，首先是马匹问题。解决的途径主要有：一是从敌人手中缴获，二是从大青山民众中征募。在开展抗日游击战争和剿匪斗争中，绥南部队缴获了一批战马，第一营第三连和第四支队第一连首先装备为骑兵。绥中、绥西部队也通过战斗缴获了一批战马，陆续装备为骑兵。加上大青山支队原有的骑兵连，到 1939 年 1 月，大青山支队共有指战员 1480 多名，有战马 609 匹。在改建骑兵过程中，大青山支队得到了绥远敌后各族群众的大力支持。经过动委会和大青山各级抗日民主政权做工作，许多群众主动把家里的好马捐

---

① 《关于绥蒙工作的决定》(1938 年 11 月 22 日)，中共中央统战部编：《民族问题文献汇编》，中共中央党校出版社 1991 年版，第 616—617 页。

献给八路军，仅武川县五合乡和三元井一带的群众，就向第四支队捐献了上百匹好马和大量军用物资。武川县井儿沟农民张润喜冒着生命危险进入归绥城，为八路军买回200多副马鞍。一些爱国的蒙古族上层人士和地主，也在抗日民族统一战线政策的感召下，积极为八路军捐献马匹。八路军指战员主动拜当地善于骑射的群众为师，学习驯养方法和骑乘技术，经过刻苦训练，较好地掌握了骑乘作战和马匹驯养技能。大青山支队很快由步兵变成了一支机动性很强的骑兵，成为大青山抗日游击根据地的主力军和根据地军民的坚强后盾。

1939年夏八路军大青山骑兵支队正式组建时，已有指战员1500多人，战马1471匹。李井泉任司令员，姚喆任副司令员兼参谋长，彭德大任政治部主任，饶兴任政治部副主任。1939年冬至1940年春，大青山骑兵支队将所属部队先后整编为三个骑兵营。骑兵第一营驻绥南，营长邹凤山、教导员张忠；骑兵第二营驻绥中，营长王贤光、教导员彭宝山；骑兵第三营驻绥西，陈刚、朱有德先后任营长，教导员为姜文华。第四支队所属四个骑兵连，仍分别在绥中、绥西、绥南与各骑兵营共同战斗。刘墉如、王贤光、郑乃品、黄厚①先后任大青山骑兵支队第四支队支队长。1940年2月，李井泉奉命调回晋西北，姚喆任大青山骑兵支队司令员，张成功任参谋长，彭德大牺牲后，张达志②任政治部主任。1940年冬，绥南骑兵第一营扩编为骑兵第一团，团长邹凤山，政委范宝顺，副政委黄厚，参谋长才千，政治部主任王铣铁；绥中骑兵第二营扩编为骑兵第二团，王贤光、李国良先后任团长，彭宝山、刘水仔先后任政委，副团长余有清，参谋长何益海，政治部主任赖才生；绥西骑兵第三营扩编为骑兵第三团，朱有德、蔡久、于占彪先后任团长，姜文华任政委，邓舜兰任副团长，姚典训任参谋长，李精朴任政治部主任。1941年2月

---

① 黄厚（1913—1992），今江西省吉安市安福县人。1930年加入中国共产党。中华人民共和国成立后，曾任内蒙古军区司令员等职。1964年被授予少将军衔。

② 张达志（1911—1992），今陕西省榆林市佳县人。1929年由中国共产主义青年团团员转为中国共产党党员。中华人民共和国成立后，曾任中共中央西北局书记处书记、兰州军区司令员等职，是中共第八届中央候补委员、委员（扩大的八届十二中全会增补）和第九、十届中央委员。1955年被授予中将军衔。

27日，陈刚任大青山骑兵支队副司令员，张成功任参谋长。12月5日，晋西北军政委员会电令将第四支队改编为大青山骑兵支队独立营，黄厚任营长兼政委。

大青山骑兵支队组建后，在抗日游击战争中不断成长壮大。1939年4月3日至5月31日，日军从大同、集宁、归绥、包头等地调集一个旅团的兵力，在伪军三个师的配合下，分别对绥中、绥西、绥南游击根据地进行持续大规模“扫荡”。绥中骑兵部队在姚喆的指挥下，依靠群众支持和帮助，采取“蘑菇战术”与敌周旋，伺机消灭小股敌人，并扰袭了平地泉、红格尔图敌人据点，跳出日、伪军包围圈，向南转移到武川、归绥、陶林交界一带，在避开敌人“扫荡”的同时，开辟新的游击区。日、伪军在绥西调集数千兵力，分五路包围大万家沟一带，并封锁山口，企图把八路军困死在山里。在当地群众的支援下，绥西部队避实就虚、化整为零，躲过日、伪军多次搜寻，并在白石头沟伏击重创了敌军。绥南日、伪军分九路对蛮汗山游击区进行“扫荡”，企图切断大青山抗日游击根据地通往晋西北的交通要道。八路军绥南骑兵部队与雁北骑兵大队紧密配合，转战右玉东西山之间，并在东沟门村歼灭日军50余人，取得了绥南骑兵组建后的第一次胜利。而后转移到右玉西山，摆脱了敌人“扫荡”。在反“扫荡”中，八路军绥南部队也付出了很大代价。在凉城车骡子沟，绥东工委、凉城县委、动委会及部分游击队员被敌人包围，在突围中凉城县委书记张治华、大青山支队第二大队指导员陈金龙、动委会副主任任振基和10多名游击队员壮烈牺牲。在蛮汗山二龙什台遭遇战中，第四支队第一连指导员秦赞忠和40多名战士为国捐躯。

自1939年冬，绥南骑兵第一营在大青山骑兵支队政治部副主任饶兴、营长邹凤山、教导员冀文广以及绥东工作团团长程仲一的领导下，配合八路军留守兵团警备第六团、雁北骑兵大队，在将近一年的时间里，与日、伪军进行了数十次战斗，开辟了丰镇以东大庄科一带的游击区，并将蛮汗山与丰东连成一片，扩大了游击区域。

1939年12月，大青山骑兵支队在绥中武川坤兑沟召开了各部队党员代表参加的党代表大会，李井泉、姚喆、彭德大出席了会议。会议总结了一年多来骑兵支队开展游击战争的情况，确定了今后的战略方针和主要工作，选举产生了中国共产党大青山骑兵支队委员会，以加强党的领导。这次会议对加强骑兵支队自身建设和更有力地开展对敌斗争起到了重要作用。

正当大青山抗日游击根据地克服重重困难不断发展之时，国民党顽固派却掀起了第一次反共高潮。1939 年以来，大青山地区国民党绥远民众抗日自卫军顽固派不断制造磨擦，反共活动日益猖獗。

根据中共中央和上级指示，为了扫除抗日道路上的障碍，在对国民党和自卫军中的顽固派多次警告无效的情况下，大青山骑兵支队于 1940 年初进行了反顽斗争。

反顽斗争首先从绥西开始。八路军骑兵第三营和第四支队在春节期间，突袭全歼自卫军总指挥部守军，大青山骑兵支队政治部主任彭德大在追击残兵的战斗中牺牲。八路军绥中骑兵部队在活佛滩歼灭自卫军绥中主力第十二团的两个连，在甘沟子、毛忽洞等地消灭自卫军数百人，绥中反顽斗争胜利结束。绥南骑兵部队在邹凤山的带领下，在 1940 年春节前后，分别在凉城大南沟、小南沟、乔贵窑子等地歼灭自卫军赵励师部 300 余人。

在 1940 年春一个多月的时间里，大青山骑兵支队同自卫军顽固派连续进行了 10 多次战斗，取得反顽斗争胜利，打击了国民党顽固派的反动气焰，鼓舞了各民族各阶层人民的抗日热情，摧垮了国民党顽固派建立的所谓“游击政权”，为创建和发展抗日民主政权创造了条件，促进了大青山抗日游击战争的全面发展。

反顽斗争胜利后，大青山抗日游击根据地又粉碎了日军的十几次“扫荡”。大青山骑兵支队第一团在绥南同敌人进行较大战斗 15 次，不仅坚持了绥南游击战争，而且保证了大青山与晋西北交通畅通。大青山骑兵支队指挥机关、骑兵第二团、第四支队和动委会游击队在绥中粉碎敌人“扫荡”5 次，与敌人进行了较大战斗 17 次。骑兵第三团和第四支队第二连在绥西与敌人进行了较大战斗 19 次。

1941 年以后，大青山抗日游击战争进入最困难时期，大青山抗日游击根据地成为全国抗日根据地中最困难的地区之一。日本侵略者在华北地区实行“治安强化运动”，在“蒙疆”地区实行“施政跃进运动”，对大青山抗日游击根据地实行残酷的“扫荡”“清乡”和封锁，并以更加残酷的“三光”政策制造“无人区”，妄图摧毁抗日游击根据地。在这种情况下，大青山骑兵支队根据中共中央和晋西北军区指示，实行了隐蔽政策，在极其艰苦的斗争环境中，克服了无数艰难险阻，坚持抗日游击战争。同时，大青山骑兵支队在开辟丰东游击区的基础上，组织了绥东工作团，开辟了绥东游击区。绥东工作团以集宁北部黑土坡一带为活动中心，成立了三个分团，组织了三支骑兵游击队，并在三个分团活动区域分别成立了三个区政府，使大青山抗日游击根据地游击区范围从绥中、绥西和绥南扩展至绥东。

大青山支队（包括后来改建的骑兵支队）从挺进大青山起至 1940 年 1 月，与日、伪军进行大小战斗 120 余次，击毙日军千余人、伪军 500 余人，俘虏伪军 500 余人，缴获各种枪支约 500 支，击毁汽车 50 余辆。从组建到 1942 年 10 月撤销建制、成立塞北军分区止，在三年多的艰苦岁月里，大青山骑兵支队积极开展抗日游击根据地各项工作，完成了中共中央交给的战略任务，积累了开展敌后骑兵游击战争的丰富经验，为坚持和发展大青山抗日游击战争建立了不朽功勋。

开展游击战和地下斗争

在大青山抗日游击战争中，游击队和游击小组是极其重要的抗日武装力量，是绥察抗日民主政权得以存在和发展的基础。1940 年 4 月，中共中央在《关于绥远敌占区工作的决定》中，充分肯定了抗日游击队和游击小组在大青山抗日游击战争中的地位和作用，规定了游击队的工作方针、任务和组织形式。中共中央指出，要普遍建立与群众保持亲密联系的地方性群众性游击队和游击小组；地方政权只能建立在游击队和游击小组基础上，而且领导人均应与游击队和游击小组共同行动，并积极领导游击队和游击小组开展游击战争。

八路军在挺进大青山开展抗日游击战争过程中，十分注重帮助地方组建游击队，特别是在建立动委会和抗日民主政权的同时，各抗日游击区都建立起游击队。到 1939 年底，动委会下属的各游击队已达 600 余人，从绥察行政公署到专署、县、区政府都有一支人数不等的游击队。

游击队的主要任务是除奸、放哨、侦察敌情，传递情报、伏击敌人、破坏公路电线、掩护党政工作人员、保护地下工厂设施，担负联络等事宜。以大青山地区几个大的游击区为依托，各县、区都组建了游击队和游击小组，用各种方式展开对敌斗争，并掩护各级地方机关。有的正规部队也建立了地方游击队。游击队成为开展群众性抗日游击战争的主要形式，有力地配合了八路军开辟大青山抗日游击根据地，保证了动委会和抗日民主政权活动，为八路军不断补充了兵员。

绥中游击区是最早建立游击队的地区。绥中最初成立了武川县三区动委会直属游击队、归武区游击队、陶武区游击队、武川县一二联区游击队，并成立了几十个游击小组。到 1942 年 4 月，绥中有游击队九支共 218 人。1939 年春，武三区游击队在东河子乡前六号村，配合大青山支队全歼国民党顽军自卫军第十二团的一个连。1940 年 1 月初，武川县游击队在寿阳营伏击敌骑兵 60 余人。1941 年 3 月，绥中专员程仲一率领陶林县游击队和专署人员奇袭三道营火车站，打死一名日军站长，缴获步枪 30 余支、子弹 1 万余发。武川县、陶林县等地区游击队频繁出击，主动打击日、伪军据点和驻地，缴获许多武器弹药、军马和其他物资。在 1942 年打破日、伪军对绥中地区实行的“铁壁合围”、大“扫荡”中，游击队发挥了重要作用。

绥西先后成立了武归县八区、美岱召、百只户、固阳四边区、芨芨梁、陶思浩抗日游击队。1940 年 1 月，在美岱召、百只户等游击队的基础上成立了萨县抗日游击队，共有队员 80 多人，同时成立了武归县游击大队。萨县抗日游击队沿大青山南麓和南平川开展了游击战斗，从 1940 年至抗战胜利，进行了 35 次较大战斗。1940 年春，萨四区游击队在萨拉齐芦房沟被日、伪军重兵包围，50 多名游击队员在战斗中牺牲。同年 6 月，萨县抗日游击队配合骑兵第三团夜袭毕克齐枣儿沟伪自卫团，消灭敌伪 20 余人，萨县抗日游击队后编为八路军绥察独立第二支队第一大队第二连。1939 年秋，中共土默特旗蒙古工作委员会组建了蒙古抗日游击队，进行了一系列武装斗争。后编入八路军大青山骑兵支队。活跃于大青山后的武归县八区游击队在战斗中不断壮大，在井儿沟、骆驼场、李齐沟等地多次战斗，为掩护骑兵第三团后方机关作出了重要贡献。

1939年初至1940年秋，在动委会领导下，绥南先后成立了归凉县抗日游击队和归凉县五区、一区、四区游击队。1940年后，又成立了丰凉、丰东游击队以及和林格尔县、托县、托和清县二区游击队。到1942年，绥南游击队发展到360多人。1940年3月，归凉县委集中全县各区游击队攻打归凉公路上的崞县窑子敌据点，俘敌21人。1941年冬，归凉县一、四、五区游击队120余人被日、伪军数百人包围，损失严重。1943年7月，八路军武工队重返蛮汗山后，重新建立起绥南游击队，始终坚持蛮汗山抗日游击战争。

1940年六七月间，中共绥远区委经上级批准，成立了绥察独立第二支队（简称第二支队），于占彪任司令员，白如冰兼政治委员。第二支队统辖绥中、绥西、绥南三个游击大队。1941年8月24日，中共绥察区委决定第二支队和地方游击队归政府直接指挥调动。12月，第二支队番号取消，所属部队归大青山骑兵支队统一领导。

中国共产党十分重视绥远敌占区的地下工作。在创建大青山抗日游击根据地过程中，先后派出大批优秀共产党员，深入日、伪军严密统治的城镇、乡村和铁路沿线，以各种公开的身份为掩护开展地下抗日活动，开辟绥远敌后抗战又一条重要战线。

1938年冬，在开辟大青山抗日游击根据地的同时，党组织派王威、刘洪雄、郝登鸿等秘密进入归绥。刘洪雄、郝登鸿利用关系打入伪军内部，分别担任伪协和安民救国军旅长和团副官，从事党的秘密工作。之后党组织又陆续派出许多同志进入归绥，以职员、教师、小商贩、天主教徒等身份隐蔽下来。他们搜集日、伪军政治、军事情报提供给大青山支队，并通过各种途径为八路军购买枪支弹药和医药、布匹、棉花、皮衣、鞍具等军用物资。

1938年冬，大青山支队组织平川工作队，在乡村开展群众性秘密抗日活动，同时秘密发展中共党员，建立党的组织。中国共产党还派高鸿光、刘启焕、王弼臣等以绥西美岱召村为基地，通过群众抗日救国会，搜集敌人情报，筹集、运送抗日物资，开展除奸反特斗争，有力地配合了大青山骑兵游击战争。一直在土默川坚持地下斗争的贾力更等蒙古族共产党人，利用在当地蒙古族群众中的影响，在日、伪军统治严密的敌占区建立了秘密工作点和交通联络站。

1939年3月，中共绥远省委派宁德青等进入归绥加强党的地下工作。宁德青取得了伪厚和市政府教育股督学的合法身份，在教育界秘密宣传中国共产党的抗日救亡思想，为创建抗日救国组织准备条件。为加强中国共产党对归绥地下斗争的领导，中共绥远省委决定成立中共归绥工委，为党的地委级领导机构。宁德青任书记，刘洪雄任组织部部长，刘炜（后叛变）任宣传部部长，归绥地下党的活动很快开展起来。

为便于开展地下工作，中共归绥工委在归绥城里建立了一些秘密活动点和交通联络站。在此基础上，1939年夏成立了中国共产党领导的秘密群众抗日团体——绥蒙各界抗日救国会（简称救国会）。救国会下设铁路、工厂、学校三个支部，宁德青、刘洪雄、刘炜、贾恭、张克敏等共产党员为救国会负责人。救国会成立后，以“蒙疆道教会”为掩护，搜集日、伪军情报，筹集物资款项支援八路军大青山支队，同时秘密宣传中国共产党的抗日救国主张和八路军在大青山的抗日活动，扩大了党的影响，成为中共地下党的外围组织和秘密的群众抗日团体。到1940年初，会员发展到200多人，许多会员加入了中国共产党，形成了一支以共产党人为核心的秘密抗日团体。

随着地下斗争形势的发展，绥蒙各界抗日救国会活动范围日渐扩大，短短一年内，就在归绥城形成了一个地下抗日救国活动网。中共归绥工委还从救国会成员中选拔了刘璧、余平、王林、贾连喜等一批青年送往延安学习。

1940年2月，中共归绥工委通过救国会从巴彦塔拉盟师范学校选送周复礼、何树声等青年学生到延安学习，这一情况被日本特务机关获悉后，进行了大规模搜捕。到1941年5月，刘洪雄、贾恭、张克敏等共产党员，各界爱国人士包括教员、工程师、医护人员、职员、工人、学生、商人、宗教人士等，约190多人被捕，其中100多人壮烈牺牲，多人被判处徒刑，史称厚和惨案。厚和惨案的发生，是中共归绥工委缺乏地下斗争经验、隐蔽策略欠妥、没有把公开活动与地下斗争严格区别开来所造成的沉痛后果。

1940年7月，因叛徒出卖，中共托县工委遭到严重破坏。工委书记高陵平、组织部部长王德忠、宣传部部长李永茂、善岱区区长王明元牺牲，县长李含英此前也被杀害，托县中国共产党的各项工作和抗日斗争遭受重大损失。之后，中共托县工委与中共萨县工委合并。

在敌强我弱的形势下，中国共产党领导的大青山抗日游击根据地贯彻落实中共中央指示，广泛开展游击战争，努力开辟地下斗争战线，付出了重大牺牲，也取得了重大成效，使大青山抗日游击根据地得到巩固和发展。

领导各族人民团结抗日

内蒙古地区各族人民有抵抗外来侵略的光荣革命传统，较早地在中国共产党领导下开展了革命斗争。抗日战争爆发后，中国共产党迅速把各族人民团结起来，成为开展抗日游击战争的巨大力量源泉。

不少群众成为抗日堡垒户。绥中转山子村蒙古族村民武策劳[①]家、韩布布家，察哈尔镶蓝旗四苏木武香牛家、那音太家、乌胜嘎家均是抗日人员往来联络、聚集开会、传递情报、储存给养、伤病员疗伤养病的抗日“据点”。其中，武策劳家不仅是绥中地区的抗日指挥部，还是军需供应站和抗日干部的训练所，李井泉、姚喆、高克林、杨干、龚仁寿、成枫涛、任建斌、范建国、高鸿淼等经常在他家歇脚甚至居住。1941年，在日、伪军“扫荡”中，武策劳为保护游击队印刷厂和被服厂，做了大量工作。1942年，中共绥中地委奉命向晋西北一带转移，部分家属和伤病员不能随军行动，武策劳一家承担起保护20多人的任务，并想方设法将这批人员安全送到晋西北。大青山脚下的霍寨村有20多户蒙汉族群众，他们识破了敌人挑拨民族关系的诡计，团结抗日，与八路军建立了密切联系，在封锁沟上搭上木板，接应八路军下山或往山里运送物资，成为堡垒村。

① 武策劳（1908—1963），原名武鸥佬，察哈尔右翼中旗金盆乡巴日嘎斯太嘎查人。1951年出席全国老区人民代表大会，并列席全国政协一届三次会议，受到毛泽东、刘少奇等党和国家领导人的接见，毛泽东将其名字改为武策劳，并亲笔为他写在出席证上。

不少群众冒着生命危险，掩护共产党军政人员，为部队传递情报，使他们多次转危为安。归凉县农民王才才为向游击队报信示警，从庙沟门一口气跑了 30 里路，报完信后口吐鲜血累昏过去。绥中小井二道沟村民罗罗的妻子为掩护黄厚和战士们安全撤离，被日、伪军毒打活埋，敌人走后才被群众挖出来救活。1942 年冬，在绥西坚持抗战的姚喆病重，被组织上安排在大青山脚下的霍寨村红圪力山洞里休养，当地群众日夜主动在山上或村头站岗放哨，蒙古族村民薛圪计等白天将姚喆背到山洞里隐蔽，夜晚背回家中医治、休养。在各族群众的照料下，姚喆很快痊愈，返回战斗岗位。1943 年，晋绥军区塞北军分区副政委张达志颈部中弹，生命垂危。党组织请察哈尔镶蓝旗四苏木蒙古族爱国青年那音太设法予以安置养伤。那音太将张达志和医生安置在独贵沟自己妹妹乌胜嘎家中。乌胜嘎一家每天出外放哨并采集草药，用牛奶、羊肉汤给张达志调养，协助医生熬汤换药，张达志很快伤愈，重返抗日前线。

八路军部队挺进大青山后的抗日活动，极大地唤起了人民群众的抗日热情，许多青年不怕牺牲，踊跃参军，八路军和游击队不断得到兵员补充。万家沟的张银花在父母的支持下参加了八路军，成为一名抗日女兵。武川县青年郝秀山①、任德仲等十几人主动找到八路军参军，有的成长为党的高级干部，有的为革命事业献出了生命。萨县抗日游击队队长王经雨的母亲乔培玲送儿子、孙子、孙女 6 人参加了游击队，两个儿媳留在家中传送情报，她的大儿子、女儿、孙女为抗日斗争献出了生命，她还多次掩护八路军党政干部摆脱日、伪军追捕。

为支持八路军大青山支队，各族群众主动帮助八路军筹集物资，有的成为八路军采购员，有的加入运输队。在大青山支队由步兵改为骑兵的过程中，许多群众纷纷捐马献鞍、积极支持。特别是蒙古族群众，从自己的马群中挑选最好的马匹支援骑兵。陶林县后大滩大庙村蒙古族村民禄圪胜一次就捐献战马 300 多匹，装备了一个骑兵大队。同村蒙古族村民罗卜桑捐献了 80 套马鞍具，并主动为部队调养伤病战马。

---

① 郝秀山（1919—2020），今内蒙古自治区呼和浩特市武川县人。1938 年加入中国共产党。中华人民共和国成立后，曾任内蒙古自治区人大常委会副主任、内蒙古自治区人民政府副主席、中共内蒙古自治区顾问委员会主任等职，是中共十二大代表和第七届全国人大代表。

武川县下百灵忽洞蒙古族开明人士蒙扣，将自家好马送到区动委会，还从召河为部队买回不少好马。每到冬季，为了让八路军安全过冬，各族群众纷纷自动捐献皮衣、棉衣、皮帽和毡靴等防寒用品。武川县小广庆隆村蒙古族老人苏尼玛把家里仅有的5件皮衣和鞍具齐全的一匹乘马送给八路军。武归县八区李齐沟贫苦农民张兰女和婆婆一起，点着油灯熬夜，为八路军战士赶制布鞋。凉城岱海滩是一个只有几十户人口的小村，村民们看到大青山骑兵支队第一团指战员衣着单薄，很快就为部队募集到100多件皮衣、棉衣，有些棉衣还是乡亲们刚从身上脱下的。

1940年，日、伪军对大青山地区频繁“扫荡”，仅1940年，绥西被日军烧毁的村庄就达370多处，被杀害的群众达260多人；绥中、绥南被烧毁的村庄各有700多处[①]。日、伪军同时对大青山地区进行经济封锁，妄图割断八路军与群众之间的联系，把八路军困死、饿死或赶出大青山。土默特旗塔布、善岱、里素、三两等村蒙古族群众，听说八路军缺粮挨饿，多次冒着生命危险，越过敌人封锁线，把自己储存的粮食背到山里送给八路军。武川县大滩三区的群众主动为大青山骑兵支队和区政府储存军粮和军用物品，日军反复进村搜粮寻物，均一无所获。武川县农民白生宝听说八路军由于没有石磨，只能吃整粒粮食时，便组织起5位村民背着300多斤重的石磨，走过20多里山路，把石磨送到八路军后勤供应点骆驼场。

八路军大青山部队虽然远离后方，但是紧紧依靠各族群众，有效解决了困难。绥蒙地区的各族人民群众在抗战中表现出团结一致、勇敢顽强和不怕牺牲的崇高精神，为八路军坚持抗日斗争提供了巨大的支持，生动体现了军民鱼水之情，充分印证了“兵民是胜利之本”。

---

① 参见内蒙古党委党史研究室、《大青山抗日斗争史》编写组编：《大青山抗日斗争史》，人民出版社2009年版，第95页。

四、粉碎日军“扫荡”“清剿”和坚持根据地斗争

抗日游击根据地面临的严峻形势

1941年12月8日，太平洋战争爆发。国际形势急剧变化，中国抗日战争的形势也发生了重大变化。日本侵略者企图把中国变成其进行太平洋战争的后方基地，决意加紧对华作战。日本陆军集中主要兵力于中国战场，尤其是加紧对中国共产党领导的华北各抗日根据地和游击区进行大规模“扫荡”“蚕食”和封锁，实行惨无人道的“三光”政策，妄图彻底消灭抗日力量。国民党顽固派继续加紧反共磨擦。中国人民抗日战争进入了极端困难时期。

在此背景下，日本侵略者对大青山抗日游击根据地实行严密的经济封锁和频繁的军事“扫荡”，企图彻底摧毁大青山抗日游击根据地，消灭八路军大青山骑兵支队。日、伪军在大青山和蛮汗山周围修筑了几十条公路和100多个据点，分兵驻守。在进出大青山的18道沟口和蛮汗山的主要沟口，修造了“封锁沟”和“封锁墙”，以断绝通往根据地的交通。日本侵略者对根据地实行分区隔离政策，把各分隔地区围困起来，在分界处安置敌伪军驻防、巡逻。为了断绝群众与八路军接触，日本侵略者大规模烧毁村庄、强行并村，屠杀靠近八路军的群众和伪政权人员。

1941年5月至10月，日、伪军对驻扎在绥西的八路军党政机关袭击达五六次，在内蒙古西部地区发动“扫荡”10余次。进入1942年，日本侵略者再次对大青山抗日游击根据地进行了大“扫荡”，推行以“施政跃进运动”为中心的“总体战”，从军事、政治、经济、思想文化上全面展开进攻。

在军事上，日、伪军调集大批机械化部队，对大青山抗日游击根据地进行频繁“扫荡”。1942年1月上旬至中旬出动700余人，4月20日

出动 500 余人，先后“扫荡”绥西游击区。1 月下旬至 2 月上旬出动千余人，3 月中旬再次出动千余人，先后“扫荡”绥南游击区。5 月 20 日又出动 2000 余人，两次向八路军绥南骑兵第一团驻地财神梁等处进攻。4 月中旬至下旬出动 2000 余人，5 月中旬至下旬再次出动 2000 余人，6 月下旬出动 900 余人，连续“扫荡”绥中游击区，大青山的军事斗争出现了严重的困难局面。

在政治上，日本侵略者对大青山抗日游击根据地实行以“囚笼政策”为重点的“施政跃进运动”。日、伪军沿大青山麓制造了许多“无人区”，加强对伪乡公所、村公所、保甲等基层伪政权的控制，搜罗大批反动地主、地痞流氓等掌握基层伪政权的势力，削弱抗日力量。组织青年“灭共队”，强迫群众组织伪保甲团，在铁路及公路两旁村庄推行“爱路村”，加强对农村的控制。在较大村庄增设据点，用由点而线、由线而面的方法对游击区逐渐分割“蚕食”。日军还加强对伪军的控制，派出日本特务和军事人员到各路伪军中担任指导官，直接指挥伪军作战。

在经济上，日本侵略者一方面加紧对占领区重要经济资源的掠夺，另一方面极力对游击区进行经济封锁，采取一切办法断绝抗日根据地物资来源，企图通过长期封锁围困，消灭大青山抗日力量。同时，日本侵略者为了补充侵略战争的巨大消耗，更加残酷地搜刮大青山地区人民。据 1941 年绥察行政公署调查，日、伪军向民间征收税种竟达数十种，武川县二区六合乡向日、伪军交纳的各种税款人均高达 70 多元（“蒙疆”币）。人民生活一贫如洗，饿死的人不计其数。由于日、伪军的频繁“扫荡”和经济封锁，大青山抗日游击根据地军需给养十分困难，指战员经常是吃了上顿没有下顿，衣服不能按季节更换。

在思想文化方面，日本侵略者极力加强欺骗宣传和奴化教育。在绥察地区实行所谓“兴亚思想战”，通过讲演、电影、图片、宣传画、广播、戏曲及报纸，大肆进行“亲日防共”“日蒙亲善”“经济提携”“完成大东亚圣战”等欺骗宣传。通过各种伪组织并利用会道门宣传封建迷信，散布黄色毒素，进行精神毒害，企图消磨各族群众的抗日意志。

开展反“扫荡”斗争

为应对日军在大青山地区的残酷军事“扫荡”，中共中央和中共晋西区委、中共晋绥分局作出了一系列重要指示。1941 年秋，姚喆回到晋西北和延安汇报工作，中共中央书记处在听取大青山抗日游击根据地的情况汇报后，于 8 月 9 日作出《关于大青山工作方针的指示》，提出大青山游击区战略意义甚大，要“求得长期生存”“应保持大青山为游击区”①。1942 年 2 月 5 日，中共晋西区委作出《关于绥远工作的指示》，提出了在困难时期继续坚持游击战争的方针、政策和具体部署，并指出：“今天绥远工作的总方针不在于建立巩固的根据地，不在于组织数量庞大的党与骑兵，而在于坚持游击战争，坚决执行隐蔽政策，积蓄力量，以备将来”②。中共中央根据大青山环境恶劣、干部牺牲较多的实际，又一次从延安抽调 200 多名干部支援大青山，大青山抗日力量得到及时补充。

根据中共中央和中共晋西区委指示，大青山各级党组织总结了以往斗争经验教训，一方面加强抗日队伍自身建设，一方面在对敌斗争的方针、策略、方式方法上作了一系列转变，使抗日队伍不断适应新的形势。在斗争策略上，很好地执行了隐蔽的对敌斗争政策。为了避免群众斗争遭受不必要的损失，根据地党组织把公开组织农民救国会、青年救国会、妇女救国会等抗日团体的斗争方式，改为利用合法形式开展合法斗争的方式。党继续派遣蒙古族干部深入伪蒙古军和伪政府中进行隐蔽工作。在武装斗争方面，鉴于敌我兵力悬殊，采取灵活机动的战略战术，避实就虚，巧妙周旋，达到保存力量和牵制敌人兵力的目的。

至 1942 年夏，由于敌人的频繁军事“扫荡”和经济封锁，大青山骑兵支队出现大量战斗和非战斗减员，仅剩 1000 余人，地方游击队也大量减员，根据地进一步缩小。但是，大青山骑兵支队在各族人民的大力

---

① 《中共中央书记处关于大青山工作方针的指示》（1941 年 8 月 9 日），中共中央文献研究室、中央档案馆编：《建党以来重要文献选编》（一九二一——一九四九）第 18 册，中央文献出版社 2011 年版，第 549 页。

② 《中共晋西区委关于绥远工作的指示》（1942 年 2 月 5 日），中共内蒙古自治区委员会党史资料征集研究委员会、中国人民解放军档案馆、内蒙古自治区档案馆编：《大青山抗日游击根据地资料选编》上册，内蒙古人民出版社 1986 年版，第 25 页。

支持下，通过开展反“扫荡”、反封锁斗争坚持了下来，粉碎了敌人消灭大青山抗日力量的阴谋。

1942 年 7 月，日本侵略者对大青山地区发动空前规模的大“扫荡”。7 月 18 日至 21 日，日本的中国派遣军总司令畑俊六连续视察了张家口、包头、归绥和大同，进行作战部署。7 月 25 日，日本驻蒙军出动一个机械化师团和一个骑兵联队，以及驻绥远、晋北伪军，总兵力近 3 万人，分五路对大青山绥中游击区进行“铁壁合围”，封锁了绥中游击区周围所有的交通出口，建立了 99 个临时据点和哨所，妄图一举围歼大青山党政军领导机关和骑兵第二团。

在紧要关头，晋绥军区就如何对付敌人“扫荡”作出了重要指示，要求大青山骑兵支队在留一部分部队和群众武装坚持绥中游击战的同时，骑兵支队司令部迅速向山西右玉转移。在绥中大滩、聚宝庄等地活动的大青山骑兵支队司令部、绥察行政公署机关、骑兵第二团和中共绥中地委、专署及武川县、陶林县政府和游击队，与敌人展开了周旋并准备伺机突围。为了缩小目标，保存实力，政治部主任张达志率领骑兵支队直属机关和骑兵第二团 700 多人，由绥察行政公署副主任苏谦益率领绥察行政公署机关和武川县、陶林县政府工作人员与游击队 300 多人，分头突围，向绥南蛮汗山转移。留下部分人地皆熟的工作人员和游击队员化装成老百姓，在绥中继续坚持隐蔽斗争。骑兵支队主力在张达志的带领下，在绥中银矿山等地与日、伪军周旋八个昼夜后，在骑兵第二团的掩护下，于 1942 年 8 月 2 日夜越过平绥铁路，从旗下营以西突围后到达绥南蛮汗山区。绥察行政公署机关和绥中专署机关在游击队的掩护下，找到一部分被冲散的县、区政府工作人员，于 8 月 4 日夜突破敌人封锁线，也转移到绥南游击区。8 月 7 日，突围部队与骑兵第一团、第二团在抢盘山胜利会合，敌人企图包围消灭八路军党政机关和绥中部队的计划破产。

日军在“扫荡”中实行了惨绝人寰的“三光”政策，使许多村庄成为“无人区”。同时，日伪特务和汉奸大肆搜捕中国共产党地下工作人员，破坏基层抗日组织，构筑新据点，绥中地下工作和群众生命财产遭受严重损失。驻守绥东据点的日、伪军也向绥东游击队和地方政权进行大

"扫荡"。绥东游击队和地方工作人员坚持了两个月后，撤到蛮汗山与八路军骑兵第二团会合。

当敌人发现绥中八路军骑兵支队和骑兵第二团向绥南转移后，立即组织兵力围追堵截。1942年8月17日，日军从旗下营到丰镇沿线据点抽调兵力3000余人，从绥南、雁北各据点出动兵力1000余人，分七路向绥南游击区"扫荡"。敌人以重兵控制杀虎口至和林格尔新店子一线，以南面阻击和北线穷追的战术南北夹击，妄图一举消灭八路军主力。绥中八路军骑兵支队和骑兵第一团、第二团与绥中游击队在蛮汗山会合后，开始在绥南统一行动，张达志、邹凤山等率领骑兵主力在和林格尔卧牛山设伏重创敌人。日军随后继续向绥南增兵，八路军则采取灵活机动的战术与敌人周旋。8月15日，日军又从绥中向绥南增兵。数千日、伪军分路出动尾追八路军，八路军领导机关和主力部队向雁北右玉山区和晋西北偏关方向转移，伺机回师绥南、绥中。8月30日，绥察行政公署机关和地方游击队近300人抵达偏关，大青山骑兵支队司令部和骑兵第二团也突破敌人防线，陆续撤到偏关、右玉等地。骑兵第一团在绥南坚持战斗一个多月后也于10月撤到偏关。9月2日，"扫荡"绥中的日军主力陆续撤回，绥中秋季大"扫荡"基本结束。日军欲在绥南地区消灭八路军大青山军政机关和骑兵支队主力的计划又遭失败。

1942年10月，日、伪军不甘心绥中、绥南"扫荡"失败，从大同至包头各城镇据点全线出动，以步兵、骑兵为主，空军、炮兵、工兵、通信兵、辎重兵配合，扑向绥西游击根据地。10月15日，日、伪军6000余人突然包围封锁了大青山各山口要道，对井儿沟、德胜沟、官沟子、西梁、大庙酒馆、万家沟、白石头沟、一前晌等地进行大规模"篦梳式清剿"。所到之处，实行"三光"政策。日、伪军到前野马兔、后野马兔、北留兔三个小村"扫荡"时，把50多间房屋全部烧毁，将500多头牲畜全部赶走，将已收割的庄稼烧成灰烬，小坝上村除一名牛倌在僻静处放牧得以幸免，全村200多人全被残杀。面对敌人的疯狂"扫荡"，姚喆率领部队与敌人激战6次，之后各部队化整为零、分散转移。敌人对绥西的"扫荡"持续一个月，于11月14日结束。

坚持隐蔽斗争

日、伪军大“扫荡”后，绥远地区形势进一步恶化，敌我力量悬殊。在环境十分险恶的情况下，要长期坚持大青山抗日游击战争，必须进一步贯彻隐蔽斗争的总方针。隐蔽斗争成为这一时期大青山抗日游击根据地对敌斗争的主要形式之一。1942 年 8 月，大青山抗日游击根据地领导机关和骑兵支队主力转移到晋西北偏关和雁北地区。同月，中共中央晋绥分局和晋绥军区正式成立，偏关成为领导绥远敌占区抗日斗争的指挥中心和后方基地。

1942 年 10 月 24 日，中共中央晋绥分局决定中共绥察边区委员会与雁北地委合并成立中共塞北区工作委员会。中共塞北区工委机关驻偏关，统一领导绥远和雁北地区的党政军民抗日斗争，直接受中共中央晋绥分局领导。高克林任工委书记，胡全任副书记，白成铭任组织部部长，苏谦益任宣传部部长，曹振之任城工部部长。中共塞北区工委在极其艰苦困难的条件下，实行了中国共产党的一元化领导，开展了精兵简政、整风运动和大生产运动，从组织上、思想上、物质上为克服敌后根据地严重困难、领导绥远敌占区工作、坚持大青山抗日游击根据地斗争发挥了极其重要的作用。中共塞北区工委下设中共绥西地委、中共绥南地委、中共雁北地委和中共朔县中心县委，进一步统一和加强了对绥远敌占区和雁北工作的领导，把大青山抗日游击根据地与后方紧密连接起来，坚持了大青山的抗日斗争。

在大青山地区，姚喆、白成铭等带领骑兵第三团、教导队、司令部直属两个连、绥西地委、专署及所属游击队在绥西坚持斗争。中共绥南地委、专署和绥中部分党政干部及游击队就地坚持隐蔽斗争。1943 年，大青山抗日游击根据地进入最困难时期，根据地党政军人员常常无米下锅、无房可住。没有粮食时，只能挖野菜、剥树皮、摘野果充饥。由于缺乏营养，许多战士手、脚、脸浮肿，有的得了夜盲症。由于药物奇缺，医疗条件极差，战士们受了伤，只能用盐水和高锰酸钾水清洗，得了病或被毒虫叮咬，也只能用土办法医治。大青山地区形势虽然严峻，但留下来的干部战士们以顽强的毅力克服困难，始终坚持战斗在抗日斗争最前线。

中共绥西地委、绥西专署负责人杨叶澎、靳崇智和各县、区政府的王威、郝秀山、奇峻山、曹文玉等在万家沟、井儿沟、一前晌、九峰山一带继续坚持游击战争，配合八路军塞北军分区第三团打击汉奸特务，孤立大庙酒馆等据点的敌人，争取伪军，征集粮草物资并不断截获敌人军需物品。根据斗争需要，绥西专署与第三团团部合并，各县、区政府与游击队合并，专署干部只保留3人，实行精兵简政。游击队尽力保护群众，组织群众发展生产，为度过最艰苦的岁月不懈努力。1943年3月2日，塞北军分区派第三团政委姜文华带一个连和部分干部，携带电台到达绥西，重新建立了大青山与晋西北的联系。3月13日，姚喆带教导大队和部分干部由绥西出发回到晋西北，在绥南与塞北军分区第一团会合抵达偏关。塞北军分区第三团在绥西继续坚持对敌斗争，并恢复了绥中工作。晋绥分局决定由白成铭兼任塞北军分区第三团政委，与蔡久、姜文华、杨叶澎、靳崇智等一起继续领导绥西工作。

1942年日、伪军秋季大“扫荡”前后，绥西地区武归县一、二区就已开始隐蔽的抗日活动。武归县抗日民主政府蒙政科科长兼一区区长奇峻山带领一支区游击小队，以大青山南麓的乌素图村和霍寨村为立脚点向平川开展工作，在归绥城郊周围的攸攸板、孔家营、刀刀板等村庄征集粮食、军鞋，分化瓦解伪靖乡青年队，甚至将伪靖乡青年队改组成民兵，处决罪大恶极的特务，为游击队、武工队活动创造了条件，使归绥西北郊隐蔽斗争得以坚持下来。由范建国、孙库带领的武川一、二联区游击队在大阴山、淖尔梁、马鬃山一带坚持斗争。

1942年12月14日，中共塞北区工委和绥察行政公署为恢复绥中工作，从偏关派绥中专员程仲一和武川县县长李康、陶林县县长宋克缵带领游击队员200多人重返绥中。但因敌我力量悬殊，日、伪宪警特务活动频繁，游击队在绥中活动几天后遭敌伏击，李康牺牲，程仲一集合人员撤回偏关。1943年，中共塞北区工委调程仲一任绥南专员，宋克缵任归凉县县长，依托绥南蛮汗山，逐步恢复绥中工作。3月底4月初，塞北军分区第三团派骑兵连和两个工作组，由连长常继生率领从绥西进入绥中，配合原归武地区游击队和隐蔽的工作人员，在归绥东北杨圪齐附近伏击伪军30余人。工作组随即在南平川一些村子恢复了工作。绥中旗下营一带，高凤来率领一支20多人的游击队坚持斗争。夏天，中共塞北区工委再派原绥中专署建设科科长任建斌到绥中地区开展工作，在归绥城东大青山南麓保尔合少、大窑子、奎素、野马兔一带做群众工作，并与李容玉、高凤来等领导的游击队取得了联系。9月，上级任命任建斌为归武县县长，继续坚持绥中抗日斗争。

绥南蛮汗山地区是连接大青山和晋西北根据地的交通枢纽，也是八路军以偏关、雁北为依托，恢复和发展大青山抗日游击根据地的必经之地。1942年秋季大"扫荡"之后，日军在绥南集中兵力，企图把绥南完全变为隔绝地带，隔断大青山、蛮汗山与晋西北的联系。1943年1月2日，日军500多人和伪军骑兵500多人又对蛮汗山地区进行"扫荡"。驻富生和、崞县窑子等几个据点的伪防共一师，攻击八路军县、区游击队，搜捕八路军工作人员，建立了许多情报组织。4月8日，中共绥南地委书记崔岩带领归凉县县长原民等十几人路经旭泥坝时，被伪防共一师包围，崔岩等人在战斗中牺牲，原民等也在被俘后遇难。

在严峻的形势面前，中共绥南地委、专署在程仲一、张云峰等的领导下，为了扭转危局，决定整顿内部，淘汰不纯分子，坚定群众抗战必胜信心。归凉县县长宋克缵带领县游击队对伪军政人员采取政治上分化、军事上打击等措施，瓦解敌人力量，创造了活动条件。北四区张追光、冯铭等与陶卜齐伪警察队建立秘密联系，当日军有所行动时，伪警察队就把情报送到游击队。归凉县游击队及北四区、一区、五区游击队在艰苦的对敌斗争中，以隐蔽为原则，以保存力量为前提，在敌人上山搜索时就下川活动，敌人下川"清乡"时游击队又上山隐蔽，使敌人疲于奔命。归凉县政府依靠群众建立秘密游击小组，除奸、送情报，协助游击队活动。县游击队在群众的帮助下逮捕并镇压了一些顽固反共的特务汉奸，粉碎了伪防共一师凉城保安大队的"围剿"。为了适应斗争需要，中共塞北区工委决定设立绥南工委，张云峰任书记，肖黎、侯作桂、安正福、石生荣为委员，开展隐蔽斗争，团结教育群众，积极争取伪军，孤立打击日本侵略者。由张云峰、冀文广、肖黎等领导的游击队在托和清、丰凉地区坚持武装斗争，依靠群众，争取伪军，孤立打击日军和死心塌地的汉奸。1943 年冬，中共塞北区工委开辟从山西偏关到右玉、平鲁、和林格尔、清水河、凉城一带的秘密交通线，支援了绥南抗日斗争。在绥南残酷的对敌斗争中，许多中华民族优秀儿女献出了生命。中共绥南地委书记崔岩、张云峰，绥南专员程仲一，武川县县长李康，归凉县县长原民、县委副书记赵效敏，骑兵连连长常继生等先后英勇牺牲。绥察行政公署五连在北上大青山途经归凉县时，在山神庙沟遭日军袭击，连长薛占海、指导员魏志中及 13 名战士在战斗中英勇牺牲。绥南工作人员和游击队在极为艰苦的环境中英勇斗争，坚持游击战争，度过了最困难的时期。

1942 年日军秋季大“扫荡”之后，大青山地区抗日队伍由于正确执行隐蔽斗争的方针，不仅保存了力量，而且坚持了斗争，持续打击了日、伪军势力，牵制了敌人大批兵力，坚定了各族群众的抗日信心，为大青山抗日游击根据地的恢复和进一步发展创造了条件。

第十一章
内蒙古各地抗日斗争的广泛开展

全国抗战时期，中国共产党在开辟大青山抗日游击根据地，领导大青山抗日游击根据地进行抗日武装斗争的同时，还在绥蒙其他地区、伊克昭盟、河套、呼伦贝尔、热河等地区积极发动各族人民，开展了多种形式的抗日斗争。这些地区抗日斗争的广泛开展坚定了人民群众的抗日信心，给日本侵略者以沉重打击。

一、绥蒙其他地区的抗日斗争

开展抗日救亡活动

1937年7月底，绥远民先队、牺盟会、妇女会、绥远学联等抗日救亡团体联合组织发起绥远民众抗日救亡会，推选杨植霖、武达平、章叶频等人为理事，发动和组织群众开展多种形式的抗日救亡活动。中国共产党派周小舟、潘纪文等先后到绥远开展抗日工作，潘纪文、杨植霖、王一然、武达平等共产党员在国民党军第七集团军政训处组织训练队，积极培养抗日骨干。1937年9月，王一然、武达平、章叶频、狄敏达等人创办《绥远抗战日报》，揭露日本侵略者的罪行，宣传党的《抗日救国十大纲领》，及时报道平型关大捷消息，激励绥远民众团结抗战。

1937年秋，日本侵略者侵占归绥，国民党军政官僚及部队纷纷溃逃。面对国土沦丧、民族危亡，共产党人毅然进行了抗日武装斗争。在绥远地区坚持抗日地下斗争的共产党员杨植霖、贾力更、刘洪雄、高凤英等，在归绥城附近农村发动农民群众和名言小学部分学生开展抗日活动。杨植霖打入绥远民众抗日自卫军政治处，从事抗日宣传活动。刘洪雄在托克托县伪蒙古军中进行了策反工作。贾力更、奎璧等共产党员也积极发动群众，开展各种地下抗日武装斗争。贾力更在土默特旗召集勇夫、奎璧、赵诚、李森等人建立党小组、组织农村抗日救国会，开展对日、伪军的斗争。1938年秋，贾力更带领爆破小组前往大同，化装进入日军卧虎湾军火库，成功将其炸毁。

1937年9月，贺龙、关向应率八路军第一二〇师东渡黄河，挺进山西抗日前线，开辟晋西北抗日根据地。第一二〇师宋时轮支队、第三五八旅、孙超群和张达志领导的警备第六团以及刘华香、胡一新率领的雁北独立军第六支队先后活动于山西雁北地区，并时常进入绥远东南部的清水河、凉城、丰镇、和林格尔等地，在绥远敌占区扩大了共产党和八路军的影响，建立了大同、丰镇、凉城、左云、右玉中心县动委会和以凉城县马头山为中心的大同、丰镇、凉城、左云、右玉抗日民主政权。

1937年10月，中共中央北方局派张学年、胡一新、石青山等建立了中共清水河县委和县动委会，开展抗日活动。同年12月31日，宋时轮支队攻克了清水河以北的杨林子日、伪军据点。八路军警备第六团和雁北独立第六支队跨越长城进入绥东南地区，在厂汗营、脑包村、杀虎口、红砂坝等地多次打击日、伪军。1938年2月，第六支队在杀虎口战斗中歼灭日、伪军200多人，支队政委胡一新英勇牺牲。1938年冬，中共丰镇、凉城、大同、左云、右玉中心县委书记陈一华在丰镇地区壮烈牺牲。大青山抗日游击根据地建立后，警备第六团和雁北独立第六支队在长城内外多次配合大青山八路军作战，为巩固大青山抗日游击根据地作出了贡献。

抗日团的武装斗争

绥远沦陷后，杨植霖随绥远民众抗日自卫军总部退到伊克昭盟，转赴晋西北五寨向贺龙、关向应作工作汇报。1937年11月下旬，杨植霖接受指示后返回绥远，再次从事争取绥远民众抗日自卫军工作。争取工作失败后，杨植霖决定组建抗日武装。1938年，杨植霖在家乡动员农民，组织起十几人的抗日游击队，后来发展到近百人，但这支队伍人员成分复杂，大部分后来投靠了伪蒙古军。

1938年5月，经杨植霖动员争取，土默特旗兵州亥村大户张有聚带20余人与杨植霖抗日游击队合并，公开打出抗日团旗号，张有聚任团长，杨植霖任参谋长并负责与八路军的联络，高凤英负责情报与军需工作。这次组织起来的队伍一开始就按八路军的编制、规章纪律等要求整训，迅速成长为一支真正的抗日队伍。

抗日团以大青山为依托，依靠各族人民开展抗日武装斗争，在斗争中发展成为100多人的骑兵部队，成为绥远敌占区一支不可忽视的抗日力量。抗日团在旗下营附近伏击敌人的火车，在归（绥）武（川）公路上袭击敌人的汽车，在归绥城北坝口子村袭击伪警察所，袭击日军公主府军营，鼓舞了归绥城群众的士气。

1938年10月初，抗日团与八路军大青山支队在绥中面铺窑子会师后改称绥蒙游击大队，张有聚任大队长，杨植霖任政委，长征老红军李运洪任副大队长，全队180多人，直接受大青山支队领导，成为八路军的正规抗日武装。不久，大青山支队开辟了绥西、绥东和绥南三个游击区。绥蒙游击大队在绥西配合主力部队行动，并参加了反“扫荡”战斗。

抗日团作为党领导下的群众抗日武装，虽然队伍规模不大，但它的组建和发展，表明中国共产党“蒙汉联合、共同抗日”的主张在绥远敌占区得到了各族人民的拥护，同时显示出绥远地区群众的抗日救亡运动开始向中国共产党领导的武装抗日斗争靠拢。蒙汉抗日武装的建立和八路军在绥东南一带的活动不仅坚定了绥远敌占区人民抗日的信心，而且为大青山抗日游击根据地建立创造了条件。

二、在伊克昭盟地区开展游击战争

壮大抗日力量

伊克昭盟地区战略地位重要，是连接陕甘宁边区与大青山、晋西北抗日根据地的重要通道，也是阻止日本侵略者西进南下的屏障。

1937 年 10 月，日本侵略者占领归绥和包头后，军事、政治“双管齐下”，企图吞并伊克昭盟。11 月，伊克昭盟达拉特旗保安司令森盖麟沁投敌，日军侵占了准格尔旗黄河以北地区和达拉特旗部分地区。随后，日、伪军又进驻杭锦旗王府，在鄂托克旗阿拉庙一带修建飞机场，企图长期占据伊克昭盟。1938 年 3 月 21 日，日本侵略者控制的“蒙古联盟自治政府”在包头设立所谓的“伊克昭盟公署”，任命伊克昭盟原副盟长阿拉坦鄂齐尔为伪代理盟长，向伊克昭盟展开政治攻势。当时许多蒙古族上层人士处于动摇状态，进驻伊克昭盟的国民党军队消极抗日、积极反共，采取民族压迫政策，影响了伊克昭盟抗日的大局。在紧要关头，为了保卫伊克昭盟、保卫陕甘宁边区，中国共产党担起了领导伊克昭盟抗日斗争的责任。

按照中共中央、毛泽东指示，1938 年 5 月，八路军警备骑兵第一团和中共绥蒙工委一道开赴位于伊克昭盟腹地的桃力民地区。6 月，中共绥蒙工委与八路军绥蒙游击司令部进驻桃力民，稳定了伊克昭盟的抗日局面。中共绥蒙工委对外称八路军绥蒙游击司令部政治部，骑兵团对外称八路军绥蒙游击司令部，孔令甫任司令员，白如冰任政委。在中共绥蒙工委领导下，中共桃力民工委和河套特委成立，白成铭任桃力民工委书记，刘瑞森任河套特委书记。中共绥蒙工委在伊克昭盟的乌审、鄂托克、杭锦、札萨克、郡王、准格尔、达拉特各旗和东胜县都发展建立了党的组织并开展了工作。不久，中共绥蒙工委又在桃力民成立了伊克昭盟战地动员委员会①,作为中国共产党领导下的统一战线半政权性质的群众组织,团结争取各阶层人士抗日。战地动员委员会组织宣传队编印《绥蒙抗战报》,并大量印发蒙汉两种文字的毛泽东代表中华苏维埃中央政府发表的《对内蒙古人民的宣言》,广泛宣传中国共产党团结抗日的主张。

在开展抗日宣传的同时,中共绥蒙工委组织农牧民及各界群众成立农救会、青救会、妇救会等组织,同时开展对地方上层和友军的统战工作,派王浩等到爱国进步人士荣祥任司令的郡王旗蒙古抗日游击军第三军区任连长,与准格尔旗保安队达成了互不侵犯并向八路军提供交通便利的协议,与乌审旗地方武装营长那素滴勒盖建立了统一战线关系。工委和骑兵团积极扩大抗日武装,并争取与国民党驻军和蒙旗地方武装联合抗日。针对当地蒙古族群众受国民党军队欺凌并被赶入乌拉山的境况,八路军多次与国民党驻军谈判,使其同意蒙古族群众下山归乡,重建家园。中国共产党的政策影响和八路军的拥民行动逐渐深入人心,各族群众的抗日积极性日渐高涨。

1938 年秋,中共绥蒙工委派于占彪带领八路军在包头以西组建中滩游击队,发展到百余人,开辟了中滩抗日游击区。中滩游击队与八路军大青山支队取得联系,并同傅作义部建立统一战线,解决了部队的物资短缺问题。日军进犯河套时,中滩游击队配合国民党军门炳岳骑七师阻敌数日。此后,中滩游击队奉命撤到桃力民地区。

1938 年 11 月,中共中央决定成立伊盟工委,对外称八路军后方留守兵团驻伊克昭盟联络参谋处,以八路军警备骑兵第一团活动区域为中心,领导伊克昭盟地区的抗日斗争。伊盟工委由陕甘宁边区党委领导,同时与绥远省委保持密切联系。中共中央还决定,骑兵第一团暂调三边地区训练整顿,伊盟工委书记赵通儒以八路军后方留守处上校联络参谋名义,继续在桃力民地区开展工作。伊盟工委随后组建了中共包头县委、准格尔旗工作团、达拉特旗区委,争取与国民党驻军以及蒙旗部队联合抗日。1939 年,八路军骑兵第三营成立,下设 3 个连,其中第三

① 亦称抗敌后援会。

连由中滩游击队编组而成。

新三师的建立和发展

中国共产党对蒙旗独立混成旅这支抗日武装极为关注。1938年5月,毛泽东通过神木边区党组织电报通知乌兰夫去延安汇报工作,蒙旗独立混成旅旅长白海峰受邀去延安与毛泽东会面。乌兰夫汇报了蒙旗独立混成旅部队建设情况,白海峰介绍了国民政府答应将蒙旗独立混成旅扩编为师级建制的情况。毛泽东听取汇报后作出指示,要求利用国共合作的机会,争取国民党的供给,设法扩大队伍,回到伊克昭盟去开展斗争,以抗日的模范行动,影响带动各族群众,团结争取蒙古族上层和宗教上层一道抗日。1938年6月,中共中央决定在蒙旗独立混成旅成立军政委员会,白海峰总负责,乌兰夫为政治委员,纪松龄为军事委员,从组织上加强了对部队的领导。1938年秋,蒙旗独立混成旅奉命进驻伊克昭盟郡王旗和杭锦旗一带。

1939年夏,国民政府军政部下令,蒙旗独立混成旅扩编为国民革命军新编陆军第三师(简称新三师),划归第八战区指挥,白海峰任师长,乌兰夫任政治部代理主任,中共党员纪松龄等任各团和各部门负责人。按照中共中央的指示,新三师党务委员会的领导方式由半公开转变为"秘密存在",仍旧是领导新三师的核心力量。为了协调配合开展地方工作,新三师党委归中共伊盟工委领导,乌兰夫[①]兼任伊盟工委委员。

新三师这支属于国民党编制的武装力量由中共西蒙工委帮助组建,在中国共产党的影响和领导下逐步发展。部队中师有政治部,团有政治处,连有指导员。新三师党委在部队中加强政治思想工作,宣传党的《抗日救国十大纲领》《八一宣言》《告全国同胞书》等重要文件精神,组织红军长征报告会,进行革命传统教育。按照八路军的建军宗旨,严格部队的组织纪律,尊重当地民族的风俗习惯,抽调政工干部到当地农牧民中宣传党的抗战政策、民族政策。乌兰夫三访郡王旗札萨克图布什吉尔格勒(图王),帮助地方组建抗日武工队,动员各民族各阶层人士和

① 乌兰夫在新三师期间曾用名云时雨。

贫苦农牧民踊跃加入抗日行列。新三师党委在赤老图沟举办了抗日军政干部培训班，培养了一批干部，并将其充实到部队，提高了官兵素质和部队战斗力；派出政工人员配合中共伊盟工委和八路军骑兵第三营在桃力民一带进行抗日救国宣传，开展群众工作。

为阻击日军南犯，新三师两次奉命开赴达拉特旗河防地区与日、伪军作战，痛击南犯之敌。1940 年，新三师攻打盘踞在达拉特旗新民堡、张来顺营子的日、伪军，打破了敌人南进的企图。1941 年初，新三师配合傅作义部拔掉了日军盘踞 3 年的柴磴据点，打掉了日军进犯伊克昭盟的前进基地。新三师在伊克昭盟驻防期间，与国民党部队配合，和驻桃力民的八路军骑兵团一道，多次击退日、伪军对伊克昭盟的进犯，保卫了伊克昭盟和陕甘宁边区北部的安全。

随着新三师在伊克昭盟地区的影响越来越大，国民党开始着手控制和瓦解这支蒙古族抗日武装。1940 年至 1941 年间，国民党几次下令调该部去甘肃靖远县整训。按照中共中央指示，乌兰夫、克力更①、寒峰②等已公开身份的中共党员撤离新三师回到延安。新三师被迫调防甘肃后，失去了与党组织的联系。国民党对新三师进行了数次改编，“清洗”共产党员，派进大批特务，留在队伍中的党的骨干分子继续开展革命活动。

在中国共产党的领导下，伊克昭盟地区的抗日力量开展了广泛的游击战争，保卫了伊克昭盟和陕甘宁边区，培养了大批革命干部，促进了各民族的团结，为抗战的胜利作出了很大贡献。

---

① 克力更（1916—2012），蒙古族，今内蒙古自治区包头市土默特右旗人。1937 年加入中国共产党。中华人民共和国成立后，曾任内蒙古自治区党委常委、内蒙古自治区人大常委会副主任等职，是第五届全国政协常委、第六届全国政协委员。

② 寒峰（1915—2004），蒙古族，今内蒙古自治区呼和浩特市土默特左旗人。1939 年加入中国共产党。中华人民共和国成立后，曾任中共内蒙古自治区纪律检查委员会书记、内蒙古自治区人大常委会副主任等职。

三、在河套地区创建抗日武装

成立抗日民族先锋队

1937年10月日军侵占归绥和包头后，按照中共绥远省工作委员会的部署，以白乙化为书记的中共垦区工委决定领导垦民暴动，在河套地区组织抗日武装。10月19日，垦区工委组织20多名共产党员，在王志成等带领下袭击了垦区办事处警卫股，缴获了一批枪支弹药。暴动胜利后，垦区工委召开了垦区群众大会，王志成代表垦区工委号召广大垦民团结在中国共产党周围，为巩固和发展抗日武装而斗争。10月20日，赴太原向中共中央北方局请示工作的李衡和北方局派往绥远工作的王德等回到垦区，带领垦区队伍开赴五原，不久又返回垦区，开展队伍训练工作。为了保存这支革命力量，并争取由绥包退至河套地区的马占山东北挺进军共同抗日，白乙化通过隐蔽在挺进军中的中共党员李又闻、邹大鹏的关系，将队伍编入东北挺进军。11月，由垦区暴动队伍组建的抗日民族先锋队正式成立，这是中国共产党在河套地区创建领导的第一支抗日武装。先锋队总队长为白乙化，下设4个中队，共100多人。11月底，先锋队作为东北挺进军的先头部队，经伊克昭盟南渡黄河，于1938年1月到达山西河曲，与马占山部脱离了关系，编入八路军第一二〇师，开赴抗日前线。

开展统一战线工作

日军占领归绥和包头后，傅作义部国民兵副司令李大超率部自包头撤到河套陕坝。中共绥远省工作委员会决定借此机会，加强对国民兵的统战工作。李衡、刘景平、杜如薪等一批共产党员在国民兵司令部政训处任职，在国民兵中建立了政治工作体系，广泛开展抗日救国教育和统一战线工作，发展党的力量，在军队和地方培养了一批骨干，并向延安选送了一批进步青年。

1937年冬，中共临河支部重新建立，开始在青年学生和教育界人士中发展党员，吸收青年知识分子李贵、侯野烽等加入党组织。侯野烽还担任临河民众教育馆馆长，向进步人士开展抗日宣传。中共临河支部成立了抗敌后援会，并把国民党县政府机关报《临河公报》改为《临河日报》，宣传抗日救国主张。1938年春，中共临河支部在临河民众教育馆成立学友会，联络知识分子和进步青年，大力开展抗日宣传。到1938年四五月间，河套许多城镇、乡村和部队、垦区先后建立或恢复了中共党组织，开展了各种形式的团结抗日活动。

1938年5月中共河套特委成立后，接续中共绥西工委的工作，在东至扒子补隆、西到磴口、南靠黄河、北依狼山的整个河套地区积极发展党的组织，开展了广泛多样的团结抗战、抗日救亡活动，使河套地区革命活动同大青山、伊克昭盟、陕甘宁边区斗争遥相呼应。

中共河套特委根据党的抗日民族统一战线方针，开展了对傅作义部队的统战工作。1939年初，傅作义率部进驻河套地区。在傅部工作的共产党员协助傅作义在第三十五军初步建立了政治工作机构，广泛宣传党的抗日民族统一战线政策，提高了官兵的思想觉悟，激发了全军将士的抗日热情。

绥远省战地动员委员会在河套地区成立后，中共党员潘纪文、武践实分别担任动委会组训组组长和主任，王一然担任民众组训组组长，李特任妇女组组长。五原、临河、安北3个县的县长和动委会主任多数由共产党员担任。各县所属9个区中有7个区的区长和动委会主任由共产党员担任。

1939年12月至1940年3月，在包头、绥西、五原战役中，中共河套特委积极发挥各级动委会作用，动员和组织群众，支援傅作义部抗战，并征召新兵、征集粮草，在人力、物力、财力上充实傅部力量，组织自卫队、担架队、运输队配合傅部作战，组织妇女救护伤员、缝纫洗衣，组织流动宣传队在街头、村头宣传抗日思想，组织儿童团站岗放哨、盘查特务。中共五原县委还带领群众拆除了五原隆兴长的城墙，使敌无垒可守，为傅部攻克五原扫清了障碍。这一时期，中国共产党在河套地区对傅作义部的统一战线工作成为绥蒙地区国共合作共同抗日的范例。

1939 年冬，国民党顽固派发动了第一次反共高潮。国民党特务张彝鼎任第八战区政治部主任，国民党中央委员姚大海到河套视察，促使傅作义限共、反共。除公开身份的共产党员被遣送外，国民党特务也加紧了对河套地区中共党员的搜捕，中国共产党在河套地区营造的统战局面遭到破坏。

1940 年 2 月，国民党绥远省党部书记长、中统特务张庆恩在河套建立了“绥远省调查统计室”，开始大肆破坏河套地区中共的地下组织，临河民众教育馆当月即被破坏。11 月，国民党特务逮捕了中共临河县委书记赵子丰。赵子丰叛变后，200 多名地下党员相继被捕，中共河套特委、临河县委、五原县委、安北县委及所属区委等先后遭到破坏。12 月 23 日，中共河套特委书记郭北宸不幸被捕，于 1942 年 8 月遇害。到 1943 年，中国共产党在河套地区的各级组织暂时停止了活动，只有在傅作义部队中隐蔽下来的部分中共党员一直秘密坚持工作。

四、东北抗日联军三进呼伦贝尔

九一八事变后，内蒙古东部地区各族人民的抗日救亡斗争此起彼伏，从未停止。

1936 年 2 月 20 日，根据中共上级组织的决定，以杨靖宇、王德泰、赵尚志、李延禄、周保中等抗日将领和汤原游击队、海伦游击队的名义发表了《东北抗日联军统一军队建制宣言》，指出根据全国抗日运动的发展，有进一步巩固抗日军队、统一抗日行动、改革抗日军队建制的必要。于是，东北各抗日武装游击力量陆续改编为东北抗日联军（简称抗联）的各军，继续在各地区进行英勇斗争。1937 年，东北抗日联军发展到 11 个军，后逐步编为抗联第一、第二、第三路军。1939 年初，在北满地区的东北抗日联军第三、第六、第九、第十一军统编为抗联第三路军，李兆麟任总指挥，许亨植任总参谋长，主要活动在松花江下游、小兴安岭和松嫩平原一带，被日本侵略者称为“北部国防线上的心腹之患”。

东北抗日联军的发展壮大使日本侵略者非常恐慌。日本关东军在1939年诺门罕战役战败后，便加紧“讨伐”抗联。小兴安岭伊春、四块石等抗联游击根据地被破坏后，中共北满省委决定在呼伦贝尔东南部地区开辟新的游击区，并准备把呼伦贝尔、大兴安岭林区变为抗日联军总后方，同时推动少数民族地区群众积极开展抗日斗争。

1939年12月，抗联第三路军总指挥部根据中共北满省委决定，组成西北远征军指挥部，任命原第六军参谋长冯治纲为指挥，原第六军第十二团政委王钧为政治部主任，率军直教导队和第十二团越过冰封的嫩江，首次进入呼伦贝尔。抗联队伍到达莫力达瓦旗北部的小库木儿屯，受到群众热烈欢迎。部队在群众中宣传中国共产党的民族政策和抗日方针，随后又北进太平庄。1940年2月3日，部队进至阿荣旗三岔河流域的五马架屯。4日上午，在任家窝棚与敌遭遇，由于敌众我寡，冯治纲等5人壮烈牺牲。5日，政治部主任王钧率部消灭30多名日军后突围，继续转战林海雪原，在博克图林区雅鲁河边袭击日军伐木点，袭击乌奴尔林场并营救出200多名伐木工人，又接连袭击了8处日本人设置的林业据点，消灭了大批日本守备队和山林警察队队员。1940年3月，王钧率部队返回嫩江以东，向军部汇报情况。

1940年9月，中共北满省委决定继续开辟呼伦贝尔游击区，同时尽可能打开一条南下通道，以便和冀热察八路军取得联系。抗联第三路军总指挥部派王明贵、高禹民、王钧率抗联第三支队第二次进入呼伦贝尔地区。

抗联第三支队进入阿荣旗后，袭击了宝泉镇伪警察署，尔后转入边壕以北活动。1940年11月30日，抗联第三支队在阿荣旗西南鸡冠山与前来进犯的日军相遇，支队七、八两个大队分路突围，支队政委高禹民等8人为掩护部队突围壮烈牺牲。部队突围后，在郭家窑一带重新集结。12月，王明贵、王钧率部队在金山屯、西靠山屯等地与日、伪军多次战斗，并继续向西南方向前进，计划穿过呼伦贝尔草原南下热河，与八路军取得联系。后发现所处位置距热河路途遥远，且有大批日军、伪兴安军和白俄匪徒尾追，随时有全军覆没的危险，于是决定返回嫩江以东。途中与白俄匪徒和伪兴安军交战两次，取得了胜利。1941年1月，抗联第三支队退入苏联境内休整。

1941年6月苏德战争爆发后，日本关东军在北满和呼伦贝尔地区布置重兵，企图从远东进攻苏联。7月，为发动群众，扰乱敌人后方和牵制敌人，抗联第三支队按照抗联第三路军指挥部命令，由王明贵、王钧、陈雷等带领，第三次跨过嫩江进入呼伦贝尔地区，继续在布特哈旗、阿荣旗、莫力达瓦旗、巴彦旗、博克图、牙克石一带发动各族群众，开展游击战争。10月初，为了解决冬装，抗联第三支队由达斡尔族猎民孟德仁带路，袭击了伊列克得沟满铁林业所，之后进入鄂伦春族群众聚居区。经过宣传党的民族政策和抗日主张，第三支队赢得了部落首领盖山和鄂伦春族群众的信任。王明贵、陈雷等人按照鄂伦春族同胞风俗，与盖山等结拜为兄弟，一部分青年猎民还参加了抗联第三支队。在盖山等协助下，抗联第三支队成功袭击了日本人经营的义合公司后，转战牙克石以北的扎顿河一带。11月28日，抗联第三支队夜袭了扎顿河日军山林守备队，并动员100多名被解救的林场工人参加了抗联队伍。

1941年12月，抗联第三支队离开呼伦贝尔地区，到达中苏边境的呼玛河沿岸休整。1942年初，抗联第三支队再次回到嫩江平原，多次与前来进犯的日、伪军展开激战，多人牺牲。1942年2月26日，王明贵带领幸存的11名抗联战士离开呼伦贝尔地区，又一次退入苏联境内休整。

抗联第三支队第三次进入呼伦贝尔地区期间，中共北满省委和抗联第三路军指挥部派出抗联第九支队进入阿荣旗、莫力达瓦旗一带，准备配合抗联第三支队行动。1941年9月下旬，抗联第九支队政委郭铁坚、参谋长曹玉奎等在莫力达瓦旗北部郭尼屯战斗中牺牲，指导员孙志远带领十几人突围，在群众掩护下进入阿荣旗，在三岔河、五马架、石家窝棚等地坚持斗争。1942年秋，第九支队撤往苏联，与李兆麟带领的抗联部队会合。

从1939年底至1942年，东北抗日联军三次进入呼伦贝尔地区，历经艰难困苦，前仆后继，发动抗日游击战争，得到了各族群众支持，多次打击敌人，共进行大小战斗30多次，消灭日、伪军150多人。抗联部队自身也付出了很大牺牲，200 多名抗联指战员长眠呼伦贝尔。东北抗日联军三进呼伦贝尔地区，不仅扩大了抗联活动区域，而且为推动内蒙古东部地区抗日斗争作出了贡献。

五、在热河地区开展抗日活动

组建抗日武装

抗日战争时期，承平宁[①]地区是晋察冀抗日根据地冀热辽区的组成部分，也是敌我双方争夺的重要战略区域。为了打破伪满洲国南“国境线”，向东向北发展，进而发动抗日游击战争，扩大冀东战略回旋区，中共冀东区委和冀东军分区曾几次派主力部队北越长城，深入伪满洲国热河境内活动。

为使承平宁地区尽快发展成为较巩固的根据地，中共中央作出了一系列指示。1937 年 8 月，毛泽东、朱德、周恩来等提出派一部分部队远出热河，以雾灵山为根据地，发动冀热察游击战争的意见，旋即又决定发动冀热边游击战争，创建冀热边区抗日根据地。中共中央作出开创以雾灵山为中心的抗日游击根据地的决策，为伪满洲国西南境内冀热边广大地区开展抗日斗争指明了方向。

1937 年 10 月，在中共中央北方局指示下，重建的中共冀热边特委[②]为发动冀热边抗日游击战争做准备工作。1938 年 5 月，根据中共中央指示，晋察冀军区组建了以宋时轮为司令员、邓华为政委的八路军第四纵队，并挺进冀东地区，配合中共冀热边特委开展抗日活动。1938 年 7

---

① 承平宁即承德、平泉、宁城。

② 中共冀热边特委组建于 1935 年 8 月，赵仲池任书记。当年 10 月，特委机关遭到破坏。1936 年，在彭真主持下，中共冀热边特委恢复工作，王平陆任书记。1937 年 10 月，中共河北省委书记李运昌调任冀热边特委书记，着手发动抗日游击战争。1939 年 3 月，中共冀热边特委改称中共冀东地委，周文彬任书记。

月中旬，冀东22县农民及开滦煤矿工人20余万人举行抗日暴动。冀东党组织在此基础上，逐步开辟了冀东抗日根据地。1940年9月，八路军冀东第二支队第三总队特务大队指导员周治国等人根据中共冀东地委指示，组建了路北工作队，跨越锦古铁路，深入赤峰南部宁城县黑里河一带，开展组建抗日武装工作，教育引导宁城头道营子喇嘛洞红枪会法师李文彪、西泉范杖子黄枪会法师裴文和等成为抗日骨干，动员一批红枪会、黄枪会会员和青年农民参加抗日斗争，在范杖子成立了党领导的赤峰地区第一支抗日游击队。1941年3月，游击队在关内整训后，与活动在平泉一带，由苏百熙率领的抗日游击队合并，编为青平游击队第二中队，转战于承平宁地区，为开辟热南地区抗日游击根据地奠定了基础。

1942年5月，中共冀东地委根据中共中央"到敌后之敌后"的方针和晋察冀分局"巩固口里，发展口外，扩大根据地，武装开辟满洲国"的指示，组建了28人的路北武装工作队，由周治国任队长，挺进锦州至承德路北地区，发动群众、建立抗日武装。6月，在中共冀东地委领导下，承平宁地区相继建立4个区级抗日政权。

热河南部的抗日斗争

1942年秋，侵华日军在冀东进行第五次"治安强化运动"，八路军冀东主力部队转移外线。八路军冀东第十一团、第十二团主力各一部，共计1200多人到承平宁地区隐蔽休整。11月，中共冀东地委和冀东军分区对发动热南战役作出部署。八路军冀东第十一团、第十二团主力部队从11月13日起连续向日、伪军发起攻击，先后攻克锦城铁路上谷、永和车站，打下三沟、黄土梁子、八里罕三个伪警察署和六沟、七沟、五道河、南沟、老杖子等11个伪警察分驻所。转战中，八路军还到处张贴"打倒日本侵略者""誓死不当亡国奴"等标语和《告东北同胞书》，极大地鼓舞了当地群众的抗日斗志。

热南战役后，八路军主力部队又在黑里河等地打击几股敌人，连克日、伪据点后，于1942年12月返回冀东。为巩固这一地区的抗日斗争成果，高桥率领第十一团第二连、第十二团第三营，阎汉臣率领第十二团第一连留在承平宁地区，带领地方武装继续打击和牵制日、伪兵力。

1943 年 2 月，承平宁地区八路军主力部队返回关内。高桥率第十一团第二连配合当地武装坚持斗争，并在宁城县成立了第五区、第六区两个抗日政权。承平宁抗日游击根据地是党在长城以北地区建立的深入伪满洲国境内最远的根据地，是冀热辽根据地的重要组成部分，不仅打通了关内和东北的交通要道，牵制了敌人兵力，而且增强了在伪满洲国统治下的各族人民的抗日信心。

1943 年 5 月，中共冀东地委为巩固承平宁抗日游击根据地，成立了以杨雨民为书记的中共承平宁联合县工委、以周治国为主任的承平宁联合县办事处，会同八路军冀东军分区新组建的第三区队，北越长城，翻山越岭，穿过层层封锁，于 5 月底到达平泉县七家岱川沟脑镇杆子沟，与周治国率领的队伍胜利会合。6 月初，承平宁联合县工委在平泉县旗杆子山双庙村召开第一次党政军干部联席会议，研究确定了党的建设、政权建设、发展武装、统一战线四大工作任务的具体步骤和措施。会后，承平宁联合县先后建立起 8 个区级抗日政府。其中，宁城县境内四个，在宁城地区还发展了 21 名党员。

到达承平宁的第三区队和地方游击队在以宁城为中心的赤峰南部及周边地区连续袭击敌人。1943 年至 1944 年，先后发起三座店、长胜沟、谢杖子、下坡子等多次战斗，攻克宁城县城和伪警察署，将承平宁联合县游击区巩固扩大到以宁城为中心，东至朝阳、凌源、建平，西到围场、隆化，北至赤峰，南到长城的广大地区。游击区的政权建设也取得了进展，在中心地带建立了许多抗日“两面政权”，对贯彻党的方针政策、团结各阶层共同抗日发挥了重要作用。

1944 年 3 月，日本关东军和热河伪军加紧对承平宁地区的进攻与“扫荡”。八路军主力部队转移至关内，小部分兵力留下牵制敌人。1944 年 3 月 11 日夜，在宁城县朝宝沟川战斗中，40 多名干部和战士寡不敌众，宁死不当俘虏，全部跳崖，舒殿有、刘相廷等 9 人壮烈牺牲。3 月 29 日，在双庙村老戚沟战斗中，高桥等 9 人壮烈牺牲。在此之前，承平宁工委组织部部长陈革率领的一支游击队被敌包围，全部牺牲。4 月 25 日，在宁城大双庙龙潭沟战斗中，赵洪武等 18 人宁死不降，全体牺牲。由于日、伪军的严酷“扫荡”，抗日武装于 9 月撤离热南地区。

在热河南部的抗日斗争中，人民群众作出了重大贡献。这一时期，宁城县有 200 多人参加了八路军。人民群众在生活上、物资上给八路军以大力支援，许多人为掩护八路军献出生命。宁城四道沟姜廷怀父子和本村 7 名群众为保守八路军活动机密被日、伪军抓入监狱拷打，4 人被折磨致死。霍力霍川妇女修桂英三年如一日爬山越岭，在深山里先后护理八路军伤病员 14 人。宁城黑里河青年郭春年、黄茂荣在山上小窝棚里先后照顾 8 名抗日战士，黄茂荣父亲因此牺牲。

1944 年底，日本侵略者预感到末日来临，提出在中国战场上“阻拦华南，决战华中，退守华北，死守东北”的作战计划，冀热辽区正处在敌人“退守”和“死守”区域。为恢复热河地区抗日斗争，为解放东北创造条件，1945 年 2 月 5 日，中共冀热辽区委发出《关于对热辽工作初步总结意见与恢复开辟热辽工作的决定》，一方面派出干部到冀热辽分局党校和华北大学学习，一方面组织精干武工队出关，侦察敌情、发展关系、积蓄力量。1945 年 1 月恢复建制的承平宁联合县机关和 5 月成立的宁(城)赤(峰)联合县机关，都在积极准备赶赴承平宁地区。

为配合各联合县机关出关尽快恢复热辽地区抗日斗争，1945 年 6 月，中共热辽边区委员会、冀热辽军区和冀热辽行政公署派出 3 个北进支队挺进热河，重新恢复了热南抗日游击区。这一时期，由郝福鸿率领的中路北进支队在宁城八素台、公爷府等地开展活动，张立文等在宁城大明、二龙、汐子、一肯中、八肯中等地恢复工作，坚持斗争到抗日战争最后胜利。

在抗日战争的艰苦岁月里，中共承平宁联合县工委和八路军冀热辽部队发动群众坚持斗争，历尽艰辛，在敌人层层包围下建立了抗日游击区，给日军和伪满洲国以沉重打击。

第十二章
加强党的建设和根据地建设

全国抗战时期，绥远地区党的组织逐渐发展壮大，成为绥蒙地区抗战的领导核心。抗日根据地党组织通过偏关整风和开展民主政权建设、财政和经济建设，进行“挤”日伪、反顽军军事斗争等途径，使大青山抗日游击根据地得到充分的恢复和发展，为八路军向绥蒙日、伪军发动全面反攻，夺取抗战的最后胜利创造了条件。全国对日大反攻开始后不久，内蒙古东西部地区相继收复，内蒙古地区各族人民终于彻底摆脱了日本侵略者残暴的殖民统治，迎来了抗日战争的最后胜利。

一、大青山抗日游击根据地的恢复和发展

开展“挤敌人”斗争

1943 年至 1944 年，世界反法西斯战争的形势发生了根本性变化，中国共产党领导的敌后解放区战场经过长期的艰苦奋战，从 1943 年起开始逐步扭转困难局面，进入恢复与再发展阶段。晋绥抗日根据地军民贯彻执行毛泽东“把敌人挤出去”的指示，充分发挥人民战争巨大威力，打掉敌人据点 50 多个，收复村庄 1000 多个，取得了重大战果。晋西北军民还粉碎了日本侵略者 1943 年秋季大“扫荡”，歼灭日、伪军

1300多人，不仅打破了敌人的“反挤”企图，而且为进一步围困敌占据点和扩大根据地创造了更有利的条件，同时为大青山抗日游击根据地的全面恢复提供了有力的支援。

经过1942年和1943年的极端困难时期，大青山抗日游击根据地贯彻党的隐蔽政策，坚持游击战争，积蓄力量，武工队、各级军政干部和骑兵部队也陆续深入敌后，整个大青山抗日游击根据地开始进入恢复与进一步发展的新阶段。1943年6月，中共塞北区工委根据绥远敌占区形势，决定组织若干支短小精悍的武工队深入敌占区，采取多种方式孤立打击敌人，深入开展“挤敌人”的斗争，“向下钻”发动与组织群众，“向前钻”开展伪军伪组织工作，逐步恢复抗日游击根据地。

1943年7月，塞北军分区司令部从骑兵第一团抽出九名干部和战士组成一支精干的武工队，由安正福任队长，在司令部骑兵部队护送下，从偏关老营进入绥南和林格尔县山区。武工队采取各种方式进行抗日宣传，广泛发动群众，争取伪甲长、伪保闾长，使大部分村政权掌握在可靠人士手里。武工队还多次深入敌后打击敌人，极大地鼓舞了和林格尔人民抗日的热情。到1943年冬，武工队发展到近百人。

安正福武工队在打击敌人的同时，还进行争取伪军的工作，有的伪军主动给武工队送信，使敌人的“扫荡”计划落空，一些伪农会、乡、甲的供职人员还暗中保护武工队员。1944年3月，根据中共塞北区工委和行署的指示，由安正福任县长的和林格尔县抗日民主政府在武工队基础上成立。县政府把原在归绥平川、孔东岭、和林格尔、白花窑子活动的工作组扩建为区政府。下半年，塞北区工委和行署又派干部充实了和林格尔县政府，武工队活动范围扩大到以和林格尔为中心，南北约65公里、东西约35公里的广大地区，并扩展到归绥县的忠良、忠诚、忠孝、义丰、义文等乡的66个村庄。随后，和林格尔县境内又成立两支游击队。游击队公开活动的村庄有280个，到年底共打掉敌据点5个，收复村庄106个。到1945年春，和林格尔县游击大队成立，重新打通了和林格尔、蛮汗山与绥中、绥西之间的联系。中共中央晋绥分局和晋绥军区对安正福武工队给予高度评价。1944年8月18日，八路军晋绥军区司令员吕正操在致高克林、张达志的电文中指出，安正福领导的工作队有很多创造，成绩显著，并建议中共塞北区工委以安正福武工队为典型，将其经验推广到其他地区，建立若干据点，有步骤地向前进展，准备将来扩点为面。

1944 年初，进入绥南的塞北军分区骑兵第一团在蛮汗山、和林格尔、清水河等地多次袭击敌人。骑兵第一团仅上半年就在长城内外战斗 13 次，重创日、伪军，攻破日、伪军在清水河县的重要据点前大井，有力地支援了绥南、雁北各武工队和游击队的活动。在骑兵第一团的接连打击下，清水河日、伪军被迫固守在县城及土山子、暖泉、杨湾子、韭菜庄窝、王庄窝等主要据点里，陷入八路军的包围。

根据地度过困难时期后，在蛮汗山区坚持斗争的归凉县政府和一区、四区、五区游击队的群众工作以及争取伪军的工作也有很大进展。归凉县游击队通过整顿扩大到 200 多人，恢复了归凉县一区的抢盘山、蛮汗山和北四区的大东沟、乌兔沟、灯笼素、庙沟以及五区的油鲁沟、大榆树等活动区域。

在八路军、武工队和游击队英勇顽强的斗争下，绥南抗日游击根据地得到恢复和发展，成为联系晋西北根据地和向绥中、绥西发展的重要依托地区，更成为反攻阶段到来时的一个重要的战略前进阵地。

1943 年七八月间，塞北军分区保卫科科长李佐玉带领部分工作人员组成武工队，由骑兵第二团护送进入绥中地区开展工作。在反“清乡”运动中，李佐玉武工队与日、伪军的政治欺骗和武装镇压针锋相对，在政治上充分揭露，在军事上伺机打击。武工队还同驻在六合营的伪蒙古军第九师建立了经常性的联系，双方互送情报。1944 年，塞北军分区骑兵第二团也向绥中开进，上半年作战 7 次，有力打击了日、伪军。1944 年 8 月 5 日，黄厚率骑兵第三团两个连在陶卜齐附近的韩家窑子全歼以日、伪厚和警务段副段长内田留三郎为首的一支特别工作队，打破了日本侵略者的护路计划，配合了绥中地方工作的开展，振奋了绥中抗日军民的精神，受到晋绥分局和晋绥军区通报表彰。

1944 年秋，骑兵第二团在郑沟伏击歼灭 160 多名伪军。至此，绥中游击根据地形势大为好转。与此同时，中共塞北区工委陆续向绥中与绥西联结地归绥周围平川派出武工队，深入敌后之敌后，配合坚持在平绥铁路南北战斗的各游击队开展斗争。武工队员经常化整为零，分散到各村庄开展抗日宣传，动员组织群众，打击汉奸特务，征收购买抗日物资。日军征粮征税时，武工队一方面动员群众快收快藏，另一方面坚决打击征粮征税的日、伪人员，使其不敢出来催粮要款。

经过半年多的艰苦斗争，武工队打开了平绥铁路旗下营至归绥一带的斗争局面，绥中与绥西工作实现了相互沟通。

塞北军分区骑兵第三团在极度困难的情况下，一直坚持在绥西开展工作，并逐步扩大活动范围。仅1944年上半年，骑兵第三团就与日、伪军作战12次，毙、伤、俘敌多人，牵制了大量日、伪军。骑兵第三团二连和王经雨领导的萨县县政府始终扎根于群众，同日、伪军的反复“扫荡”与经济封锁进行顽强斗争，同时还坚决打退了国民党顽军的进攻。1942年至1944年，骑兵第三团第二连转战于萨县、固阳县和武归县，先后进行了40多次战斗。经过塞北军分区第三团指战员的浴血奋战，绥西抗日游击根据地得到恢复、巩固和发展。

在中共中央和晋绥分局关于绥远工作方针的指导下，经过一年多时间的艰苦斗争，到1944年8月，大青山抗日游击根据地基本上恢复到1942年日军秋季大“扫荡”之前的局面，同时还开拓了和林格尔、清水河等新的游击区。由八路军控制的大青山抗日游击根据地总面积近2.8万平方公里，总人口达46万。其中由八路军控制的比较巩固的区域有7500多平方公里，人口15万多。

到1944年，晋绥根据地军民在“挤敌人”斗争中取得胜利的同时，认真贯彻整风、生产等各项政策，根据地更加巩固。在全国各解放区战场接连向日本侵略者发动攻势战役的形势下，晋绥分局和晋绥军区发动了秋季攻势战役，共与日、伪军战斗297次，攻克和打掉敌据点48处，毙伤俘日、伪军1900多名，收复村庄446个。晋西北军民“挤敌人”的斗争取得了重大胜利，为进一步发展大青山抗日游击根据地创造了更加有利的条件。

1945年1月，晋绥分局根据毛泽东“扩大解放区，缩小沦陷区”的号召，发出《一九四五年对敌斗争工作指示》，要求进一步发动群众，在广泛实行抗日民族统一战线政策的基础上，以最大的力量积极开展敌后之敌后工作，扩大解放区，主动积极进攻，加强敌伪工作，收复所有突出的敌后点线，把敌人挤到中心城市和主要交通线上，为将来的反攻创造有利条件。1月27日，塞北军分区部队在绥西连续拔掉大庙酒馆、庙儿沟日伪据点。2月，晋绥军区决定发动春季攻势战役，大青山和雁北地区根据地军民也转入了局部反攻。在为期70天的春季攻势战役中，八路军步兵第九团，骑兵第二团、第三团在绥中连续攻克活佛滩、黑山子、土城子、三元井、八号、寿阳营子、速力兔、民安湾8个敌据点。在平绥铁路以南，骑兵第一团一部、第九团一部、骑兵旅一部、塞北军分区警卫连、步兵第二营、偏清支队以及朔县三大队等部重点围困并攻击清水河境内敌据点，与敌战斗79次，毙伤俘日、伪军265人，收复村庄357个，解放敌占区人民1.9万多人。经过春季攻势战役的一系列战斗，到1945年3月，绥中、绥西、绥南三块游击根据地已完全打通，八路军控制区又扩大两万多平方公里。在整个大青山地区，日军节节败退，被迫实行重点守备，日、伪兵力集中于铁路沿线重点城市及陶林、武川、乌兰花、清水河、凉城、和林格尔县城等据点。八路军春季攻势战役取得胜利，为向绥蒙地区日、伪军发动全面反攻创造了条件。

反击国民党顽军进攻

正当抗日根据地军民度过最艰难岁月之际，国民党顽固派开始掀起第三次反共高潮。1943年3月，蒋介石署名发表《中国之命运》一书，诬蔑中国共产党领导的八路军、新四军等人民抗日武装，暗示要消灭共产党。接着，国民党顽固派借当年5月共产国际宣布解散的机会，要求“解散共产党”“取消陕甘宁边区”，蒋介石并密令重兵驻守西北的胡宗南部准备向陕甘宁边区进攻。6月18日，胡宗南根据蒋介石的密令，在洛川召开“反共军事会议”，准备“闪击”延安。与此同时，国民党绥远当局在绥察两省实行“防共区”计划，派遣军队万余人向大青山抗日游击根据地发起大规模进攻，阻止八路军主力北上大青山，并为国民党抢占绥察地区打前站。绥远国民党军队中出现“向共产党收复失地”的宣传。对于国民党顽固派的各种挑衅，大青山抗日游击根据地军民给予了坚决反击。

为了坚持大青山抗日游击战争，坚持在绥西开展工作的塞北军分区骑兵第三团和1943年冬进入绥南、绥中的骑兵第二团、第一团以及中共绥西工委领导的各武工队、游击队，在兵力少、武器弹药缺乏的情况下，一面应对日、伪军不断发动的"清乡""扫荡"，一面坚决反击国民党顽军的猖狂进攻。1944年2月，骑兵第三团步兵第一、第二、第四连在绥西夜袭乌良石太，攻击了国民党绥西第一挺进军骑兵挺进第五纵队司令兼绥西专员鄂友三的司令部。4月，骑兵第三团歼灭进犯绥西根据地的国民党顽军一部。但由于绥西军力上彼强我弱，萨县全部、武固县一部分被顽军控制。5月，八路军将鄂友三部史建福团包围在庙儿沟一带予以重创。1944年秋，骑兵第三团击退勾结武固县大庙酒馆日、伪军向根据地发起进攻的国民党顽军。年底，又在大庙酒馆、蘑菇窑两次袭击顽军，歼其一部。

1944年底至1945年初，在中国人民抗日战争即将取胜的形势下，日军被迫从绥远撤除许多据点，实行所谓的重点守备。国民党顽军乘机抢占了许多战略要地，并不断增派部队，企图全面控制大青山地区。绥西国民党顽军增兵3000多人，并向绥中渗透。国民党顽军马占山部数百人进占绥南清水河、和林格尔县等地，整个大青山地区的形势变得复杂严峻。为了巩固大青山抗日游击根据地，塞北军分区派骑兵第二团政委彭宝山率两个骑兵连在绥西、绥中配合骑兵第三团行动，集中兵力反击进犯根据地的国民党顽军。1945年1月，塞北军分区第二团、第三团由黄厚、姜文华、彭宝山率领，将进犯德胜沟、大塔等地的国民党顽军击溃。1月26日，又在骆驼场伏击来犯顽军，歼其一部。2月，晋绥分局和晋绥军区派第九团挺进绥西，同时中共中央从延安派出一批干部去绥远开展工作，一面准备对日、伪军发起反攻，一面配合八路军大青山地区部队反击国民党顽军进犯。

1945年4月，绥远国民党顽军继续增派部队窜扰大青山抗日游击根据地。4月初，顽军1000多人从伊克昭盟北渡黄河进入托克托、和林格尔县，在安正福武工队活动区也有500多顽军进扰，顽军苏美龙部500多人进入绥中，顽军邬青云师进驻绥西。顽军争夺大青山地区的活动进一步加剧。晋绥军区第九团在副团长李发应、副政委白炳勋率领下挺进绥西，配合骑兵第二团、第三团消灭日、伪军，打击顽军。5月至6月上旬，八路军在绥西与顽军战斗14次，接连重创顽军，使顽军东进计划破灭。晋绥军区第九团第五连，偏清支队第一、第三连及武工队一部在绥南歼灭与日、伪勾结的郭长清部顽军一部，其余顽军被赶出栅草墕据点。

1945年6月，国民党顽军准备大规模向大青山抗日游击根据地进攻，又从河套向绥西增兵到4000多人；绥南郭长清部1000多人由托克托县沿黄河窜犯清水河新解放地区，大批顽军继续向黄河沿岸集结。为彻底粉碎国民党顽军对大青山地区的进攻，中共中央决定派陕甘宁边区联防军骑兵旅和晋绥军区第二十七团主力由姚喆率领北上大青山。此时，八路军在大青山地区的兵力约1200多人，日、伪军和顽军的兵力仍占绝对优势，仅顽军兵力就十倍于八路军。在彼强我弱的形势下，八路军集中兵力，连创顽军。骑兵旅与塞北军分区骑兵第三团在绥中打击敌伪和苏美龙顽军，坚守绥西、绥中根据地。

1945年7月初，顽军郭长清部1200多人又窜入绥南栅草墕、土山子一带。7月5日至9日，姚喆、张达志、康健民等率领晋绥军区第二十七团、骑兵旅和偏清支队等部，在蔡木梁、窑沟湾等地给郭长清部以沉重打击，将其残部逐出绥南。此后，八路军乘胜挺进绥中、绥西，向进犯绥中、绥西的顽军进行猛烈反击。7月10日，袁光、黄厚等率骑兵旅，骑兵第三团、第九团等部，在黑脑包一带击溃邬青云顽军，收复井儿沟等地。7月13日，绥蒙军区骑兵第一、第二、第九团和骑兵旅各一部将绥中顽军苏美龙部大部和邬青云残部歼灭，绥中顽军遂被肃清。8月11日，姚喆、康健民等率骑兵旅、晋绥军区第二十七团、骑兵第三团在绥西李齐沟、白菜坝等地全歼鄂友三顽军两个团。顽军残部逃回河套，绥西顽军亦被肃清。

经过激烈的反顽斗争，大青山地区的国民党顽军基本被消灭。反顽斗争的胜利，沉重打击了国民党顽固派的嚣张气焰，保卫了抗日根据地的安全。

二、大青山抗日游击根据地的建设

民主政权建设

建立较为稳固的根据地民主政权始终是党领导的大青山抗日游击根据地的主要工作之一。八路军从进入大青山开展游击战争、开辟游击根据地开始，就着手建立抗日民主政权，这在坚持和开展大青山抗日游击战争中发挥了巨大作用。根据地的民主政权建设分为动员委员会时期和抗日民主政权时期。

大青山抗日游击根据地抗日民主政权是在动员委员会的基础上建立的。1938年在山西省岢岚县组建的总动委会随八路军大青山支队抵达绥远敌占区之后，即以开辟的游击区为基地，广泛开展抗战动员工作和动员委员会的组织建设工作，吸收绥察境内各党派、各民族和各阶层爱国人士参加动员委员会，组建各级地方动员委员会。总动委会在绥远敌占区抗日民主政权未建立前代行政权职能，并初步开展抗日民主政权的建设工作。动员委员会根据党的抗日民族统一战线政策和抗日救国纲领，履行了动员组织与武装群众参加抗日游击战争、在财力物力上供应抗日武装部队等职能，为发动群众性的游击战争、开辟大青山抗日游击根据地、建立绥远敌后的抗日游击政权打下了基础。各级动员委员会的建立成为抗日民主政权建设的开端。

1938年9月，在八路军大青山支队开辟绥中、绥西、绥南游击区的过程中，动员委员会工作人员已分头深入游击地区迅速开展工作，宣传抗日，动员群众，并很快建立起一批县、区、乡动员委员会组织，成为支持大青山抗日游击战争的一支重要力量。9月21日，动员委员会在武川县大滩建立了大青山抗日游击根据地第一个区动员委员会——武川县三区动员委员会。加入这个动员委员会的，除总动委会派出的干部以外，还有乡邻闾长、有威望的绅商富户、开明地主士绅、农民、知识分子、当地驻军代表、少数民族代表、喇嘛代表等各族各阶层人士。在短短数月之内，武川县三区动员委员会团结各族各界抗日爱国力量，征集到大批急需物资，解决了绥中部队的供给问题，使大滩一带成为开展大青山抗日游击战争的中心。

1938年10月，绥西动员委员会在萨拉齐县巴总窑子村成立。这是绥西最早成立的地区动员委员会组织，下辖包固萨武四边区动员委员会。1939年初，归凉县动员委员会首先在蛮汗山地区成立，下辖一区、四区、五区动员委员会。之后，绥东动员委员会成立，下辖归凉县动员委员会。10月，由总动委会兼管的地区性动员委员会归武陶县动员委员会及其下属的武二区、武三区、武四区、陶武区、归武区动员委员会在绥中武川大滩一带成立。1939年秋，统筹统支物资筹备委员会成立（简称筹委会）。到1939年，大青山抗日游击根据地各级动员委员会相继建立起来。

各级动员委员会的中心工作是动员人力、筹集物资、解决军需。在八路军大青山支队活动地区，动员委员会工作人员深入群众，宣传党的抗日政策，按照有钱出钱、有物出物、合理负担的原则，动员社会各阶层为八路军捐献物资。经过宣传教育和组织动员，加之感受到八路军英勇牺牲的精神和严明的纪律，广大群众尽其所能积极为抗战出力。据不完全统计，1941年，仅武川县群众就支援八路军粮食8万石、军马700余匹、皮大衣3000多件、鞋子1万多双，基本上保证了绥中部队军需的供应。此外，动员委员会还筹集了大批经费和物资支援晋西北根据地和延安。

动员委员会在大青山游击区组织起各种群众性的抗日救国团体，如农民救国会、工人救国会、妇女救国会、青年救国会、儿童救国会、蒙民救国会等。各区动员委员会还发动群众组织抗日武装，到1939年底，先后组建了12支游击队。动员委员会还以山区农村为基地，逐步把工作开展至城镇和平川，组织农民、青年学生、教师、铁路工人、爱国商人参加救国会，使大青山抗日游击战争有了深厚的群众基础。到1939年底，绥远敌占区已有农救会员、青救会员、游击队员近500人，群众性抗日斗争很快开展起来。

1939年9月，总动委会改称八路军绥蒙总动委会，王廷弼、武达平先后任主任，主要任务是动员、组织、武装民众，兼以政府名义实行行政领导，并开展政权建设工作，大力发动群众参政，调整军民关系，督促军需供给，维护统一战线，其中心工作已向抗日民主政权转换。

不久，根据中共中央指示，将各级动员委员会逐步过渡到抗日民主政权。1939年12月，武（川）归（绥）县政府（杨建林任县长）、萨（拉齐）固（阳）县（后改为固阳县）政府（任克定任县长）、萨（拉齐）托（克托）县政府（李维中兼任县长，1940年后田恩民任县长）先后在绥西建立。1940年初，归武县政府（贾靖芜任县长）、陶林县政府（龚仁寿任县长）在绥中成立。归（绥）凉（城）县政府（程仲一兼任县长）在绥南成立。1940年3月，绥西专员公署建立，杨植霖兼任专员；绥中专员公署建立，武达平兼任专员；绥东专员公署建立，程仲一任专员。至此，绥远敌占区第一批地区级和县级抗日民主政权诞生。

1940年8月，绥远敌后各族、各界、各党派抗日力量代表会议在绥西武归县小西梁村①召开。这次会议也称绥察人民代表会议，通称西梁会议。会议的主要内容是共商团结抗日大计和成立抗日民主政权绥察行政公署的事宜。参加会议的有中国共产党、国民党左派、无党派抗日民主人士代表，有蒙古族、回族等少数民族代表，有工人、农民、知识分子及抗日部队代表，共计200多人。这是大青山抗日游击根据地的一次重要会议，标志着大青山抗日游击政权建设进入新阶段。会议讨论通过了《绥察施政纲领》，成立了晋绥第二游击区行政公署驻绥察办事处（简称绥察行政办事处）。会议期间接到中共中央北方局的电报指示，为维护与国民党的统一战线关系，特别是为保持与傅作义的统战关系，避免与国民党绥远省政府形成对立，取消了设立绥察行政公署的计划。大会推选姚喆为绥察行政办事处主任，杨植霖为副主任，绥察行政办事处隶属晋西北行政公署领导。会议还批准成立绥西、绥中、绥南3个专员公署，公署专员分别为李维中、程仲一、杨国兴。3个专员公署之下，设立了萨拉齐、固阳、武归、陶林、归武、托和清、归凉、丰集、丰凉

---

① 在今内蒙古自治区呼和浩特市土默特左旗境内。

9 个抗日民主县政府和一大批区级基层抗日政权，同时正式撤销了动员委员会和筹委会。大青山抗日游击根据地民主政权的正式建立是大青山抗日游击战争胜利发展和游击根据地完全建成的重要标志。

1941 年春，大青山抗日游击根据地已发展到 30 多个区级抗日民主政府，拥有五六十万人口。随着抗日游击战争形势的发展，1941 年 4 月 15 日，绥察行政公署（简称绥察行署）正式成立，杨植霖任主任，苏谦益任副主任，隶属晋西北行政公署，绥察行政办事处即行撤销。绥察行政公署下设民政处（苏谦益兼处长），财政处（赵全璧任处长），秘书处（马南风任处长），建设处（马南风兼处长），教育处（曹振之任处长），蒙政处（贾力更任处长）。绥察行政公署下辖绥西、绥中、绥南、绥东游击区 4 个专员公署，绥西、绥中、绥南游击区专员公署专员仍为李维中、程仲一、杨国兴，绥东游击区专员公署专员为杨叶澎。绥察行政公署的成立标志着绥察地区的抗日民主政权正式建立。9 月 1 日，绥察行政公署决定增设军事部（于占彪任部长），各专署和县政府设军事科，以加强各级政府对地方武装的领导。同年 9 月 8 日，绥察行政公署为了促使政权领导精干善战，提高工作效率，决定让绥西专员公署与绥察行政公署合署办公，杨植霖兼任绥西专员公署专员，绥西工作由行署统一领导。10 月 1 日，绥察行政公署颁布实施了《绥察行政公署施政纲领》，指出绥察抗日政权的任务之一是“亲密团结绥察境内抗日的各党各派各民族各社会阶层，消除民族隔阂，集中一切人力、物力、财力、智力，为保卫绥察，保卫西北，保卫中国，驱逐日寇，建立新民主主义共和国而战”①。绥察行政公署还制定颁发了 50 多个法令、训令、条例、办法、通令、布告、决定、指示等，政权工作各个方面均取得了很大的成绩。在绥察行署的 4 个专员公署之下，设立了县、区基层抗日政权。绥西专员公署下辖 3 个抗日游击县政府，武归县由王威任县长，武固县由王璞任县长，萨拉齐县由王经雨任县长。1942 年冬，萨武固包边区联合县成立，包盛标任县长。绥中专员公署下辖 3 个县政府，武川县由贾靖尧、李康先后任县

① 《绥察行政公署关于颁布施政纲领的布告》(1941 年 10 月 1 日)，中共内蒙古自治区委员会党史资料征集研究委员会、中国人民解放军档案馆、内蒙古自治区档案馆编:《大青山抗日游击根据地资料选编》上册，内蒙古人民出版社 1986 年版，第 265 页。

长，归武县由申璧全、李容玉和肖新书先后任县长，陶林县由宋克缵任县长。1942年7月，由于绥中形势恶化，绥中专员公署被迫转移到晋西北偏关，并于同年10月撤销。绥南专员公署下辖4个县政府，归凉县由周怀瑾、王祥（李化南）、原民（袁克宽）、曾则西、宋克缵先后任县长，丰凉县由鲁平任县长，和林格尔县由安正福任县长，托和清县由杜琏、申敬之先后任县长。以上县级抗日民主政府均为高度游击政权，机构和人员变动频繁。在一些相对稳定的县内还设置了区政府，抗日民主政权进一步巩固。在游击性较强的县里还来不及设立区政府，由县政府在其游击活动地区直接开展工作。

在绥远敌后，大部分乡村被日、伪势力控制，并强制建立了伪乡村政权。在伪乡政权里，甘心为敌伪办事、忠于日本侵略者的人员占极少数，大多数人仇恨日本侵略者，这是抗日民主政府争取和改造伪乡政权成功的群众基础。大青山抗日游击根据地的乡政权工作主要也是改造敌伪乡公所，使之支持抗日游击战争。改造过来的敌伪乡公所的性质和组织形式不同于抗日民主政府，而是革命的“两面政权”，以合法形式为抗日出力办事，明里应付敌人、暗中帮助我方办事。

1942年秋，由于绥远敌占区斗争形势趋于紧张，抗日根据地面积缩小，绥察行政公署转移到晋西北偏关。1943年1月，中共中央晋绥分局决定：绥察行政公署改为塞北区行政公署，统一领导绥包与雁北地区工作，隶属晋绥边区行政公署，主任为杨植霖，副主任为苏谦益，下辖绥西专员公署、绥南专员公署和雁北五专署三个专员公署。绥西专员公署，专员为杨叶澎，副专员为靳崇智，辖武归县、武固县、萨武固包联合县、萨拉齐县；绥南专员公署，马南风、程仲一、高铭卿先后任专员，副专员为杨建林，辖丰凉县、归凉县、托和清县、和林县、清水河县；雁北五专署，专员为屈健，副专员为武养民，辖平鲁县、左云县、山朔县、怀仁县。

根据地抗日民主政权具有三个特点。一是高度游击性。游击战争创造了游击政权，各级政府工作一般都是在游击行动中开展的，这些政权被称为“马背政权”。二是共产党员的主导性。区以上干部大多数是共产党员，约占干部总数的80%。三是联合性。大力推行“三三制”，即政府成员由共产党员、其他党派人士、无党派人士各占三分之一。

根据地各级抗日民主政权在加强干部队伍建设上，坚持正确的用人原则。绥察区党委在干部组织建设中坚持用人唯才、优待技术人员、男女平等原则，在干部考核中坚持全面衡量干部素质原则，在干部使用上制定了干部审查制度，及时提拔坚决抗日、有工作能力、有威望的优秀干部，随时淘汰不称职干部，惩处贪污腐化分子。根据地各级抗日民主政权还建立了民主选举和监督制度，发动群众参与政权建设。绥察行政公署规定乡一级政权要通过民主选举产生，每一届任职一年，及时淘汰有问题干部，保持基层干部队伍的纯洁性。在参议员聘任工作中，为使真正积极抗日的人士入选，绥察行政公署于1942年1月制定了《关于聘任参议员的办法》，就聘任参议员的范围、条件和参议员的职权、守则、待遇等作出六条12款规定，公开了参议员的条件和守则，确保这项工作始终在群众监督下进行。

根据地各级抗日民主政府十分注重民族工作。1941年10月1日，绥察行政公署发表了《告绥察境内各民族书》，揭露了日本侵略者分裂中国的"满蒙政策"和侵略绥察的罪行，重申了党的民族政策和主张。1942年1月10日，绥察行政公署发表《告蒙古同胞书》，揭露了日本侵略者对蒙古民族在经济上进行疯狂掠夺以及在政治上剥夺蒙古族人民自由的行径，号召蒙古民族团结抗日、追求解放。为了做好蒙古民族工作，绥察行政公署在政府机构中专门设立蒙古民族工作部门，配备蒙古族干部，组织蒙古民族抗日武装，制定保护蒙古民族利益的条例及各种规定。抗日民主政府工作得到蒙古族群众的大力支持，各民族关系得到改善，团结抗日的力量进一步增强。

维护抗日民族统一战线是根据地民主政权建设的中心工作之一。1941年7月1日，绥察行政公署发表《关于动员各党派、各民族、各阶级爱国人士组成抗日民族统一战线的布告》，号召各党派、各民族、各阶级在绥察抗日民主政权的领导下，紧密团结起来，同甘共苦，与日本侵略者斗争到底。10月1日颁布的《绥察行政公署施政纲领》又把统一战线问题作为主要内容，列入纲领的有关条文，以政府名义进行统一战线工作，以统一战线形式组成政府。

抗日民主政权的建立是内蒙古地区坚持全民族抗战的重要保障，它与日本侵略者扶植的伪蒙疆政权展开了针锋相对的斗争。抗日民主政权充分行使自己的权力，有力地保障了抗日游击根据地游击战争的胜利开展，在抗日游击根据地的巩固、发展中发挥了重要作用。

财政和经济建设

财政和经济建设是大青山抗日游击根据地巩固和发展的命脉。从动员委员会时期到抗日民主政权时期，大青山抗日游击根据地始终把财经工作作为政权工作的中心任务来抓。根据地党组织按照根据地财经建设实际和开展武装斗争的需要，制定了各项财经政策，逐步完善了各项财经制度，加强了财经管理，为根据地的巩固和发展提供了强有力的保障。

根据地注重加强财经工作管理，完善各项财经政策和制度。1940年9月绥察行政办事处成立后，针对征集物资工作中出现的混乱现象，废除了募捐方式，实行只征收田赋等五项税收制度；针对经费管理中出现的问题，制定了经费开支制度，实行经费预决算，一定程度上制止了浪费现象；针对粮食供给中存在的问题，实行粮食计划供应，人吃马喂均有一定数量，并印制了食粮证，纠正了乱支乱用粮食、增加群众负担的问题。1941年4月绥察行政公署成立后，制定了多项财经方面的政策、制度。8月24日，中共绥察区委在《关于绥察地区行政工作的决定》中提出了财政经济工作的政策和具体措施，要求党政机关应起带头模范作用，首先实行预决算，自觉清查账目，杜绝贪污浪费现象。绥察行政公署颁布了有关发展农业、手工业和商业贸易的训令和条例。10月1日颁布的《绥察行政公署施政纲领》中明确规定："实行合理负担，征收无附加的单一税，严格执行预决算制度""实行减租减息，整理劳资关系""地租，一般实行二五减租，再不得超过四六制或五五分。取缔高利贷，利息不得超过一分五厘"①。1942年，抗日战争处于最困难的时期，

① 《绥察行政公署关于颁布施政纲领的布告》(1941年10月1日)，中共内蒙古自治区委员会党史资料征集研究委员会、中国人民解放军档案馆、内蒙古自治区档案馆编：《大青山抗日游击根据地资料选编》上册，内蒙古人民出版社1986年版，第266页。

绥察行政公署、塞北军分区司令部加强经费开支和供给制度管理，对各项开支用途都作了明确规定。为了更好地完成物资动员、支援抗战任务，绥察行政公署决定成立统筹统支委员会，纠正不合理负担，防止贪污浪费，照顾基本群众利益，避免滥摊派。1945 年 7 月，绥察行政公署规定："各县所收统筹之解上款，得不到支付命令决不准动用分文。并将自力更生状况告知本署，以便掌握。"①

根据地及时整顿党政机关工作作风，实行精兵简政。1941 年 8 月，在整顿经济工作的同时，中共绥察区委和绥察行署针对政府机关中发现的脱离群众、官僚主义、贪污腐化等现象，开展了提倡新的工作作风活动。绥察行政公署在《关于绥察地区行政工作的决定》中，将新的工作作风概括为五点，其中第五点就是清廉的工作作风，要求党员以身作则，遵守政府制度，不多用一件东西，不多花一分钱，提倡节约，点滴归公，以清除政府中存在的贪污浪费现象。绥察行政公署颁布的《绥察行政公署施政纲领》规定："严行廉洁政治，严惩贪污浪费分子，裁判假公济私、借端勒索之公务人员。非法之公务人员，任何人均可控诉其罪状"②。1941 年 11 月，绥察行政公署又颁布了《惩治贪污的暂行条例》，规定凡是有伪造公章、勒索群众，接受群众贿赂，虚报账目、随便支出、捏名报销，假公济私、贷粮贷款以自肥，偷换或擅用公有财产，克扣或截留应行发给或交纳之财物等 15 种行为，即以贪污罪论处，并规定贪污 1000 元以上者判死刑，贪污 500 元以上 1000 元以下者判三年以上五年以下徒刑，贪污 100 元以上 500 元以下者判两年以下徒刑，贪污 100 元以下者判一年以下徒刑。根据此条例，绥察行政公署先后核准处理了一批违法分子。原武归县政府游击队长马天明、武归县七区区长兰兆宏，都因贪污公款被判处死刑。在惩处贪污腐败分子的同时，抗日根据

---

① 《绥察行政公署关于今后财政税收的指示》（1945 年 7 月），中共内蒙古自治区委员会党史资料征集研究委员会、内蒙古自治区档案馆编：《大青山抗日游击根据地资料选编》中册，内蒙古人民出版社 1987 年版，第 263 页。

② 《绥察行政公署关于颁布施政纲领的布告》（1941 年 10 月 1 日），中共内蒙古自治区委员会党史资料征集研究委员会、中国人民解放军档案馆、内蒙古自治区档案馆编：《大青山抗日游击根据地资料选编》上册，内蒙古人民出版社 1986 年版，第 268 页。

地党组织十分注重在各级党政机关中进行经常性党性与廉洁教育，针对存在的问题，要求“政府各级领导机关，尤其是共产党员应以身作则，必须严格克服干部中贪污腐化以及小诸侯的习气”[①]。1942 年 11 月，为了提高工作效率，减轻财政负担，中共晋绥分局决定精兵简政，将财政机关与供给部合并、党的机关与司令部合并，同时合并伙食单位，大量精减马匹，减少机关工作人员，仅中共塞北区工委机关人员就减少了 34%。军分区精减整编，战斗人员、生产人员增加到 84%，骑兵第三团两个连改编为步兵，主力部队的地方化特色更加突出。这样做不仅克服了机关人浮于事的现象，减轻了财政负担，而且更加适应隐蔽工作需要。

根据地军民主动开展反抗日本侵略者经济掠夺的斗争。针对日本侵略者的经济掠夺、封锁以及生产贩卖鸦片的“毒化”政策，根据地各级抗日民主政权进行了针锋相对的反掠夺、反封锁、反“毒化”斗争，并采取灵活机动的游击战术，对付敌人“扫荡”，袭击征税抢粮的日、伪军，截获了大批被掠夺的物资；同时利用根据地的“两面政权”，采取各种形式同敌人进行公开合法的经济斗争，有效地削弱了敌人“以战养战”的力量，基本上解决了根据地的供给问题，为坚持大青山抗日游击战争创造了条件。此外，根据地各级抗日民主政权还在争取与瓦解伪军伪政权工作、群众工作、妇女工作和民政工作等方面取得了突出成效。

三、整风运动和贯彻党的七大精神

全国抗战进入相持阶段后，中共中央从 1942 年春开始在全党开展普遍整风，以反对主观主义、宗派主义、党八股，树立马克思主义作风。5 月下旬，中共中央政治局决定成立中央总学习委员会（简称总学委），同时要求各根据地开始整风。

晋绥根据地按照中共中央统一部署，从 1943 年 1 月开始了整风。

---

① 内蒙古党委党史研究室编：《内蒙古党的历史和党的工作》，内蒙古人民出版社 1994 年版，第 171 页。

中共中央晋绥分局发出《关于整顿三风的指示》，成立了中共中央晋绥分局总学委会，组织各分区领导和骨干深入学习领会整风文件精神，理论联系实际，充分认识整风学习对干部的思想水平和工作实际的巨大指导意义，认真开展了批评与自我批评，并在此基础上布置了各分区的整风学习工作。

中共塞北区工委和塞北军分区也在 1943 年 3 月到 1944 年 7 月，以分批轮换方式，集中领导干部在山西省偏关县开展了整风。这次整风也称作偏关整风，分 3 个阶段进行。

1943 年 3 月至 7 月为第一阶段。参加整风学习的人员是从绥远地区和雁北地区抽调回来的一批领导干部。全体人员认真学习了毛泽东《整顿党的作风》《改造我们的学习》《反对党八股》等文章。参加整风人员在学习、领会文件精神的基础上，紧密联系大青山抗日游击战争的实际，对个人的思想、作风进行了反省，开展批评与自我批评。大家回顾了大青山抗日游击根据地创建 4 年来的情况，深刻认识到存在的一些问题，如干部队伍中存在着不同程度的教条主义、宗派主义和主观主义，执行隐蔽政策不够坚决彻底，领导方式和组织形式上模仿其他根据地或生搬硬套土地革命战争时期苏区的一些做法，统一战线工作中存在着关门主义倾向，党政军干部之间存在不团结现象，以及发动群众不够充分等，影响了绥远敌后的工作。通过联系实际的学习和对经验教训的总结，党员干部的思想理论水平有了明显提高，认识到自身存在的主要问题，明确了今后的工作方向，增强了抗战必胜的信心，为夺取抗战胜利打下了坚实的思想基础。

1943 年 8 月至 1944 年 2 月为第二阶段。这一阶段，把整风和审干结合了起来，但在审查干部中对敌情作出过分的估计，把审干工作主要视为锄奸、反特斗争，把一些干部思想上、工作上的缺点错误或历史上尚未弄清楚的问题，轻易地怀疑为政治问题以至革命问题，并采取“逼、供、信”的错误方法，因而出现了以“抢救失足者运动”为代表的反特斗争严重扩大化错误。

1944 年 2 月至 7 月为第三阶段。这一阶段开展的主要工作是消除“抢救运动”造成的不良后果及影响，对审干中提出来的问题进行甄别，给受冤屈的同志平反。同时，中共塞北区工委在晋绥边区大生产运动的热潮中，组织参加整风的干部到偏关南山南堡子、地角峁等地搞春耕生产、开荒种地，以克服根据地的严重经济困难、减轻群众负担。在边参加生产劳动边开展整风学习期间，中共塞北区工委在各整风队成立了甄别小组，审查核对坦白材料，进行调查研究，逐步对被错整的同志予以平反，并作出结论。7 月，中共塞北区工委在甄别工作的基础上，召开了民主大会，工委书记高克林对整风运动作了总结，号召大家放下思想包袱，振奋精神，把主要精力转到对敌斗争方面来。偏关整风至此基本结束，参加整风的人员陆续回到敌后抗战的第一线。

整风运动是一次深刻的马克思主义思想教育运动，收到巨大成效。通过整风运动，以毛泽东同志为核心的中共中央领导下的全党实现了新的团结和统一，为抗日战争的胜利和新民主主义革命在全国的胜利奠定了重要的思想基础。偏关整风是全党整风运动的组成部分，也是对大青山抗日游击根据地和雁北地区党的干部进行的一次深刻的马克思主义思想教育运动。通过偏关整风，广大干部的思想理论水平进一步提高，对克服主观主义、宗派主义、教条主义、关门主义，促进党政军干部改进作风、增强党性，都产生了积极作用。

在全党开展整风运动之后，1945 年 4 月 23 日至 6 月 11 日，中国共产党第七次全国代表大会在延安隆重召开，代表全国 121 万党员的 547 名正式代表和 208 名候补代表出席了大会。战斗、工作在内蒙古地区的姚喆、乌兰夫、白成铭等作为晋绥代表团代表参加了大会。

毛泽东在大会上致开幕词和闭幕词，并作《论联合政府》的书面政治报告、关于形势和思想政治问题的报告、关于讨论政治报告的结论和关于选举问题的讲话。朱德作《论解放区战场》的军事报告和关于讨论军事问题的结论。刘少奇作《关于修改党章的报告》和关于讨论组织问题的结论。周恩来在会上作《论统一战线》的发言。任弼时、陈云、彭德怀、张闻天、陈毅、叶剑英、杨尚昆、刘伯承、彭真、聂荣臻、陆定一、乌兰夫等 20 多人作了大会发言。这些报告、讲话和发言，从各个方面论述党的政治路线、军事路线、组织路线的基本精神，总结党的历史经验，并对各条战线的任务和政策提出了具体意见。大会经过深入讨论，一致通过了关于政治、军事、组织方面的报告，通过了政治决议案、军事决议案和新的党章。

党的七大选举产生了新的中央委员会，选举出中央委员 44 名，候补中央委员 33 名。长期在内蒙古西部地区从事革命斗争、从 1941 年下半年开始在陕甘宁边区从事民族工作的乌兰夫当选候补中央委员，并在大会上作了关于民族问题的发言。乌兰夫在发言中回顾满清以来特别是国民党对少数民族的压迫、剥削行径和大汉族主义政策，盛赞了中国共产党民族平等、民族团结的政策，表示蒙古民族各阶层和群众“拥护毛主席的民族政策，拥护党的政策，是出于自愿的”“毛主席的民族政策，将成为蒙古民族里面自觉的热烈的号召团结的口号”①。

党的七大总结了中国新民主主义革命在 20 多年中曲折发展的历史经验，制定了正确的路线、纲领和策略，使全党特别是党的高级干部对中国民主革命的发展规律有了比较明确的认识，使全党在马克思列宁主义、毛泽东思想的基础上达到了空前的团结。将毛泽东思想确定为党的指导思想并写入党章，是党的七大的历史性贡献。绥远地区党员和干部通过学习七大精神，提高了政治觉悟，统一了思想认识，为争取抗日战争的胜利和迎接内蒙古地区的解放打下了坚实的思想基础。

1945 年 5 月 8 日，晋绥分局发出致各区党委各地委工委电，要求“举行普遍深入的庆祝使每个干部党员群众都深刻认识七大是关系自己切身利益的重大事件”“立即动员全党全军及各种群众组织为迎接七大所给予我们的新的任务并准备坚决执行七大全体决议而奋斗”②。

为了加强对绥远地区的领导，迎接抗日战争的最后胜利，1945 年 7 月，中共中央决定，塞北区行政公署改为绥蒙政府，乌兰夫任政府主席，杨植霖任副主席。绥蒙政府隶属晋绥边区行政公署领导，下辖绥西专

---

① 《乌兰夫在七大上的大会发言——关于民族问题（节录）》（1945 年 5 月 21 日），中共中央党史研究室、中央档案馆编：《中国共产党第七次全国代表大会档案文献选编》，中共党史出版社 2015 年版，第 445 页。

② 《中共晋绥分局致各区党委各地委工委电》（1945 年 5 月 8 日），中共中央党史研究室、中央档案馆编：《中国共产党第七次全国代表大会档案文献选编》，中共党史出版社 2015 年版，第 724 页。

员公署，辖武归县、萨武固包联合县，专员为李维中，副专员为王经雨；绥南专员公署，辖和林县、清水河县、托克托县、凉城县，专员为郑天翔；绥中专员公署，辖陶林县、集宁县、丰镇县，专员为宋克缵，副专员为靳崇智；雁北五专署，辖朔县、左云县、右玉县、平鲁县、山阴县、怀仁县，专员为阎秀峰，副专员为康庄。同时，中共中央、晋绥分局又从延安和晋西北派出一大批各族干部充实绥蒙地区的领导力量。乌兰夫、杨植霖、姚喆等绥蒙党政军领导陆续从延安回到偏关后，多次召开会议，传达中共七大精神，分析绥蒙地区斗争形势，制定执行符合实际情况的方针、政策和工作重点，有力地推动了绥蒙地区的工作。

四、转入对日军的全面反攻

进行反攻前的充分准备

从1945年初开始，随着世界反法西斯战争形势的重大变化和中国抗战的不断胜利，日本军国主义必然失败的命运已无可避免，中国人民的抗日战争已处在大反攻的前夕。

在中共中央领导下，中共晋察冀分局和晋绥分局为在华北和热、察、绥地区的战略反攻作了充分的准备。在组织上，调整充实了党政军领导机构。1945年2月，中共塞北区工委改为中共绥蒙区委员会。7月，绥蒙政府在山西省偏关县成立后，塞北军分区改为绥蒙军区。为便于对绥蒙地区的领导，绥蒙政府由山西偏关迁到绥东商都县。在乌兰夫领导下，绥蒙地区各族群众积极行动，准备配合晋绥解放区八路军主力进行反攻作战。

在大青山抗日游击根据地得到恢复以后，中共中央和晋绥分局对该地区的全面反攻也做了一系列准备工作。1945年1月，晋绥分局传达了毛泽东的指示："晋绥边区于两年内须扩大一倍以上，根据地（人口须扩大到三百万以上），发展的主要方向是雁北、绥远”[①]。这一指示表明，在全面反攻将要到来之时，大青山抗日游击根据地所处的战略地位更加重要了。晋绥分局加强与充实了绥中、绥西、绥南的党政军领导机构，任命王再兴为绥中地委书记，宋克缵为专员，王建功为组织部部长，康健民为军分区司令员；任命白成铭为绥西地委书记，李维中为专员，王道三为组织部部长，蔡久为军分区司令员；任命张毅忱为绥南地委书记，郑天翔为专员，高铭卿为副书记，范忠祥为军分区司令员。为了加强大青山地区的军事力量，1945 年 2 月，晋绥军区派步兵第九团挺进大青山；4 月间，中央军委从延安派骑兵旅奔赴大青山；7 月，晋绥军区再派步兵第二十七团开往大青山。此时，绥蒙军区所辖部队有骑兵旅，骑兵第一团、第二团、第三团，步兵第九团、第二十七团，偏清支队，骑兵大队，步兵第二营，教导第三队等。大青山地区的武工队、游击队也迅速壮大，党领导下的地方武装力量日益增强。

1945 年 6 月中旬，晋绥根据地军民在取得春季攻势战役胜利的基础上，又发动了夏季攻势。塞北军分区各部队在平绥铁路南北两线向敌人展开了全面进攻和“围挤”。在路南，从 6 月初开始，塞北军分区部队攻克清水河境内暖泉、三道沟、土山子等据点。晋绥军区步兵第九团等部队攻克王庄窝据点，打掉了日、伪军阻断绥南与雁北交通的所谓的前哨阵地，形成了直接围困清水河县城的有利条件。随后，八路军又攻克了绥南石沟子等据点，击溃凉城日、伪军 200 多人。在路北，绥中部队在收复活佛滩等 8 个据点后，又先后攻克十顷地、蒙古寺、黑老、厂汗脑包、米粮局、大脑包等敌据点。在绥西，根据地军民攻破后脑包、西土城子等 5 个据点，绥西、绥中部队直逼归绥城。从 6 月初开始的两个月内，八路军共进行较大战斗 50 多次，收复了大片失地。

在抗日军民的强大攻势下，日本侵略者在绥蒙地区的统治摇摇欲坠，不得不放弃一系列据点，退守主要城镇和平绥铁路，实行“重点守

① 《吕正操、林枫致张经武、陈漫远、张平化电——关于开展绥远工作的指示》（1945 年 1 月 11 日），中共内蒙古自治区委员会党史资料征集研究委员会、中国人民解放军档案馆、内蒙古自治区档案馆编：《大青山抗日游击根据地资料选编》上册，内蒙古人民出版社 1986 年版，第 54 页。

备”。在平绥铁路西段大同到包头广大地区，仅有日军临时编成且装备很差的第四独立警备队驻守。1945年7月，日军被迫从绥中、绥西撤除21个据点，归绥城也只有300余名日军、1000多名伪蒙古军苟延残喘。以德王、李守信为首的伪蒙疆政权内部也分崩离析，人心惶惶。至此，绥蒙军区所辖步、骑兵部队以及武工队、游击队已对平绥铁路西段日、伪军形成包围之势，全面反攻条件已趋成熟。

抗日根据地的全面反攻

1945年7月26日，中、美、英三国发表了促令日本投降的《波茨坦公告》。8月6日和9日，美国先后在日本的广岛和长崎各投下一枚原子弹。与此同时，苏联根据《雅尔塔协定》，于8月8日发表对日作战宣言。8月9日，苏联红军（包含少部分外蒙古军队，亦称苏蒙联军）从东、西、北三面进入中国东北（包括内蒙古中东部地区），向日本关东军全线进攻，加速了日本法西斯的覆灭。

1945年8月9日，毛泽东发表《对日寇的最后一战》的声明。8月10日24时至11日18时，朱德向所有解放区部队连续发出受降及对日军展开全面反攻的七道命令，命令各解放区的武装部队向一切敌占交通要道展开积极进攻，迫使日、伪军投降。要求各解放区抗日武装部队向其附近的日、伪军发出通牒，限他们于一定的时间内向人民军队缴械。如日、伪武装部队拒绝投降缴械，就坚决予以消灭。

1945年8月9日，苏联红军一部进入内蒙古地区，向日本关东军和日本驻蒙军发动强大攻势。苏联红军分别沿满洲里、海拉尔、扎兰屯一线，阿尔山、五叉沟、王爷庙、通辽一线，阿巴嘎旗、正蓝旗、多伦、承德一线，乌珠穆沁、林西、赤峰、平泉一线，苏尼特右旗、化德、商都、张家口一线迅速推进，消灭了顽抗的日军。处在日军严密控制下的伪满洲国兴安军及伪蒙疆政权的蒙古军官兵掉转枪口杀死日本军官，或发动起义，或向苏联红军投诚。

在苏联红军给日本关东军以沉重打击之时，八路军冀热辽军区部队和东北抗日联军部队积极配合作战，收复了山海关、热河。

在解放区军民对日大反攻中，晋绥解放区的反攻作战于1945年8

月11日从南、北两线同时开始。中共中央军委决定，晋绥军区部队统一由贺龙、李井泉指挥。为了方便反攻作战，晋绥分局和晋绥军区成立了吕梁、雁北、绥蒙3个区党委，3个二级军区，3个指挥部。绥蒙军区以姚喆为司令员，张达志为政治委员，辖平绥铁路以北地区。晋绥军区成立了领导南北两线作战的南线与北线指挥部。北线指挥部由吕正操、高克林、许光达、孙志远负责，指挥绥蒙军区及二、五、十一各分区。归绥是八路军晋绥军区北线部队的主攻目标。归绥城内300多名日军和千余名伪蒙古军已陷入四面楚歌的绝境。此时，归绥日本驻军已接到日本华北方面军命令，拟从归绥向大同、张家口撤退集中，将武器装备移交给伪蒙古军，并拒绝向八路军投降。8月12日，八路军北线指挥部命令姚喆率骑兵旅，绥西第三团、第九团、第二十七团，并集中绥中、绥西所有游击队自铁路以北向归绥挺进，占领归绥城，争取收复包头、固阳并坚决阻击国民党军队东进，发动群众彻底破坏归绥以西铁路、公路。当日，以归绥为中心的北线反攻作战全面展开，八路军向平绥铁路沿线日、伪军猛烈进攻，阻断了平绥铁路交通并收复了陶林县城。

日军在中国军民的全面反攻和同盟国军队包括苏联红军的沉重打击下，迅速土崩瓦解。1945年8月15日，日本天皇裕仁以广播《终战诏书》的形式宣布接受《波茨坦公告》。日本无条件投降。日本宣布投降后，中国战场的日军并没有立即停止作战。中国解放区军民的反攻仍在继续。

8月15日，八路军绥中骑兵第二团收复了武川县城。16日，绥西第三团、第九团、第二十七团分别攻占了平绥铁路重要车站察素齐、毕克齐和归绥外围的据点兵州亥。绥中游击队于17日占领旗下营、陶卜齐、白塔火车站。

8月18日凌晨，绥西第三团、第九团、第二十七团向驻归绥城的日、伪军发起猛烈进攻。在八路军强大的军事和政治攻势下，城内多数伪蒙古军见大势已去准备投降。但伪蒙古军总参谋长宝贵廷以及门树槐等人拒绝谈判，接受李守信指令，准备投靠国民党。城内日、伪军继续顽抗。与八路军攻城同时，8月11日即从陕坝出发、13日强占包头的国民党军孙兰峰部在东进归绥途中于杨家堡与八路军阻击部队交火，并于18日下午4时左右，会同自包头东退的日军从南茶坊攻入归绥。八路军腹背受敌，撤出战斗，归绥遂被国民党军抢占。

在绥蒙军区部队进攻归绥的同时，许光达率领的独立第二旅第三十六团由保德直抵清水河县，由吕正操率领的第三十二团也随后赶到，并于8月19日全歼日、伪军1000余人，收复清水河县城，拔掉了晋北与绥南之间的障碍。在八路军各路反攻部队打击之下，绥蒙日、伪军或窜或降，负隅顽抗者被坚决消灭，绥蒙地区的日军被八路军追击压缩在大同一带。

8月22日，中共中央军委根据国民党抢夺抗战胜利果实所造成的战略反攻形势的复杂变化，决定改变军事方针，提出解放区抗日军队对大城市除个别的仍可占领外，一般应以相当兵力威胁大城市和交通要道，而以必要兵力着重夺取中、小城市及广大乡村，扩大巩固解放区，并准备应付新局面。晋绥分局和晋绥军区对反攻作战作了新的部署，要求北线部队除巩固陶林、武川、清水河外，应继续夺取绥东、绥南各县城，配合晋察冀部队打击与阻止国民党顽军东进。八路军根据新的军事方针，对敌伪发起了更加广泛的进攻，在绥蒙地区除巩固已收复城镇外，还努力扩大了解放区。

8月22日，晋察冀部队攻克了平绥铁路战略支点集宁、丰镇两县城及火车站。晋绥军区独立第二旅及第三十二团在收复清水河后，第三十二团东进直取左云，于8月31日以3个连兵力歼灭守城伪军500多人，解放左云县城。独立第二旅第三十六团自清水河北上，收复了和林格尔，尔后又东进，在凉城县上沟、王贵窑子、一间房一带击溃了马占山东北挺进军第五师，连续攻克凉城、新堂。第三十二团和第二十七团联手，将反扑新堂的国民党军暂编第十七师全歼于新堂外围及岱海滩一带，沉重打击了沿平绥铁路东犯的国民党顽军。至此，北线日、伪、顽军已被八路军压缩在归绥至大同一线。

在平绥铁路沿线大反攻中，晋察冀部队在聂荣臻指挥下，分路配合苏联红军作战。冀晋军区第四、五军分区部队向大同、丰镇、集宁、商都进击，冀察军区第十二、十三、十九军分区部队向张家口、张北、多伦、沽源进军。8月14日，收复兴和县城。23日，解放张家口，歼灭日、伪军2000余人。张家口的解放不仅宣告了伪蒙疆政权的彻底覆灭，而且对于中国共产党在抗战胜利后实行“向北发展，向南防御”“控制热察，发展东北”的战略方针具有重要意义。

8月17日，冀热辽军分区司令员赵文进和地委副书记宋诚，率领冀热辽挺进军中路军，从喜峰口出关，向平泉、赤峰一带迅速出击，进至平泉与苏联红军会师后，分兵进击宁城、凌源，直抵赤峰。同时，战斗在赤峰地区的八路军、游击队、地下工作人员也纷纷行动起来，配合苏联红军清除日、伪军残余，接收敌伪政权。8月17日，中共地下工作者王逸伦在赤峰组织队伍扩充武装，与苏联红军联合剿灭日、伪残余武装，维护赤峰、平庄、乌丹一带治安。8月24日，宁赤办事处主任张立文率部接收了宁城马占城子伪政权，25日接收了大明城伪政权，然后带领游击队开赴赤峰，组建了由张立文任市长的赤峰市政府。

在对日大反攻的形势下，在中国共产党政策的感召下，内蒙古地区部分伪军选择了起义、投诚。8月10日，伪蒙古军第九师在乌勒吉敖喜尔带领下，在乌兰察布盟四子王旗境内举行起义，并与绥蒙政府副主席杨植霖及苏联红军取得联系。伪蒙古军第七师达密凌苏隆部亦在商都向苏联红军缴械投降。8月11日，苏尼特右旗伪蒙古军幼年学校师生在向张家口撤退途中杀死日本教官，投奔驻苏尼特右旗德王府的苏联红军。

1945年8月10日晚，伪兴安军第二师骑兵第四十六团、步兵第三十八团官兵在团长王海峰、胡克巴图尔带领下，在王爷庙南山起义，杀死日本军官，摧毁王家窝堡日军部队指挥机关，与苏联红军取得联系。8月11日，兴安陆军军官学校学生在葛根庙北山杀死日本军官，宣布起义。同时，在唐山附近的伪满“铁血部队”中的蒙古族官兵也解除了日本军官的武装，迅速返回内蒙古东部地区。

1945年9月2日，日本代表在投降书上签字。至此，中国抗日战争暨世界反法西斯战争胜利结束。内蒙古沦陷地区各族人民也摆脱了日本侵略者长期的殖民统治。

抗日战争是近百年来中国人民第一次取得完全胜利的伟大的民族解放战争。它促进了中华民族的大团结，弘扬了以爱国主义为核心的中华民族的伟大精神。中国共产党以自己的政治主张、坚定意志和艰苦卓绝的斗争，在全民族抗战中发挥了中流砥柱的作用。在中国共产党倡导建立的抗日民族统一战线旗帜下，“四万万人齐蹈厉，同心同德一戎衣”，中国人民以血肉之躯筑起拯救民族危亡、捍卫民族尊严的钢铁长城，用生命和鲜血谱写了中华民族历史上抵御外侮的伟大篇章。内蒙古地区各族人民在中国共产党领导下团结一致、共同抗日，彰显出强烈的爱国主义和民族团结精神。抗日战争的胜利极大地推进了中国社会的历史进程，为新民主主义革命的彻底胜利奠定了坚实的基础，也为内蒙古地区革命运动的发展创造了极为有利的条件。

第 四 编

党领导实现内蒙古民族区域自治和支援全国解放战争

（1945 年 8 月—1949 年 9 月）

第 十 三 章

抗战胜利后内蒙古地区的时局和党的方针

1945 年 8 月，中国人民经过 14 年浴血奋战，打败了日本帝国主义，赢得了抗日战争的伟大胜利。抗日战争的胜利，洗雪了中华民族近代以来遭受侵略的百年耻辱。内蒙古地区各族人民从抗日战争胜利中看到了光明和自由的希望。而国民党反动集团不甘心放弃独裁统治，一意孤行，加紧准备内战，中国面临着两种前途、两种命运的决战。内蒙古地区由于所处的特殊战略地位，成为国共两党在政治和军事上展开激烈斗争的重要战场，还面临着反对新的民族分裂活动的严峻形势。抗战胜利后，中国共产党为内蒙古地区工作制定了正确的方针。受党中央委派，乌兰夫等人来到内蒙古地区，执行党中央决定，领导各族人民开展巩固解放区的斗争，为内蒙古地区开展党领导下的民族区域自治作了思想上、军事上、组织上的准备。

一、抗战胜利后内蒙古地区的复杂形势

两种前途两种命运的决战

抗日战争胜利后，国际、国内形势发生了重大变化。在国际上，经

过第二次世界大战，德、意、日三个法西斯国家被打败，英、法等国家实力受到很大削弱，美国成为世界头号强国，以苏联为代表的人民民主力量得到增强。在国内，中国共产党团结带领人民革命力量经过 14 年浴血奋战，已经发展成为具有全国影响力的大党，国内各派政治力量的对比发生了深刻变化。经受长期战乱之苦的广大人民，强烈反对内战，迫切希望和平、希望能够重建家园。中国共产党从广大人民的根本愿望出发，主张团结一切爱国民主力量，把中国建设成为独立、自由、民主、统一、富强的新国家。国民党统治集团则企图依靠美国政府的支持，继续维持国民党一党专政的统治。中国面临着两种前途、两种命运的抉择。在这重要的历史关头，中国共产党通过对国际、国内形势的深刻分析，提出了正确的指导方针和斗争策略。对于蒋介石发动内战的阴谋，中共中央早就高度警惕，及时提出了应对的策略和方针。1945 年 8 月 13 日，毛泽东在延安干部会议上作《抗日战争胜利后的时局和我们的方针》的报告，其中指出，从整个形势来看，抗日战争的阶段过去了，新的情况和任务是国内斗争，“这将是一场很复杂的斗争。目前这个斗争表现为蒋介石要篡夺抗战胜利果实和我们反对他的篡夺的斗争”[①]。国民党反动派对人民的方针是“寸权必夺，寸利必得”，中国共产党对国民党反动派的方针是“针锋相对，寸土必争”。8 月 25 日，中共中央发表《对目前时局的宣言》，明确提出“和平、民主、团结”三大口号，为了争取中国光明的前途，中国共产党领导广大人民同国民党反动派展开了复杂而激烈的斗争。

内蒙古地区的战略地位极其重要，地跨中国的东北、华北、西北，北面与苏联和蒙古接壤，拥有重要的交通线。为阻止国民党抢夺抗战胜利果实，中国共产党在内蒙古地区与其展开了针锋相对的斗争。为控制热河省、察哈尔省，取得战略主动权，1945 年 8 月 29 日，中共中央在《关于迅速进入东北控制广大乡村和中小城市的指示》中明确指出：“晋察冀和山东准备派到东三省的干部和部队，应迅速出发，部队可用东北

① 毛泽东：《抗日战争胜利后的时局和我们的方针》（1945 年 8 月 13 日），《毛泽东选集》第四卷，人民出版社 1991 年版，第 1130 页。

军及义勇军等名义”①。9月17日，中共中央在《关于确定向北推进向南防御的战略方针给中共赴渝谈判代表团的电报》中指出：“东北为我势必所争，热、察两省必须完全控制”②；还指出为了加强冀热辽地区的工作应立即成立冀热辽中央局，并组织强有力的军事指挥机关。

国民党一心抢夺抗日战争胜利果实，利用美国的运输工具和武器装备，迅速将驻在西南大后方的军队运送至华南、华东、华北、东北地区，勾结并依靠日、伪力量担任守备，阻挠人民武装收复国土，抢占战略要点和主要交通线，积极准备内战。同时，国民党反动派利用一些蒙古族官僚、政客、特务和跑到重庆的德王等原伪蒙疆势力，企图实现对内蒙古地区的统治。

蒋介石命令第十二战区司令傅作义负责接受绥远、察哈尔、热河三地日、伪军的投降。绥远地区的国民党军从河套和伊克昭盟地区大举出动，在日、伪军接应下抢占了战略要地和交通要道，先后占据了包头、归绥及绥东、绥南大部分城镇。1945年10月，国民党调集17个军约40万人向华北解放区进犯，并向东北地区大批运送精锐部队。傅作义部全线出动，沿平绥路东进，占领了集宁，逼近张家口，与平、津的国民党军队相呼应，形成对热河、察哈尔、绥远解放区的分割包围，企图切断中国共产党及八路军与苏联、外蒙古的联系，抢夺内蒙古地区的抗战胜利果实，并以张家口为中心建立所谓“热察绥防共隔绝地带”。

1945年8月10日至11日，朱德连续发布关于受降和对日展开全面反攻的七道命令后，中共中央于9月19日又发出指示，强调：“目前全党全军的主要任务，是继续打击敌伪，完全控制热、察两省，发展东北我之力量并争取控制东北，以便依靠东北和热、察两省，加强全国各解放区及国民党地区人民的斗争，争取和平民主及国共谈判的有利地

---

① 《中共中央关于迅速进入东北控制广大乡村和中小城市的指示》（1945年8月29日），中共中央文献研究室、中央档案馆编：《建党以来重要文献选编》（一九二一——一九四九）第22册，中央文献出版社2011年版，第665页。

② 《中共中央关于确定向北推进向南防御的战略方针给中共赴渝谈判代表团的电报》（1945年9月17日），中共中央文献研究室、中央档案馆编：《建党以来重要文献选编》（一九二一——一九四九）第22册，中央文献出版社2011年版，第682页。

位”①。根据中共中央指示，中国共产党领导的人民武装迅速行动，在内蒙古地区展开了保卫抗日战争胜利果实的斗争。

1945 年 8 月 9 日，苏联宣布对日作战，苏联红军横扫日本军队，进入东北和华北地区。对于在苏联红军控制之下的内蒙古中、东部地区，国民党利用部分蒙古族政客、王公上层，组成“蒙旗宣抚团”等机构进行“蒙旗复员”活动，试图恢复各盟旗原有的统治。在其已“接收”的地区，恢复了热河、察哈尔、绥远三省原有建制，将东北地区重新划分为辽宁、安东、辽北、吉林、松江、合江、黑龙江、嫩江、兴安 9 个省，取代伪满洲国时期的行政区划，建立国民党东北地方政权。哲里木盟和呼伦贝尔、西布特哈地区分别被划入辽北、吉林、嫩江、兴安等省。哲里木盟、卓索图盟、昭乌达盟等地区恢复了伪满洲国时期已废除的封建王公制度，国民党利用蒙古族王公上层势力为其统治服务。国民党招纳地方封建势力及日、伪残余，收编地方武装和土匪，在解放区大肆活动，企图恢复反动统治。这时，内蒙古地区与全国一样，处于光明与黑暗两种前途、两种命运的十字路口。

党在内蒙古东部地区的工作

抗日战争胜利后，1945 年 9 月 15 日，中共中央决定成立东北局，并从全国各根据地抽调 2 万多名干部和 10 多万人的部队迅速挺进东北。在中共中央的统一领导和部署下，大批八路军、新四军部队迅速进入东北的一些城市和广大乡村地区。国民党则在美国的帮助下，通过海运、空运调动军队大举北上，派员组建地方党部，恢复原有建制，组织地方武装，利用原日、伪力量妄图独霸东北。

根据形势变化，中共中央于 11 月中旬电示东北局，指出将“长春路

① 《中共中央关于目前任务和战略部署的指示》（1945 年 9 月 19 日），中共中央文献研究室、中央档案馆编：《建党以来重要文献选编》（一九二一——一九四九）第 22 册，中央文献出版社 2011 年版，第 685 页。

沿线及大城市让给蒋军”[①]“迅速在东满、北满、西满建立巩固的基础，并加强热河、冀东的工作，应在洮南、赤峰去建立后方，作长久打算”[②]。11月下旬，中共中央再次致电东北局，指出：“我企图独占东北，无此可能，但应力争我在东北之一定地位，长春路沿线及东北各大城市我应力求插足之外，东满、南满、北满、西满之广大乡村及中小城市与次要铁路，我应力求控制”[③]“现在承德干部三千五百人，后继尚有二三千人，可分配在热河及西满工作”[④]。东北局根据中共中央制定的“速从城市及铁路沿线退出，让开大路，占领两厢”的战略决策，在距离大城市和交通要道较远的城镇、乡村创建根据地。

按照中共中央部署，有关的中央局、省委和军区，陆续派出干部分赴内蒙古东部地区建立党组织和政权，广泛发动群众，创建和发展根据地。

当时，内蒙古东部地区是华北通向东北的重要通道，部分地方已是创建中的西满根据地和冀热辽根据地的组成部分，控制内蒙古东部地区对掌握整个东北局势至关重要。

西满根据地是由1945年12月6日成立的中共中央西满分局领导建立的，覆盖嫩江省、黑龙江省、辽北省和兴安省。1946年2月，为打开内蒙古东部地区的工作局面，西满分局派胡昭衡到兴安省王爷庙同内蒙古人民革命党东蒙党部、东蒙古人民自治政府领导人进行接触。1946年3月，西满分局决定，由中共嫩江省委常委兼中共白城子地委书

---

① 《中共中央关于让出大城市及长春路后开展东满、北满工作给东北局的指示》(1945年11月20日)，中共中央文献研究室、中央档案馆编：《建党以来重要文献选编》(一九二一——一九四九)第22册，中央文献出版社2011年版，第810页。

② 《中共中央关于撤出大城市后的中心任务给东北局的指示》(1945年11月20日)，中共中央文献研究室、中央档案馆编：《建党以来重要文献选编》(一九二一——一九四九)第22册，中央文献出版社2011年版，第812页。

③ 《中共中央关于应以控制中小城市及广大乡村为工作重心给东北局的指示》(1945年11月28日)，中共中央文献研究室、中央档案馆编：《建党以来重要文献选编》(一九二一——一九四九)第22册，中央文献出版社2011年版，第822页。

④ 《中共中央关于应以控制中小城市及广大乡村为工作重心给东北局的指示》(1945年11月28日)，中共中央文献研究室、中央档案馆编：《建党以来重要文献选编》(一九二一——一九四九)第22册，中央文献出版社2011年版，第823页。

记张策为西满军区全权代表，在王爷庙设立西满军区办事处，张策任主任，成员有胡昭衡、胡秉权、黄文飞等。1946年4月，中国共产党东蒙工作委员会成立，张策任书记。中国共产党东蒙工作委员会深入群众，宣传党的路线、方针、政策，特别是民族政策，发展党员，建立党组织，建立干部学校，组建工会，领导群众开展除奸反霸、减租减息斗争，为建立、巩固根据地奠定了基础。1946年9月1日，兴安省第一个农村党支部——兴安镇党支部成立。

冀热辽根据地包括河北省东北部、热河省和辽宁西部走廊，热河省辖区包括今内蒙古赤峰部分地区。热河省是东北的西南部屏障，是联系东北和华北的枢纽，所以中共中央把热河省作为必须完全控制的战略要地。根据中共中央指示，1945年9月20日中共热河省委、热河省军区成立，胡锡奎任省委书记、段苏权任军区司令员。从1945年9月至1946年2月，党在赤峰地区先后建立了中共热中、热北、热辽3个地委，黄文任热中地委书记，王逸伦任热北地委书记，陈文彪任热辽地委书记。大批干部深入各地，建立党组织和政权，开展民族工作，发动群众，发展武装力量，领导群众清剿土匪。中共热北地委还积极做好驻防林东一带的蒙古族武装和子章部的统一战线工作。在各级党组织和广大干部的积极努力下，一个以热河为中心、联结东北和华北的冀热辽根据地很快建立起来，赤峰地区的革命形势迅速发展起来。

内蒙古东部地区的呼伦贝尔地区、卓索图盟、昭乌达盟，也分别在中共中央东北局和西满分局、冀热辽分局的领导下，发动群众，开展了党的建设和政权建设等工作。

抗战胜利后的内蒙古地区，已成为中国共产党同国民党反动派进行斗争的重要战场。面对极其复杂严峻的局面，如何将内蒙古地区的革命运动引向正确的发展方向，解决好内蒙古地区的民族问题，成为中国共产党面临的重大课题。

二、党对内蒙古地区工作的方针

抗战胜利后，中共中央更加重视加强内蒙古地区的工作，更加重视解决内蒙古地区的民族问题。

中国共产党成立后，对中国民族问题的基本政策就是强调民族平等和民族团结，反对民族压迫，实现民族解放。抗日战争时期，中国共产党进一步加深了对民族理论和民族政策的认识和把握，在实践中形成了较为完整、成熟、符合中国实际的以“民族平等，民主自治”为特征的民族理论和民族政策。1945 年 11 月 12 日，乌兰夫在答新华社晋察冀分社记者问时指出：“中国共产党对少数民族的政策是非常清楚的，那就是民族平等和实行民族自治的政策”[①]。

为解决内蒙古地区的民族问题，中国共产党在思想、组织以及干部培养方面都作了充分准备。中共中央高度重视内蒙古地区干部的培养工作。早在建党初期和大革命时期，中国共产党就培养了包括乌兰夫在内的内蒙古地区第一批共产党人，他们经过大革命、土地革命和抗日战争的洗礼和考验，斗争经验、政策水平、领导能力都得到了提高。党对内蒙古地区干部的培养和对民族工作的重视，为推动内蒙古地区的工作提供了组织保障。

早在抗日战争胜利前夕，中共中央就深刻地认识到绥蒙地区的重要性并对绥蒙地区的工作给予高度重视。1945 年 7 月，为了加强绥蒙地区的工作，中共中央即决定在山西偏关建立绥蒙政府，由刚刚在中共七大上当选为候补中央委员的乌兰夫担任主席。8 月 12 日，中共中央发出指示，指出必须力争占领“归绥（含）以东之平绥路”[②]。8 月 15 日，在

① 乌兰夫：《答新华社晋察冀分社记者问》（1945 年 11 月 12 日），《乌兰夫文选》上册，中央文献出版社 2013 年版，第 1 页。

② 《中共中央关于确定必须占领之交通线及沿线城市的指示》（1945 年 8 月 12 日），中共中央文献研究室、中央档案馆编：《建党以来重要文献选编》（一九二一——一九四九）第 22 册，中央文献出版社 2011 年版，第 609 页。

抗日战争取得胜利之际，在绥远省、归绥市未控制的情况下，朱德即签署命令，任命乌兰夫为绥远省主席兼归绥市市长，为从日、伪军手中全面收复绥远省的沦陷区做准备。当月，乌兰夫率一批蒙汉族干部离开延安，返回内蒙古地区进行新的革命斗争。9月，绥蒙区党委成立，隶属中共晋绥分局，张达志任书记、苏谦益任副书记，全面领导绥蒙地区的工作，重新建立了中共绥东地委，领导集宁、丰镇、兴和县县委工作。1946年1月，高克林奉命调回任中共绥蒙区委书记。

1945年9月19日，中共中央提出以控制东北为核心内容的“向北发展，向南防御”的战略方针，把控制东北及热河、察哈尔两省看作是取得胜利的保障。10月23日，中共中央发出《关于内蒙古工作方针给晋察冀中央局和晋绥分局的指示》，明确指出：“在目前我党控制热察，发展东北，取得华北优势的方针下，内蒙在战略上具有极重要的地位。适当的解决内蒙民族问题，不仅关系内蒙民族本身的解放，而且能够建立我党我军巩固的后方及和苏、蒙军取得直接连系的有利地位”①。根据内蒙古地区的形势发展，中共中央确定“对内蒙的基本方针，在目前是实行区域自治”②，提出“首先从各旗开始，争取时间，放手发动与组织蒙人的地方自治运动，建立自治政府”③。《指示》要求，在制定对内蒙古的各项政策时“必须适时而慎重”④，必须深入调查研究，掌握各阶层动态。特别强调“在广大各阶层蒙人中揭发历史上国党及日本欺骗与统制内蒙

---

① 《中共中央关于内蒙古工作方针给晋察冀中央局和晋绥分局的指示》（1945年10月23日），中共中央文献研究室、中央档案馆编：《建党以来重要文献选编》（一九二一——一九四九）第22册，中央文献出版社2011年版，第760页。

② 《中共中央关于内蒙古工作方针给晋察冀中央局和晋绥分局的指示》（1945年10月23日），中共中央文献研究室、中央档案馆编：《建党以来重要文献选编》（一九二一——一九四九）第22册，中央文献出版社2011年版，第760页。

③ 《中共中央关于内蒙古工作方针给晋察冀中央局和晋绥分局的指示》（1945年10月23日），中共中央文献研究室、中央档案馆编：《建党以来重要文献选编》（一九二一——一九四九）第22册，中央文献出版社2011年版，第760页。

④ 《中共中央关于内蒙古工作方针给晋察冀中央局和晋绥分局的指示》（1945年10月23日），中共中央文献研究室、中央档案馆编：《建党以来重要文献选编》（一九二一——一九四九）第22册，中央文献出版社2011年版，第760页。

的罪行，消除蒙人对国党的幻想”①。对德王、李守信等已投向国民党的部分王公上层势力，应采取打击、分化、孤立政策，对过去反对德王及不与德王合作的民族上层人士，应积极争取他们参加自治政府，使打击对象缩小到最小范围。对于各盟旗的工作，要求“颁布简明纲领，建立地方武装，提拔与培养当地蒙古干部，检举蒙奸，举办有利蒙民的各种文化、经济及社会公益等建设事业”②。《指示》明确由乌兰夫负责拟定部队纪律和注意事项，“扶植蒙人的进步力量”③。同时《指示》中还明确：“统一西蒙领导，暂规定大的方针由中央决定，实际工作由晋察冀中央局及晋绥分局分别自行处理，而以乌兰夫同志和两个中局连系，以筹划共同的行动方针及统一步骤。至于蒙古干部应统一由乌兰夫分配，每一地区要有一个主要干部，并且绥蒙可派一批干部去察蒙工作”“晋察冀、晋绥及冀热辽均应指定专人负责研究内蒙问题，提供具体意见”④。

1945 年 11 月 12 日，乌兰夫在答新华社晋察冀分社记者问时指出：“中国共产党对于内蒙古的具体政策是：一方面主张要在政治、经济、文化上，用大力帮助其进步和发展，把涣散着的人民组织起来，在军事上帮助建立一支真正为人民大众服务的地方性的民族军队；另一方面，基于民族平等、民主自由的原则，主张蒙古族和汉族以及其他民族，在政权组织形式上，实行亲密的联合与合作”⑤。

---

① 《关于内蒙古工作方针给晋察冀中央局和晋绥分局的指示》（1945 年 10 月 23 日），中共中央文献研究室、中央档案馆编：《建党以来重要文献选编》（一九二一——一九四九）第 22 册，中央文献出版社 2011 年版，第 760 页。

② 《关于内蒙古工作方针给晋察冀中央局和晋绥分局的指示》（1945 年 10 月 23 日），中共中央文献研究室、中央档案馆编：《建党以来重要文献选编》（一九二一——一九四九）第 22 册，中央文献出版社 2011 年版，第 761 页。

③ 《关于内蒙古工作方针给晋察冀中央局和晋绥分局的指示》（1945 年 10 月 23 日），中共中央文献研究室、中央档案馆编：《建党以来重要文献选编》（一九二一——一九四九）第 22 册，中央文献出版社 2011 年版，第 761 页。

④ 《关于内蒙古工作方针给晋察冀中央局和晋绥分局的指示》（1945 年 10 月 23 日），中共中央文献研究室、中央档案馆编：《建党以来重要文献选编》（一九二一——一九四九）第 22 册，中央文献出版社 2011 年版，第 761 页。

⑤ 乌兰夫：《答新华社晋察冀分社记者问》（1945 年 11 月 12 日），《乌兰夫文选》上册，中央文献出版社 2013 年版，第 1 页。

为贯彻中共中央指示，各有关中央局、分局分区域负责，全面领导开展了内蒙古地区的工作。伊克昭盟、阿拉善地区的工作由中共中央西北局直接领导；兴安盟、哲里木盟、呼伦贝尔地区的工作由中共中央东北局及所属西满分局负责，西满分局专门成立了蒙古工作委员会；乌兰察布盟、巴彦塔拉盟、察哈尔盟、锡林郭勒盟和昭乌达盟、卓索图盟的工作由中共晋察冀中央局及所属晋绥分局、冀热辽分局负责。中共中央根据当时形势，决定以张家口为基地，以锡林郭勒盟、察哈尔盟为中心开展内蒙古自治运动，并向东部地区扩展，建立广泛的统一战线。

在西北局、东北局、晋察冀中央局和西满分局、晋绥分局、冀热辽分局的领导和帮助下，为了团结蒙古族各阶层共同抵御国民党的军事进攻，保障自治运动顺利开展，内蒙古各地相继制定了组织蒙古民族武装、扩大人民革命力量的方针和具体办法。1945 年 11 月 9 日，《中共晋察冀中央局关于察绥两盟政权问题给中央的报告》中指出："我们讨论了中央关于内蒙工作指示后，决定内蒙的政权，先民选成立察盟锡盟两自治政府受察哈尔省政府之领导，并成立一个群众团体名为蒙古自治运动联合会带有政府的咨询机关性质，由自治运动联合会办学校，联络各盟旗，团结王公、喇嘛与知识分子，准备将来成立内蒙自治政府。在各盟旗政府下，成立蒙古人的自卫武装。"①11 月 23 日，中共晋察冀中央局制定《目前对内蒙古政策的几个要点》，对建立区域性自治政权、开展群众运动、组建军队三项工作进行了部署。

抗日战争胜利后，党在内蒙古地区实施民族区域自治方针政策的确立，为内蒙古自治运动的开展指明了正确方向。

三、保卫内蒙古解放区的斗争

日本投降后，国民党军第十二战区傅作义部抢占了大同以西的全部

---

① 《中共晋察冀中央局关于察绥两盟政权问题给中央的报告》（1945 年 11 月 9 日），中共中央统战部编：《民族问题文献汇编》，中共中央党校出版社 1991 年版，第 975 页。

铁路及沿线战略要地，控制了绥蒙大部分地区，与第十一战区驻平津地区的孙连仲部相呼应，对热河、察哈尔两省解放区构成了严重威胁。在中国共产党领导下，内蒙古地区各解放区和各族人民进行了自卫战争。八路军主力部队进入内蒙古地区，与地方武装力量结合，在内蒙古各族人民的大力支持下，与国民党进行了坚决的斗争。

平绥战役

1945 年 8 月 30 日，中共中央军委立足绥蒙地区形势，为控制热河、察哈尔两省和绥远大部分地区，巩固以张家口为中心的战略根据地，发出《力争绥察热全境》的指示，指出控制这些地区对粉碎国民党的军事进攻、实现我军战略部署具有重要意义。9 月 11 日，中共中央军委电示晋察冀军区司令员聂荣臻、晋绥军区司令员贺龙，率领晋察冀军区、晋绥军区部队联合发起平绥战役[①]。10 月 16 日，毛泽东亲自起草中共中央致晋察冀、晋绥两局并告东北、晋冀鲁豫两局电，指出："即将开始的平绥战役，关系我党在北方的地位及争取全国和平局面，极为重大。"[②]此时蒋介石令傅作义集结 5 万余人于归绥、集宁、大同一线，等待陆运、空运、海运兵力集中在北平、天津、秦皇岛等地，企图相互配合进攻张家口、沈阳、承德。绥远的毕克齐、归绥、武川、集宁、丰镇、陶林、凉城、清水河等原有解放区，以及不久前收复的地区，均被傅作义部协同伪军王英、李守信等强占。面对这种形势，毛泽东强调："此次平绥战役，系为收复失地打开交通路而战，具有充分之理由，望鼓励士气，坚决、彻底、干净、全部地消灭反共反人民之顽伪军，完成你们的神圣任务。至平绥战役胜利后，主力应迅速准备转移冀东、平西地区，执行严重的新

---

① 亦称绥远战役、察绥战役。

② 《中共中央关于平绥战役及准备消灭阎锡山残部的指示》（1945 年 10 月 16 日），中共中央文献研究室、中央档案馆编：《建党以来重要文献选编》（一九二一——一九四九）第 22 册，中央文献出版社 2011 年版，第 739 页。

任务。”①

根据中共中央的部署，聂荣臻调晋察冀军区的3个纵队的9个旅，贺龙调晋绥军区五个旅出征绥远。鉴于晋察冀军区参战部队多，贺龙于1945年10月1日致电中央军委，建议绥远战役由晋察冀军区司令员聂荣臻统一指挥。中共中央采纳了贺龙的建议。12日，中共中央在致各局并转各区党委的电文《〈双十协定〉公布后应注意的问题》中指出，争夺平绥路的斗争将到来。15日，聂荣臻下达发起平绥战役的命令，随即率部西进。18日，参战部队共5.3万余人向绥蒙地区的国民党军发起进攻。经过四天激烈战斗，至21日占领凉城、八苏木、天成村，以及商都、陶林之间的七大顷、段家村等地，歼灭国民党军700余人，迫使国民党军全线西撤。22日，中共中央致电聂荣臻等，指示：“傅部主力必须歼灭，归绥、包头、五原、固阳必须占领，如有可能则占领临河。大同必须占领，如能速占则速占之，否则待回师时再占。请按此方针部署作战。如傅部固守归绥，则先将包头、五原、固阳占领，使傅部绝粮突围，然后歼灭之。如我能迅进，可能速占归绥”②。24日，中共中央又致电聂荣臻、贺龙，指出：“如傅部主力固守集宁，一时不能攻克，望集中主力歼灭十八台、卓资山、三道营、旗下营、白塔之敌，占领集宁、归绥间二百余里铁路”③。为歼灭西遁之敌，22日至24日，晋绥军区参战部队从凉城一线向绥远东部地区战略枢纽、归绥屏障卓资山疾进，贺龙亲临前线指挥战斗。24日黄昏至25日上午，晋绥军区参战部队向驻守卓资山的国民党军发动猛烈进攻，歼灭国民党军新编第二十六师4000余人。24日，晋察冀军区参战部队占领华北重镇、平绥铁路沿线的战略要地集宁。26日，晋察冀军区、晋绥军区参战部队会合，聂荣臻和贺龙在卓资山会

---

① 《中共中央关于平绥战役及准备消灭阎锡山残部的指示》（1945年10月16日），中共中央文献研究室、中央档案馆编：《建党以来重要文献选编》（一九二一——一九四九）第22册，中央文献出版社2011年版，第739页。

② 《归绥包头大同等地必须占领》（1945年10月22日），《毛泽东军事文集》编辑组编：《毛泽东军事文集》第三卷，军事科学出版社2017年版，第71页。

③ 《孤立傅作义部于集宁后再歼灭之》（1945年10月24日），《毛泽东军事文集》编辑组编：《毛泽东军事文集》第三卷，军事科学出版社2017年版，第75页。

面，商议下一步行动。

傅作义为保存实力，避免被各个击破，决定集中主要兵力于归绥、包头。1945 年 10 月 27 日，傅作义将其主力部队 6 个师约 2.4 万余人撤至归绥，加修工事。同日，中共中央军委发电指出："我军应在卓资山附近休息数天，完成一切进攻准备，然后集中全力歼灭傅顽，夺取归绥。此次作战，必须达成歼灭傅顽主力之目的，应将我主力运动到傅顽阵地背后去，由西向东打，方可聚歼，并须准备血战多天"①。根据中共中央军委指示，参战部队兵分两路进攻归绥、包头。30 日，晋察冀军区部队和晋绥军区部队开始进攻归绥外围地区，拟合围归绥再行攻城，另派一部分兵力趋向包头，切断傅作义部西遁之路，孤立归绥。10 月底，参战部队完成对归绥的合围。根据战场态势，贺龙命令绥蒙军区副司令员兼政委张达志指挥康健民骑兵旅和晋察冀军区陈金昆骑兵旅，配合晋绥军区王尚荣独立一旅，火速西进围攻包头。11 月 1 日至 7 日，西进部队连克兵州亥、察素齐、沙尔沁，歼傅作义部五个骑兵团，直抵包头城下。

包头是平绥铁路终点，也是通往河套地区的必经之地，占领包头可为解放归绥和河套地区创造有利条件。1945 年 11 月 7 日，傅作义紧急任命董其武为包头城防总指挥，统辖 1.2 万余人的国民党守军。由于八路军兵力不足，双方形成对峙局面，贺龙命令第三五八旅两个团增援。9 日，晋绥军区主力急速进入包头阵地，第三五八旅第二团第一营向转龙藏发起进攻。10 日，绥蒙军区第一团向车站南门佯攻，配合主力部队攻城。11 日，第三五八旅第二团占领西门外白草梁，其他各部队也作好了战斗准备。12 日深夜，各部队集中力量对包头城发起猛攻，战斗异常激烈。由于八路军攻城兵力不占优势，又缺乏巷战经验，所以战斗打得很艰难，攻防相持 20 多天。之后马鸿逵、鄂友三、刘万春 3 支国民党增援部队抵近包头，攻城部队受到威胁。聂荣臻、贺龙将归绥、包头战局报告中央军委。22 日，中央军委复电，阐明中共中央战略意图和发起平绥战役的意义，提示打破僵持局面的办法。23 日，中央军委再次复

① 《准备集中全力歼灭傅作义部夺取归绥》（1945 年 10 月 27 日），《毛泽东军事文集》编辑组编：《毛泽东军事文集》第三卷，军事科学出版社 2017 年版，第 89 页。

电:“如果在短期内没有把握攻下包头、归绥,可以考虑将部队撤到机动位置进行整训,相机再计划以后的行动。”[①]1945 年 12 月初,围攻包头部队撤到萨拉齐,准备稍作休息再次进攻包头。此时,中共中央发现傅作义部有集中兵力进攻张家口的迹象。12 月 12 日,中央军委根据作战情况和华北战局的变化,电告聂荣臻、贺龙,要求结束战役。13 日,聂荣臻下达结束平绥战役的命令。

平绥战役历时近两个月,虽然没有实现消灭傅作义部队有生力量、攻克归绥和包头的目标,但歼敌 1.2 万余人,阻止了傅作义部东进的企图,切断了傅作义部和阎锡山部之间的联系,收复了丰镇、集宁、卓资山、陶林、和林、凉城等县城,解放了绥东、绥南广大地区,保障了张家口西侧的安全,为在内蒙古中部地区建立解放区、配合进军东北夺取战略先机创造了有利条件。

保卫绥蒙解放区

平绥战役结束后的 1946 年 1 月中旬,国民党军又向绥远东部、南部的绥蒙解放区进犯。八路军进行了猛烈反击,激烈战斗持续了一周。集宁争夺战是这场战斗的焦点。

1946 年 1 月 5 日,国共双方初步达成停止军事冲突的协议。1 月 10 日,国共双方正式签订停战协定,下达了于 1 月 13 日 24 时生效的停战令。协议规定,国民党和共产党领导下之一切部队,不论正规部队、民团、非正规部队或游击队的一切战斗行动应立即停止。蒋介石在美国的支持下,密令国民党军队利用停战协定生效前的有限时间加紧抢占战略要地。傅作义部与盘踞在山西的阎锡山部相互呼应,在停战协定签订的当天即向绥东、绥南地区发动进攻,企图夺取卓资山、集宁、丰镇等战略要点,打通大同与归绥之间的铁路交通线。

集宁是平绥线上连接张家口、大同、归绥的军事重镇。从丰镇、隆盛庄、大同向东南出兵,可控制晋西北地区;从尚义、张北向东出兵,可直下张家口。傅作义部为占据绥东、进攻张家口,对集宁势在必争。八

① 华北野战部队战史编写组编:《华北野战部队战史》,解放军出版社 2017 年版,第 38 页。

路军为粉碎国民党阻隔华北和东北解放区、分割晋察冀和晋绥解放区、从东西夹击张家口的阴谋，对集宁也是势在必得。集宁争夺战一触即发。

此时，蒋介石玩弄两面派手段，一面假装和谈，一面阴谋备战。1946 年 1 月 11 日，蒋介石密令傅作义务必在停战令生效前攻占集宁。接到命令后傅作义故作姿态，一面假令部队严格遵守停战令，一面发电邀请北平军事调处执行部①尽快派人到绥远进行实地考察。1 月 13 日，傅作义公开表示，希望双方都确实维持 13 日下午 12 时的态势，互相就近联络，表明所在位置，以免发生不应有的误会。在对外放出“和平烟幕”之时，傅作义暗里却调派部队，在阎锡山部及原伪军王英部配合下，从 1 月 11 日起向八路军控制的绥东、绥南地区大举进犯。11 日至 13 日，驻在晋察冀、晋绥解放区周边的国民党军倾巢出动，12 日占领和林、陶林，13 日进攻卓资山，14 日占领集宁、丰镇。

对国民党的两面派做法，中国共产党始终保持高度警惕。针对国民党军队进犯绥东、绥南地区，特别是违反停战令占领集宁的卑劣行径，晋绥军区司令员贺龙和晋察冀军区司令员聂荣臻指挥部队给予了坚决反击，决心收复集宁。在取得卓资山反击战和丰镇反击战胜利后，从 1946 年 1 月 15 日开始，绥蒙军区独立第二旅第二十七团，晋察冀军区冀晋纵队第三旅第一团、第十团，绥蒙军区骑兵旅和第九团、第二十一团陆续集结于集宁城下。16 日晚，绥蒙军区司令员姚喆指挥部队打响了收复集宁的战斗。经过一夜激战，八路军第三旅和第二十七团、第九团已拿下包括卧虎山在内的城西各阵地，骑兵旅在大土城、喇嘛库联一带击溃了前来增援的国民党军，粉碎了其增援集宁的计划。

面对八路军攻城部队的猛烈攻势，国民党请北平军调部介入，妄图造成占领集宁的既成事实。1946 年 1 月 17 日中午，在集宁激战之时北平军调部派出一个由国、共、美三方代表组成的执行小组到晋察冀军区

① 军事调处执行部，简称军调部，是为执行国共双方的停战协定而设立的军事调处执行机构，设委员、参谋长各三人，分别由共产党、国民党和美国政府三方均等选派。1946 年 1 月 13 日，军调部在北平正式成立。1946 年 6 月全国内战爆发，8 月马歇尔宣布“调处”失败，军调部名存实亡。1947 年 2 月，军调部终止工作。

所在地张家口，要求经张家口到集宁视察。聂荣臻以“集宁归属晋绥军区管辖，晋察冀军区无权指挥而必须与晋绥军区联系”为由婉拒。执行小组当天只得飞返北平，待联系好之后第二天再飞往集宁，这为八路军收复集宁争取了时间。

1946 年 1 月 17 日晚，八路军发起总攻。晋察冀军区冀晋纵队第四旅第六团顶风冒雪赶赴战场增援。攻城战斗进行了整整一夜，18 日上午收复集宁。午后，北平军调部执行小组的国民党代表林光炯、共产党代表孙志远、美国代表克瑞格三人飞抵集宁，此时战场已打扫干净，呈现在三方代表面前的是已经回到了人民手中的集宁。3 月 1 日，由周恩来、张治中、马歇尔组成的最高军事三人小组飞抵集宁，听取了情况汇报。

集宁争夺战共歼灭国民党守军 4000 余人，缴获大量武器装备，拖住了国民党军傅作义部进攻的势头，打破了国民党在华北地区抢占战略要点的图谋，为华北地区赢得了暂时的和平，同时也有力支援了在重庆召开的政治协商会议上进行的斗争和东北地区的军事斗争。

第十四章

党领导的民族区域自治实践和内蒙古自治政府成立

抗战胜利后，如何引领内蒙古地区的“自治”运动沿着正确方向发展，是中共中央和内蒙古地区党组织面临的重大而艰巨的任务。中国共产党把马克思主义同中国具体实际相结合，提出运用民族区域自治政策解决内蒙古地区的民族问题，以内蒙古自治运动联合会的组织形式推进内蒙古自治运动，维护了民族团结和国家统一。在领导内蒙古自治运动的过程中，中国共产党成功地将内蒙古地区不同社会阶层争取和团结在自己的周围，把各派政治势力聚合在中国共产党领导的内蒙古自治运动联合会的旗帜之下，形成了最广泛的民族民主统一战线。1947 年 5 月 1 日，在人民解放战争的隆隆炮火声中，内蒙古自治政府宣告成立，这是中国共产党领导成立的第一个省级少数民族自治区，是马克思主义同中国民族实际相结合的伟大创举，开启了内蒙古发展的新纪元，创造了在中国实行民族区域自治制度的成功范例，谱写了中国民族关系史的光辉篇章。

一、中共中央解决民族问题的决策

内蒙古地区的革命运动，始终是中国共产党领导的全国革命的重要组成部分。九一八事变后，日本帝国主义对内蒙古地区侵略的一个重要特点就是从民族问题入手，除了对内蒙古地区进行经济掠夺、文化殖民外，还煽动民族分裂，进而达到吞并内蒙古地区的政治企图。内蒙古地区的少数王公贵族、上层政治势力和“蒙奸”，甘愿充当日本帝国主义侵略内蒙古地区的帮凶，抗战胜利后，又借群众对国民党反动统治的不满，煽动、策划“内蒙古独立”，主张“内外蒙合并”“高度自治”，企图分裂国家，借以维护其统治地位和政治经济利益。

中国共产党是马克思主义的民族理论和民族政策的积极探索者和坚定践行者。中国共产党从中国国情出发，把马克思主义同中国实际相结合，积极探索出适合中国国情的民族政策，过程充满了艰辛。中国共产党成立初期，在如何解决中国民族问题上，曾经一度照抄照搬苏联的模式和经验。但是从总体看，中国共产党提出解决中国民族问题的中心任务是：对外摆脱帝国主义的压迫，谋求中华民族解放；对内铲除阶级压迫，谋求各民族平等、团结。而强调国家统一、反对民族分裂，主张民族平等、民族团结，一直是中国共产党民族理论和民族政策的“主线”和“主轴”。随着不同历史时期国内主要矛盾的变化以及不同形势、任务的要求，中国共产党制定和处理国内民族问题的工作方针和政策也在不断地调整和变化，并且在解决民族问题的实践中逐步走向成熟，但无论具体策略如何调整变化，党的民族政策的核心始终未脱离国家统一、民族平等、民族团结的“主线”和“主轴”。

1945 年 4 月 23 日至 6 月 11 日，党的七大在延安召开。毛泽东在《论联合政府》的报告中阐述了中国共产党的各项政策和具体纲领，专门强调了少数民族问题，揭露了国民党反动集团否认中国有多民族存在，国民党反动集团对于中国各少数民族完全继承清朝政府和北洋军阀政府对待少数民族的反动政策，对少数民族压迫剥削。报告肯定了多年来陕甘宁边区和华北各解放区对待少数民族的正确态度和在工作中取得的成绩。毛泽东还指出，中国共产党完全同意孙中山先生提出的中国民族自求解放、中国境内各民族一律平等、中国各民族组织自由统一的（各民族自由联合的）国家的民族政策；中国共产党人必须积极帮助各少数民族的广大人民群众为实现这个政策而奋斗；必须帮助各少数民族的广大人民群众，包括一切联系群众的领袖人物在内，争取他们在政治上、经济上、文化上的解放和发展。在党的七大上有关民族问题的阐述，表明经过抗日战争的洗礼，中国共产党领导革命斗争经验日益丰富，在民族理论和民族政策上的探索也一步步走向深化，并不断付诸实践。而实践的主要内容是从中国实际出发，实行民族区域自治，运用马克思主义解决中国民族问题。

解放战争时期是中国共产党领导中国人民取得新民主主义革命胜利的重要时期，是中国共产党民族区域自治政策在内蒙古地区实施并取得成功的重要时期，也是党领导内蒙古地区革命运动的辉煌时期。在中国共产党的领导下，内蒙古地区开展了轰轰烈烈的民族自治运动，成为党的民族区域自治制度的发祥地和实践场。

这一时期，中国共产党进一步明确运用民族区域自治方针和政策解决内蒙古地区的民族问题。1945 年 10 月 23 日，《中共中央关于内蒙工作方针给晋察冀中央局和晋绥分局的指示》指出，对内蒙古的基本方针，在目前是实行民族区域自治。而且，中国共产党已将民族区域自治的主张，纳入了建国建政的构想，并加以实施。1946 年 1 月 16 日，在中国共产党提出的《和平建国纲领草案》中，明确提出“在少数民族区域，应承认各民族的平等地位及其自治权”①。4 月 23 日，陕甘宁边区第三届参议会第一次会议通过的《陕甘宁边区宪法原则》中规定：“边区人

① 《和平建国纲领草案》（1946 年 1 月 16 日中国共产党代表团于政治协商会议上提出），中共中央文献研究室、中央档案馆编：《建党以来重要文献选编》（一九二一——一九四九）第 23 册，中央文献出版社 2011 年版，第 53 页。

民不分民族，一律平等”①。

这一时期，中共中央已明确要求内蒙古处理好民族区域自治与国家统一的关系问题，既推行自治，更强调统一。1946年11月26日，中共中央向晋察冀中央局、晋绥分局、东北局、西满分局等和乌兰夫发出关于成立内蒙古自治政府问题的指示，指出“国内舆论逐渐同情内蒙自治，而国方亦已逐渐侵入内蒙，故中央认为为了团结内蒙人民共同抵抗蒋介石的军事进攻与政治经济压迫，现在即可联合东蒙西蒙成立一地方性的高度自治政府，发布施政纲领，但对蒙汉杂居地区仍容纳汉人合作，并避免采取独立国形式”②。1947年3月23日，中共中央在关于内蒙古自治问题的指示中强调：“内蒙民族自治政府与中国的关系问题，在大会宣言中应确定内蒙自治政府非独立政府，它承认内蒙民族自治区仍属中国版图，并愿为中国真正民主联合政府之一部分，它所反对的为蒋介石国民党独裁政府及其所制定的取消民族自治权利的伪宪与其卖国内战反动的政策。”③

内蒙古地区的党组织准确地贯彻了党中央的决策部署。1946年4月5日，乌兰夫致电中共中央和晋察冀中央局、东北局、西满分局、晋绥分局，报告同东蒙古人民自治政府领导人的商谈结果：“内蒙民族运动的方针是平等自治，不是独立自治，只有中共领导帮助，才能得到解放”④。

中国共产党运用马克思主义解决国内民族问题的一系列科学决策，

① 《陕甘宁边区宪法原则（摘录）》（1946年4月23日陕甘宁边区第三届参议会第一次会议通过），中共中央统战部编：《民族问题文献汇编》，中共中央党校出版社1991年版，第1047页。

② 《中共中央关于考虑成立内蒙古自治政府给晋察冀中央局等的指示》（1946年11月26日），中共中央文献研究室、中央档案馆编：《建党以来重要文献选编》（一九二一——一九四九）第23册，中央文献出版社2011年版，第571—572页。

③ 《中共中央关于内蒙古自治问题的指示》（1947年3月23日），中共中央文献研究室、中央档案馆编：《建党以来重要文献选编》（一九二一——一九四九）第24册，中央文献出版社2011年版，第121页。

④ 《云泽关于承德会议主要内容致中央、中央局、东北局、西满、晋绥分局电》（1946年4月5日），内蒙古自治区档案馆编：《内蒙古自治运动联合会档案史料选编》，档案出版社1989年版，第54页。

将内蒙古地区引上了民族区域自治的康庄大道，将内蒙古地区各族人民引向了光明的未来。

二、坚决维护民族团结和国家统一的斗争

1945 年 8 月，中国人民抗日战争的胜利，标志着内蒙古地区各族人民遭受日本帝国主义奴役的悲惨历史彻底结束。在原伪蒙疆政权和伪满洲国地域内，各种政治势力乘势而起，提出和推行各种政治主张，在内蒙古局部地区出现了“自治”运动。各方政治力量都希望成为这场运动的领导者。他们当中有受中国共产党影响的蒙古族进步人士和进步青年、进步群众，也有原伪蒙疆政权和伪满洲国的各级官吏、部分蒙古族王公贵族以及投向国民党反动派的政治投机分子。各方立场不同，提出的政治目标、纲领、政策也不尽相同。其中夹杂着内蒙古“高度自治”和“内蒙古独立”甚至“内外蒙合并”的错误主张。有些分裂中华民族、分裂多民族国家的错误主张一度甚嚣尘上。中国共产党坚持民族平等团结的一贯主张，毅然决然地肩负起领导内蒙古地区自治运动的神圣职责，坚决挫败了将内蒙古引向“独立”的图谋，有力维护了国家统一。

1945 年 8 月 16 日，原伪蒙疆政权中的部分官员和蒙古青年革命党[①]一些成员组成了临时权力机构“内蒙古人民委员会”。他们派代表赴外蒙古寻求对“内外蒙合并”的支持，并以“内蒙古人民委员会”名义通知锡林郭勒盟、察哈尔盟、乌兰察布盟和东部各盟旗派代表到苏尼特右旗参加“内蒙古人民代表大会”，商议“内外蒙合并”事宜。9 月 9 日，“内蒙古人民代表大会”在苏尼特右旗召开，成立“内蒙古人民共和国临时政府”（简称“临时政府”），推选补英达赉为“临时政府”主席。“临时政府”成立后，派代表团到外蒙古寻求承认和援助。外蒙古方面拒绝了

---

① 蒙古青年革命党，由部分具有反日进步思想的蒙古族青年于 1944 年在张家口秘密组建。

代表团提出的要求，并指出“目前内蒙应当各党和中国共产党合作，各党在中国共产党领导下求得民族解放”①。

“临时政府”成立后不久，派出代表团与中国共产党和八路军联系。晋察冀中央局决定派乌兰夫率奎璧、陈炳宇②、田户等几名干部和在张家口的一些蒙古族青年知识分子去苏尼特右旗解决“临时政府”问题。1945年10月初，乌兰夫等人赶赴苏尼特右旗。

乌兰夫等人与“临时政府”各方面人士接触，向他们介绍了中国共产党的政治主张和民族政策，分析了内蒙古地区所面临的形势及各族人民共求解放的前景，讲述了中国共产党通过民族区域自治解决内蒙古地区民族问题的构想，并指出“内蒙古独立”是不现实的，是国际国内形势所不允许的，对蒙古民族的解放也是不利的，严正地揭露了补英达赉等原伪蒙疆政权高官鼓动“内外蒙合并”“内蒙古独立”的虚伪性和欺骗性，提出改组“临时政府”的建议。经过乌兰夫等人的深入宣传教育，绝大多数蒙古族青年知识分子和蒙古族上层人士接受了中国共产党的主张。1945年10月下旬，“临时政府”举行改选，乌兰夫当选为改组后的政府主席并兼任军事部部长，奎璧任内政部部长，克力更任经济部部长，田户任军事部副部长。一些蒙古族青年知识分子和蒙古族上层人士也被选入改组后的政府。

乌兰夫以苏尼特右旗粮食和燃料短缺、交通不便为由，将改组后的政府迁到了抗战胜利后共产党接管的张北县。之后，大部分政府成员随乌兰夫到了张家口，参加筹备成立内蒙古自治运动联合会的工作。不久，该政府自行解散。乌兰夫等人按照中共中央对内蒙古工作的基本方针，成功地解决了“内蒙古人民共和国临时政府”问题，将该地区的自治运动引上了正确道路。乌兰夫在关键时刻，果断改组“临时政府”，与少数人企图进行分裂国家的阴谋进行了针锋相对、有理有据的斗争，

① 《察哈尔各盟旗近况及察锡两盟的工作经过（摘录）》（1945年10月27日），中共中央统战部编：《民族问题文献汇编》，中共中央党校出版社1991年版，第967页。

② 陈炳宇（1918—2003），蒙古族，今内蒙古自治区包头市土默特右旗人。1942年加入中国共产党。中华人民共和国成立后，曾任内蒙古自治区人民政府副主席、内蒙古自治区政协副主席等职，是第七届全国政协委员。

使主张“内外蒙合并”“内蒙古独立”的企图在锡察地区彻底失败，维护了国家统一和民族团结。

抗日战争胜利后，刚刚摆脱日本帝国主义长期殖民统治的内蒙古东部地区，处在各种政治势力交错影响的复杂局面中，面临着是在国民党反动派统治下回到被奴役、被压迫的深渊，还是在中国共产党领导下实现各民族平等走向翻身解放的两种前途命运。

1945 年 8 月 14 日，哈丰阿、博彦满都、特木尔巴根等人在王爷庙发起、组成了“内蒙古人民解放委员会”，18 日，以内蒙古人民革命党的名义发表《内蒙古人民解放宣言》，主张“内蒙古加入外蒙古”[①]，同时主张驱逐日寇、反对封建、民族平等。21 日，内蒙古人民革命党宣布组建内蒙古人民革命党东蒙党部。10 月下旬，由博彦满都、哈丰阿、特木尔巴根等 10 余人组成的“东蒙古人民代表团”前往外蒙古，提出“内外蒙合并”的请求。外蒙古方面迫于形势和各方压力，拒绝了他们的请求，并提出应在中国共产党的帮助、领导下解决内蒙古地区的民族问题。

1945 年 11 月下旬，中共中央东北局在沈阳召开了东北人民代表会议，由乌力图等人组成的东蒙古代表团参加会议。中共中央东北局负责人林枫等向代表团重申中国共产党支持少数民族的解放事业和实行民族区域自治的一贯立场，指出内蒙古人民的当务之急是在维护祖国统一的前提下争取实现民族解放，“内外蒙合并”的主张不仅是错误的，而且是不现实的，建议与在内蒙古西部地区开展工作的乌兰夫等人联系，共同开展自治运动。代表团接受了中共中央东北局的意见，并表示拥护中国共产党的领导，愿意在中国共产党的领导和帮助下争取解放。代表团返回王爷庙后，将会议情况向各界群众作了传达。

1946 年 1 月 16 日，东蒙古人民代表会议在兴安盟葛根庙召开。内蒙古东部地区 36 个旗的代表参加会议，中共党员胡秉权、朱继先、黄文飞、王新波等应邀参加了会议。胡秉权以延安代表的身份在会上讲话，阐述了中国共产党的民族政策和统一战线政策。会议宣布东蒙古人民自治政府正式成立。2 月 15 日，东蒙古人民自治政府经选举产生了 15

---

① 内蒙古自治区档案馆档案，编号 4—1—6。

名政府委员，博彦满都当选政府主席，哈丰阿任政府秘书长。党在东蒙古人民自治政府成立过程中所做的统战工作，在一定程度上稳定了内蒙古东部地区的局势。

东蒙古人民自治政府成立后，组建了东蒙古人民自治军。东蒙古人民自治政府派人前往相邻解放区，与东北民主联军和地方民主政府联系，打击国民党军队和土匪武装，建设地方政权。1946年1月25日，东蒙古人民自治政府内防部部长阿思根与东北民主联军西满军区司令员吕正操、政委李富春、政治部主任张平化举行会谈，就东蒙古人民自治军与东北民主联军西满军区部队的关系问题进行磋商，签署了《东蒙自治政府与西满军区军政关系问题的暂行办法》，也称“吕阿协定”。协定明确：东蒙古人民自治军接受东北民主联军西满军区的领导、指挥，共同打击反动武装；西满军区向东蒙古人民自治军派驻政治工作人员，并提供武器弹药及部分给养。随后，西满军区的大批部队、干部进入内蒙古东部地区推动自治运动，政治工作人员到东蒙古人民自治军中开展思想政治工作。“吕阿协定”的签署，推动了内蒙古东部地区蒙古民族武装在中国共产党的领导下走上革命化道路，对内蒙古东部地区的解放运动产生了重要影响。

1945年八九月间，部分蒙古族、达斡尔族上层人士组建了“呼伦贝尔蒙旗行政公署”，于1945年8月23日派出代表团赴外蒙古递交决议书，提出与外蒙古合并，被外蒙古方面拒绝。10月8日，呼伦贝尔自治省政府成立大会在海拉尔举行。呼伦贝尔自治省政府成立后，国民党黑龙江省党部派人到海拉尔试图建立党部，被自治运动领导人严令禁止。11月，呼伦贝尔自治省政府派郭文通等人赴长春，要求国民党承认呼伦贝尔的民族自治，遭到拒绝。郭文通等人随即转赴哈尔滨，与中共中央东北局建立了联系。同月，中共嫩江省委派苏林等人到海拉尔与呼伦贝尔自治省政府领导人进行了接触。中国共产党对呼伦贝尔自治省政府的引导，初步稳定了呼伦贝尔地区局势，抵制了国民党势力对呼伦贝尔地区的渗透。

三、内蒙古自治运动联合会的成立

党中央成立内蒙古自治运动联合会的决策

中国共产党为保卫抗战胜利果实作出总体战略部署，在与国民党针锋相对地开展军事斗争的同时，中共中央密切关注内蒙古地区自治运动的开展，适时制定指导方针，决定成立组织机构，牢牢把握内蒙古地区自治运动的领导权和主动权。

1945 年 10 月 23 日，中共中央在给晋察冀中央局和晋绥分局的指示中指出，“准备建立内蒙自治筹委会的组织，统一各盟旗自治运动的领导”[①]。27 日，晋察冀中央局向中共中央汇报了锡林郭勒、察哈尔两盟工作开展情况和乌兰夫解决“内蒙古人民共和国临时政府”的情况，提出“准备成立内蒙地方自治政府”[②]。11 月 8 日，晋察冀中央局致电中共中央，提出“按照中央指示，不久即在张家口成立内蒙自治运动联合会”[③]。10 日，中共中央书记处复电：“关于内蒙工作，同意你们先成立内蒙自治运动联合会，宣布纲领，发动广大蒙民，准备将来建立内蒙自治政府的方针。目前在各省区内之蒙民可成立地方性质之自治政府，分别归绥察热省政府领导。云泽同志可留你处主持蒙民工作。”[④]晋察冀中央局贯彻中共中央决策，在 11 月 23 日制定的关于《目前对内蒙古政

① 《中共中央关于内蒙古工作方针给晋察冀中央局和晋绥分局的指示》(1945 年 10 月 23 日)，中共中央文献研究室、中央档案馆编:《建党以来重要文献选编》(一九二一——一九四九)第 22 册，中央文献出版社 2011 年版，第 760 页。

② 《关于察盟成立“内蒙古人民共和国临时政府”问题向中央的请示》(1945 年 10 月 27 日)，中共中央统战部编:《民族问题文献汇编》，中共中央党校出版社 1991 年版，第 973 页。

③ 《中共晋察冀中央局关于成立内蒙自治运动联合会的报告》(1945 年 11 月 8 日)，中共中央统战部编:《民族问题文献汇编》，中共中央党校出版社 1991 年版，第 974 页。

④ 《中共中央书记处关于同意成立内蒙自治运动联合会的复电》(1945 年 11 月 10 日)，中共中央文献研究室、中央档案馆编:《建党以来重要文献选编》(一九二一——一九四九)第 22 册，中央文献出版社 2011 年版，第 795 页。

策的几个要点》(简称《要点》)中明确提出，建立区域性的自治政权，各盟旗建立包括各个阶层的自治政府，选举代表参加各省政府(热、察、绥)，各省政府可帮助和改造各盟旗政权，发展经济和文化，改善蒙古族群众生活，以便建立内蒙古统一的自治政权。《要点》明确，将发动内蒙古地区各阶层人民组织内蒙古自治运动联合会，作为发动群众运动的统一领导机关。《要点》规定，自治运动联合会目前的任务是广泛发展群众运动，帮助各盟旗政府建立和改造政权，创办各种为人民大众服务的机构，将来在内蒙古自治运动联合会的基础上建立统一的内蒙古自治政府。

内蒙古自治运动联合会的正式成立

1945 年 11 月 6 日，按照中共中央的指示，内蒙古自治运动联合会筹备委员会在张家口成立，乌兰夫任主席。筹备委员会根据需要，成立了代表资格审查委员会，按照在内蒙古人民中有声望、对内蒙古解放运动有过贡献、参加过抗战三条标准对代表资格进行审查；还成立了提案审查委员会，处理代表们的提案。21 日，代表们分组研究提案，讨论联合会会章草案。25 日，召开了内蒙古自治运动联合会成立大会预备会议，选举乌兰夫、奎璧、克力更、乌兰、田户、苏剑啸、乌力吉那仁、索德那木扎木绰、阿拉登特古斯 9 人为大会主席团成员，通过了议事规程、会场规则及选举办法。

1945 年 11 月 26 日上午 11 时，内蒙古自治运动联合会成立大会在张家口远来庄礼堂隆重开幕，76 名代表①出席大会。主持大会的乌兰夫在开幕词中指出："内蒙古自治运动联合会的成立，在内蒙古历史上是一件具有伟大历史意义的政治事件。它标志着今天的内蒙古，在中国共产党的热忱援助之下，已经开始获得了解放，并且正在大踏步地向着全内蒙地方自治的方向迈进"②"今天内蒙古民族只有在中国共产党的领

① 大会代表共 79 名，3 名代表因病缺席大会，实际参会代表 76 名。

② 《云泽在内蒙古自治运动联合会成立大会上的致词》(1945 年 11 月 26 日)，内蒙古自治区档案馆编：《内蒙古自治运动联合会档案史料选编》，档案出版社 1989 年版，第 17 页。

导之下，在各民主党派、民主人士的赞助之下，才能求得彻底解放，才有其光明灿烂的前途。”①

11月27日，乌兰夫向大会提交了《内蒙古自治运动联合会目前工作方针的意见案》，提出了联合会在政治、军事、经济、文教、卫生、宣传等方面的工作方针，在宗教政策、民族关系、旧政权人员、与外蒙古通商方面也提出了切实的主张。其中政治上要通过接受热河、察哈尔、绥远等省的领导的盟旗区域性自治达到全内蒙的自治，军事上要成立内蒙古人民自卫军。这一《意见案》实际上就是内蒙古自治运动联合会的“施政纲领”。

11月27日，大会通过由五部分组成的《内蒙古自治运动联合会会章》。次日又通过了《内蒙古自治运动联合会成立大会宣言》《内蒙古自治运动联合会成立大会全体代表给毛主席、朱总司令的致敬电》和《内蒙古自治运动联合会成立大会全体代表通电全国反对内战》。《内蒙古自治运动联合会成立大会宣言》指出：“欲求内蒙人民全部彻底之解放，唯有拥护中国共产党之领导，舍此即无内蒙人民之解放，此乃我内蒙人民多年经验之事实”②。《内蒙古自治运动联合会成立大会全体代表通电全国反对内战》号召：“中国各民族人民兄弟一般的团结起来，反对国民党政府勾结敌伪进攻解放区！为争取独立、自由、富强的新中国奋斗到底！”③

11月28日，大会选举产生了内蒙古自治运动联合会执行委员会，乌兰夫、奎璧、乌兰、孟子裕、克力更等21人当选为执行委员会委员④。

---

① 《云泽在内蒙古自治运动联合会成立大会上的致词》(1945年11月26日)，内蒙古自治区档案馆编：《内蒙古自治运动联合会档案史料选编》，档案出版社1989年版，第18页。

② 《内蒙古自治运动联合会成立大会宣言》(1945年11月28日通过)，内蒙古自治区档案馆编：《内蒙古自治运动联合会档案史料选编》，档案出版社1989年版，第33页。

③ 《内蒙古自治运动联合会成立大会全体代表通电全国反对内战》(1945年11月28日通过)，内蒙古自治区档案馆编：《内蒙古自治运动联合会档案史料选编》，档案出版社1989年版，第36页。

④ 执行委员会委员还有旺楚克、田户、乌力吉那仁、胡尔沁毕力格、包崇新、苏剑啸、田协安、陈炳宇、丹巴、索德那木扎木绰、才喜雅拉图、松津旺楚克、李海山、萨穆丕勒诺尔布、李新民、索德那木勇荣等16人，后又增补图门巴雅尔、庆格勒图、包彦、关起义4人。

大会决定联合会下设组织、宣传、军事、青年、妇女、秘书等工作部门，各盟旗建立联合会分会、支会和苏木支会。在 11 月 29 日召开的首次执行委员会会议上，乌兰夫当选执行委员会主席兼执行委员会常务委员会主席。

内蒙古自治运动联合会还向全国发表了《内蒙古自治运动联合会成立大会公报》，指出："内蒙人民的彻底解放，只有在中国共产党的领导下才能实现；没有中国共产党，就没有内蒙人民的自由。"①

内蒙古自治运动联合会是中国共产党领导下在内蒙古地区开展自治运动的半群众团体和半政权性质的组织。内蒙古自治运动联合会成立之初，就将察哈尔盟、锡林郭勒盟、巴彦塔拉盟、乌兰察布盟等地的自治运动纳入统一领导，并逐步将工作向卓索图盟、昭乌达盟扩展，最终与东蒙古人民自治政府建立了联系。

内蒙古自治运动联合会的成立，树立起了中国共产党领导内蒙古自治运动的光辉旗帜，是内蒙古地区在中国共产党领导下实现民族区域自治的重大举措，也是中国共产党统一领导内蒙古自治运动的开始。内蒙古自治运动联合会的成立，为引领抗日战争胜利后内蒙古地区兴起的"自治"运动走向正确的道路提供了组织保证。从此，内蒙古自治运动逐渐进入有统一领导、统一组织、统一奋斗目标的新阶段，迎来了光明的前景。

内蒙古自治运动的发展

内蒙古自治运动联合会成立大会闭幕后，代表们返回各盟旗，宣传落实大会提出的方针、政策和任务。内蒙古自治运动联合会也派出干部，在盟旗设立分会和支会，组织、宣传和发动群众，建立政权，安定社会秩序，开展自治运动。

1945 年底，联合会执行委员会委员旺楚克率一批干部组成先遣工作队到锡林郭勒盟贝子庙，宣传动员群众，在各旗普遍建立内蒙古自治

① 《内蒙古自治运动联合会成立大会公报》(1945 年 11 月 29 日)，内蒙古自治区档案馆编：《内蒙古自治运动联合会档案史料选编》，档案出版社 1989 年版，第 42 页。

运动联合会支会，发展会员6000多名。经内蒙古自治运动联合会常务委员会批准，1946年3月10日，成立锡林郭勒盟政府，松津旺楚克任盟长，陈炳宇任副盟长，潮洛蒙任代理副盟长。4月5日，内蒙古自治运动联合会锡林郭勒盟分会成立，苏尼特右旗旗长阿拉坦敖其尔任锡盟分会主任。

1946年初，内蒙古自治运动联合会执行委员会委员苏剑啸和陈炳宇与察哈尔盟的参会代表一同赴察哈尔盟，在哈巴嘎召集全盟各旗旗长和青年知识分子举行会议，成立内蒙古自治运动联合会察哈尔盟分会筹备委员会和察哈尔盟民主政府筹备委员会。一批干部到镶黄旗、商都旗、正白旗、明安旗等地，宣传内蒙古自治运动联合会的方针政策，发展联合会会员，建立旗、苏木①支会和旗级政权。在全盟自下而上选举旗政府委员、旗长和全盟人民代表大会代表。1946年3月27日，察哈尔盟人民代表大会在明安旗召开，选举产生内蒙古自治运动联合会察哈尔盟分会和察哈尔盟政府，苏剑啸任联合会察哈尔盟分会主任，陈炳宇当选察哈尔盟盟长。

1946年1月，内蒙古自治运动联合会派奎璧、李文精②等人到巴彦塔拉盟和乌兰察布盟开展工作。由于这两个盟绝大部分地区尚处于国民党统治之下，因此选择在巴彦塔拉盟的绥东四旗③和乌兰察布盟的四子王旗东部开展工作。奎璧任内蒙古自治运动联合会巴彦塔拉盟分会主任，随后发展了绥东四旗支会和各苏木支会。李文精任内蒙古自治运动联合会乌兰察布盟分会主任，成立四子王旗支会、四子王旗政府和土木尔台支会。

在中共中央、晋察冀中央局和内蒙古自治运动联合会的领导下，从1945年底起察哈尔盟、锡林郭勒盟、巴彦塔拉盟、乌兰察布盟的自治运动迅速开展、不断深入。

---

① 行政区划单位，与乡镇的行政地位相同，起源于清朝在内蒙古地区旗以下设立的基层组织。

② 李文精（1917—1991），蒙古族，今内蒙古自治区呼和浩特市土默特左旗人。1942年加入中国共产党。中华人民共和国成立后，曾任内蒙古自治区高级人民法院党委书记兼院长等职。

③ 即正黄旗、正红旗、镶红旗、镶蓝旗。

内蒙古自治运动联合会在察哈尔盟、锡林郭勒盟等地积极领导群众在农区进行除奸反霸和减租减息运动，在牧区进行削弱封建特权的斗争，实行自由放牧、奖励生产政策，发展国营贸易事业，打击旅蒙商的不等价交换，开发盐、煤等矿产，培养干部，建立人民武装，救济贫民，逐步解决群众在生产与生活中的困难。在巴彦塔拉盟，内蒙古自治运动联合会配合绥蒙解放区开展减租减息及清算反霸斗争，组织当地群众“调整‘随缺地’，奖励生产”[①]，改造旧政权，培养干部，还派出 200 余名青年到内蒙古军政学院学习，同时在 4 个旗建立了 5 所小学，使 200 名蒙古族贫困儿童入学接受教育。在乌兰察布盟，内蒙古自治运动联合会着力改善人民生活，成立合作社，减轻奸商对牧民的剥削，李文精还率领内蒙古游击大队在土木尔台打退了国民党军鄂友三部、赵大义部的进攻。随着自治运动的发展，中国共产党很快开辟了锡察解放区，为反击国民党反动派的军事进攻提供了可靠的后方。

内蒙古自治运动联合会成立后，还领导开展了内蒙古地区的经济和文化建设。1946 年 3 月，内蒙古自治运动联合会在张家口正式成立了内蒙古实业公司，乌兰夫任董事长，赵云驰任总经理，关起义任副总经理。内蒙古实业公司开发资源、发展生产，并根据牧区的实际情况输入生活必需品，输出畜牧产品。全面内战爆发后，内蒙古实业公司撤至锡林郭勒盟贝子庙，其主要职责转为保障地方机关和部队的后勤供应。内蒙古自治运动联合会在成立之初即着手进行汉文和蒙古文报刊的印刷发行工作。1946 年初，内蒙古报社在张家口成立，勇夫任社长，石琳任总编辑，从 3 月 17 日开始出版《内蒙古周报》，主要在张家口和锡林郭勒盟、察哈尔盟等地发行，揭露国民党反动派的本质，宣传中国共产党的政治主张，团结动员各民族建设崭新的内蒙古，直至 1946 年 9 月停刊。

随着内蒙古自治运动的蓬勃发展和解放区的逐步扩大，内蒙古自治运动联合会还在张家口、赤峰先后办了两所干部学院，培养急需的军政

① 《奎璧在执委扩大会上作巴、乌盟工作委员会工作的报告》（1947 年 4 月 13 日），内蒙古自治区档案馆编：《内蒙古自治运动联合会档案史料选编》，档案出版社 1989 年版，第 205 页。

人才。

1945 年 12 月 18 日，内蒙古军政学院在张家口成立。中共中央和晋察冀中央局对内蒙古军政学院的创办给予大力支持，派部分干部包括延安民族学院的蒙古、藏、彝等少数民族干部 10 余人到学院工作。乌兰夫任学院院长，朱荣任教育长，齐永存任教务处处长，寒峰任军事部部长。内蒙古军政学院下设行政部、军事部、中学部，培养政治、军事干部，设立编译研究机构专门研究蒙古族问题。学员毕业后分配到各盟旗，充实内蒙古自治运动联合会分会、支会和内蒙古人民自卫军。

1946 年 3 月，内蒙古自治学院在赤峰成立。学院以培养忠实为内蒙人民解放事业服务，建设新民主主义内蒙古的各种人才为宗旨。金起铣任院长，王松龄任教务主任。学院下设教务处和院务处，教务处下设行政部和中学部①。行政部主要培养党政干部，中学部主要以学文化为主。学员大多是来自卓索图盟、昭乌达盟的蒙古族学生。1946 年 9 月，国民党军队逼近赤峰，内蒙古自治学院迁到林东。根据斗争需要，学院在组织教学工作的同时，还组建教师、学员武装工作队，分赴农村、牧区开展群众运动，进行社会调查，参加减租减息和剿匪反霸斗争。

四、内蒙古自治运动统一会议和自治运动的深入开展

内蒙古自治运动联合会成立时，内蒙古东部地区也在筹备东蒙古人民代表会议，并在其后成立了东蒙古人民自治政府。鉴于呼伦贝尔和兴安地区自治运动背景复杂、热河自治运动领导力量薄弱、内蒙古东西部地区自治运动尚不统一，中共中央决定召开内蒙古自治运动统一会议，实现了中国共产党对内蒙古自治运动的完全统一领导，推动了自治运动深入开展，为内蒙古自治政府的成立奠定坚实基础。

① 1946 年 7 月又设立了军事部。

内蒙古自治运动统一会议的召开

中共中央对内蒙古东、西部地区自治运动的统一问题高度重视，作出了一系列稳妥审慎应对的指导指示，积极推动东、西部地区自治运动的统一。

中共中央支持冀热辽分局和西满分局沟通东、西部地区自治运动的意见。1946 年 3 月 10 日，中共中央发出《对东蒙问题的指示》，指出："为交换对内蒙特别是东蒙问题意见，提议热河、西满各派一人去赤峰与云泽商谈或请云泽去西满分局一次，商得共同意见告诉中央。并望东北局速将对东蒙意见告诉中央与热察"①。《指示》还要求："对东蒙自治政府政策应慎重，并要相机说服他们接受区域自治，但仍应以团结为主，不要操之过急促他们离开，使他们趋向国民党"②。为把内蒙古东部地区的自治运动统一到中国共产党领导的内蒙古自治运动联合会旗帜下，中共中央决定，在冀热辽分局领导下，举行内蒙古自治运动统一会议。

内蒙古自治运动统一会议的参会双方为内蒙古自治运动联合会和东蒙古人民自治政府。早在 1945 年 12 月初，内蒙古人民革命党东蒙党部代表包玉昆就按照中共中央东北局的建议，从王爷庙来到张家口，与内蒙古自治运动联合会取得联系。乌兰夫报经晋察冀中央局同意，派出由刘春、克力更率领的工作团赴王爷庙了解情况、开展工作。1946 年 3 月 18 日，博彦满都、哈丰阿、特木尔巴根等东蒙古人民自治政府主要领导人，和由克力更、包彦、乌力吉那仁等组成的东蒙工作团成员一道抵达赤峰，计划在此就东、西部地区自治运动的统一问题举行会谈。后经冀热辽分局提议，会议地点改在承德。

在冀热辽分局的直接领导下，双方进行了会商，决定各派 7 名正式代表参加会议。内蒙古自治运动联合会的代表为乌兰夫、刘春、克力

① 《中共中央对东蒙问题的指示》(1946 年 3 月 10 日)，中共中央统战部编：《民族问题文献汇编》，中共中央党校出版社 1991 年版，第 1023 页。

② 《中共中央对东蒙问题的指示》(1946 年 3 月 10 日)，中共中央统战部编：《民族问题文献汇编》，中共中央党校出版社 1991 年版，第 1023 页。

更、包彦、田户、乌力吉那仁、庆格勒图；东蒙古人民自治政府的代表为博彦满都、哈丰阿、特木尔巴根、包玉昆、白云航、义达嘎苏隆、哈萨巴特尔。

在1946年3月30日召开的预备会议上，双方争论十分激烈。内蒙古自治运动联合会的代表主张，应当在中国共产党的领导下，团结各民族人民，实行统一的民族区域自治；东蒙古人民自治政府的代表虽然赞同自治运动的统一，愿意接受中国共产党的帮助和领导，但不愿意放弃最终实行内蒙古“独立自治”的主张。经过乌兰夫等人深入细致耐心地做思想工作，东蒙古人民自治政府代表接受了中国共产党解决内蒙古问题的方针。

从3月30日至4月2日，双方进行了多次会谈、反复讨论，在内蒙古自治运动的方向、路线、政策问题上取得了基本一致的意见。

1946年4月3日，由双方全体代表参加的内蒙古自治运动统一会议正式举行，这就是著名的“四三”会议①。

此次会议通过了《内蒙古自治运动统一会议的主要决议》②，明确内蒙古民族运动的方针是平等自治、不是独立自治，并且只有在中国共产党的领导帮助下才能实现目标；内蒙古自治运动联合会为内蒙古自治运动统一领导机关，东西各盟旗均要组织其分会、支会，实现其纲领；各盟旗建立民选政府，分别接受各解放区民主政府领导及帮助；解散东蒙古人民自治政府，设联合会总分会领导该地域工作；联合会统一领导蒙古族军队武装，分别属八路军各军区领导指挥。

《决议》还明确，将原联合会机构扩大为八部一处，执委由25人增选至63人，候补执委由两人增选至12人，并由执委中推选常委26人，乌兰夫为执委会兼常委会主席，博彦满都为副主席。在联合会下设东蒙总分会，领导东四盟（哲里木盟、兴安盟、纳文慕仁盟、呼伦贝尔盟）工作，卓索图盟、昭乌达盟、锡林郭勒盟、察哈尔盟四盟受联合会直接领导，西蒙总分会领导西三盟（乌兰察布盟、巴彦塔拉盟、伊克昭盟）及宁

---

① 亦称承德会议。

② 即“四三”会议决议。

夏蒙古[①]各盟旗的工作。

1946年4月5日，乌兰夫向中共中央和晋察冀中央局、东北局、西满分局、晋绥分局发电报告了会议情况。

在“四三”会议这一特定历史条件下事关大局的斗争中，乌兰夫等人坚定维护党中央决策，坚决执行党中央决定，坚持中国共产党的领导，坚持民族区域自治，坚持国家统一，做了大量艰苦的工作，体现出正确的国家观、民族观、大局观，表现了无产阶级革命家的宏大政治气魄、崇高思想境界和高超斗争艺术，为革命事业作出了重要贡献。

“四三”会议是党领导的内蒙古自治运动史上一次极其重要的会议，具有重大的历史意义。“四三”会议的成功举行，完全确立了中国共产党对内蒙古自治运动的领导，从理论上厘清并明确了内蒙古自治运动的性质、方向、道路和领导权等核心问题；会议初步统一了思想认识，使内蒙古人民革命党、东蒙古人民自治政府的主要领导人们认识到蒙古民族只有在中国共产党的领导下才能实现最终的翻身解放，从而接受了中国共产党的领导；会议大大推进了内蒙古自治运动的发展，不仅为自治运动指明了下一步的前进方向和前进道路，而且使自治运动的统一不再仅仅停留于政治构想层面而进入了实质性操作阶段，由“可能统一”逐步走向“现实统一”。“四三”会议把抗战胜利后内蒙古地区的分散状态的“自治”运动汇聚到中国共产党领导的内蒙古自治运动联合会的旗帜下，是内蒙古自治运动的历史性转折点。

党领导的内蒙古自治运动的进一步发展

“四三”会议后，在相邻各解放区的大力支持和帮助下，内蒙古自治运动联合会领导的各盟旗党政军机构开始逐步健全，《内蒙古自治运动统一会议的主要决议》得到积极贯彻，内蒙古地区的革命形势迅速发展。这一期间，随着兴安省政府的成立和锡察解放区的巩固，内蒙古自治运动继续向纵深发展。

1946年4月5日，中共西满分局决定成立中国共产党东蒙工作委

① 指阿拉善和硕特旗和额济纳旧土尔扈特旗，此时归宁夏省管辖。

员会，张策任书记，胡秉权、胡昭衡等为委员。中国共产党东蒙工作委员会成立后，对少数民族上层人士进行争取、教育、团结的工作，广泛发动群众，开展改造部队和改造东蒙古人民自治政府等方面的工作。5月26日至28日，第二次东蒙古人民代表大会在王爷庙举行，会上传达了《内蒙古自治运动统一会议的主要决议》的内容，宣布取消东蒙古人民自治政府，撤销所属各省建制，改设为盟；成立兴安省政府和省临时参议会，建立内蒙古自治运动联合会东蒙总分会，兴安省政府受中国共产党领导下的东北行政委员会和内蒙古自治运动联合会双重领导；撤销东蒙古人民自治军番号，所属各部队改称内蒙古人民自卫军，成立兴安军区。中国共产党东蒙工作委员会相应改为中共兴安省工作委员会。

兴安省政府正式建立，标志着中国共产党在内蒙古东部地区的领导地位进一步确立。从此，内蒙古东部地区的自治运动彻底汇入中国共产党领导的民族解放斗争的洪流中。

兴安省政府和内蒙古自治运动联合会东蒙总分会成立后，所属各盟旗先后建立了联合会的分会、支会机构，成立了各级民主政府。1946年5月下旬，内蒙古自治运动联合会分支机构呼伦贝尔文化促进会在海拉尔成立（7月，呼伦贝尔文化促进会改为内蒙古自治运动联合会呼伦贝尔分会）。6月1日，哲里木省政府由巴彦塔拉迁至通辽，改称哲里木盟政府，同时成立内蒙古自治运动联合会哲里木盟分会。6月5日，昭乌达盟临时行政委员会在林东成立，9月3日，昭乌达盟临时行政委员会撤销，组成昭乌达盟政府。6月7日，纳文慕仁省改称纳文慕仁盟，成立纳文慕仁盟行政委员会，同时成立内蒙古自治运动联合会纳文慕仁盟分会。

1946年6月，全面内战爆发后，国民党军队抢占郑家屯，内蒙古东部地区局势恶化。6月24日，兴安省政府机关迁至呼伦贝尔盟的海拉尔，开展统一战线工作，肃清敌特，动员群众恢复发展生产，创办文化教育和医疗卫生事业。10月2日，兴安省政府机关又迁至扎兰屯。

1946年6月25日，中共兴安省工委北部分委在海拉尔建立，特木尔巴根任书记，统一领导呼伦贝尔、纳文慕仁盟工作。内蒙古自治运动联合会东蒙总分会呼纳办事处成立，特木尔巴根为主任。在王爷庙设立兴安省政府办事处，中共兴安省工委和自治运动联合会东蒙总分会仍驻王爷庙，在张策、哈丰阿领导下，开展地方工作和坚持武装斗争。

中国共产党在完全确立内蒙古东部地区领导权的同时，在锡察解放区的工作也得到了巩固和发展。

锡林郭勒盟、察哈尔盟地区北邻外蒙古，东靠东北解放区，南依晋察冀解放区，西接晋绥解放区，战略地位十分重要，是连接中国共产党领导的东北、华北两大解放区的战略要道。1945 年 11 月，内蒙古自治运动联合会成立之后，锡林郭勒盟、察哈尔盟建立了内蒙古自治运动联合会的分支机构和民主政权，政治、经济、军事等方面的工作顺利开展。

1946 年 9 月中旬，晋察冀中央局决定放弃张家口，晋察冀党政军机关撤到老根据地河北阜平县，内蒙古自治运动联合会所属各机关撤往锡林郭勒盟贝子庙。从 9 月 23 日起，内蒙古自治运动联合会机关、院校及各军政部门开始北撤，至 10 月中旬全部抵达锡林郭勒盟贝子庙。

1946 年 9 月 23 日，经晋察冀中央局向中共中央致电提出建议，中共中央同意并决定成立中国共产党内蒙古委员会（简称内蒙古党委），乌兰夫任书记，刘春、奎璧、王铎为委员。内蒙古党委工作范围为察哈尔盟、锡林郭勒盟和绥远省的乌兰察布盟、巴彦塔拉盟，拟辖中共察盟工委、锡盟工委和巴乌工委，内蒙古党委机关驻贝子庙。

1946 年 11 月初，内蒙古党委在贝子庙召开会议，由乌兰夫主持，研究面临的形势和当前的主要任务，对内蒙古党委和内蒙古自治运动联合会下属的党、政、军组织机构作了调整，决定组建中共锡察工委、巴乌工委和锡察地方行政委员会，扩充整编内蒙古人民自卫军，调整内蒙古自治运动联合会执委会机构。

1946 年 11 月 7 日，中共锡察工委和巴乌工委正式成立。王铎任锡察工委书记兼组织部部长，奎璧任巴乌工委书记。

1946 年 11 月 9 日，内蒙古自治运动联合会执行委员会召开第七次常务会议，对执行委员会机构进行调整，决定执行委员会下设 6 个部，任命奎璧为行政部部长，刘春为政治部部长，乌兰夫兼军事部部长，阿思根、王再天为军事部副部长，特木尔巴根为财政经济部部长，吉雅泰为社会部部长，哈丰阿为总务部部长。会议号召内蒙古各族人民团结起来，反对国民党大汉族主义的民族压迫，团结一心粉碎国民党的军事进攻。

1946 年 11 月 10 日，中共锡察工委召开会议，决定组成锡察行政委员会，作为内蒙古自治运动联合会总部的代表机构和地方行政机关，负责贯彻联合会工作方针，管理地方行政工作，组织人民生产，搞好地方治安，保障物资供应，支援军队对敌作战。

为加强锡察解放区的建设，锡察工委和巴乌工委、锡察行政委员会、察哈尔盟工委和内蒙古人民自卫军骑兵第十一师、第十六师成立后，按照内蒙古党委部署，把对敌斗争和自治运动的开展结合起来，抵抗国民党军队的大规模进攻，剿灭叛匪，消除内患，发动群众，反奸清霸。锡察解放区成为解放战争时期内蒙古地区重要的解放区，为内蒙古自治政府的建立发挥了重要作用，在党领导的内蒙古革命史上书写了重要一页。

五、内蒙古自治政府的成立和意义

中共中央对内蒙古自治政府成立作出重大决策

早在 1945 年 11 月，中共中央就提出准备建立内蒙古自治政府。“四三”会议后，内蒙古各解放区经过一年多的自治运动和反奸清霸、减租减息等群众运动，盟旗和基层民主政权普遍建立，有效打击了恶霸势力，削弱了封建特权统治，提高了劳动人民的政治地位。大批民族干部经过内蒙古军政学院、内蒙古自治学院的培养，在实践锻炼中不断成长起来。内蒙古人民自卫军在同国民党军队的战斗中不断发展壮大。在共同的革命斗争中，各民族团结日益加强，要求成立内蒙古自治政府的呼声日益强烈，迫切希望实行内蒙古统一的民族区域自治，消灭民族压迫，实现民族平等。

1946 年 8 月 1 日，乌兰夫在《关于内蒙土地和自治问题给中央的报告》中提出："目前我在绥察热及东北蒙古所面临的问题，首先是十一个盟、一百七十八万的自治问题。过去阶段党已经克服了两次独立运动，承德会议在蒙人中影响极大，但蒙人一般不满日前的分盟自治与旧省政府领导，要求统一自治。如何适当的满足蒙族这一要求，这与解决土地问题有同等重要的意义。"①

1946 年 11 月 15 日，在由国民党一手操纵的"国民代表大会"上，内蒙古地区国民党统治区域各盟旗"代表"同热河、察哈尔、绥远三省"代表"在内蒙古自治问题上展开了激烈的争论。乌兰夫在中共热辽地委机关报《群声报》上发表声明，"代表内蒙二百万人民郑重否认伪'国民大会'，'伪国大'不能代表内蒙人民意志，没有讨论任何有关内蒙问题的权力"②。12 月 20 日，内蒙古自治运动联合会东蒙总分会、兴安省政府行政委员会及参议会举行联席扩大会议，愤怒声讨国民党对内蒙古解放区的军事进攻，宣布不承认没有蒙古族人民真正代表参加的"国民大会"，提议"召开内蒙古自治运动联合会执委会或人民代表大会，立即成立内蒙自治政府，坚决对抗国民党反动派之伪中央政府"③。

1946 年 11 月 18 日，西满分局致电中共中央及东北局："现东蒙无论老年、青年，进步的、落后的，都主张成立蒙古自治政府"，"在此情况下我们对内蒙自治政府问题应采取何种态度，是否召开内蒙人民代表会议，准备成立比自治运动联合会（更具政府性质的机关？④），此问题根据全国形势，我们主要先有一确定的主张"⑤。11 月 26 日，中共中央向晋察冀中央局、热河分局、晋绥分局、东北局、西满分局和乌兰夫发出《关于考虑成立内蒙自治政府的指示》，同意联合内蒙古东部和西部地区成立一个地方性的高度自治政府，发布施政纲领，并给出了时限，要求"此

① 《云泽关于内蒙土地和自治问题给中央的报告》（1946 年 8 月 1 日），中共中央统战部编：《民族问题文献汇编》，中共中央党校出版社 1991 年版，第 1058 页。

② 林西县党史资料征集办公室编印：《解放战争时期的林西》，1985 年版，第 196 页。

③ 中共内蒙古自治区委员会统战部、内蒙古自治区档案馆编：《内蒙古统战史档案史料选编》（一），1987 年版，第 357 页。

④ 原文如此。

⑤ 《中共中央西满分局关于确定内蒙自治主张问题的请示》（1946 年 11 月 18 日），中共中央统战部编：《民族问题文献汇编》，中共中央党校出版社 1991 年版，第 1082 页。

事请即考虑提出具体意见，进行具体准备，以便于最近期内实现”[①]。

1946 年 12 月 14 日，乌兰夫、刘春[②]等根据中共中央的指示精神，与中共冀热辽分局和热河省委负责人程子华、胡锡奎等在林西召开会议，对内蒙古自治政府的性质、管辖区域、党的统一领导以及自治政府与相邻解放区的关系等一系列重大问题进行商讨，并于 12 月 15 日将讨论结果电告中共中央。商讨的结果，很多反映在了 1947 年 2 月 3 日乌兰夫在中共热北地委干部扩大会议上发表的《关于内蒙古自治运动中的几个问题》的讲话中。乌兰夫在此次讲话中指出自治政府的性质及成立目的，“现在筹备成立自治政府，本质与联合会是一样，但作用是更好团结蒙古人民反对蒋介石”[③]。

1946 年底，中共中央通过晋察冀中央局发出指示，要求内蒙古自治运动联合会领导机关向东迁移，为在内蒙古东部地区成立内蒙古自治政府作准备。1947 年初，乌兰夫和一批内蒙古自治运动联合会机关干部离开贝子庙东进，于 2 月 14 日抵达王爷庙。

乌兰夫向各族各界群众宣传了中共中央的指示精神，为召开内蒙古人民代表会议、成立内蒙古自治政府作准备。1947 年 2 月 20 日，内蒙古自治运动联合会发出《关于召开第一次执委扩大会议的通知》，要求联合会以及东蒙总分会的执行委员、候补执行委员于 3 月 15 日前到王爷庙报到，各地联合会组织及参会人员要准备工作报告，收集干部和群众意见。3 月 14 日，乌兰夫向中央汇报：“内蒙古人民代表会准备 3 月

① 《中共中央关于考虑成立内蒙古自治政府给晋察冀中央局等的指示》（1946 年 11 月 26 日），中共中央文献研究室、中央档案馆编：《建党以来重要文献选编》（一九二一——一九四九）第 23 册，中央文献出版社 2011 年版，第 572 页。

② 刘春（1912—2002），今江西省吉安市吉水县人。1936 年加入中国共产党。中华人民共和国成立后，曾任国家民委副主任、中央统战部副部长等职，是中共八大代表，第一、二、三届全国人大代表。

③ 《云泽在热北地委扩干会上关于内蒙古自治运动中的几个问题的讲话》（1947 年 2 月 3 日），内蒙古自治区档案馆编：《内蒙古自治运动联合会档案史料选编》，档案出版社 1989 年版，第 160 页。

下旬开会，组织自治政府。”①

1947年3月23日，中共中央向东北局、热河分局、晋察冀中央局、晋绥分局、西北局发电，并指示东北局转西满分局转乌兰夫，电文指出：“我们同意就在这次代表大会，产生内蒙统一的民族自治政府”②。

因为内蒙古西部地区还没有完全解放，指示要求“在政府组织中，要为西蒙代表留出位置，以吸引之。为慎重计，这次选出的政府仍可称临时自治政府，以期待西蒙盟旗之加入”③。中共中央还对内蒙古自治政府成立后与各相邻解放区的关系、自治政府辖区内的民族关系、军队的组织问题作出明确而具体的规定：“完全盟旗的地方成立各地区的民族自治政府；蒙汉杂居，汉人占少数的地方，即隶属民族自治政府，但这些地方政府中须有汉人代表；蒙汉杂居，汉人居多数的地方，仍隶属解放区政府，但这些地方政府中须组织蒙民委员会，处理蒙民事务”。“在军队方面，各自治政府下应建立独立的蒙民武装队伍，在军政上由内蒙民族自治政府统一编制管理，但在指挥作战上，应统一于各人民解放军的军区”。④

1947年4月20日，中共中央电示东北局，原则同意《内蒙古自治政府施政纲领》和《内蒙古自治政府暂行组织大纲（草案）》，并责成东北局与即将成立的内蒙古共产党工作委员会共同商订具体条文，要求乌兰夫就内蒙古自治区域的划分、政权组织、人口和经济情况、武装部队、土地问题、共产党员情况及与各解放区关系等问题分别电告中共中央。

---

① 《云泽关于内蒙党的组织及领导关系问题致中央的请示电》（1947年3月14日），内蒙古自治区档案馆编：《内蒙古自治运动联合会档案史料选编》，档案出版社1989年版，第169页。

② 《中共中央关于内蒙古自治问题的指示》（1947年3月23日），中共中央文献研究室、中央档案馆编：《建党以来重要文献选编》（一九二一——一九四九）第24册，中央文献出版社2011年版，第119页。

③ 《中共中央关于内蒙古自治问题的指示》（1947年3月23日），中共中央文献研究室、中央档案馆编：《建党以来重要文献选编》（一九二一——一九四九）第24册，中央文献出版社2011年版，第119页。

④ 《中共中央关于内蒙古自治问题的指示》（1947年3月23日），中共中央文献研究室、中央档案馆编：《建党以来重要文献选编》（一九二一——一九四九）第24册，中央文献出版社2011年版，第120页。

在党中央的一系列顶层设计和正确领导下，经过内蒙古自治运动联合会的宣传发动、团结引导和艰苦工作，在中国共产党领导下实现统一自治的方针政策得到各阶层人民群众的普遍拥护，建立内蒙古自治政府的时机已经成熟。

内蒙古人民代表会议的召开

1947 年 3 月 3 日，乌兰夫、博彦满都等内蒙古自治运动联合会领导人和中共兴安省工委负责人到哈尔滨，向中共中央东北局汇报了内蒙古人民代表会议的筹备情况和成立自治政府的初步构想。乌兰夫一行与高岗、罗荣桓、李富春等东北局领导人初步议定了内蒙古自治政府的组织机构、人事安排等事宜，共同协商拟定了内蒙古自治政府委员、参议会参议员名单，设立了以乌兰夫为书记的负责组织领导内蒙古人民代表会议的党团组织，为内蒙古自治政府的成立在政治上、思想上、组织上作了充分准备。

1947 年 4 月 3 日，即“四三”会议召开一周年之际，内蒙古自治运动联合会第一次执行委员会扩大会议在王爷庙召开。联合会总会执委、候补执委 53 人，东蒙总分会执委、候补执委 22 人及各盟旗代表共 200 余人出席会议，总结“四三”会议以来内蒙古自治运动的发展情况，讨论召开内蒙古人民代表会议事宜。乌兰夫作了《关于目前形势与任务的报告》，刘春作了《自治运动联合会总会工作的报告》，兴安省、巴彦塔拉盟和乌兰察布盟、锡林郭勒盟、卓索图盟、察哈尔盟代表都作了工作报告。与会委员和代表讨论了召开内蒙古人民代表会议和成立内蒙古自治政府的问题，进一步统一了思想，明确了内蒙古自治运动的发展方向。4 月 21 日执委会扩大会议闭幕，至此内蒙古人民代表会议准备工作就绪。

1947 年 4 月 23 日，内蒙古人民代表会议在王爷庙隆重开幕。出席会议的有蒙古、达斡尔、鄂温克、汉、满、回、朝鲜等各民族代表共 392 人①，包括工人、农牧民、知识分子、革命干部和军人，以及部分工商界人

① 另有 393 人、398 人之说。

士、地方士绅和民族、宗教代表人士。除尚处在国民党统治下的伊克昭盟和阿拉善旗、额济纳旗以外，其他盟旗均有代表参加会议。

西满分局、东北民主联军西满军区代表张平化，辽北省政府主席阎宝航，黑嫩省参议会议长于天放等出席了大会，并应邀发表了热情洋溢的讲话，向内蒙古地区的各族人民取得的伟大胜利表示衷心祝贺。

大会选举产生了由 25 人组成的大会主席团和由 10 人组成的提案审查委员会，乌兰夫为主席团主席，哈丰阿为大会秘书长。

开幕式历时三个半小时，在热烈的掌声中结束。

1947 年 4 月 24 日，乌兰夫代表内蒙古自治运动联合会执委会向大会作政治报告。报告回顾了内蒙古自治运动的发展历程，总结了一年来内蒙古自治运动联合会的工作，部署了今后的工作，提出了内蒙古自治政府成立后在坚持自卫战争、发展生产、培养干部和发展文教卫生事业、加强蒙汉民族团结、联合民主党派和民主人士等方面的工作任务。4 月 27 日，大会通过了乌兰夫所作的政治报告和《内蒙古自治政府施政纲领》《内蒙古自治政府暂行组织大纲》。与会代表热烈讨论了乌兰夫所作的政治报告和会议各项文件。

1947 年 4 月 27 日，内蒙古人民代表会议全体代表向毛泽东主席、朱德总司令发出了致敬电，其中写道："三百多年来，蒙古民族一直受着大汉族主义的压迫，痛苦是难以尽述的。只有在你们领导下的中国共产党和人民解放军，才完全改变了这种历史的不正常关系，真正以民族平等的精神，来大力扶助我内蒙古民族的发展求得彻底解放。""我们一定能遵从你们指示，团结民族内部，并与全国各民族联合起来，彻底粉碎蒋介石进攻，为建设和平民主的新中国与新内蒙而奋斗。不达目的，誓不休止"①。

1947 年 4 月 27 日，会议发布《内蒙古人民代表会议宣言》，宣布："接受了内蒙古全体人民的公意与要求，决定于今年五月一日成立内蒙

① 《内蒙人民代表大会致毛主席、朱总司令电》（1947 年 4 月 27 日），中共中央统战部编：《民族问题文献汇编》，中共中央党校出版社 1991 年版，第 1114 页。

古自治政府，这是我们内蒙古民族数百年来一件最大的喜事”①。

在会议进行中，有少数代表的思想出现波动，提出了在“四三”会议上已经解决的“内蒙古革命由谁领导”和“要什么样的自治”的问题，并在私下进行活动，试图否定哈尔滨会议上已商定的人选方案，提出了所谓的“三不选”（不选除乌兰夫以外的延安老干部、不选抗战胜利后参加工作的青年、不选汉人）的错误主张，并重新拟定了一份选举名单。这一行径遭到多数代表特别是农牧民代表和青年知识分子代表的反对。为此，会议党组织在共产党员和内蒙古人民革命青年团团员中进行了动员、布置，坚决维护原定的“选举联盟”，最终基本实现了原定选举方案。

1947 年 4 月 30 日，会议选举产生内蒙古临时参议会，选出参议员 121 人，其中蒙古族和达斡尔族 96 人、汉族 24 人、回族 1 人，其中女参议员 5 人。

1947 年 5 月 1 日，内蒙古第一届临时参议会举行了内蒙古自治政府主席、政府委员和参议会议长、驻会参议员的选举。乌兰夫当选为内蒙古自治政府主席，哈丰阿当选为副主席；特木尔巴根、奎璧、阿思根、朋斯克、乌勒吉敖喜尔、乌兰、胡尔沁毕力格、王再天、那钦双合尔、鄂嫩日图、王海山、哈萨巴特尔、都固尔扎布、高布泽博、旺楚克、包彦、刘春、王铎、胡秉权当选为政府委员。博彦满都当选为内蒙古临时参议会议长，吉雅泰当选为副议长；特古斯朝克图、义达嘎苏隆、拉玛扎布、王海峰、克力更、尼玛、旺庆、高万宝扎布、特布信当选为驻会参议员。内蒙古自治政府正式宣告成立。

1947 年 5 月 2 日，内蒙古人民代表会议闭幕式暨内蒙古自治政府成立典礼在王爷庙举行。内蒙古自治政府主席乌兰夫、副主席哈丰阿与 19 名政府委员和内蒙古临时参议会议长博彦满都、副议长吉雅泰及 9 名驻会参议员宣誓就职：“余等誓以至诚，为内蒙古人民服务，并为坚决争取自卫战争与解放战争之胜利，与彻底解放内蒙古而奋斗。”②乌兰

---

① 《内蒙古人民代表会议宣言》，载《内蒙自治报》1947 年 5 月 3 日，内蒙古自治区档案馆编：《内蒙古自治运动联合会档案史料选编》，档案出版社 1989 年版，第 238 页。

② 《内蒙古自治政府成立典礼庄严举开》，载《内蒙自治报》1947 年 5 月 3 日，内蒙古自治区档案馆编：《内蒙古自治运动联合会档案史料选编》，档案出版社 1989 年版，第 237 页。

夫在讲话中指出:“此次自治政府的成立,不仅为内蒙民族解放运动中一极有历史意义之举,而且象征着蒙古民族内部和蒙汉之间的团结,也象征着我们一定能走向胜利。”[①] 他号召“全体人民应一致亲密的团结在自治政府的周围,为彻底粉碎蒋介石的进攻而努力”[②]。午后举行了阅兵式,内蒙古人民自卫军骑兵第一师一部以威武的军容列队接受了内蒙古自治政府领导人的检阅。

5 月 3 日,内蒙古自治政府召开了首届政府委员会议,任命各部、厅负责人。王再天任办公厅厅长,阿思根任军事部部长,奎璧任民政部部长,特木尔巴根任财政经济部部长,高布泽博任文化教育部部长,朋斯克任公安部部长,松津旺楚克任参事厅厅长。会议还决定,原内蒙古自治运动联合会会旗作为内蒙古自治政府旗,内蒙古自治政府暂时设在兴安盟王爷庙街,5 月 1 日为内蒙古自治政府成立日。5 月 15 日,兴安省政府宣布撤销。至此,内蒙古中、东部地区大部分盟旗纳入内蒙古自治政府的统一领导之下,所辖区域包括呼伦贝尔、纳文慕仁、兴安、锡林郭勒、察哈尔 5 个盟、30 个旗、1 个县以及王爷庙、海拉尔、牙克石 3 个市。

内蒙古自治政府的成立是内蒙古历史上一件划时代的大事。1947 年 5 月 19 日,毛泽东主席、朱德总司令来电祝贺内蒙古自治政府成立。贺电中说:“曾经饱受困难的内蒙同胞,在你们领导之下,正在开始创造自由光明的新历史。我们相信:蒙古民族将与汉族和国内其他民族亲密团结,为着扫除民族压迫与封建压迫,建设新蒙古与新中国而奋斗。庆祝你们的胜利。”[③] 中共中央东北局、陕甘宁边区政府和晋察冀、晋冀鲁豫等解放区的党组织和人民政府也纷纷来电祝贺。《新华日报》《东北日报》《晋察冀日报》《西满日报》《内蒙自治报》等各解放区报刊相继发表社论或进行报道,盛赞内蒙古地区革命斗争所取得的伟大胜利。

---

① 《内蒙古自治政府成立典礼庄严举开》,载《内蒙自治报》1947 年 5 月 3 日,内蒙古自治区档案馆编:《内蒙古自治运动联合会档案史料选编》,档案出版社 1989 年版,第 238 页。

② 《内蒙古自治政府成立典礼庄严举开》,载《内蒙自治报》1947 年 5 月 3 日,内蒙古自治区档案馆编:《内蒙古自治运动联合会档案史料选编》,档案出版社 1989 年版,第 238 页。

③ 《毛主席、朱总司令复内蒙人民代表大会电》(1947 年 5 月 19 日),中共中央统战部编:《民族问题文献汇编》,中共中央党校出版社 1991 年版,第 1127 页。

内蒙古人民代表会议通过的《内蒙古自治政府施政纲领》和《内蒙古自治政府暂行组织大纲》,成为规范自治政府运行的指导性文件。《内蒙古自治政府施政纲领》明确规定了内蒙古自治政府的性质、任务、方针、政策,就国家统一、民族关系、民主权利、军队建设、土地关系、经济建设、社会事业发展、妇女保护等方面作出了规定。《内蒙古自治政府施政纲领》规定:"内蒙古自治区域内蒙汉回等各民族一律平等,建立各民族间的亲密合作团结互助的新民族关系,消除一切民族间的隔阂与成见。""内蒙古自治政府确保人民享有身体、思想、宗教、信仰、言论、出版、集会、结社、居住、迁徙、通讯之自由。"① 这些都体现了中国共产党的民族政策和统一战线政策,反映了内蒙古地区各民族人民团结一致、共求解放的愿望。《内蒙古自治政府暂行组织大纲》是根据《内蒙古自治政府施政纲领》制定的,对内蒙古临时参议会、内蒙古自治政府、地方制度等方面作出了规定。

内蒙古自治政府成立的意义

内蒙古自治政府成立,标志着中国共产党领导的第一个省级少数民族自治区的诞生。

内蒙古自治区的成立,充分证明只有在中国共产党领导下才能找到解决中国民族问题的正确道路。近代以来,各种政治力量在解决中国民族问题上提出过不同的主张,进行过各式的探索,只有中国共产党找到了运用马克思主义原理解决国内民族问题的正确路径。内蒙古自治区之所以能够成立,就是因为落实了中国共产党对内蒙古地区自治运动的领导权,坚持了中国共产党在民族问题上的正确主张,就是因为中国共产党的民族理论不断成熟、民族政策不断完善、民族工作实践不断深化。内蒙古自治区的成立,标志着中国共产党民族区域自治政策的真正落地实施,开启了国内实行民族区域自治的先河,成为解决国内民族问题的成功范例,这一事实有力地证明,解决中国的民族问题离不开中

① 《内蒙古自治政府施政纲领》(1947 年 4 月 27 日内蒙古人民代表会议通过),中共中央统战部编:《民族问题文献汇编》,中共中央党校出版社 1991 年版,第 1111—1112 页。

国共产党的坚强领导。

内蒙古自治区的成立，有力地维护了国家统一和领土完整。中国共产党领导和推行民族区域自治，打破了近代以来帝国主义对民族地区政治上瓜分、经济上掠夺、文化上奴役、领土上蚕食的局面。在领导内蒙古自治运动的过程中，在关系内蒙古各族人民前途命运的重大问题上，中国共产党旗帜鲜明，立场坚定，始终坚持内蒙古的自治是中华民族内部事务，属于中国的内政，坚决反对分裂国家领土和危害国家主权。内蒙古自治区的成立，标志着内蒙古“独立自治”“高度自治”以及“内外蒙合并”等错误主张的最终失败，标志着中国共产党对内蒙古地区的领导更加巩固，有力地维护了国家统一和领土完整。

内蒙古自治区的成立，书写了各民族平等团结互助和谐关系的新篇章。中国共产党在领导中国革命过程中，始终坚持促进国内各民族平等团结。内蒙古自治区成立后，开始在其辖区内实施民族区域自治政策，努力推行中国共产党民族平等团结的一贯方针，为结束阶级压迫和民族纷争的历史，使各族人民真正获得平等的政治权利，翻开民族关系崭新一页，奠定了制度基础。中国共产党领导内蒙古地区人民开展的民族区域自治工作，也为中华人民共和国成立以后把民族区域自治制度确立为一项国家基本政治制度，进行了成功的实践探索。

内蒙古自治区的成立，开启了内蒙古地区各族人民美好生活的新纪元。中国共产党领导中国人民翻身求解放的过程中，始终把实现各族人民共同利益作为一切奋斗的出发点、着眼点和落脚点，积极创造为各族人民谋幸福的制度条件。内蒙古自治区的成立，中国共产党民族区域自治政策的实施，结束了内蒙古各族人民长期以来被剥削、被压迫、被奴役的历史，内蒙古各族人民开始在党的民族政策光辉照耀下，手足相亲，守望相助，站上了共同守卫祖国边疆、共同创造美好生活的新起点。内蒙古自治区成立的过程和结果都充分证明，没有中国共产党，就没有民族区域自治制度，就没有内蒙古各族人民的幸福生活。

六、内蒙古共产党工作委员会的成立

解放战争初期，在中共中央的统一部署下，内蒙古地区的革命斗争与当时的行政区划相适应，采取了分区域、归属各相邻解放区直接领导的方式进行。中共中央东北局、西北局、晋察冀中央局及有关分局和有关省、地市委在所属区域内领导、支援内蒙古地区的对敌斗争和根据地建设，与内蒙古地区解放区的党组织共同推动内蒙古自治运动的开展。内蒙古自治政府成立前，内蒙古的中部和东部地区各盟都先后组建了中国共产党的工作委员会，党的队伍迅速扩大，仅蒙古族党员就从 1946 年初的 100 余名发展到 1100 余名。但在关系内蒙古革命领导权等关键问题上，革命阵营内还存在较大分歧，虽然在“四三”会议上已取得基本共识，然而问题并未得到彻底解决。

在内蒙古自治运动联合会执委扩大会议和内蒙古人民代表会议筹备过程中乃至内蒙古人民代表会议期间，少数代表提出要重新组建内蒙古人民革命党。这表明，革命队伍中的一部分人对于内蒙古革命的性质、任务及其与中国革命的关系等重大问题仍持有片面、错误的认识。为此乌兰夫主持召开会议，针对这些错误认识展开严肃认真的讨论，对部分思想上出现反复的同志耐心地做思想工作。乌兰夫、刘春等指出：“同一国家、同一社会不可能在各个民族中分别产生和形成各自的无产阶级，任何一个中国境内的民族都不可能单独产生和形成自己民族的无产阶级。中国共产党是中国无产阶级的政党，是中国无产阶级的先锋队，并不只是哪一个民族的党。”“既然大家承认中国革命只能由中国无产阶级来领导，那末内蒙古民族解放和内蒙古人民革命斗争，也只能由包括蒙古民族无产者在内的中国无产阶级来领导，由中国无产阶级政党——中国共产党来领导”①。会上，乌兰夫等人对持错误主张的人员进

① 刘春：《内蒙古工作的回忆》，《刘春民族问题文集（续集）》，民族出版社 2000 年版，第 452 页。

行了批评和帮助，帮助他们认识到错误，并能自觉剖析自我，诚恳作自我批评，摒弃错误主张，进一步统一和坚定了思想认识，回到了中国共产党主张的正确立场上来。

中共中央对内蒙古自治运动联合会执委扩大会议和内蒙古人民代表会议期间出现的争论，采取了极其慎重的态度，多次下达指示，与中共中央东北局、西满分局和内蒙古地区党组织反复讨论、研究解决的办法。1947 年 3 月 14 日，乌兰夫在致中共中央的请示电中提出："关于党的领导问题，我们提议成立内蒙分局或内蒙古党委员会，受东北局领导，现在管东蒙、察蒙及绥北蒙古地方的工作"[①]。3 月 23 日，中共中央作出《关于内蒙古自治问题的指示》，指出"目前内蒙党的领导机关，可成立内蒙工作委员会，即以云泽同志为书记，受东北局或西满分局领导（由东北局决定），云泽同时加入东北局或西满分局为委员"[②]。4 月 1 日，中共中央东北局在《关于对内蒙自治问题的意见向中央的请示》中提出，要立即组织受东北局领导的内蒙工作委员会。20 日，中共中央在《关于内蒙古自治问题给东北局的复示》中明确指出："内蒙工作委员会应即成立，直受东北局领导。"[③]

1947 年 5 月 21 日，中共中央东北局电示乌兰夫，指出内蒙古党的组织可称为内蒙古共产党工作委员会[④]。5 月 26 日，中共中央东北局作出关于乌兰夫、奎璧、刘春、克力更、王逸伦、王再天、哈丰阿、王铎、特木尔巴根 9 名同志为内蒙古共产党工作委员会委员的决定。5 月 31 日，内蒙古共产党工作委员会正式组成，乌兰夫任书记。

1947 年 6 月 2 日，内蒙古共产党工作委员会作出《关于建党问题及党内团结的决议》，明确指出："内蒙古共产党工作委员会已经成立，不

---

① 《云泽关于内蒙党的组织及领导关系问题致中央的请示电》（1947 年 3 月 14 日），内蒙古自治区档案馆编：《内蒙古自治运动联合会档案史料选编》，档案出版社 1989 年版，第 169 页。

② 《中共中央关于内蒙古自治问题的指示》（1947 年 3 月 23 日），中共中央文献研究室、中央档案馆编：《建党以来重要文献选编》（一九二一——一九四九）第 24 册，中央文献出版社 2011 年版，第 121 页。

③ 《中共中央关于内蒙古自治问题给东北局的复示》（1947 年 4 月 20 日），中共中央统战部编：《民族问题文献汇编》，中共中央党校出版社 1991 年版，第 1102 页。

④ 简称内蒙古共产党工委或内蒙古党工委。

再建立任何外围党。全体党员要坚决执行党的决议，加强党内团结，严格组织，统一思想，统一步调，迎接伟大而艰巨的革命斗争。"①

1947 年 7 月 1 日，乌兰夫在中国共产党成立 26 周年纪念大会上的讲话中指出："今年七月一日是中国共产党诞生二十六周年纪念日，又是内蒙古共产党工作委员会诞生的日子，因此对于内蒙古各民族来说，它的意义就特别重大。""中国共产党热忱帮助国内各少数民族的解放斗争"，"诚心帮助国内各少数民族实行自治"。②"今天有一部分人由于对中国共产党缺乏深刻的了解与认识，所以产生了种种模糊的看法。而这种看法对目前和将来的内蒙古革命事业是不利的。因此，必须实事求是地认真进行学习，正确认识中国共产党及其民族政策，了解内蒙古革命与中国共产党的关系及其历史事实。"③

1947 年 7 月 9 日，内蒙古自治政府在王爷庙举行隆重的群众大会，乌兰夫在会上公开宣布内蒙古共产党工作委员会正式成立。这也标志着内蒙古党的组织形成了坚强、统一的整体。根据中共中央东北局的决定，兴安省工委撤销，其工作移交内蒙古共产党工作委员会。

内蒙古共产党工作委员会成立后，在中共中央东北局的直接领导下，与各友邻解放区的党组织密切配合，进一步建立健全、调整充实了内蒙古地区解放区各盟旗党的各级组织。1947 年 7 月，中共巴乌工委与锡察工委合并，称锡察巴乌工委，奎璧任书记、王铎任副书记，刘景平、杨平为委员。1946 年 6 月，西满分局组建中共纳文慕仁盟工委，1947 年 7 月以后归内蒙古工委领导，克力更任书记，夏辅仁、陈立新为委员。1947 年 7 月 28 日，中共兴安盟中心旗委成立，宋振鼎任书记，吉雅泰、高布泽博、杰尔格勒等为委员。1948 年 11 月 2 日，中共兴安盟中心旗委撤销，组建中共兴安盟工作委员会，宋振鼎仍任书记。1947 年 11 月 7 日，纳文慕仁盟、呼伦贝尔两个地区的工委合并，成立内蒙古

① 内蒙古自治区档案馆档案，编号 10—2—8。

② 乌兰夫：《中国共产党是全国各族人民利益的代表者》（1947 年 7 月 1 日），《乌兰夫文选》上册，中央文献出版社 2013 年版，第 49 页。

③ 乌兰夫：《中国共产党是全国各族人民利益的代表者》（1947 年 7 月 1 日），《乌兰夫文选》上册，中央文献出版社 2013 年版，第 51 页。

工委纳文慕仁呼伦贝尔工作委员会（简称纳呼工委），吉雅泰任书记，高锦明、夏辅仁任副书记。1948 年 2 月，中共纳呼工委撤销，分别设立中共纳文慕仁盟工委和中共呼伦贝尔盟工委。

为进一步加强中国共产党对内蒙古地区的领导，壮大干部队伍，提高各级干部政治素质与工作能力，内蒙古共产党工作委员会和内蒙古自治政府决定加强干部培养工作。

1947 年 8 月 7 日，内蒙古共产党工作委员会决定成立内蒙古军政大学，乌兰夫任校长兼政委，丁士一任教育长。

1948 年 9 月 9 日，内蒙古共产党工作委员会作出《关于开办内蒙古党校的决定》，乌兰夫任校长。11 月 7 日，内蒙古党校在王爷庙正式开学。

内蒙古共产党工作委员会的成立，在政治上、思想上、组织上进一步加强了中国共产党对内蒙古地区工作的领导，有力地支援了东北地区、华北地区的解放事业，为内蒙古地区的解放、为内蒙古革命和建设走向新的胜利提供了有力的政治和组织保证。

第 十 五 章

解放战争中内蒙古地区的自卫斗争

抗日战争胜利后，中国人民热切盼望和平、民主，而国民党反动派却逆历史潮流而动、悖历史规律而行，不断挑起事端并于 1946 年 6 月发动了全面内战。内蒙古地区各族人民在中国共产党的领导下，奋起反击国民党反动派对解放区的军事进攻，保卫、巩固和发展解放区。在绥蒙地区，广大军民在中国共产党的领导下积极进行军事斗争，同时大力发展生产，开展减租减息和除奸反霸、建立民主政权，全力巩固了解放区；在绥远以东地区，自治运动联合会领导组建和发展了革命武装，这些武装在打击国民党军队和地方土匪，稳定地方秩序，建立巩固的解放区等方面发挥了重要作用；在伊克昭盟，党组织根据中共中央西北局的工作部署，建立蒙汉支队并配合西北野战军作战，保卫和发展了伊克昭盟的解放区。

一、绥蒙地区的斗争

在解放战争中，处于西连西北、东接华北重要战略位置的绥蒙地区始终是国共双方争夺的重要地区。经过 1945 年 10 月至 12 月的平绥战役和 1946 年初的集宁争夺战，绥东、绥南地区的丰镇、集宁、陶林、和林格尔、凉城等地获得解放，国共双方以卓资山为界形成了对峙局面。中共绥蒙区委充分利用有利形势，迅速领导恢复了绥东、绥南地区的党组织。国民党军在大规模进攻失败后，开始对解放区实行逐步渐进的“蚕食”政策，在绥蒙地区挑起的小型武装冲突连续不断。国民党军傅作义部在配合阎锡山部向晋西北地区发动进攻的过程中，不断“蚕食”绥东、绥南解放区。根据中共中央指示，中共绥蒙区委领导解放区军民多次粉碎国民党军的进攻。1946 年 2 月至 7 月，绥蒙军区部队采取积极防御自卫、坚持阵地、寸土必争的方针，展开了激烈的反“蚕食”斗争，驱逐国民党军，收复了不少失地，巩固和扩大了解放区。在绥南，收复了 80 多个被国民党军抢占的村庄，并迫使清水河县的敌军不敢出动；在绥东，驱逐了驻红旗大庙、白银堂、白雁沟一线的国民党军。

在反“蚕食”斗争间隙，绥蒙军区部队积极开展练兵运动，提高部队军事素质，并帮助地方政府建立民兵武装，积极扩充部队，准备应对大规模战争。

为坚持长期斗争，党在绥蒙地区坚持了“劳武结合”的方针，抓武装的同时不忘抓生产。由于长期战乱，绥蒙地区生产凋敝、人民生活贫困，发展生产、改善人民生活的任务迫切而艰巨。1945 年 10 月 1 日，中共绥蒙区委发出《关于目前形势、任务与群众工作指示》，提出发动群众、开展清算、减租减息的工作任务。1946 年 3 月 15 日，晋绥行署公布《新解放区特殊土地问题处理办法》，规定“凡敌伪组织侵占的私有土地应退回原主，凭借敌伪势力非法强占的公私土地应归还原土地所有者”①。4 月 4 日，绥蒙政府颁布《绥蒙区减租赎地增资暂行办法》，对减租、赎地、增资等作出了具体规定。同日，中共绥蒙区委发出《关于目前时局与发动群众保卫和平的指示》，要求全力发动群众进行减租、增资、生产。4 月 21 日至 27 日，绥蒙政府在丰镇召开了群众工作会议，对过去两个月的工作进行了总结，强调要深入发动群众，不搞包办代替，不急于求成，注意“劳武结合”，准备打击进犯敌人。为动员解放区人民大力发展生产，绥蒙政府发放了 4600 多万元农业贷款和大量籽

① 中共山西省委党史研究室、中共内蒙古自治区党史资料征研委办公室、晋绥革命根据地史料征编指导组办公室编：《晋绥革命根据地大事记》，山西人民出版社 1989 年版，第 312 页。

种，解决群众困难。中共绥蒙区委和绥蒙政府还积极推动工商业及交通运输的恢复发展。1946 年 3 月，丰镇至卓资山的铁路运输恢复。绥蒙政府还领导恢复了原有的学校，举办了小学师资训练班，发展了教育事业。

绥蒙政府注重正确处理民族关系，坚持团结对敌。绥蒙地区是蒙汉杂居地区，中共绥蒙区委和绥蒙政府对民族问题高度重视。1945 年 8 月，绥蒙政府在山西偏关举行政府机关工作会议，乌兰夫就如何开展蒙古族工作提出要求，指出要争取蒙古族上层人士，发动蒙古族群众，建立蒙古族武装，减轻蒙古族群众负担，建立各级蒙古族工作组织，宣传党的民族政策。根据乌兰夫的意见，从绥蒙政府到各地民主政权都切实加大了民族工作的力度。1945 年 12 月，绥蒙政府将绥东四旗和土默特旗、四子王旗等地作为开展民族工作的重点，派出李森、云治安、塔拉、李文精等一批蒙古族干部，协调与各旗少数民族代表人士的关系，动员群众建立民族武装，在集宁成立了由李永年负责的绥东四旗办事处，开展民族工作。

1946 年 5 月 16 日，绥蒙政府发出《关于调整蒙汉关系加强民族团结的指示》，对蒙旗财产管辖、蒙旗汉民籍贯处理、蒙汉人民负担、土地纠纷、减租清算和蒙汉人民诉讼处理等问题作出明确规定。绥蒙政府派出干部深入到各旗开展工作，推动各项政策贯彻落实，团结各族人民为争取战争胜利而奋斗。5 月 20 日，绥蒙政府发布《绥蒙区各蒙旗政府暂行条例》，对旗、苏木的组织机构、管理范围、组织程序等作出具体规定。为配合自治运动的开展、培养蒙古族革命骨干，绥蒙政府派出干部到各旗进行广泛的组织动员，分批选送蒙古族青年到绥蒙建国学院①和内蒙古军政学院学习，为革命斗争储备人才。

通过多方面工作，绥蒙地区各族人民改造了旗县和区乡政权，开展了反奸清算、减租减息、增资、赎地斗争，努力发展生产、改善生活，进行土地改革，人民的政治地位得到提高，革命热情高涨，为夺取解放战

① 绥蒙建国学院建于 1945 年 9 月，设行政、师范、民运等系，院长乌兰夫、教育长武达平。院址初设于商都，后迁集宁，1946 年与内蒙古军政学院合并。

争的胜利作了积极准备。

二、内蒙古人民武装力量的建立和发展

抗日战争胜利后，在中国共产党的领导和支持下，内蒙古人民武装力量建立并逐步发展壮大。1946年6月，国民党挑起的全面内战爆发，经过统一整编的内蒙古人民自卫军在东北战场和华北战场参加对敌作战，为保卫解放区、争取解放战争的胜利作出了重要贡献。

党领导的人民武装的建立

早在抗日战争胜利前召开的党的七大上，毛泽东就提出要“成立维护群众利益的少数民族自己的军队”[①]。1945年10月27日，晋察冀中央局在给中共中央的工作报告和请示中明确提出“发动人民建立自卫军”[②]和“组织蒙民之自卫武装，积极予以帮助”[③]。11月23日，晋察冀中央局在《目前对内蒙古政策的几个要点》中指出，要准备建立内蒙古人民自卫军，把改造旧军队和训练军事干部作为各盟旗军事工作的重要任务。27日，内蒙古自治运动联合会在其工作方针中又提出要在军事上建立为人民服务的内蒙古人民自卫军。在中国共产党的领导下，蒙古骑兵独立旅和内蒙古人民游击队先后建立并发展壮大。

蒙古骑兵独立旅是绥蒙地区一支重要的人民武装。1945年10月至11月，在晋察冀军区、晋绥军区部队发动平绥战役期间，有三支地方武装举行起义、脱离国民党阵营。国民党新编第十路军第九师的部分官兵1945年10月下旬在察素齐起义，改编为内蒙古人民自卫军第二支

① 毛泽东：《论联合政府》（1945年4月24日），《毛泽东选集》第三卷，人民出版社1991年版，第1084页。

② 《察哈尔各盟旗近况及察锡两盟的工作经过（摘录）》（1945年10月27日），中共中央统战部编：《民族问题文献汇编》，中共中央党校出版社1991年版，第970页。

③ 《关于察盟成立“内蒙古人民共和国临时政府”问题向中央的请示》（1945年10月27日），中共中央统战部编：《民族问题文献汇编》，中共中央党校出版社1991年版，第973页。

队；国民党新编第十路军伊克昭盟暂编保安师第二旅第一团的部分官兵11月上旬在包头起义，改编为内蒙古人民自卫军第三支队；国民党陶林县保安团的全体官兵11月中旬在集宁起义，改编为内蒙古人民自卫军第一支队。1945年12月中旬，三个支队开赴集宁进行整训。此后不久，绥蒙军区和绥蒙政府以这三个支队和活动在大青山地区的蒙古游击队、绥东游击队、绥西游击队为基础，吸收一批农牧民和青年学生，派八路军老干部和从延安民族学院返回的部分蒙古族干部参加，组建了蒙古骑兵独立旅，下辖三个团，共700余人。李秀山任旅长，李森任副旅长，云麟任参谋长，寒峰任政治部主任，锐军任供给部主任，华林泰任第一团团长、杨德兴任第二团团长、林国梁任第三团团长。根据中国共产党建军原则，独立旅建立了党的政治工作制度，成立了党支部，李森任书记、寒峰任副书记，在旅、团均建立了政治部，在连设置了政治指导员。这是一支中国共产党领导下的新型武装，归绥蒙军区指挥。

1946年2月，蒙古骑兵独立旅划归内蒙古自治运动联合会领导，离开集宁、经察哈尔右翼前旗到张北县进行了一个多月的整训。3月，蒙古骑兵独立旅在察哈尔盟开展武装斗争，在哈巴嘎和宝昌清剿了郭崇礼和白金辉两股规模较大的土匪武装，稳定了察哈尔盟的局势，为锡林郭勒盟、察哈尔盟地区自治运动的开展创造了有利条件。

内蒙古人民游击队是一支起义后加入人民阵营的革命武装。日本投降前夕，伪蒙古军第九师在师长乌勒吉敖喜尔的率领下于乌兰察布盟四子王旗宣布起义，与绥蒙政府和苏军建立了联系，不久开赴外蒙古进行了三个多月的集训。1946年1月，这支部队返回锡林郭勒盟苏尼特右旗，同晋察冀军区和内蒙古自治运动联合会取得了联系，乌兰夫、蔡树藩、曾涌泉、段苏权、乌勒吉敖喜尔和苏联驻晋察冀军区代表尼古拉也夫共同研究决定这支部队的番号为内蒙古人民游击队，乌勒吉敖喜尔任司令，关保扎布任政委，扎木舍楞任参谋长，受内蒙古自治运动联合会和晋察冀军区双重领导，由晋察冀军区察北七分区负责提供武器弹药和后勤供给。部队的主要任务是保卫晋察冀军区和苏蒙之间的运输线，即化德到二连浩特的交通孔道。此后，这支部队驻扎在苏尼特右旗南部地区，同内蒙古自治运动联合会乌兰察布盟分会和一些地方武装密切配合，清剿土匪，宣传、发动群众进行减租减息和参军参战。

内蒙古人民武装的统编

内蒙古自治运动实现统一后，根据“四三”会议精神，由内蒙古自治运动联合会统一领导内蒙古地区的军事力量，处理内蒙古地区的建军和部队整编、训练、人事等问题。内蒙古地区解放区各武装部队统一改编为内蒙古人民自卫军，乌兰夫任司令员兼政治委员。

1946年6月，内蒙古自治运动联合会下辖的两支部队进行了统编。蒙古骑兵独立旅改编为内蒙古人民自卫军骑兵旅，李秀山任旅长，寒峰任政治部主任；内蒙古人民游击队改编为内蒙古人民自卫军第四支队，乌勒吉敖喜尔任支队长，关保扎布任政委。

抗日战争胜利后，在内蒙古东部地区的一些盟、旗陆续建立起一些地方武装，其中一些还与挺进东北地区的八路军、新四军建立了联系，形成了东蒙古人民自治军的雏形。1946年1月，东蒙古人民自治政府组建了东蒙古人民自治军。在东北民主联军西满军区的支持和帮助下，先后建立五个骑兵师。这支武装的建立和发展始终受到中国共产党的关注、帮助和影响，后来顺利编入中国共产党领导下的内蒙古人民自卫军。

1946年5月25日，东蒙古人民临时代表会议决定成立内蒙古人民自卫军兴安军区，阿思根任司令员，哈丰阿任政治委员。兴安军区成立后，即按照“四三”会议精神将东蒙古人民自治军改编为内蒙古人民自卫军兴安军区部队。6月，东蒙古人民自治军骑兵第一师、第二师、第四师、第五师、第六师分别改编为内蒙古人民自卫军骑兵第一师、第二师、第四师、第五师、第六师，莫德勒图任第一师师长、胡秉权任第一师政委，那钦双合尔任第二师师长、赵石任第二师政委，和子章任第四师师长、乌力吉那仁任第四师政委，鄂嫩日图任第五师师长、朱子休任第五师政委，登登泰任第六师师长、王化一任第六师政委。7月，内蒙古人民自卫军骑兵第六师又改编为呼伦贝尔地方自治军，登登泰任司令员、钢苏和任政委。部队整编后，根据军事斗争需要，内蒙古人民自卫军兴安军区与东北民主联军辽吉军区组成了联合司令部，邓华任司令员、陶铸任政委、阿思根任副司令员，统一指挥兴安盟、哲里木盟的对敌斗争。

1946 年 8 月，八路军晋察冀、晋绥部队围攻大同，发起大同—集宁战役，国民党东北挺进军马占山部先遣第一旅在海福龙率领下，于 8 月 11 日在阳高县宣布起义。毛泽东、朱德电贺勉励。这支以蒙古族官兵为主的部队起义后划归内蒙古自治运动联合会领导，经过整训后编为内蒙古人民自卫军第五支队并建立了政治工作制度，海福龙任司令员。

党领导下的内蒙古人民武装参加军事斗争

1946 年 6 月，国民党发动全面内战后，内蒙古地区的哲里木盟、伊克昭盟、卓索图盟、锡林郭勒盟、察哈尔盟、巴彦塔拉盟和乌兰察布盟等地都遭到了国民党军的进攻。在东北地区，国民党军在占领锦州、沈阳、长春等城市后向内蒙古东部地区的解放区进犯；在锡、察、巴、乌地区，国民党军向绥蒙解放区和锡察解放区不断进犯。在严峻的形势下，内蒙古中、东部地区一些新改编的部队中发生了叛乱，一些盟旗的部分封建上层、大地主也伺机发动暴乱，在国民党军的支持下袭击民主政府、建立反动政权，企图建立“联防”体系，袭扰、破坏解放区。面对敌强我弱的形势，内蒙古人民自卫军和党领导的其他解放区部队紧紧依靠广大人民群众，密切配合、奋起反击、英勇战斗，粉碎了敌人以军事进攻破坏、占领解放区的图谋。

在内蒙古东部地区，内蒙古人民自卫军兴安军区所属部队在广大农村、牧区开展游击战争，一面顽强抵御国民党军进犯，一面清剿土匪和平息反革命叛乱。1946 年 10 月，骑兵第一师部队从王爷庙北上，平息了兴安盟北部索伦县发生的叛乱。1946 年底至 1947 年初，骑兵第一师、第二师部队在兴安军区指挥下在哲里木盟展开了自卫战争，与东北民主联军协同作战，击垮了苏和巴特尔、格瓦拉喜匪帮，收复了哲里木盟重镇舍伯吐。1947 年 1 月，骑兵第一师、第二师与辽吉军区第五分区部队组成蒙汉联军，配合东北民主联军发动的“三下江南、四保临江”战役行动，连续向占据哲里木盟和毗邻地区部分城镇的国民党军及叛匪发动进攻，相继收复开鲁、吉尔嘎朗等地，全歼国民党“热河蒙旗自卫军”等反动武装，给国民党军以沉重打击，逐步控制了哲里木盟的大部分地区。

卓索图盟纵队和昭乌达盟蒙汉联军是解放战争时期中国共产党在内蒙古东部地区领导建立的两支重要的人民武装。1946年9月8日，以喀喇沁左旗、敖汉旗等地的地方武装为基础的内蒙古人民自卫军卓索图盟纵队在赤峰组建，白云航任司令员，孔飞任副司令员，金起铣任政治部主任，乌兰任政治部副主任。卓索图盟纵队建立后，积极开展游击战争，抗击国民党军的进攻，清剿土匪，保护交通，并着手开辟翁敖（翁牛特和敖汉）沙漠地区的工作。10月中旬，昭乌达盟蒙汉联军在林东成立，俞楚杰任司令员，权星垣任政委，和子章任副司令员，乌力吉那仁任副政委。昭乌达盟蒙汉联军建立后，迅速投入到保卫解放区的斗争中，1947年初击退进攻天山城的国民党军，取得了天山保卫战的胜利。

在锡林郭勒、察哈尔、巴彦塔拉和乌兰察布地区，面对国民党军的疯狂进攻，解放区军民在中国共产党的领导下奋起自卫。1946年8月上旬，为打破国民党军对晋绥、晋察冀解放区的分割，根据中共中央指示，晋绥军区部队和晋察冀军区部队发起了大同—集宁战役。战役期间，傅作义部以平绥铁路为轴线，分南、中、北三路向集宁进犯，企图一举攻克集宁、南援大同。9月5日，傅作义部三路增援部队出动。北路部队由陶林向集宁正西方向进攻，南路部队由归绥向凉城方向进攻，中路主攻部队由归绥附近地区沿平绥路北侧山地东犯卓资山。晋绥军区部队、晋察冀军区部队主力在集宁城下包围了傅作义部三个师，激战数日，将三个师打至不成建制。傅作义急调第一〇一师、新编第三十二师、新编骑兵第四师增援。敌我兵力悬殊，形势转为不利，晋绥和晋察冀军区部队主动撤离集宁。这次战役，毙伤敌军3370余人、俘敌530余人。

1946年10月，内蒙古自治运动联合会机关北移至锡林郭勒盟贝子庙。11月7日，联合会在贝子庙召开第六次执行委员会会议，根据全面内战爆发后的形势，对锡、察、巴、乌地区的军事斗争和地方工作进行了统一部署，决定对部队进行进一步整编并组织开展自卫战争。根据会议精神，内蒙古人民自卫军第四支队改编为内蒙古人民自卫军骑兵第十一师，乌勒吉敖喜尔任师长，关保扎布任政委，毕力格巴图尔任副政委，归巴乌军区指挥。内蒙古人民自卫军骑兵旅改编为内蒙古人民自卫军骑兵第十六师，李秀山任师长，王铎任政委，刘景平任副政委，寒峰任政治部主任，以锡林郭勒盟、察哈尔盟为防区。内蒙古人民自卫军第五支队改编为内蒙古人民自卫军骑兵第十七师，海福龙任师长，归巴乌军区指挥。面对国民党军的进攻，内蒙古人民自卫军骑兵第十一师、第十六师在党的领导下，与兄弟部队密切配合，不畏艰难、奋勇作战。从1946 年 11 月到 1947 年 11 月，两师部队分别参加了哈巴嘎争夺战、赛汗淖尔保卫战、平定堡战斗和反击国民党军傅作义部进攻的战斗等。1948 年 1 月 1 日，内蒙古人民自卫军改称内蒙古人民解放军后，内蒙古人民解放军骑兵第十一师、第十六师又于 1948 年 1 月至 4 月参加了陶高图庙战斗和解放多伦的战斗，给国民党军和反动地方武装以沉重打击，成功挫败了国民党军破坏锡察解放区的图谋，使锡察解放区成为解放战争中华北战场的重要后方。

三、伊克昭盟革命斗争的发展

中共中央西北局对伊克昭盟的工作方针

抗日战争胜利后，内蒙古西部地区的大部分区域被国民党占据，伊克昭盟大部分地区处于国民党的统治之下，但伊克昭盟所属鄂托克旗和乌审旗南部地区在中国共产党领导下较早获得解放，不仅有较为健全的党组织而且还建立了人民武装，各项工作也已开展起来，与国民党统治区形成了对峙局面。除此之外，党组织也和当地一些蒙古族上层人士建立了良好关系，中国共产党在伊克昭盟领导革命斗争拥有较为坚实的工作基础和许多便利条件。

面对抗日战争胜利后的复杂局面，中共中央西北局对伊克昭盟的工作作出了一系列部署。1945 年 12 月 6 日，西北局向伊盟工委领导人赵通儒等发出《对伊盟工作方针的指示电》，明确了党在伊克昭盟的总体工作方针，指出“目前形势已渐趋有利开展伊蒙工作，将来或可发展得更为有利，但其方针第一步应努力做到蒙人与我亲善并友好共处，第二步始可由建立工作再渐次争取伊蒙自治，任何急性与企求一下成功的办法都是极不稳妥的方针”[①]。不久，西北局又向伊盟工委书记赵通儒发出《关于伊盟争取团结蒙人进步势力问题的指示》，强调“对蒙人中的进步势力应求实际掌握，不要强求形式”[②]。1946年1月至2月间，西北局围绕鄂托克旗的工作连续发电，就执行统战政策、做好统战工作、加强蒙古族内部团结等事宜作了具体指示，特别强调做蒙古族代表人士工作要谨慎、以防被国民党特务利用。

1946年2月21日，中共中央西北局召开会议专门研究伊克昭盟工作，赵通儒等参加。会议进一步明确了在伊克昭盟的工作方针，提出：“广泛开展上层与下层的统一战线，团结蒙人，巩固和平，统一内部，推动民族自治地方自治运动，反对国民党民族压迫政策。蒙古民族内部矛盾，决不应提在对国民党民族压迫的矛盾之上，而应团结内部，一致反对国民党统治。伊盟是需要而且应该走向民主的，但其内部的民主改革问题，应在群众发动起来；取得民族自治中，适当的提出逐渐解决。在对国民党统治这一个大矛盾未解决前，内部矛盾应服从之。就是蒙古封建王公贵族在对国民党反动派来说，还是中间分子，还应争取团结的”[③]。会议还提出，伊盟工作要为蒙古族群众服务，帮助他们发展经济，与他们通商互换生活必需品，鼓励他们发展生产，开办医院、学校。会议还强调，伊盟工作不可能完全顺利无阻，还会遇到很多新问题，要警惕、谨慎，避免粗心大意或鲁莽从事。会议决定单独设立中共伊盟工委，不再与三边地委合并设立，受中共中央西北局直接领导，赵通儒任书记，曹步诚、曹动之、高增培、徐子猷、田万生、孙润华、黎光、刘长汉

---

① 《中共中央西北局对伊蒙工作方针的指示电》（1945年12月6日），中共中央统战部编：《民族问题文献汇编》，中共中央党校出版社1991年版，第982页。

② 《中共中央西北局关于伊盟争取团结蒙人进步势力问题的指示》（1945年12月），中共中央统战部编：《民族问题文献汇编》，中共中央党校出版社1991年版，第987页。

③ 《中共中央西北局讨论伊盟工作的记录》（1946年2月21日），中共中央统战部编：《民族问题文献汇编》，中共中央党校出版社1991年版，第1006页。

为委员。

武装斗争的开展

根据中共中央西北局的指示精神，伊盟工委及下辖的乌审旗工委、鄂托克旗工委加强了武装力量建设和政权建设。在伊盟南部的解放区，组建了阿尔宾巴雅尔领导的西乌审保安队、金汉文等人领导的鄂托克旗保安第四营、马富纲和马良诚等人领导的鄂托克旗起义部队三支武装，建立了伊盟工委和鄂、乌两旗工委的三支警卫队，在一些区、乡、村也建立了基层人民政权，准备开展武装斗争。

1946 年 6 月，全面内战爆发，国民党集结重兵准备进攻陕甘宁解放区。8 月 22 日，习仲勋主持召开西北局会议，对伊盟工作作出了阶段性总结和战略性部署，制定了建立党组织、发动群众、联合蒙古族各阶层、开展武装斗争的工作方针。会议指出："伊盟情况，如各地一样，群众要起来反对国民党。我们方针是发动与领导群众武装起义，到处点火。对已起来的采取积极办法，派干部去支持和领导之。发动与组织广泛的反蒋傅的统一战线。蒙汉联合，王公平民联合，驱逐傅作义"，"配合全国局势，到处点火。开始我们帮助干部，也可以帮助一部经费，弹械，必要时帮助少数武装部队，再搞大时再研究派出部队配合。我们目的是以群众武装起义，发展到使伊盟脱离傅作义，获的自治"。①

1946 年秋，陕甘宁晋绥联防军发动了扫清边区北线外围之敌的榆横战役。伊盟工委配合作战，组成北线东进指挥部，赵通儒任总指挥。10 月 24 日，由于缺乏警惕，赵通儒等 13 名干部、战士在乌拉尔林被敌人诱捕，伊盟党组织遭受严重损失，是为乌拉尔林事件。乌拉尔林事件后，中共中央西北局于 1946 年 11 月任命高增培代理伊盟工委书记，决定将伊盟工委划归三边地委领导，下辖乌审旗工委和鄂托克旗工委。1947 年 1 月 17 日，为便于对宁夏和伊盟两地工作的统一领导，西北局决定将宁夏工委和伊克昭盟工委合并为中共宁绥工委，三边地委副书记

① 《中共中央西北局讨论伊盟工作会议纪要》(1946 年 8 月 22 日)，中共中央统战部编：《民族问题文献汇编》，中共中央党校出版社 1991 年版，第 1060 页。

朱敏兼任工委书记。2月初，宁绥工委决定将伊盟工委分为伊西工委和伊东工委。不久，伊西工委和伊东工委再次合并，在靖边组成新的伊盟工委，高增培任书记。

1947年3月，国民党军胡宗南部23万人向陕北地区发动重点进攻。3月18日，党中央机关主动撤离延安，开始转战陕北。4月，国民党军马鸿逵部在国民党伊盟地方武装的配合下，大举进犯三边地区和伊盟南部解放区。为适应战争形势、统一伊盟的革命武装力量，5月，经中共中央西北局和陕甘宁晋绥联防军批准，三边军分区和伊盟工委对伊盟南部解放区的革命武装进行整编，组建了由300余名骑兵组成的师级建制的伊盟蒙汉支队，阿尔宾巴雅尔任司令员、高增培任政委，下辖两个大队，受三边军分区和伊盟工委双重领导。蒙汉支队建立后，奉命驻守在靖边县张家畔一带。

撤离延安后，毛泽东、周恩来、任弼时率中共中央机关继续留在陕北，指挥全国各战场的作战。1947年4月5日，中共中央机关转移到靖边县青阳岔，4月13日转移到王家湾①，在此停留50余天。为防止侵入三边地区的马鸿逵部威胁党中央机关，西北野战兵团向三边分区下达命令，要求动员所有地方武装，不惜一切代价，坚决堵住来自北线的敌人，保卫中共中央机关的安全。伊盟蒙汉支队同三边军分区部队一起执行了保卫中共中央机关的光荣任务。5月20日，马鸿逵部骑兵第二十旅和国民党地方武装600余人进犯无定河支流芦河的中心渡口张家畔。驻守张家畔的蒙汉支队官兵坚定顽强，击退了国民党军的多次进攻，并乘胜主动出击，从侧翼包抄，国民党军腹背受敌、仓皇溃逃。芦河阻击战取得了胜利，蒙汉支队完成了保卫中共中央机关北线安全的任务。

1947年3月至5月，西北野战兵团在青化砭、羊马河、蟠龙镇、沙家店战役中沉重打击了国民党军胡宗南部。1947年5月下旬，西北野战兵团主力西出陇东，痛打国民党军马鸿逵、马步芳部，旋即挥师北上，于7月上旬攻克了盐池和三边等地。经过一系列的作战，粉碎了国民党企图摧毁中共中央和人民解放军首脑机关、将西北野战兵团歼灭或赶

① 当时属靖边县，今属安塞县。

到黄河以东的狂妄图谋，稳定了陕北地区的战局。

1947年7月3日，伊盟工委在宁条梁召开会议，决定乘势率领蒙汉支队重返伊盟，收复失地，扩充队伍。7月4日，蒙汉支队收复了城川。7月中旬，鄂托克旗、乌审旗的地方反动武装联合向城川反扑，蒙汉支队在西北野战军部队的支援下击退了敌军，保卫了城川。7月下旬，蒙汉支队东进乌审旗，将东乌审反动王爷奇玉山部驱逐出红柳河①以南地区。至此，原伊克昭盟南部的解放区大部分被收复，解放区的民主政权建设、战勤、镇反、救治灾害、发展生产等工作也在伊盟工委的领导下开始恢复。

为加强对蒙汉支队的领导，1947年8月，经三边军分区司令部同意，伊盟工委增设军事部，韩是今任部长、高平任副部长。军事部成立后，统一了部队指挥权，建立了各项制度，提高了部队的军事、政治素质。11月底，蒙汉支队先后转移到靖边县、吴起镇，开展了以“诉苦”②和“三查”③为主要内容的整军运动，使部队的气象焕然一新，战斗力明显提高。1948年1月26日，蒙汉支队改编为伊盟自治支队，阿尔宾巴雅尔任支队长，周仁山任政委，马良诚任参谋长，马富纲任副支队长，支队下辖三个大队，共有500余骑兵。改编后，部队中建立了政治工作制度。

1948年3月，自治支队第一大队和第二大队开赴伊克昭盟东部的准格尔旗、达拉特旗等地，开辟伊盟东部解放区，第三大队在伊克昭盟西部地区坚持游击战争。4月，自治支队第一大队和第二大队配合陕甘宁晋绥联防军警备第一旅，解放了准格尔旗神山，消灭了国民党军伊克昭盟第一警备军的警备师大部，俘获少将警备司令奇涌泉和少将参谋长陈有明。神山解放后，伊盟工委和自治支队司令部发布了《伊盟支队司令部第一号布告》和《对伊盟蒋管区蒙汉人民的口号》，宣传党的“实行民族平等与民族自治”“保护牧场、禁止开垦”等政策，发布解放军在全国各战场的胜利消息，号召蒙汉人民团结起来建立反对蒋介石的统一战

① 为无定河的上游。

② 即“诉旧社会和反动派给予劳动人民之苦”。

③ 即“查阶级、查思想、查作风”。

线。为稳定伊克昭盟东部地区的社会秩序，部队大力开展剿匪斗争和地方政权建设，先后歼灭了流窜于各旗之间的数十股土匪和“民团”，建立了中共准格尔旗委员会和准格尔旗自治政务委员会及各区、乡基层人民政府，组建了准格尔旗步兵第一团。到1948年8月，第一大队和第二大队已解放了准格尔旗黄河以南的11个区，并向达拉特旗、郡王旗和东胜县等地不断扩展。部队还以缴获的粮食、物资救济遭受严重旱灾的各族群众，帮助农牧民开展生产自救。

1948年6月，中共中央西北局决定伊盟工委再次分为伊东工委和伊西工委。伊东工委由高增培任书记，受西北局领导，负责开展准格尔旗、札萨克旗、郡王旗、达拉特旗和东胜县等地的工作；伊西工委由周仁山任书记，受宁绥工委领导，负责开展乌审旗、鄂托克旗、杭锦旗等地的工作。在伊东工委的领导下，东（东胜县）郡（郡王旗）工委成立，东郡工委派出武工队到郡王旗、札萨克旗等地开展工作，发动群众，组织农会、蒙古自治分会，宣传党的民族政策，争取了部分蒙古王公、仕官及地方武装首领的支持。在伊西工委的领导下，第三大队依托鄂托克旗、乌审旗的解放区，先后建立了7个区级基层政权。伊克昭盟革命斗争形势的发展为实现内蒙古西部地区解放打下了坚实的基础。

第十六章
解放区的社会改革和各项事业的发展

1947年7月，人民解放军转入战略进攻。7月7日，中共中央在抗日战争十周年的纪念口号中，向全国人民公开宣布了坚决、彻底、干净、全部地消灭一切蒋介石进犯军，反对蒋介石的内战、独裁、卖国政策，成立民主联合政府，以及没收官僚资本、实行土地制度改革、保护民族工商业等项主张。全国革命形势的巨大变化，要求解放区更加普遍深入地开展各种社会改革，更加充分地调动广大人民群众的积极性，进一步推动社会生产力的发展，保证解放战争获得源源不断的人力、物力支持。内蒙古地区有农业区、牧业区和半农半牧区，农业经济、畜牧业经济同时并存，土地关系、民族关系、阶级关系等各类社会关系相互交织，阶级矛盾、民族矛盾等各种社会矛盾错综复杂。在中共中央的领导下，内蒙古共产党工作委员会和内蒙古自治政府根据不同类型地区的实际情况，在解放区领导进行了以土地制度改革为中心的社会改革，克服重重困难、历经艰难曲折，废除了封建剥削压迫，大大解放了社会生产力，使广大农牧民革命和生产的积极性空前高涨、生活逐步改善，农牧业经济及工商业、文教卫生事业得到迅速恢复和发展，社会面貌焕然一新。

一、农业区的土地改革

贯彻《中国土地法大纲》

内蒙古自治政府成立初期所辖的纳文慕仁盟东南部、兴安盟东部、察哈尔盟南部都以农业为主，农业人口占很大比重。哲里木盟和卓索图盟、昭乌达盟的大部分地区也是较为完全的农业区。长期以来，这些地区的广大农民都遭受着严重的封建剥削和压迫，占农村人口90%左右的农民（包括贫雇农和中农）只占有全部土地的20%—30%。极不合理的土地制度是各族农民遭受残酷剥削和压迫的根源。地主以收取地租、雇工、放贷、差役、摊派等形式对农民进行剥削，农民辛苦收获的粮食要拿出大部分交给地主，一旦遇到天灾，加上地主和高利贷者的多种盘剥，农民往往被逼破产甚至流离失所。由于土地不断向地主和高利贷者集中，广大农民在经济上日益贫困，在政治上更是毫无权利可言。不堪忍受剥削和压迫的各族农民迫切要求实行土地改革、摧毁封建的土地制度。

早在1946年5月4日，中共中央就发布《关于土地问题的指示》（即“五四指示”），决定将抗日战争时期实行的减租减息政策改变为“耕者有其田”的政策。“五四指示”发布后，内蒙古地区的解放区普遍开展了清算反霸、调剂土地、清算地主残酷剥削压迫的斗争。人民群众的革命热情日益高涨，为大规模开展彻底的土地制度改革作了重要准备、奠定了重要基础。

1947年10月10日，中共中央颁布《中国土地法大纲》，明确规定“废除封建性及半封建性剥削的土地制度，实行耕者有其田的土地制度”①。当日，内蒙古自治政府即发布了《内蒙古土地制度改革法令（草案）》②（简称《法令（草案）》）和《内蒙古土地制度改革法令》③（简称《法令》），这是关于内蒙古地区土地改革的两个重要文件。《法令（草案）》指出：“中国共产党中央委员会公布中国土地法大纲，内蒙古人民见到了这个纲领，并认为是彻底解决土地问题的纲领，是符合内蒙古人民的要求的。内蒙古自治政府完全同意与接受此大纲，根据此大纲精神与内容，制定内蒙古土地制度改革法令，颁布施行”④。《法令》则明确规定废除封建性及半封建性的土地制度。《法令》规定：“废除一切乡村中在土地改革以前的债务。但贫农、雇农、中农之间的债务应由农民自己解决，不在废除之列。”“内蒙古农业区内实行耕者有其田。”“将这些土地（指原来一切封建地主所占有的土地——引者注）按乡村全部人口，不分男女老少统一平均分配。在平分土地时，必须经过丈量，其方法或采取在土地数量上抽多补少，质量上抽肥补瘦，或采取全部打烂彻底平分，使乡村人口均获得同等的土地。”⑤“凡分得土地者，即归个人所有，由政府发给土地所有证，并承认其自由经营买卖及在特定条件下出租的权利。”“一切乡村中的蒙汉及其他民族人民分得同等土地，均有土地所有权，并保留蒙古民族的土地公有权。”“土地改革后，其他民族人民所有土地，一律不纳蒙租。”⑥《法令》还规定乡村农民大会及其选举产生的委员会、贫农雇农团大会及其选举产生的委员会是土地改革的执行机关。

---

① 《中共中央关于公布中国土地法大纲的决议》（1947 年 10 月 10 日），中共中央文献研究室、中央档案馆编：《建党以来重要文献选编》（一九二一——一九四九）第 24 册，中央文献出版社 2011 年版，第 417 页。

② 这是法令的说明性文件。

③ 这是正式法令。

④ 《内蒙古土地制度改革法令（草案）》（1947 年 10 月 10 日），中共内蒙古自治区委员会党史研究室编：《内蒙古的土地制度改革》，中共党史出版社 2008 年版，第 170 页。

⑤ 《内蒙古土地制度改革法令（草案）》（1947 年 10 月 10 日），中共内蒙古自治区委员会党史研究室编：《内蒙古的土地制度改革》，中共党史出版社 2008 年版，第 171 页。

⑥ 《内蒙古土地制度改革法令（草案）》（1947 年 10 月 10 日），中共内蒙古自治区委员会党史研究室编：《内蒙古的土地制度改革》，中共党史出版社 2008 年版，第 172 页。

1947年11月5日至16日，内蒙古共产党工作委员会在兴安盟王爷庙举行兴安盟群众工作会议，决定在内蒙古地区解放区广大农村发动土地改革运动。乌兰夫在会上宣布了土地改革的方针政策，发出了在农村“彻底消灭封建势力，实现耕者有其田”的号召。11月底，在内蒙古东部地区的呼伦贝尔盟、纳文慕仁盟、兴安盟，辽北省和热河省管辖的哲里木盟、卓索图盟、昭乌达盟的广大农村，都迅速全面地开展了土地改革运动。内蒙古自治政府和各相邻解放区抽调大批干部组成工作团和工作队，深入到盟、旗的乡村之中，发动群众掀起了轰轰烈烈的土改斗争。与此同时，人民军队也大力清剿滋扰解放区的土匪和叛乱武装，以保证土地改革的顺利进行。

开展土改复查纠偏及成效

在党的一系列方针政策的指导下，内蒙古地区的土地改革工作取得了很大成绩，但也出现了一些偏差。土地改革初期，由于对内蒙古地区农村中土地关系、民族关系等方面的特殊情况和社会经济、阶级结构的特点研究不够、把握不准，尤其是对蒙古族农民经营农业的实际情况没有充分的认识，随着土地改革的迅速发展，各地都不同程度地出现了“左”的偏向，在探索中出现了一些失误。由于缺乏统一的划分阶级的标准，错划了部分农民的成分，没有根据实际情况确定打击对象，扩大了打击面，使中农的利益受到了一些侵害，一些地区还出现了“群众要怎么办就怎么办”的尾巴主义现象，甚至还出现了一些比较偏激的做法。在一些蒙古族农民聚居的农业区，照搬了以汉族农民为主体的农业区的斗争方式，忽视了蒙古族农民由游牧转入农业不久且农业生产水平较低的实际情况，平分了出租户口地的蒙古族小地主和富农的土地、财产。有的地方还斗争了喇嘛、破坏了寺庙。这些“左”的偏向，严重妨碍了土地改革运动的健康发展，挫伤了群众的积极性，给革命斗争带来了消极影响。

中共中央敏锐地察觉到了解放区土地改革中出现的偏差，1947年底至1948年初，对土地改革的政策和策略进行了一系列的完善，努力纠正偏差。从1948年3月开始，内蒙古共产党工作委员会依据中共中央关于土地改革的精神，组织干部重新学习土地改革的方针政策，总结经验教训并迅速采取纠偏措施，在内蒙古地区解放区的农村普遍进行了一次土地改革复查纠偏工作，及时纠正工作中的偏差和失误，使土地改革逐渐回归了正轨。经过复查，纠正了部分错划的阶级成分。根据各地生产力状况，严格以剥削量划分阶级；对被侵害部分利益的中农给予补偿，保障其正当的经济利益，并吸收中农参加基层政权；给土地、财产被平分的部分地主、富农以必要的生产和生活资料，对被破坏的工商业给予一定的补偿和扶持；严格禁止乱打乱杀，坚决制止一切过激行为，将土改运动置于各级政府的领导之下。1948年6月23日，中共中央东北局在《关于执行中央土改与整党指示计划向中央的报告》中明确指出："蒙区今后中心问题是要教育干部懂得民族政策，以及培养蒙古新的干部，懂得区别不同地区（农业、半农半牧、纯牧）的不同政策，懂得在蒙区必须采取慎重缓进方针，只能实行逐步的民主改革"[①]。同时，经东北局批准，内蒙古共产党工作委员会决定召开内蒙古盟旗、军队师级干部会议，总结内蒙古自治运动联合会成立以来特别是内蒙古共产党工作委员会和自治政府成立以来的工作，沟通情况、纠正偏差、统一思想、统一步调。6月24日，来自各盟和一些旗的主要负责人及军队师以上干部36人，在扎兰屯召开预备会议，重点研究了土地改革和群众工作等问题。此次会议为在哈尔滨举行的内蒙古干部会议作了准备。

1948年7月2日至8月5日，在中共中央东北局领导下，内蒙古干部会议在哈尔滨召开。会议总结了自治政府一年来的工作及在农村土地改革中的经验教训，讨论研究了各项政策，统一了思想，明确了方向。乌兰夫在会议上深刻指出了农村土地改革的缺点和不足，主要包括干部作风上的盲目急躁、缺乏实践经验、没有深入研究实际情况、照抄照搬、不请示报告等。在此基础上，乌兰夫强调要"改正这些缺点，改进领导作风，对于使我们今后的工作做得更好，使我们少犯错误，是完全必要

---

① 《中共中央东北局关于执行中央土改与整党指示计划向中央的报告（摘录）》（1948年6月23日），中共中央统战部编：《民族问题文献汇编》，中共中央党校出版社1991年版，第1139页。

的”[①]。会议明确了农业区土地改革的举措，主要包括“大中地主的土地、耕畜、农具分给农民，同时必须留给与农民同等的一份。但蒙奸恶霸本人不参加分财产”，“出租户口地的小地主，不斗争，不分其财产”，“蒙古族富农剥削收入不超过其总收入百分之五十的，财产一般不动，土地只分其多余部分”，“中农财产坚决不动，许进不许出”，“在平分土地运动中，不能用农村反对封建制度的办法来反对宗教”[②]等。这些举措反映了各族农民的共同要求，既很好地解决了地主与农民之间的阶级矛盾，又很好地解决了围绕土地问题所产生的民族矛盾，使蒙汉族农民在中国共产党的领导下更加团结一致地支持和投身革命斗争。

内蒙古干部会议的召开，对统一干部思想认识、端正工作作风、全面纠正“左”的偏向具有重大意义，确保了广大农村地区土地改革的健康发展。

通过轰轰烈烈的土地改革运动，内蒙古地区解放区的农村封建地主阶级土地所有制被废除，广大无地和少地的各族农民群众分得了土地、房屋等生产生活资料。仅兴安盟和纳文慕仁盟 9 个旗的不完全统计，蒙汉农民共得到 296.7 万亩土地，15.6 万余头耕畜，6.5 万余间房屋。摆脱了封建剥削和压迫的各族农民扬眉吐气，迸发出了前所未有的热情和干劲，大力发展农业生产，农业经济水平有了很大提高。

二、牧业区的民主改革

旧“苏鲁克”对牧民的剥削

牧业是内蒙古地区的传统产业，在社会经济中占有重要地位。在

① 乌兰夫：《蒙古民族的发展特点与解放道路》，《乌兰夫文选》上册，中央文献出版社 2013 年版，第 77 页。

② 乌兰夫：《蒙古民族的发展特点与解放道路》，《乌兰夫文选》上册，中央文献出版社 2013 年版，第 75—76 页。

内蒙古地区的解放区，呼伦贝尔盟和锡林郭勒盟的绝大部分、察哈尔盟北部、兴安盟和纳文慕仁盟以及昭乌达盟的北部属于牧业区或牧业占优势的地区；哲里木盟和卓索图盟也有少部分牧业区或牧业占优势的地区。在牧业区或牧业占优势的地区，居民主要是蒙古族。

与农业区一样，内蒙古地区的牧业区长期以来也存在着严重的封建剥削和压迫，封建制度严重阻碍着畜牧业经济的发展。牧场和牲畜是畜牧业的主要生产资料，王公贵族和牧主依靠封建特权控制着大片肥沃的牧场并拥有大量牲畜。一些地区甚至仍有奴隶制残余，牧民对王公贵族和牧主存在着人身依附关系。作为牧业生产者的广大牧民没有牧场支配权，拥有的牲畜也很少，贫苦牧民拥有的牲畜则更少。如 1946 年的呼伦贝尔盟东新巴尔虎旗，占总户数 1% 的王公贵族和牧主平均每户拥有几千头牲畜，而占总户数近四分之一的贫苦牧民每户牲畜不足 5 头，有的户甚至连一头牲畜也没有。

王公贵族和牧主对劳动牧民的剥削主要通过放“苏鲁克”① 的方式进行。在牧业经济日渐凋敝的情况下，剥削程度却不断加重。虽然各地因具体条件不同在剥削程度上有所差异，但承接“苏鲁克”、受牧主雇佣的牧民大都生活于贫困之中，终年辛勤劳作却收获甚微，遇到自然灾害如牲畜有损失还必须赔偿。牧民除了给牧主放牧之外，还要从事搭棚、打井、剪羊毛、打马鬃甚至烧茶、做饭等无偿劳动，承受牧主的超经济剥削。残酷的剥削使广大牧民的生产积极性受到压制，牧业经济的发展步履维艰。

除了王公贵族和牧主之外，寺庙和旅蒙商对牧民的剥削也十分沉重。寺庙的上层喇嘛不仅从放“苏鲁克”中获得利益，还通过各种宗教活动聚敛财富。在喇嘛教的束缚下，牧民每年都要从极其有限的劳动所得中再拿出一部分贡奉寺庙。旅蒙商也利用牧业区交通闭塞、牧民商品意识薄弱的状况，以不等价交换和高利贷等手段攫取高额利润，甚至用敲诈、勒索、欺骗、盗窃等手段对广大牧民进行残酷剥削与掠夺，这

① “苏鲁克”，蒙古语意为畜群，放“苏鲁克”是牧主对牧工的一种剥削形式。牧工承接牧主的畜群，所产仔畜和皮毛均归牧主所有，牧工仅可按一定比例得到少量奶制品或其他畜产品；畜群如有损失，牧工须如数赔偿或以劳役抵偿。

更加剧了牧业区的贫困化程度。

总而言之，封建的生产关系严重束缚着牧业经济的发展，使广大牧民在极端贫困中挣扎。要想解放和发展牧业区的社会生产力，使广大牧民翻身得解放，就必须在牧业区进行民主改革，对生产关系进行彻底变革。

“三不两利”政策及成效

和农业区的土地改革相比，牧业区的民主改革面临的情况更为复杂。牧业经济与农业经济不同，牲畜既是生产资料又是生活资料，牲畜群内部也有结构要求，畜牧业具有更大的分散性、脆弱性，经不起严重的自然灾害袭击和人为破坏。牧主对牧民的剥削，既有浓厚的封建性又带有资本主义雇佣劳动的色彩。牧主既有剥削行为，也有经营和管理畜牧业的经验；牧民在经济上是被剥削者，在人身上还对牧主有一定的依附关系。这些都是牧业区民主改革必须重视的特点。所以，在牧业区推行民主改革更需谨慎行事，必须从畜牧业生产的特点出发，采取适合牧业区实际情况的方针政策，既要废除封建特权、改革牧业区的生产关系，又要十分注意遵从客观规律、以防生产力遭到破坏。

鉴于此，内蒙古共产党工作委员会明确提出在牧业区的一切工作都必须采取慎重缓进的方针，都要以有利于恢复和发展畜牧业生产、改善牧民的生活为出发点。1946 年 8 月 1 日，乌兰夫就内蒙古土地等问题致电中共中央，提出：“在畜牧区不进行分配土地”[①]，并于 8 月 10 日得到中共中央复电同意。1947 年 10 月，《中国土地法大纲》公布。内蒙古共产党工作委员会和内蒙古自治政府根据牧业区的经济特点，依据《中国土地法大纲》的精神，于 1947 年 10 月 10 日颁布了《内蒙古土地制度改革法令》，规定：“内蒙古畜牧区内实行放牧自由，按照盟旗行政区域的划分，在该区域内的草原、牧场上一切牧人均有放牧自由”[②]。11

① 《云泽关于内蒙土地和自治问题给中央的报告》(1946 年 8 月 1 日)，中共中央统战部编：《民族问题文献汇编》，中共中央党校出版社 1991 年版，第 1058 页。

② 《内蒙古土地制度改革法令》(1947 年 10 月 10 日)，中共内蒙古自治区委党史研究室编：《内蒙古的土地制度改革》，中共党史出版社 2008 年版，第 171 页。

月，乌兰夫在兴安盟群众工作会议上指出：“在农业区要组织力量，彻底消灭封建势力；在游牧区也要消灭封建势力，但在消灭封建势力工作中要有一个准备的时期”①。同月，内蒙古共产党工作委员会和内蒙古自治政府决定在牧业区进行民主改革并制定了牧业区民主改革的基本政策：承认内蒙古的牧场为蒙古族所公有，废除封建的牧场所有制；废除封建阶级的一切特权，废除奴隶制度；保护牧民群众、保护牧场、放牧自由，在牧民和牧主两利的前提下，有步骤地改善牧民的经济生活，发展畜牧业。

在牧业区的民主改革开展之初，由于忽视了畜牧业经济的特点，一些地区没有从实际出发，没有很好地掌握方针政策，而是照搬农业区土地改革的方法，根据农业区土地改革中的“耕者有其田”方针，提出了“牧者有其畜”“彻底消灭封建”“黑黄封建②一齐消灭”等一些“左”的口号，根据占有牲畜、财产的数量在牧民中划分了阶级，还出现了错划的现象，部分基本群众被划为牧主、富牧。对牧主的牲畜和其他财产采取了一律没收并平均分配的办法，有些地区在发动对牧主的斗争时也出现了一些过激的现象。一些地区还将寺庙的牲畜、财产没收充公或平分，毁坏寺庙并且斗争喇嘛。

由于采取了不切实际的“左”的做法，牧业区出现了畜群结构被破坏的问题，还出现了不正常的宰杀、转移、出卖牲畜等问题，很多牧业区的牲畜数量急剧下降，牧业经济遭受了严重损失。例如，昭乌达盟 1946 年全盟牲畜总数为 143 万头（只），到 1948 年下降为 93 万头（只），损失近三分之一；又如在锡林郭勒盟和察哈尔盟，“没收牧主的牲畜分到户后，打破放‘苏鲁克’的传统习惯，使很多牲畜无人放养管理，造成牲畜死亡和大量宰杀，使畜牧业减产”③。

牧业区民主改革运动中出现的“左”的偏向及其消极影响，引起了

① 中共兴安盟委党史办公室编：《中国共产党兴安历史》第一卷（1921—1949），中共党史出版社 2016 年版，第 208 页。

② 指世俗封建势力和宗教封建势力。

③ 锡盟党史地方志办公室主编：《中国共产党锡林郭勒盟历史》，内蒙古文化出版社 2011 年版，第 252 页。

中共中央东北局和内蒙古共产党工作委员会的高度重视。东北局负责人对内蒙古地区的工作作出一系列指示，要求内蒙古共产党工作委员会负责同志深入基层、深入群众，处理问题要慎重、工作要踏实，必须团结蒙古族的大多数，必须采取慎重缓进的方针；要求内蒙古共产党工作委员会赶快派人去检查牧业区出现的问题。东北局指出，《中国土地法大纲》精神可用，但要从内蒙古地区的具体情况出发，斗争形式不能照搬，政策要好好掌握，不慎重可能造成失败。

针对牧业区民主改革中出现的问题，根据东北局的指示精神，内蒙古共产党工作委员会开始着手纠偏。1948 年 3 月，乌兰夫主持召开了由内蒙古共产党工作委员会、内蒙古自治政府主要领导人参加的兴安盟地区群众工作团团长会议。会议听取了工作团的汇报，总结了各地发生"左"的偏向的教训，初步确定了稳定形势、恢复和发展畜牧业生产的基本方针，提出在牧业区不采取农业区土地改革方式，对牧主不斗、对牧主的部分财产不分，以提高牧民劳动所得的方法保障广大贫苦牧民的利益。会后，内蒙古共产党工作委员会和内蒙古自治政府向各盟发出指示，要求立即撤回部分工作团和工作队，停止斗争牧主、平分牲畜和其他过火行为，使牧业区民主改革中"左"的偏向逐步得到了遏制。

1948 年 7 月，内蒙古干部会议围绕牧业区的民主改革问题进行了深入探讨，部分地区党的工作委员会负责人在会上汇报了工作情况，对"左"的偏向进行了检讨。会议通过对牧业经济发展历史和实际特点的分析，进一步明确了民主改革的任务和步骤。乌兰夫在会议总结报告中肯定了牧业区民主改革的成绩，同时也指出了改革过程中存在的错误："没有清楚地认识到游牧经济的特殊性与游牧区群众的觉悟程度，提出了一九四八年在游牧区消灭封建的方针，这是错误的，助长了下面工作中'左'的倾向。至于有些游牧区平分牲畜，破坏了牧区经济基础，则更是错误的"①。在总结经验教训的基础上，乌兰夫提出要在农业区、牧业区和半农半牧区采取不同的改革方针和政策。乌兰夫指出，今

---

① 乌兰夫：《蒙古民族的发展特点与解放道路》（1948 年 7 月 30 日），《乌兰夫文选》上册，中央文献出版社 2013 年版，第 74 页。

后牧业区民主改革的方针政策是:“废除封建特权,适当提高牧工工资,改善放牧制度。在牧民与牧主两利的前提下,有步骤地发展畜牧业,改善牧民生活。”“罪大恶极的蒙奸恶霸,经盟以上政府批准,可以没收其牲畜、财产由政府处理,一般大牧主一律不斗不分。”“实行民主改革,有步骤地建立民主政权,发展游牧区经济。”[①]这是对“三不两利”政策第一次比较系统全面的表述。

内蒙古干部会议后,内蒙古共产党工作委员会发出指示,要求从事牧业区工作的干部认真调查研究牧业区的阶级状况和经济特点等,切实贯彻“三不两利”政策,制定适合实际情况的具体办法,纠正错误,推动牧业经济的恢复与发展。“三不两利”作为牧业区民主改革的基本政策,为内蒙古地区牧业区的民主改革指明了方向、提供了依据,使牧业区的民主改革逐步走上了健康发展的轨道。在不断深入的牧业区民主改革实践中,“三不两利”政策也不断发展完善,逐步形成了以“牧场公有、放牧自由”“不斗不分、不划阶级”“牧工牧主两利”为主要内容的基本政策。“牧场公有、放牧自由”是“三不两利”政策的基本内容,打破了数百年来王公贵族和牧主霸占大面积优良牧场的封建特权,使牧民有了在划定区域内自由放牧的权利,进而使广大牧民群众摆脱了封建生产关系的压迫和束缚;“不斗、不分、不划阶级”和“牧工牧主两利”则以一种比较特殊的和缓方式打破了牧业区落后的生产关系,既限制了牧主的封建剥削,又提高了牧工的收入、改善了牧工的生活,同时也适当地照顾了牧主的利益,调动了牧工和牧主双方的生产积极性。

在“三不两利”政策指引下,各盟、旗从本地实际情况出发,对旧的牧业生产关系进行了变革,普遍实行了新“苏鲁克”方式。牧主同牧民协商确定畜群经营的劳动报酬、收益分配标准等,地方人民政府进行监督,改变了过去由牧主单方面决定的状况。新“苏鲁克”方式的实行大大减轻了牧主对牧民的剥削,提高了牧民的劳动报酬,也保障了牧主的应得利益,受到了牧业区各阶层的广泛拥护。随着民主改革的推进,封

① 乌兰夫:《蒙古民族的发展特点与解放道路》(1948 年 7 月 30 日),《乌兰夫文选》上册,中央文献出版社 2013 年版,第 74 页。

建特权逐步被废除，广大牧民特别是贫苦牧民逐步摆脱了封建剥削压迫，在政治上和经济上都获得了解放，生活逐步改善，进而迸发出巨大的革命热情和生产积极性。这就大大解放了被禁锢的社会生产力，使牧业经济得到了显著恢复和发展。随着解放战争形势的不断发展，内蒙古地区新解放区的面积不断扩大，新解放区的牧业区民主改革也都是以“三不两利”政策为遵循逐步推进和完成的。

“三不两利”政策的成功实施，不仅“保证了牧区民主改革的顺利平稳进行，充分调动起了各阶层的积极性，在创建内蒙古自治区和支援解放战争中都发挥了重要作用”[①]，而且为全国其他牧业区开展民主改革提供了重要示范和宝贵经验。

三、半农半牧区的社会改革

半农半牧区的改革举措

内蒙古地区的解放区，在农业区和牧业区之间的过渡地带还存在着面积广阔的半农半牧区。这是在近代以来放垦牧场、发展农业的过程中逐渐形成的。这里既有农业区的特点又有牧业区的特点，但生产方式、阶级关系和民族关系等与农业区、牧业区相比又有所不同。在半农半牧区，蒙古族牧民力求保持他们赖以为生的畜牧业，抵制垦荒种田；汉族农民则倾向于开荒种地，不愿放弃他们所擅长的农业生产，也不愿意转入畜牧业。这就形成了农业和畜牧业之间的矛盾，而且还常常由此引发纠纷。因此，在半农半牧区进行民主改革，必须明确认识这些矛盾与纠纷，既不能照搬农业区土地改革的做法，也不能套用牧业区民主改革的做法，而是要从半农半牧区的生产方式特点出发，因地制宜，采取切合实际的方针政策。

---

① 布赫：《温故知新 团结奋进——中国共产党领导的内蒙古自治运动胜利的启示》，《人民日报》2017 年 2 月 3 日。

1947年11月，内蒙古共产党工作委员会和内蒙古自治政府在充分考察分析半农半牧区社会状况后，决定在半农半牧区不进行土地改革，而是进行不同于牧业区的民主改革。改革的核心是在承认土地与牧场为蒙古族所公有，废除封建的土地所有制与牧场所有制，废除封建特权，废除一切地主、王公、高利贷者对贫苦农牧民的债权的前提下，实施“发展农业，发展畜牧业，适当地提高贫苦农民与牧民的生活”的方针。但在民主改革之初，有些地区照搬了农业区土地改革的方针政策，扩大了打击面，影响了民族关系和农牧关系。1948年7月，乌兰夫在内蒙古干部会议上明确指出了半农半牧区的民主改革政策，提出：“农业占优势的地方，大中地主的固定的大垄地和耕畜分给贫苦农民，小地主与富农不动”，“牧业占优势的地方，大牧主的役畜可分给贫苦农牧民，但牧群不分”，“个别蒙奸恶霸的土地、牲畜、财产，经政府批准可分给农牧民”，“半农半牧区农、牧业的经济发展方向，应根据群众愿望和自然条件的不同来决定，但必须保护牧场”。[①] 这些措施纠正了偏差，使半农半牧区的农牧民摆脱了封建的剥削和压迫，解放了社会生产力，缓和了农牧矛盾，保证了民主改革的稳步进行。

保护牧场禁止开荒

在民主改革的基础上，为了调解历史上形成的农牧矛盾，促进农牧业经济的发展，内蒙古共产党工作委员会和内蒙古自治政府还制定了在半农半牧区实行“以牧为主，兼顾农业，保护牧场，禁止开荒，有计划有步骤地发展生产”的方针。同时，根据自然条件和广大人民群众的意愿，确定了半农半牧区范围，划分农田、牧场界限，停止盲目开荒。对于自然条件适宜农牧业经济并存的地方采取“农牧并重”政策，缓解以农挤牧、以畜伤农的矛盾；对于适宜农业生产、已垦种的地方则维持现状；对于不适宜农业生产且农业生产经营不善，又易引起农牧矛盾和民族纠纷的地区，一般采取适当封闭耕地的方法，帮助农牧民逐渐转向

---

① 乌兰夫：《蒙古民族的发展特点与解放道路》（1948年7月30日），《乌兰夫文选》上册，中央文献出版社2013年版，第75页。

各自擅长的生产领域，以利于农牧业协调发展。从1949年开始，内蒙古自治政府对半农半牧区的牧业生产采取了进一步的保护、扶持政策。内蒙古共产党工作委员会和内蒙古自治政府对部分干部、群众思想上存在的“重农轻牧”“牧业落后”的错误观念给予批评教育，及时纠正各种偏差。同时，对半农半牧区实行轻税政策，规定对以农业为主或农牧兼营而所占比重基本相等的农户、牧户，给予免收牧业税等政策优惠，提倡和鼓励农民兼营牧业，同时大力提倡“蒙汉互助，发展生产”，使农牧业生产互相补充、互相支援。

随着阶级矛盾、农牧矛盾的逐步解决，半农半牧区的农牧关系和民族关系得到调整，农牧业生产实现了协调发展，平等、团结的民族关系也在共同生产、共同生活的基础上逐步建立和巩固。

四、经济和文教卫生事业的发展

农牧业的恢复和发展

在中国共产党的领导下，经过农业区的土地改革、牧业区的民主改革和半农半牧区的民主改革，内蒙古地区解放区农村、牧区的社会生产力得到了解放，农牧业开始走出衰退并逐步恢复和发展。在土地改革和民主改革的基础上，内蒙古共产党工作委员会和内蒙古自治政府采取了很多有力举措，组织广大翻身农牧民进一步发展农牧业生产。

在农业区，内蒙古自治政府奖励与扶助生产，发放农业贷款，帮助农民解决生产生活中的实际困难，制定较为合理的税收政策，实行合理负担，进一步调动了农民的生产积极性。在内蒙古共产党工作委员会和内蒙古自治政府的倡导下，各族农民在团结互助的基础上，普遍建立起生产互助组，到1949年已建立起常年或季节性互助组21535个。很多农民依靠组织起来的力量发展农业生产，解决了部分农户劳动力不足的困难。内蒙古共产党工作委员会和内蒙古自治政府还提倡改进耕作技术，实行精耕细作和防治农作物病虫害，努力提高农业产量。1949 年，农业总产值比 1946 年增加了 36.6%，内蒙古地区的农业生产迅速恢复和发展。

在牧业区，通过民主改革，社会面貌发生了重大变化。内蒙古自治政府对牧业生产采取了积极的扶持政策，组织工农牧业相互支援，发放牧业贷款和救济粮食，发展商业，缩小工农牧业产品价格“剪刀差”，提高牧民购买力，以合理价格收购牲畜及畜产品，实行税率较低和方式简便的税收政策。执行“组织起来，发展生产”的方针，参照牧业历史传统组织牧业生产互助组，解决牧区劳动力不足和生产工具缺乏问题。组织牧民采取搭盖棚圈、打草储草、打井等方式加强牧业区抵御自然灾害能力，提高牧民的牧业生产经营水平，还领导建立基层兽医机构、培训兽医，广泛开展防治牲畜疾病工作。经过努力，内蒙古地区的牧业经济得到了迅速恢复，牲畜数量下降趋势得到了扭转。1949 年，内蒙古自治政府辖区内的各类牲畜总数比 1947 年增长了 13.6%。

农业经济和畜牧业经济的恢复和发展为农村和牧区工作的开展创造了良好条件，同时也推动了其他各项事业的恢复和发展。

工商业的恢复和发展

近代内蒙古地区的工商业十分落后，工业基础薄弱，几乎没有现代工业，商业也缺乏活力，农村、牧区的商业主要控制在旅蒙商和高利贷者手中。内蒙古自治政府成立后，采取保护、恢复和发展私营工商业的政策，大力发展国营和合作社营工商业，积极促进工商业的恢复和发展。特别是在工业方面，内蒙古自治政府按照“保护发展工业、供给军需民用”的方针，鼓励和扶助私营工业的恢复与发展，并在较大城镇初步建立起一些国营工厂，制造民用产品、军需产品和武器弹药，还根据内蒙古地区的特点大力发展畜产品加工业和森林工业。内蒙古自治政府还在私营工商企业中领导开展了反对封建把头的斗争，改革不合理的生产管理制度，实行“劳资两利”政策，逐步改善职工生活，调动了广大职工生产积极性。这些措施对恢复和发展工商业发挥了积极作用。

活跃商贸经济、整顿流通秩序、保障物资供给是内蒙古地区的一项重要任务。内蒙古自治运动联合会成立时就注重发展商业贸易，创办了内蒙古实业公司，在战争环境下担负起了促进城乡商品流通的重要任务。1947年5月内蒙古自治政府成立后，首先掌握了银行、大宗贸易、林业、渔业、矿业等重要的经济部门，很快开办了粮食、畜产和百货三大地方国营商业公司，于8月又建立了内蒙古贸易总公司。自治政府在财政严重困难情况下，重点扶持商业，1947年对商业的投资占财政总预算的65.7%。同时，内蒙古自治政府领导发展了合作社商业，大力开展城乡之间物资交流，恢复旧商路、开辟新商路以活跃经济。内蒙古自治政府还有计划地领导开展了稳定物价工作，政府收购农牧民牲畜、皮毛、粮食等农牧业产品时公平作价，取消各种非法交易，减少中间商剥削，缩小了工、农、牧业产品的差价。对旅蒙商进行了教育和管理，审批并颁发了行商证、指定了商业活动区域，取缔不等价交换和放高利贷等非法活动，支持和保护有益于牧区经济恢复发展、有利于牧民生计改善提高的合法经营。

经过努力，内蒙古地区解放区工商业经济得到恢复并实现了新的发展，人民生活有所改善，有力地支援了解放战争。

文教卫生事业的发展

由于反动统治者长期实行民族压迫政策，内蒙古地区的教育事业十分落后。中小学的数量和学生数量很少，各族青少年受教育机会不多。内蒙古自治政府成立后，在中国共产党的领导下，提出了“学校教育向工、农、牧劳动人民开门”和“学校教育为少数民族开门”的办学方针，大力创办各类学校，同时扶持和改造已有的学校，鼓励劳动人民子女特别是少数民族群众子女上学学习，并发放助学金帮助他们克服经济困难。随着社会秩序的逐步安定，内蒙古地区解放区的教育事业快速发展，大批贫雇农子弟入学。1949年，全区小学发展到4702所，比1946年增加289.7%，中学发展到38所，比1946年增加72.7%；中小学生总数发展到35.4万人，比1946年增加150.1%。少数民族群众子女的入学率显著提高。内蒙古自治政府大力倡导和开展社会教育，利用农闲时节开办“冬学”，对农牧民进行“扫盲”教育，传授生产和生活知识。

到1948年,已有30多万农牧民参加了“冬学”活动。

中国共产党高度重视内蒙古地区文化事业的发展。1946年5月,在晋察冀、冀热辽解放区的帮助下,由蒙古、汉、满等各族文艺工作者组成的内蒙古文艺工作团在张家口建立。文艺工作团组织文艺骨干力量创作了大量作品,以多姿多彩的艺术形式面向广大农村、牧区,在各族群众中进行民族团结和革命斗争教育,发动群众支援解放战争、投身社会变革,同时也丰富和活跃了群众的文化生活。1948年,内蒙古共产党工作委员会和内蒙古自治政府制定了“执行党的新文艺政策,推广新文化运动,培养新文艺干部”和“发扬蒙古民族的优良文化,创造民族新文艺”的工作方针,各部队、各盟普遍建立了文艺工作团。

解放战争时期,中国共产党领导的内蒙古地区报刊书籍的出版发行事业也有了较大的发展。内蒙古自治政府成立前后,《内蒙古周报》《内蒙自治报》等相继创刊发行。1948年1月1日,在《内蒙自治报》的基础上,蒙、汉两种文字的《内蒙古日报》创办发行,1949年总印数达300多万份。

近代以来,内蒙古地区的医疗卫生条件十分落后,由于缺医少药,各种疾病得不到有效的控制,天花、霍乱特别是鼠疫等恶性传染性疾病经常流行。1947年9月,内蒙古共产党工作委员会发出了“扑灭鼠疫,抢救生命”的指示,号召群众开展防疫。1948年元旦,乌兰夫提出要把防疫工作与军事斗争、生产运动列为1948年内蒙古自治政府的三大中心任务。在各相邻解放区的支援下,各疫区均建立了防疫指挥部和防治所,开展了捕鼠活动,在城市和交通要道进行检诊和预防性注射,控制了疫情传播。为扭转长期以来缺医少药的局面,内蒙古自治政府对医疗卫生工作作出长远规划,在许多旗县设立了卫生院。通过采取一系列有效措施,内蒙古地区各族人民逐步摆脱了鼠疫等恶性传染性疾病的危害,医疗卫生工作的整体水平得到提高,人民群众的健康状况明显改善。

第十七章

迎接新中国的诞生

1947年下半年，人民解放战争由战略防御转为战略进攻，内蒙古地区各族人民踊跃参军参战、拥军支前，努力支援全国解放战争。伴随着全国革命形势的大发展，内蒙古地区的革命形势也不断发展。绥蒙解放区得到了恢复、巩固和发展，对内蒙古西部地区的国民党统治区逐渐形成了半包围的态势。内蒙古人民自卫军、内蒙古人民解放军积极参加东北、华北战场的对敌作战，为战争的胜利作出了重要贡献。在辽沈、淮海、平津三大战役取得胜利的形势下，绥远实现了和平解放，对加快解放战争胜利的历史进程产生了重要作用和影响。在中华人民共和国成立前夕，内蒙古地区终于实现了解放。

一、全力支援前线

1947年6月，已经进行了一年的人民解放战争形势发生了有利于革命力量的变化。中共中央牢牢把握形势的变化，决定人民解放军由内线作战转向外线作战、由战略防御转入战略进攻。

1947年也是内蒙古地区解放事业空前发展的一年。经过土地改革和民主改革，内蒙古地区解放区的农村、牧区普遍建立了民主政权，贫苦农牧民在反奸清算、分配土地的斗争中翻身作了主人，提高了觉悟，切身体会到中国共产党就是为他们造福的党，内蒙古人民自卫军是他们的子弟兵。广大人民群众支援前线的热情高涨。

为配合全国大反攻、彻底打倒国民党反动派，内蒙古自治政府把加紧支援前线作为重要任务之一。在“一切为了前线胜利”口号的鼓舞下，内蒙古自治政府辖内的解放区各族人民群众踊跃参军参战、支援前线。人民群众节衣缩食，把大量的粮食和牛、马、羊送往前线，以源源不断的人力和物力支援解放战争，为前线部队补充给养。翻身后的各族青年纷纷参加人民军队，掀起了参军热潮，出现了父母送儿、妻子送郎去参军的动人景象。为支援东北地区的解放战争，“哲里木盟缴送了 3.2 万多斤牛羊肉、8.4 万多斤羊草”，“昭乌达盟就动员了 4 个骑兵师、1 个骑兵旅的兵力，并组织了 28 万民工支前”。[①] 支前民工们抬担架、搞运输、担负战场勤务，及时把作战物资送到前线、把伤病员运往后方，充分保障了作战需要。1948 年，乌兰浩特市即“出动战勤民工 6065 人”，“晾晒干菜 1.2 万斤、肥猪 45 口，交通器材 1151 件、邮电电讯器材 9830 件”。[②]

在以人力、物力支援前线同时，内蒙古共产党工作委员会和内蒙古自治政府还领导开展了拥军优属运动，通过召开军属座谈会、动员军属给前线的亲人写家信和照顾军属的生产生活等举措，为支援前线做了充足的宣传动员工作。

为进一步全面贯彻中国共产党的各项政策，调动广大群众的生产积极性，在内蒙古共产党工作委员会倡导下，内蒙古自治政府于 1949 年 2 月在乌兰浩特市举行了首届劳动模范大会，来自各盟旗的劳动模范 249 人出席了大会。乌兰夫致辞，提出了“提高内蒙古农牧业生产，繁荣内蒙古人民经济”的号召。王逸伦作了关于 1948 年生产情况的报告，确定了 1949 年的生产任务和各项具体政策。大会还广泛交流了生产经验，明确了发展生产的方向，在各条生产战线上树立了积极劳动生产的

---

① 乌兰夫：《内蒙古各族人民在东北解放战争的作用与贡献》，乌兰夫革命史料编研室编：《乌兰夫回忆录》，中央文献出版社 2013 年版，第 175—176 页。

② 中共兴安盟委党史办公室编：《中国共产党兴安历史》第一卷（1921—1949），中共党史出版社 2016 年版，第 230 页。

先进典型。各族群众积极响应中国共产党的号召，在“发展生产、支援前线”的口号下，掀起了规模空前的生产运动，为战争的胜利提供了坚强的物质保障。

二、绥蒙解放区的扩展

1948年8月，解放战争即将进入战略决战阶段。为了配合东北野战军发动辽沈战役，中共中央决定由华北军区部队组织察绥战役，全力把华北地区的国民党军控制在山海关内，阻止其向东北战场增援。

1948年8月3日，毛泽东、朱德、刘少奇、周恩来、任弼时等在西柏坡向华北军区司令员聂荣臻、第三兵团司令员杨成武部署了进军绥远的任务，命令他们把傅作义部主力拖在平绥铁路线上。

中央军委指示，由华北军区第二兵团、第三兵团组织发动察绥战役。第三兵团和晋绥军区第八纵队及晋西地区的地方部队进军绥远，由杨成武指挥，在20天之内完成一切准备工作；第二兵团在平绥铁路东段担负拖住傅作义部主力的任务，东不使其出山海关增援北宁线，西不使其妨碍第三兵团进军绥远。

1948年8月9日，第三兵团出征绥远动员会在河北易县远台村举行。聂荣臻在会上传达了中共中央和中央军委对进军绥远的指示，分析了华北战场的敌我态势，对作战部队提出了排除困难、打击傅作义部的要求，强调了解放绥远、使华北与东北连成一片对解放全国的战略意义。杨成武在会上分析了此次战役的有利条件和可能遇到的困难，部署了具体作战任务。1948年8月26日，第三兵团从易县、涞源分两路出发，于9月初到达预定的山西朔县、代县、山阴等地集结。

1948年9月2日，第三兵团前委在朔县米昔马庄召开了有晋绥党政领导干部参加的扩大会议，传达了中共中央关于察绥战役的指示，研究了具体战役部署，制定了征借粮食、建立乡村政权与武装斗争的各项政策。

1948年9月21日，第三兵团所属各部队从大同地区出发，分东、西两路向绥远进军；第八纵队及第一纵队第二旅向集宁进军，于9月24日分别解放了绥东重镇丰镇和隆盛庄。9月25日，第一纵队第二旅和第八纵队独立第十一旅、第十四旅包围集宁城。经过激烈战斗，于9月27日解放集宁，全歼守敌2000余人，俘虏国民党军伊克昭盟警备司令奇玉山。

在集宁激战的同时，第三兵团主力第二、第六纵队和第一纵队一部向归绥方向攻击前进。1948年9月25日、26日，相继解放凉城、清水河、和林格尔等县城，完全控制了得胜堡至白塔间240公里的平绥铁路线，完成了对归绥的包围，打乱了傅作义的作战部署。

解放军兵临归绥城下，傅作义的地盘受到严重威胁。此时，辽沈战役已在东北展开，蒋介石命令傅作义集中兵力沿北宁线向东攻击，傅作义认为后顾之忧未解难以赴命，反而从北平、张家口等地急调第三十五军、暂编第四军及新编骑兵第四师等10个师沿平绥铁路西援绥远。1948年9月28日，中央军委根据敌情的变化电令第三兵团，停止攻打归绥，截击援绥之敌。30日，第八纵队撤出集宁，转战官村西南一线，掩护主力部队集结，第三兵团则在集宁、天成村一线与增援敌军形成对峙。

1948年9月上旬，为吸引华北国民党军的注意力、策应第三兵团行动，第二兵团、冀热察军区部队、内蒙古人民解放军骑兵第十一师和第十六师分别对平承铁路和平绥铁路东段展开猛烈进攻，先后攻克察北的崇礼、尚义、沽源、商都和宣化以东的赵川堡等地，多处切断平绥铁路，兵锋直逼张家口。傅作义被迫放弃援绥计划，命令援绥部队火速回援张家口。10月5日，国民党军第三十五军等部被迫从集宁东撤，解放军收复了集宁、兴和等地。

1948年10月11日，中央军委电告第三兵团，指示："主力到西边后，应确定一个时期内专打中等的及小的敌人，即用全力攻占毕克齐、察素齐、托克托、陶思浩、萨拉齐、包头及该线以西以北地区，广占地面，征集粮食。"①12日至14日，第三兵团及配属部队向绥北、绥西进军。至23日，第八纵队攻占陶林、乌兰花和武川，第一纵队攻占台阁牧、毕

---

① 华北野战部队战史编写组：《华北野战部队战史》，解放军出版社2017年版，第278页。

克齐，第六纵队攻占托克托、萨拉齐、察素齐和陶思浩，第二纵队攻占沙尔沁。10月22日晚，驻守包头的敌军弃城西逃。23日，第二纵队占领包头。30日，第二纵队骑兵旅在包头以西120公里的哈拉忽洞歼敌新编第十一旅的一个团，解放了公庙镇和安北县城。至此，乌加河以东地区全部解放。

包头解放后，为应对国民党军对包头的反扑和窜犯，迅速恢复秩序，中共中央决定对包头实行军事管制。第二纵队及第六旅机关大部分人员和绥蒙地方干部组成包头军事管制委员会，第二纵队政委李志民任主任、绥蒙政府主席杨植霖任政委。军事管制委员会于1948年10月24日接管包头，清查资产，筹集军用物资，安定人心，活跃市场。包头的社会秩序很快得到恢复。10月30日，中共包头市委、包头市政府成立，潘纪文任市委书记，李维中任市长。11月4日，军事管制委员会撤销，各方面工作由市政府接管。

1948年11月5日，中央军委发出《关于攻打归绥的部署给杨成武等同志的指示》，指出应争取10天左右攻克归绥。根据中央军委的指示，第三兵团主力再次集结于归绥周围，地方党政机关也全力支援，准备一举夺取归绥。这时，战争形势发生了变化，历时52天的辽沈战役已于11月2日胜利结束，平津战役即将打响。为争取早日夺取太原并把国民党军傅作义部牵制在华北地区而不南逃，中央军委指示停止攻打归绥。11月15日，第三兵团撤围归绥，月底又主动撤出包头，转移至卓资山、集宁、丰镇地区集结。至此，察绥战役结束。

在40余天的察绥战役中，以华北军区部队为主的参战部队牵制国民党军傅作义部主力三个军、10个师于平绥铁路沿线地区，歼灭2.1万余人，解放县城11座，出色地配合了辽沈战役的进行。

察绥战役结束后，绥蒙解放区进一步扩大，包括丰镇、集宁、陶林、兴和、凉城、卓资山6个县与和林格尔、武东、清水河、归绥4个不完整县及正红、正黄、镶红、镶蓝4个旗，总人口70余万，对绥远省西部地区的国民党统治区域形成了半包围态势。在中共绥蒙区委和绥蒙政府的领导下，解放区开展了除奸剿匪、减租减息、调剂土地、废除保甲制度、建立地方民主政权和革命武装、抗灾救灾、发放农贷、发展城乡经济、改善人民生活等初步的社会改革和经济恢复工作。中共绥蒙区委和绥蒙政府对绥蒙解放区的政治、经济、民族、文化及教育等情况进行了初步的调查研究，从实际出发制定了具体政策和措施；还确定了绥蒙解放区的蒙古族工作总方针，即“团结蒙古民族各阶层，继续深入贯彻广泛的反蒋美统一战线，发动广大蒙民群众，实行民主自治运动”①。1949年3月，绥蒙政府在集宁设立了绥东四旗办事处和蒙旗保安队指挥部，以便统一领导蒙古民族工作并指挥各旗武装力量，并对各旗、苏木原有政权机构进行了改造。根据绥东地区蒙古族各社会阶层状况，绥蒙政府制定了减轻赋税负担的政策，除蒙古族大地主与汉族地主应同样对待外，对中小地主酌情减租或不减租，对牧业地区则采取“保护牧群、牧场，不分散、不负担”②的政策。通过这些方针政策的实施，维护了社会安定，初步改善了人民生活。

三、内蒙古骑兵部队参加全国解放战争

1947年夏至1949年初，内蒙古人民自卫军和由其改编而成的内蒙古人民解放军③的骑兵部队，参加了东北战场和华北战场的攻势作战与战略决战，和兄弟部队协同作战，为解放战争的胜利作出了重要贡献。在战火的洗礼中，内蒙古骑兵部队在中国共产党的领导下逐步发展壮大，成长为一支拥有极强战斗力的新型人民军队。

① 《绥远省蒙民回民人口调查及绥东四旗人口牲畜土地统计表》（1949年4—10月），内蒙古自治区档案馆档案，编号2—1—74。

② 《绥东解放区一年来的工作报告》（1945年12月8日），内蒙古自治区档案馆档案，编号2—1—58。

③ 1948年1月1日，内蒙古人民自卫军改称内蒙古人民解放军，同时成立内蒙古军区，由内蒙古共产党工作委员会直接领导，乌兰夫任司令员兼政治委员，阿思根、那钦双合尔、王再天任副司令员。内蒙古人民解放军成立时下辖骑兵第一师、第二师、第三师、第四师、第十一师、第十六师，卓索图盟纵队，警卫团，独立第三团、第五团等部队，约2万余人。1949年5月，内蒙古人民解放军被正式编入中国人民解放军序列，改称为中国人民解放军内蒙古军区，乌兰夫任司令员兼政治委员，那钦双合尔、王再天任副司令员。

参加东北战场的夏、秋、冬季攻势

1947 年 5 月 13 日至 6 月底，东北民主联军发起夏季攻势，解放了广大地区。东满、西满、南满、北满的解放区连成一片，结束了东北解放区被分割的局面，东北民主联军在东北战场上处于更加有利的地位。内蒙古人民自卫军骑兵第二师为策应东北民主联军，向驻哲里木盟的国民党军发动进攻，于 5 月 23 日解放通辽；27 日，歼灭国民党辽北骑兵第十八师，活捉师长田久安，缴获大量战利品；随后又歼灭哲里木盟境内的土匪 2000 余人，基本打垮了哲里木盟的国民党军队，肃清了土匪武装。6 月 5 日，内蒙古人民自卫军骑兵第一师和第六支队开赴前线参加战斗。6 月 30 日，骑兵第一师与民主联军辽北第一分区部队在康平组成蒙汉联军，赵东寰任司令员，都固尔扎布任副司令员，统一指挥所属各部队，担负肃清辽河以北国民党军及土匪武装的作战任务。7 月，蒙汉联军重创国民党军新编骑兵第一军。

为扩大夏季攻势的胜利成果，1947 年 9 月 14 日至 11 月上旬，东北民主联军发起秋季攻势，歼灭敌人大量有生力量，使东北地区的国民党军处于更加被动的局面。在秋季攻势中，内蒙古人民自卫军骑兵第一师、第五师和第六支队配合东北民主联军，先后在大虎山与新民县之间的白旗堡、饶阳河至大虎山之间、高新线的小三家子一带，三次破袭北宁路并使其完全瘫痪，切断了国民党军的运输命脉，还配合东北民主联军攻克了彰武、法库、新立屯、黑山、阜新和新丘等城镇，取得了重大战果。

1947 年 12 月 15 日，东北民主联军利用江河封冻、便于大部队行动的有利条件，又发动了冬季攻势。骑兵第一师、第五师和第六支队在法库县一带堵截逃敌及监视新民、彰武之敌，追歼出城抢粮的敌军，配合主力部队对困守孤城的国民党军实行全面封锁。骑兵第一师还挺进辽南进行奔袭作战，解放了台安县、盘山县、辽中县，为解放四平作出了贡献。

在夏、秋、冬季攻势作战中，骑兵第一师、第二师、第五师和第六支队等部队发扬骁勇、灵活、迅疾的优势和出奇制胜、穷追猛打的优良作风，与国民党军作战630余次，毙伤俘敌1.9万余人，出色地完成了战斗任务，受到东北军区的嘉奖。

在夏、秋、冬季攻势作战期间，骑兵第四师和卓索图盟纵队配合主力部队收复了赤峰、朝阳、北票等地，在卓索图盟和昭乌达盟地区积极清剿国民党军残部和土匪，稳定了地方治安。1948年9月，骑兵第四师一部与卓索图盟纵队一部合编为内蒙古人民解放军骑兵第十师。

夏、秋、冬季攻势作战结束后，内蒙古人民解放军骑兵部队开展了以“诉苦”“三查”等为主要内容的新式整军运动，大大提高了部队的战斗力，还在东北战场进行了一些小规模战斗。1948年春，骑兵第二师奉命开赴彰武以南地区，切断新民至大虎山的交通，占领柳河西岸，封锁沈阳、新民之敌，打击周围国民党军队及土匪武装，协助开展地方工作。4月至7月，骑兵第二师配合兄弟部队战斗十多次，消灭了近千名试图逃越封锁线的敌军，完成了作战任务。1948年7月26日，骑兵第一师第三团奉命赴长春外围，参加围困长春之敌的战斗。8月8日，骑兵第二师奉命撤回乌兰浩特进行休整，骑兵第一师第一团、第二团奉命接替骑兵第二师任务，赴位于沈阳西约100公里处的新民的外围，执行封锁沈阳及新民的任务，同时保护群众秋收。9月10日，参加围困长春之敌的骑兵第一师第三团与嫩江军区、辽北第二军分区等部队并肩作战，一举全歼了由长春出逃的国民党军保安旅。这一系列战斗为辽沈战役的胜利创造了条件。

参加辽沈战役

1948年9月12日，辽沈战役打响。内蒙古人民解放军骑兵第一师第一团、第二团归东北野战军第十纵队指挥。为保证东北野战军主力部队攻克锦州，内蒙古人民解放军骑兵第一师的两个团在北宁路两侧和绕阳河两岸进行运动性防御，阻击由沈阳出援锦州的国民党军廖耀湘兵团(即西进兵团)。10月13日，骑兵第一师击溃突入东北野战军防区的敌骑兵旅一部，支援了主力部队攻击锦州的作战行动。10月15日锦州解放，国民党军向关内的退路被切断，东北战局迅速发展。10月18日，第一团在郭家窝棚迎击国民党军骑兵三旅五团团部率领的一个连，消灭敌团长戴云峰以下20余人、俘虏敌副团长刘发林以下30余人。

锦州解放后，国民党为挽回败局，命徘徊于彰武、新立屯一带的廖耀湘兵团向南朝锦州攻击前进，同时命驻在锦西的东进兵团北进，妄图南北夹击、重占锦州。10月20日，根据辽西围歼战的部署，骑兵第一师由新立屯东北地区开赴黑山、大虎山地区，阻滞廖耀湘兵团，为东北野战军主力从锦州回师包围廖耀湘兵团争取时间。10月21日，东北野战军第十纵队下达命令，命令骑兵第一师在黑山东北约10公里的胡家窝棚构筑防御阵地，担任主阵地前沿的警戒和掩护任务。10月23日凌晨，胡家窝棚阻击战打响。敌二〇七师第三旅，在重炮和飞机掩护下，向骑兵第一师防御阵地多次发起猛烈进攻。骑兵第一师第一团的约300名指战员顽强坚守阵地，60余人壮烈牺牲，毙敌伤敌数百名，顽强阻敌七个多小时，为第十纵队完成战斗任务争取了时间。完成此次阻击任务后，第一团撤出阵地，转到大虎山一带布防。10月24日，敌军在密集炮火和10余架飞机掩护下，以四个师的兵力向东北野战军黑山、大虎山阵地发起全线进攻，敌精锐部队新六军第二十二师的一个团从侧翼向位于大虎山东南约两公里的清水泡子方向推进。在敌强我弱的严峻形势下，骑兵第一师第二团第三连果断主动出击，对敌左侧腹地实施迅猛冲锋，把敌军阻击在阵地前20多个小时，迟滞了敌军的进攻，冲锋作战中20余名指战员壮烈牺牲，战马也损失50多匹。冲锋发起前，第三连中有的党员交了党费，还有的普通战士递交了入党申请书，体现了永跟党走、视死如归的气概。在清水泡子战斗的同时，骑兵第一师第一团也在大虎山以南的羊圈子一带坚守阵地、击退了敌军的进攻。骑兵第一师第一团、第二团的英勇战斗保障了主力部队侧翼的安全。东北野战军主力在辽西地区包围并迅速歼灭了国民党军廖耀湘兵团（其中包括国民党军“五大主力”中的新一军主力和新六军全部）。10月27日，骑兵第一师奔赴黄花甸子追歼廖耀湘残部；完成任务后又由辽南地区北上，追歼由辽西战场窜入内蒙古东部地区解放区的国民党军苏和巴特尔残部。

早在1948年9月初，内蒙古人民解放军骑兵第二师就奉命从乌兰浩特开赴长春外围的大黑林子镇一带，和骑兵第一师第三团等兄弟部队共同执行围困长春敌军、阻止敌军突围的任务。骑兵第二师出发前，乌兰夫亲自为部队作了动员讲话。辽沈战役打响后，内蒙古人民解放军骑兵第二师继续在长春外围的大黑林子镇、范家屯一带围困、阻击敌军。10月21日，随着国民党东北"剿总"副总司令郑洞国率部放下武器，长春解放。长春解放后，骑兵第二师奉命迅速向沈阳开进、参加解放沈阳的战斗。10月30日，骑兵第二师在向沈阳进军的途中于辽河北岸的阿其堡全歼敌第一九六师运输团的一个营，毙俘敌100余人，缴获了大量武器、辎重。11月1日拂晓，骑兵第二师前进至沈阳城下，配合兄弟部队进行了解放沈阳的战斗。11月2日，沈阳解放，辽沈战役胜利结束。骑兵第二师返回哲里木盟休整。

在辽沈战役中，内蒙古人民解放军骑兵第一师、第二师配合东北野战军战斗在最前线，充分发挥了迅速、灵活、勇猛等优势，在人民解放军摩托化、机械化水平不高的情况下于一定程度上弥补了部队速度上的短板，以可歌可泣的战绩英勇顽强地完成了上级交给的侦察、防御、追歼等各项艰巨的战斗任务，写下了一段同兄弟部队并肩战斗、屡建战功的光荣历史，对东北全境的解放作出了重要贡献。

参加平津战役

1948年下半年，除参加察绥战役外，内蒙古人民解放军骑兵第十一师、第十六师还参加了平津战役。1948年10月31日，中央军委在致林彪、罗荣桓、刘亚楼并告程子华、黄志勇和东北局、华北局的电报中指出："我平北察北部队，有积极负责向张北、张家口、宣化、怀来之线的敌人举行钳制性作战的任务，如该线敌有一部向归绥增援时，并应派部向绥东、兴和、集宁等地尾敌前进，抓住该敌。因此，察北骑十一师、骑十六师（指内蒙古人民解放军骑兵第十一师、第十六师——引者注）似不宜向北平附近前进。"[①] 中央军委此电为骑兵第十一师、第十六师的作战方向、作战任务作了原则性指示。11月初，内蒙古人民解放军锡察军

---

① 《东北华北部队协力歼灭傅作义主力》（1948年10月31日），《毛泽东军事文集》编辑组编：《毛泽东军事文集》第五卷，军事科学出版社2017年版，第156页。

区成立，乌勒吉敖喜尔任司令员，吴广义任副司令员，统一领导和指挥内蒙古人民解放军骑兵第十一师、第十六师。当月上中旬，骑兵第十一师、第十六师开赴平津战场，其中骑兵第十一师开赴张家口以北约46公里的张北的外围、骑兵第十六师开赴张家口东北约146公里的宝昌的外围。在平津战役中，骑兵第十一师、第十六师配合华北军区的兄弟部队在张家口一线作战，担负了解放察北、从北线包围张家口、堵截西逃北窜之敌的任务。

为吸引国民党军傅作义部主力向西，分割包围傅作义部于北平、天津、张家口地区，中共中央决定在平张线上发起攻击。华北军区第二兵团、第三兵团迅速对张家口实施包围。其间，中共中央连续发电，严令务必确保切断张家口、宣化的傅作义部之间的联系，防止其逃跑。内蒙古人民解放军骑兵第十一师担负切断张北至张家口的公路、堵截从张家口逃跑之敌的任务。1948年11月26日，骑兵第十一师和察北骑兵旅占领了张北以南约20公里的大猴山，切断了张北至张家口的通道。12月7日，国民党军骑兵第十二旅从张北南下，试图打开张北和张家口之间的通道，骑兵第十一师在大猴山公路附近进行阻击作战，粉碎了敌人的图谋。15日，骑兵第十一师参加了解放张北的战斗；下午四时，经过约10个小时的激战，张北解放。20日，骑兵第十一师开赴张家口北约25公里的狼窝沟、集沙坝一带担任阻击任务。23日，骑兵第十一师部队在七里河一带追歼了从张家口向北逃跑的国民党军暂四军一部约150余人，生俘暂四军的一位副师长慕介夫。24日，张家口解放，盘踞京、津一带的傅作义部的西逃之路被切断。

在骑兵第十一师在张家口北线担负阻敌任务的同时，骑兵第十六师在宝昌外围于11月中旬取得了骆驼山战斗的胜利，歼灭了大量敌军；于12月下旬又在巴格来村等地重创了窜入平津战场的苏和巴特尔匪部。此后，宝昌守敌很快弃城逃跑，宝昌获得解放。

1948年12月24日张家口解放后，骑兵第十一师、第十六师又对溃逃的残敌进行了追歼，1948年12月25日和1949年元旦，骑兵第十一师部队和骑兵第十六师部队分别在涕波起山、四台坊子取得了追歼敌军的胜利。

在平津战役期间，内蒙古人民解放军骑兵第十一师、第十六师发挥勇猛神速、机动灵活的优势，与察北骑兵旅等兄弟部队协同作战，英勇杀敌、艰苦奋战，保卫了锡察解放区，沉重地打击了敌人，完成了配合主力部队解放张家口的任务，为平津战役的胜利作出了积极贡献，以实际行动践行了《内蒙古人民解放军进行曲》中所唱的“人民的队伍永远保卫人民”，在人民解放战争史上写下了光辉一页。

参加绥北战役

1948 年 12 月，张家口解放后，国民党军孙兰峰、鄂友三等残部万余人从察北逃到大青山以北的武川、乌兰花、马王庙等地，在孙兰峰指挥下企图与绥远的国民党军合兵一处负隅顽抗，成为解放绥远的阻碍之一。

为集中力量打击绥远地区国民党军并缩小其占领区域，从东、北两面对敌形成包围态势，西北野战军第八纵队决定组织内蒙古人民解放军锡察军区所属骑兵第十一师、第十六师和察哈尔军区骑兵旅、西北野战军第八纵队骑兵旅共同发动绥北战役。

根据西北野战军第八纵队命令，参战部队建立蒙汉联军前线党委会和指挥部，统一指挥战役。第八纵队骑兵旅旅长康健民任前线指挥部司令员，察哈尔军区骑兵旅政委梁中正任指挥部政委，锡察军区副司令员吴广义任指挥部副司令员，锡察军区副政委苏克勤任指挥部副政委。

1949 年 2 月初，走下平津战场的内蒙古人民解放军骑兵第十一师、第十六师向西进军绥远。2 月初，国民党军鄂友三骑兵第十二旅的一个团共 200 余人火线起义，加入人民解放军，为战役的胜利作出了贡献。2 月 12 日，绥北战役正式打响。17 日，骑兵第十一师等部向驻乌兰花一线的鄂友三骑兵第十二旅发起进攻，敌军向西逃窜。骑兵第十一师、第十六师一路追击，在东达乌苏重创敌军。18 日至 19 日，骑兵第十一师、第十六师和察哈尔军区骑兵旅、西北野战军第八纵队骑兵旅又在武川二份子一带合击鄂友三骑兵第十二旅，歼灭其主力。23 日，孙兰峰指挥 2000 余骑兵和大量步兵、炮兵向骑兵第十一师驻地召河庙发动大规模进攻，骑兵第十一师顽强抵抗，骑兵第十六师和察哈尔军区骑兵旅及时前来增援，包围进攻之敌，经激烈战斗后敌人败逃回武川县城。经过这数次战斗，绥北之敌遭到重大打击。2 月 27 日，历时半月的绥北战役胜利结束。绥北战役基本消灭了流窜于绥北地区的国民党军和股匪，从北面形成了对归绥、包头的军事压迫，对分化国民党绥远当局进而和平解放绥远发挥了重要作用。

四、内蒙古地区的剿匪斗争

解放战争时期的内蒙古地区，股匪活跃、名头繁多，一度活动猖獗。反动地方封建势力、日伪残余与一些国民党军残部及惯匪相互勾结、沆瀣一气，结成各种类型的匪帮，在解放区四处窜扰、烧杀抢掠，破坏人民政权，攻击人民武装，杀害革命干部，抢劫群众财产，给社会造成极大危害。土匪在政治上倾向国民党、反对共产党，一些大股土匪还充当了国民党军进犯解放区的帮凶，企图内外夹击破坏解放区。清剿土匪成为保卫解放区、保护人民、安定社会的重要任务。面对严重的匪患，中国共产党领导内蒙古地区广大军民展开了声势浩大的剿匪斗争。

东部地区的剿匪斗争

抗日战争胜利后，内蒙古东部地区一时陷入混乱，一些日、伪残余势力和惯匪趁机啸聚而起、兴风作浪。国民党为了加速“接收”进程，在抢夺东北的过程中大量收编、利用土匪武装，并冠以各种番号，如呼伦贝尔地区的“先遣军”、兴安盟的“光复军”“挺进军”、哲里木盟的“东北保安独立支队”等。1945 年 12 月 8 日，以谢万厉、张绪武为首的反动势力勾结土匪，在通辽发动暴乱，残杀了县长徐永清和干部战士 29 人。1946 年 6 月全面内战爆发后，土匪更加猖獗，给革命政权和解放区的稳定造成了严重危害。1946 年 8 月，苏和巴特尔匪部配合国民党军向哲里木盟解放区发动进攻。1947 年 1 月，塔尔巴、韩桑杰、白金辉等大股土匪集结近 2000 人，在国民党的命令下从三面向昭乌达盟东部地区发动进攻。1947 年 5 月 21 日，白金辉匪部 1000 余人，在赤峰柴胡栏子村袭击参加冀察热辽党代表会议返回的冀东代表团，造成冀东区委组织部部长苏林燕、冀东行署财政厅厅长王克如、第十五地委宣传部部长冀光、第十五军分区副政委王平民、第十二军分区政治部副主任胡里光等 22 人遇难，此即柴胡栏子事件。1947 年 6 月 6 日，著名音乐家、中共开鲁县委组织部长麦新在执行任务途中遭遇土匪，不幸牺牲。

早在抗战胜利后不久，进入内蒙古东部地区的八路军、新四军部队，就开始对土匪进行清剿。从 1945 年 11 月到 1946 年上半年，活跃于内蒙古东部地区的阎振山部惯匪和“草上飞”“钢子”“江边好”“金龙”“阎王”“野狼”等多股土匪被歼灭，另有多股土匪受到打击，解放区的社会秩序初步稳定。1946 年 6 月，中共中央东北局、东北民主联军作出《关于剿匪工作的决定》，要求在最短的时间内坚决彻底地肃清土匪，发动广大农民，建立巩固的后方，坚持长期斗争。1947 年 6 月 12 日，东北局又发出剿匪指令，命令：“主力部队与地方部队相结合，与地方武装相配合，反复搜剿，穷追猛打，彻底肃清土匪”[①]。在剿匪斗争中，人民军队和地方武装坚持“军事打击、政治争取”，发动群众，分化土匪武装，使土匪在解放区难以立足。随着人民解放战争在东北战场的节节胜利，在强大的军事、政治攻势下，韩桑杰匪部等大股土匪遭到毁灭性打击，内蒙古东部地区社会秩序逐步趋于安定。

锡察解放区的剿匪斗争

解放战争时期，同内蒙古东部地区一样，锡林郭勒盟和察哈尔盟地区也存在十分严重的匪患。1946 年 9 月国民党军占领张家口后，以额仁钦道尔吉为首的反动势力发动叛乱，在锡察解放区疯狂窜扰。1946 年 10 月，联合会执行委员会委员包玉昆在由克什克腾旗前往贝子庙执行任务途中遭该匪部杀害。1947 年 1 月 6 日，察哈尔盟代理盟长关起义率武工队在哈巴嘎区奇门地沟开展工作时遭到大股土匪袭击，壮烈牺

① 中共兴安盟委党史办公室编：《中国共产党兴安历史》第一卷（1921—1949），中共党史出版社 2016 年版，第 177—178 页。

牲。1947年夏秋之季，胡图凌嘎匪部和达布苏喇嘛、贡嘎、温都尔夫等匪部在锡察解放区为害地方，抢劫物资和群众财产，阻截交通，破坏地方政权。1948年10月，察哈尔盟商化康联合县在张盖湾召开县区干部会议时，突遭于秀成、白金辉匪部400余人的袭击，县公安局副局长王治华为掩护参会干部群众撤离壮烈牺牲。1948年12月8日，中共察哈尔盟工委代理书记肖诚、盟长苏剑啸等20多人，在参加中共锡察巴乌工委在贝子庙召开的工作会议返回途中宿营阿巴嘎左旗沙布日台时，遭胡图凌嘎匪部袭击，肖诚、苏剑啸、朱玉珊、牛润清等18人在战斗中壮烈牺牲，此即“沙布日台事件”。

1946年“四三”会议后，内蒙古自治运动联合会各盟旗分会普遍开展剿匪工作，给土匪以有力打击。1946年10月，联合会机关撤到锡林郭勒盟贝子庙后，调集内蒙古人民自卫军的两个骑兵连，将额仁钦道尔吉匪部逐出锡察解放区。1947年6月至7月，内蒙古人民自卫军骑兵第十六师和察北骑兵师彻底消灭了额仁钦道尔吉这股危害极大的土匪。

1948年11月辽沈战役结束后，部分国民党军残部窜入锡林郭勒盟，沦为土匪。12月14日，内蒙古自治政府发布公告，宣布对主动投降的土匪和国民党军散兵游勇宽大处理，对继续为害者则予以严惩。《内蒙古日报》也以《加强除奸剿匪，巩固后方治安》为题发表社论，号召内蒙古各族人民提高警惕，加强民兵建设，肃清一切散匪。12月，锡察军区临时剿匪指挥部在贝子庙成立，王再天任总指挥，奎璧任政治委员，包明德任参谋长。临时剿匪指挥部调集部队，与兄弟部队密切配合，开展了大规模剿匪斗争。经过几个月的追歼、围剿，到1949年夏，苏和巴特尔匪部、根敦丕勒匪部、胡图凌嘎匪部等先后被歼灭或打垮，剿匪斗争取得了决定性胜利。剿匪斗争的胜利，粉碎了国民党妄图利用各类反动地方武装袭扰破坏解放区的阴谋，使广大人民群众更加拥护共产党，为发动群众、进行土地改革扫清了障碍，为巩固解放区奠定了坚实基础。

五、绥远和平解放

平津战役结束后，绥远西部地区虽然仍处在国民党统治之下，但是随着敌我力量的消长变化，绥远解放已成为不可阻挡的历史大势。1949 年 3 月，毛泽东在党的七届二中全会上正式提出了解决国民党军的“绥远方式”。经过半年多的艰苦努力，绥远终于胜利实现和平解放。

“绥远方式”的提出

中国人民解放军连续取得辽沈、淮海、平津三大战役的胜利之后，国民党军队的主力已被消灭，东北、华北、华东、中原、西北等解放区已连成一片。绥远的国民党军队被压制在归绥、包头一带，陷入孤立无援的境地。

关于绥远问题的解决，早在北平和平解放前夕，中共中央就十分关注。1949 年 1 月 8 日，聂荣臻同傅作义的代表张东荪、周北峰就和平解放北平问题进行谈判。林彪、聂荣臻将谈判情况电告毛泽东。1 月 9 日，毛泽东复电林彪、聂荣臻并指出：“平、津、塘、绥均应解决”“平、津两处办理完毕后，即可照此办法解决塘、绥问题”[①]。1 月 21 日，解放军代表与傅作义签订《关于和平解决北平问题的协议》。1 月 31 日，北平正式宣告和平解放。2 月 8 日，林彪、聂荣臻、叶剑英等根据中共中央指示，邀请傅作义、邓宝珊到北京饭店面谈，肯定了傅作义对北平和平解放作出的贡献。2 月 22 日，毛泽东、周恩来在西柏坡接见傅作义、邓宝珊。在与傅作义谈到绥远问题时，毛泽东提出可以放一放、等待起义。3 月 5 日，毛泽东在中共七届二中全会上正式提出和阐释了和平解决绥远问题的“绥远方式”。毛泽东说：“绥远方式，是有意地保存一部分国民党军队，让它原封不动，或者大体上不动，就是说向这一部分军

① 中共中央文献研究室编：《毛泽东年谱：1893—1949》下卷，中央文献出版社 2013 年版，第 433 页。

队作暂时的让步，以利于争取这部分军队在政治上站在我们方面，或者保持中立，以便我们集中力量首先解决国民党残余力量中的主要部分，在一个相当的时间之后（例如在几个月，半年，或者一年之后），再去按照人民解放军制度将这部分军队改编为人民解放军。"[①] 随着形势的发展变化，中共中央和毛泽东、周恩来等对解决绥远问题又作过多次重要指示，进一步完善了"绥远方式"。

"绥远方式"是中共中央在解放战争走向全国胜利的形势下提出的具有创造性的解决国民党军队的一种方式，是毛泽东关于政治斗争和军事斗争相结合的一个新创造。"绥远方式"集政治上的宽大为怀、军事上的兵不血刃、绥远旧军政人员的政治新生、绥远地区的全面解放为一体，展现了中国共产党的气魄和诚意，有利于分化国民党集团，动摇其军心，削弱其抵抗力量，有利于避免或减少战争伤亡和破坏。

党的七届二中全会后，贺龙请晋绥分局书记李井泉到卓资山传达全会精神。1949 年 3 月 20 日，绥蒙区军政干部扩大会议召开，李井泉传达了中共中央关于解决绥远问题的方针和具体部署，阐述了"绥远方式"的意义。会议决定停止对绥远国民党军队进行策反活动，以友军相待，争取缓和双方的敌对情绪；允许归绥、包头等地群众在解放区自由往来和经商；缩减扩军规模，将工作重点转向清剿土匪、减租减息、发展生产上。会议明确要求，仍要做好战斗准备，揭露国民党顽固派的阴谋，促使其走和平道路。

但是，绥远真正走和平解放道路的困难和阻力仍然很大。1949 年 1 月 22 日，国民党绥远省政府主席兼保安司令董其武到北平面见傅作义，傅作义向董其武详细介绍了北平达成和平协议和作出此决定的过程，表明走和平道路是大势所趋、人心所向，是历史的选择、人民的要求，是任何力量也阻挡不了的。董其武返回归绥后就和师、旅以上的军官谈话，通报与傅作义晤谈的情况，着重说明国民党败局已定、北平和平解放是历史的必然，提醒大家一定要顺应形势发展。通过谈话，董

① 毛泽东：《在中国共产党第七届中央委员会第二次全体会议上的报告》（1949 年 3 月 5 日），《毛泽东选集》第四卷，人民出版社 1991 年版，第 1425 页。

其武了解到，大多数人认为绥远也应该效法北平走和平之路，但也有少数人有顾虑或对国民党还抱有幻想，个别人态度暧昧、一言不发，有的甚至怒气冲冲。董其武还巡视了部队和地方，找一些军政干部、士兵谈话，召开小型座谈会，走访了一些有社会影响的少数民族人士，了解各方面的思想动态。

1949 年 4 月 1 日，傅作义发表通电，痛切检讨了过去的错误立场，表示："中国人民民主事业，是以中国共产党的领导，工农联盟为基础，团结全国各民主党派、国民党的进步人士和全国各民主阶层，共同奋斗。这已经是大势所趋，人心所向。""拥护中共毛主席的领导，实行新民主主义，和平建设新中国"。[①] 傅作义的通电对绥远国民党军政干部和各界人士的思想认识产生了很大影响。

1949 年 4 月 20 日，国民党当局拒绝在《国内和平协定》上签字。21 日，毛泽东、朱德发布向全国进军的命令。23 日，人民解放军解放国民党反动统治中心南京，宣告了延续 22 年的国民党反动统治的覆灭。24 日，太原解放。5 月 1 日，大同国民党军接受和平改编，大同和平解放。

解放战争的胜利发展，鼓舞了坚持走和平道路的绥远广大军民。大多数人逐渐认定国民党失败已无可挽回，绥远实现和平解放已是大势所趋。

《绥远协议》的签订

1949 年 3 月初，关于绥远问题的谈判已在北平拉开序幕。3 月 2 日至 6 日，罗荣桓、陶铸、潘纪文同傅作义的代表邓宝珊、王克俊、周北峰在北平举行了首次谈判。由于当时傅作义对国共全面和谈尚存幻想，态度不够积极，谈判没有取得具体结果。第二次谈判从 3 月 23 日开始，林彪、贺龙、聂荣臻、李井泉、陶铸在北平同傅作义、邓宝珊、周北峰会商绥远问题。林彪等遵照中共中央指示，提出暂时维持现状，组成

---

① 《傅作义将军通电声明政治立场》，中共内蒙古自治区委党史资料征集研究委员会办公室编：《绥远和平解放》，中共党史出版社 1998 年版，第 297 页。

绥远问题协商委员会，协商划界、交通、金融、贸易以及共产党方面派遣驻归绥联络机构、向归绥输入书报等具体问题。双方确定了谈判代表，共产党方面为李井泉、张友渔、潘纪文，傅作义方面为王克俊、周北峰、阎又文。最初，中共中央决定绥远谈判由贺龙主持；不久，原晋绥区划归中共中央华北局领导，和谈工作改由华北局负责人聂荣臻、薄一波主持。3月25日至4月7日，经过六次会谈和相当激烈的争论、斗争，双方意见渐趋一致。4月8日，根据商谈结果，拟出协议的草案。

又经过两个多月的谈判、协商，双方代表就绥远和平解放协议的内容达成了一致意见。1949年6月8日，《绥远问题协商委员会关于绥远划界、交通、金融、贸易、派遣驻归绥联络机构等具体问题的协议》（简称《绥远协议》）在北平签字。《绥远协议》明确，划定界线，停止一切冲突，和平相处；发现土匪时双方协同剿除；所划界线以西曾经进行社会改革的地区，保护群众一切既得利益，严禁一切报复行为；平绥铁路包头至白塔段由中国人民革命军事委员会铁道部统一管理；根据自由贸易原则，互相进行贸易；中国人民银行在归绥设一办事处，华北人民政府在归绥设立联络处；解放区书报可以在董其武所管辖区域内自由流通。

《绥远协议》签字后，傅作义于1949年6月14日派王克俊等人携带协议赴归绥，帮助董其武实施协议。18日，王克俊等到达归绥，在绥远国民党军政官员中传达了协议内容。绥远军政当局的大多数人员表示赞成《绥远协议》，绥远的和平解放已经在望。

董其武为配合谈判、迎接绥远和平解放，成立了绥远省革新运动委员会和绥远省革新学院，改组省级机构，设立督训处，改革人事制度、使用东归干部①，改进报纸宣传内容，还组织召开军队高级干部会议，推动绥远军政各界在走和平道路上统一思想认识。

《绥远协议》的实施

1949年5月，根据中共中央军委决定，绥远省军区成立，姚喆任司令员、高克林任政委。6月中旬，根据中共中央华北局的指示，中共绥

① 指张家口、新保安、北平解放之后回到绥远的傅作义部干部。

蒙区委改为中共绥远省委，高克林任书记、苏谦益任副书记；根据华北人民政府的决定，绥蒙政府改为绥远省人民政府，杨植霖任主席、奎璧任副主席。6月25日，华北局将《关于执行〈绥远协议〉的决定》电告中共绥远省委。28日，中共绥远省委召开扩大会议，讨论贯彻《绥远协议》各项条款，并制定工作步骤。会后，中共绥远省委向县、团级党委发出《关于绥远协议的传达提纲》，抽调各方面的精干人员组成中共归绥工作委员会，潘纪文任书记。中共归绥工作委员会对外称华北人民政府驻归绥联络处，潘纪文任处长、鲁志浩任主任。潘纪文等与董其武就如何落实《绥远协议》进行商谈，与相关人员就一些具体事宜进行商洽，与当地知名人士张钦、阎肃、荣祥等人也进行了接触、建立了联系，介绍和平解放绥远的方针和联络处的任务，讲解中国共产党的政策、宣传《绥远协议》精神，鼓励各方面人士为和平解放绥远作出贡献。在联络处的积极工作下，中国共产党的"爱国一家，既往不咎，妥善安置，量才录用"政策深入人心，受到绥远各界人士的支持和拥护。

在绥远问题和平谈判和《绥远协议》贯彻实施过程中，中国共产党与国民党、进步势力与反动势力之间始终进行着斗争。国民党当局虽然败退到广州，但是不甘心放弃对绥远的控制，极力破坏绥远的和平解放。蒋介石、李宗仁、阎锡山一直试图遥控董其武，国民党特务也频繁活动，给董其武施加压力。李宗仁致信董其武，试图说服他率部西撤，与宁夏、甘肃、青海连接起来巩固西北、负隅顽抗。国民党政府行政院院长阎锡山利用其与绥远部队的历史关系，对一些高级将领进行拉拢，企图用分化手段挑起叛乱；另外，采取明升暗降的办法，任命董其武为西北军政委员会副长官兼绥远指挥所主任；组成第九兵团，并任命孙兰峰为司令，削弱董其武的兵权。流亡广州的国民党政府还一改过去几个月以来停发军费和补给的做法，拨给绥远军队1900两黄金，试图拉拢董其武回头。

协议签订之后，反动势力加紧了破坏活动。国民党特务四下活动，散发传单，诬蔑威胁王克俊，打砸奋斗日报社，驱赶进步编辑人员，蓄意制造了枪杀华北人民政府驻归绥联络处工作人员王士鑫、击伤陶俊和光棣的惨案，为《绥远协议》的实施制造阻力。

中共中央始终密切关注着绥远的局势。1949 年 7 月 16 日，毛泽东、聂荣臻、薄一波与傅作义、邓宝珊谈话，决定进一步解决绥远问题，拟允许傅作义方面编两个军，推动国共两个绥远省政府合并。19 日，华北局就这一谈话的主要内容致电中共绥远省委，并指示“绥远情况望随时电告”①。25 日，中共中央考虑成立绥远军政委员会，拟由傅作义任主任，邓宝珊、高克林任副主任。8 月下旬，绥远和平起义的条件已基本成熟，毛泽东委托傅作义、邓宝珊于 8 月 23 日由北平动身赴绥远，“约定他们到绥远后，以两星期时间召集干部会议，宣布我党中央和平解决绥远问题的方针，成立双方合作的绥远军政委员会及绥远省政府”②。董其武也一直希望傅作义能够亲临绥远主持大局。8 月 24 日，傅作义、邓宝珊携带中共中央专批的 20 万银元及其他慰问品，从北平出发，路经丰镇时同中共绥远省党政军领导高克林、苏谦益、杨植霖、姚喆等作了短暂叙谈，于 25 日下午抵达归绥。

傅作义到达归绥后，向董其武等传达了中共中央的部署和毛泽东对绥远起义的指示精神，并接见张钦、于存灏、阎肃等地方知名人士及工农代表、军政各级人员，听取意见，对个别人进行争取，使和平起义得到了绥远军政当局绝大多数高级官员的赞同，一些曾经主战的将领也放弃了顽固立场。1949 年 8 月 26 日至 9 月 6 日，傅作义两次检阅第一一一军③部队，发放慰问金，接见了团以上的军官，以掌握部队。傅作义还召见了孙兰峰、鄂友三，做通了孙兰峰的思想工作。

国民党当局得知傅作义到绥远后，蒋介石、李宗仁、阎锡山和国民政府军令部部长徐永昌都发电或派人进行拉拢，傅作义未予理睬。毛人凤电令归绥特务刺杀傅作义。傅作义及时调整包头的军事部署，以控制包头、归绥附近的部队。1949 年 9 月 3 日，董其武、邓宝珊也先后

---

① 《中共中央华北局致绥远省委电》（1949 年 7 月 19 日），中共内蒙古自治区委党史资料征集研究委员会办公室编：《绥远和平解放》，中共党史出版社 1998 年版，第 105 页。

② 中共中央文献研究室编：《毛泽东年谱：1893—1949》下卷，中央文献出版社 2013 年版，第 555 页。

③ 1948 年 7 月，蒋介石欲调走驻华北的嫡系部队，给了傅作义四个军的番号，傅作义将其中的一一一军番号拨给绥远，任命刘万春为军长。

抵达包头，协助傅作义进行和平起义的最后准备工作。4日，聂荣臻、薄一波复电傅作义，告知他毛泽东主席认为他在绥远所采取态度、步骤都是正确的，希望傅作义与邓宝珊能够于9月15日前返回北平出席中国人民政治协商会议，尽快发布绥远起义通电。

9月7日和11日，傅作义连续两次给聂荣臻、薄一波发电，报告工作的最新情况，强调正在按照毛泽东主席的指示推进起义的准备工作，起义通电日内即可发出，并提出关于最后解决绥远问题的原则和实施步骤的建议，得到毛泽东认同。

9月14日，绥远起义通电拟就。傅作义阅后当即发电报告聂荣臻、薄一波，并请呈毛泽东审核。毛泽东阅后，除将“蒋、李、阎”3字改为“蒋介石、李宗仁、阎锡山”外，未作其他改动，且对傅作义、邓宝珊、董其武、孙兰峰在绥远起义后参加政协会议的事宜也作了安排。

9月17日，徐永昌等人飞抵包头，携蒋介石、李宗仁、阎锡山的亲笔信面见傅作义作最后的拉拢，幻想傅作义能够“回心转意”赴广州“共商大计”，傅作义坚决予以拒绝。

9月18日，董其武等38人在起义通电稿上签名。经傅作义晓以大义、陈述利害，孙兰峰也于19日凌晨在通电稿上签了名。在中国人民政治协商会议第一届全体会议开幕前夕，绥远终于迎来了和平解放的曙光。

“九一九”起义

1949年9月19日上午，在绥远省银行包头分行，董其武率国民党绥远军政干部和地方各族各界代表39人，代表绥远省的国民党军全体官兵和各级行政人员宣布起义，并发出通电宣告：“正式脱离依靠美帝国主义的蒋介石、李宗仁、阎锡山等反动派残余集团，坚决走到人民方面来。”①“在中国共产党领导下努力学习，自我改造，和全国人民一起来粉碎帝国主义侵略中国的任何阴谋，消灭反动派一切残余势力，实现新

---

① 《董其武将军等起义通电》(1949年9月19日)，中共内蒙古自治区委党史资料征集研究委员会办公室编：《绥远和平解放》，中共党史出版社1998年版，第142页。

民主主义，即革命的三民主义，和平建设新绥远，和平建设新中国。我们热切期望人民领袖毛主席、朱总司令及各界民主人士指导我们，教育我们，使我们能在新社会中忠实的为人民服务”①。这就是绥远“九一九”起义。

9月20日，毛泽东、朱德复电董其武等，对参加绥远起义的全体部队官兵、政府工作人员和各界人士予以慰勉和祝贺：“希望你们团结一致，力求进步，改革旧制度，实行新政策，为建设人民的新绥远而奋斗。”②聂荣臻、薄一波也复电董其武：“我们于欣慰之余，特致热烈的祝贺。从此华北全境之内，国民党反动派所妄图倚为最后挣扎的据点宣告扫除，这对全华北今后建设的事业和华北军民支援全国解放战争最后胜利的事业，均极为有利。”“把绥远建设成真正的人民解放区，把军队改编成为真正的人民解放军，为建设新绥远、新华北及彻底解放全中国而奋斗。”③

为庆祝绥远和平解放，绥远军民在归绥、包头、陕坝等地分别举行了庆祝大会。董其武主持了归绥的庆祝大会，宣读了毛泽东主席、朱德总司令和聂荣臻、薄一波的复电，使广大军民受到极大的鼓舞。

绥远“九一九”起义当天，傅作义召集军政干部讲话，检讨了过去执行“戡乱”的错误立场。他说：“现在我把大家领到光明的大道上来了，希望大家在毛主席、共产党的领导下，努力学习，自我改造，全心全意为人民服务”④。9月22日，傅作义同邓宝珊、孙兰峰等人返回北平，聂荣臻和薄一波等到车站热烈欢迎。

9月23日，傅作义、邓宝珊、孙兰峰、周北峰出席已经开幕的中国人民政治协商会议第一届全体会议。董其武经周恩来批准，请假留在

---

① 《董其武将军等起义通电》（1949年9月19日），中共内蒙古自治区委党史资料征集研究委员会办公室编：《绥远和平解放》，中共党史出版社1998年版，第144页。

② 中共中央文献研究室编：《毛泽东年谱：1893—1949》下卷，中央文献出版社2013年版，第576页。

③ 《聂荣臻、薄一波复董其武等人电》（1949年9月20日），中共内蒙古自治区委党史资料征集研究委员会办公室编：《绥远和平解放》，中共党史出版社1998年版，第148页。

④ 《绥远“九一九”和平起义概述》，内蒙古自治区档案馆编：《绥远“九一九”和平起义档案史料选编》，内蒙古人民出版社1986年版，第9页。

绥远,处理起义善后事宜。在中国人民政治协商会议第一届全体会议上,傅作义、邓宝珊、董其武当选为政协第一届全国委员会委员,傅作义当选为中华人民共和国中央人民政府委员会委员。

9月25日,董其武发布《为绥远军民起义告全省人民书》,指出:"从九月十九日起,我们已经脱离了反动派残余集团,走向人民民主革命的光明前途!这是我们绥远人民由矛盾痛苦中所制造出来的新生,我们应该在新生之后,毫不迟疑不徘徊地力求进步,完成我们时代的任务"[①]"为建设人民的新绥远而奋斗"[②]。

六、新中国的成立和内蒙古地区解放

1949年上半年,内蒙古中东部地区全部获得解放。1949年4月21日,东北行政委员会决定,哲里木盟由辽北省划归内蒙古自治政府管辖;5月1日,昭乌达盟由热河省划归内蒙古自治政府管辖。1949年下半年,随着革命的胜利发展,内蒙古地区的解放区不断扩大。

1949年5月1日,中共中央西北局决定伊东工委、伊西工委合并为中共伊克昭盟委员会(即伊克昭盟党委)。7月,伊克昭盟党委正式成立,高增培任书记,周仁山任副书记。9月,伊克昭盟党委由中共中央西北局划归中共绥远省委领导。在解放战争胜利发展的形势下,伊克昭盟支队等人民武装向伊盟国民党统治下的地区发动进攻,伊克昭盟的解放区不断扩大。随着绥远和平解放的临近,一些王公及各界代表人士更加趋向革命。郡王旗、乌审旗、札萨克旗、达拉特旗、杭锦旗、准格尔旗、鄂托克旗等旗的王公札萨克和地方武装,或宣布和平起义,或接洽和平起义事宜。随着绥远"九一九"起义的实现,绥远省下辖的伊克

---

① 董其武:《为绥远军民起义告全省人民书》(1949年9月25日),中共内蒙古自治区委党史资料征集研究委员会办公室编:《绥远和平解放》,中共党史出版社1998年版,第154页。

② 董其武:《为绥远军民起义告全省人民书》(1949年9月25日),中共内蒙古自治区委党史资料征集研究委员会办公室编:《绥远和平解放》,中共党史出版社1998年版,第156页。

昭盟全境解放。

此时，内蒙古地区仅西部的阿拉善旗和额济纳旗尚未解放[①]。

1949年8月26日，兰州解放。西北地区的国民党军陷入分散、孤立的境地。9月初，中国人民解放军第十九兵团挺进宁夏，9月25日进驻银川。内蒙古西部地区乃至整个西北的解放战争形势发生了重大变化。由于中国共产党的积极争取、耐心工作，“蒙古自治政府”内部出现分化，仅仅维持两个多月便归于破产。

为了配合全国解放战争，中国人民解放军第十九兵团派出工作人员，对阿拉善旗的政治、经济、军事、地理、政权组织、人事及历史、人口等方面的情况作了广泛深入调查，为解放阿拉善旗作了必要的准备。

1949年9月22日，达理扎雅召开全旗上层人士参加的紧急会议，作出和平起义的决定。23日，达理扎雅致电毛泽东，表示脱离国民党反动政府，接受中国共产党的领导。阿拉善旗和平解放。

额济纳旗札萨克塔旺嘉布在全国革命形势的推动下，于1949年9月27日代表额济纳旗全体地方军政人员宣布，与流亡广州的国民党政府脱离关系，愿接受中国共产党的领导。

至此，内蒙古地区全部解放。在中国共产党的领导下，内蒙古地区各族人民经过前仆后继的英勇斗争，终于彻底推翻了国民党反动派的黑暗统治。

1949年10月1日，中华人民共和国成立，中国历史从此进入了人民当家作主、各民族平等团结的新时代，中华民族的发展从此开启了新的历史纪元。党领导内蒙古各族人民，开始投入到建设新中国的伟大事业之中。

---

① 1949年4月初，德王想利用内蒙古西部地区尚未完全解放的机会到阿拉善旗定远营与阿拉善旗札萨克达理扎雅等人商谈“蒙古自治”事宜。4月13日，德王等纠集部分反动残余势力召开“内蒙古各盟旗代表会议”，成立了“蒙古自治筹备委员会”，准备建立“蒙古自治政府”，8月5日在定远营召开所谓的“蒙古人民代表大会”，通过了“蒙古人民代表大会宣言”和“蒙古自治政府组织法”，选举德王为“蒙古自治政府主席”、达理扎雅为“副主席”。

后　记

习近平总书记指出："历史是最好的教科书，也是最好的清醒剂。"在中国共产党团结带领中国人民实现第一个百年奋斗目标、正在意气风发向着全面建成社会主义现代化强国的第二个百年奋斗目标迈进的关键时期，《中国共产党内蒙古历史》第一卷（1921—1949）（以下简称"一卷"）付梓，献给伟大的中国共产党百年华诞，献给内蒙古自治区各级党组织、广大共产党员和2400多万各族人民。

按照原中央党史研究室部署和自治区党委安排，原自治区党委党史研究室于2003年启动"一卷"编撰工作。马万里、赵建民、罗宏、王凤兰、王慧峰、李中林、沈正、陈艳平、申屠宁、薛智平等分别参与初编、补写、统稿等项工作。"一卷"初稿在2010年形成后，分别于2013年、2014年和2019年进行了三次修改。刘文纪、杨佐坤、贺雪枫、李潇枫、徐冀宁、赫志强、马万里、陈艳平、薛智平、宋立志等参与了修改任务。自治区党委党史和文献研究室其他同志为"一卷"稿编撰给予全力协助。

2021年3月，自治区党委召开书记专题会议进行研究部署，自治区党委书记、自治区人大常委会主任石泰峰作出指示要求，自治区党委副书记、自治区主席布小林提出意见建议，大力推动"一卷"的修改完善。自治区党委成立了由自治区党委副书记林少春牵头，自治区领导刘奇凡、白玉刚、杨伟东、张韶春具体负责的修订工作专班，在原有基础上，重新拟写大纲，经自治区第十届党委常委会第254次会议审定，对"一卷"进行全面修改完善。杜铁鑫、张兆刚、杨佐坤、孙杰、闫安、魏铎、王世喜、曹明珠、贺雪枫、李潇枫、法爱美、赫志强、王劲楠、张福军、兰继华、于锦绣、徐冀宁、王维华、孙俊杰、乔万泉、赵楠、屈博参加了修改完善工作。修改完善后的"一卷",经自治区第十届党委常委会第275次会议研究并报中央党史和文献研究院审定,最终成书。

"一卷"的撰写、修改、审核、出版,得到各方面的关心和支持。全国人大常委会原副委员长布赫生前曾对"一卷"稿的编撰给予亲切关怀,我们对此深表缅怀。同时,我们对自治区第七届至第十届党委、政府领导以及自治区人大、政协负责同志的悉心指导,对自治区相关盟市和有关委、办、厅、局及部门单位的密切配合,对中央党史和文献研究院、国家新闻出版署、中共党史出版社等单位及有关专家学者的帮助和支持,一并表示衷心感谢。

习近平总书记今年2月在党史学习教育动员大会上强调:"学习党的历史,是坚持和发展中国特色社会主义、把党和国家各项事业继续推向前进的必修课,这门功课不仅必修,而且必须修好。"习近平总书记和党中央对学好党史提出很高要求,也对编撰党史提出了更高要求。为"一卷"的编撰,我们付出了长期不懈的艰苦努力,积十余年之功、众人之力,吸纳党史学界最新研究成果,终于形成书稿,集腋成裘,殊为不易。同时,也不能不看到,由于编撰人员能力水平和资料掌握等方面的限制,书中不当和缺漏之处在所难免。值此"一卷"出版之际,恳望广大读者批评指正。

中共内蒙古自治区委员会党史和文献研究室

2021年8月

丛书后记

党的十八大以来，习近平总书记高度重视学党史、用党史，多次强调“历史是最好的教科书”，并指出学习党史、国史是坚持和发展中国特色社会主义、把党和国家各项事业继续推向前进的必修课，这门功课不仅必修，而且必须修好。

贯彻落实习近平总书记的指示，全国党史系统深入开展中国共产党历史的研究工作，近年来取得丰硕成果。截至目前，全国已有30个省（自治区、直辖市）编纂出版了反映本地区新民主主义革命时期的中国共产党历史基本著作，为编修红色家谱，传承红色基因，展现中国共产党历史在全国波澜壮阔的图景，提供了很好的文本。

为便于读者学习了解中国共产党在全国各地领导新民主主义革命的历史，我们整合党史资源，打造精品工程，组织汇集了《中国共产党历史（地方卷）集成·新民主主义革命时期》这套丛书，由原中共中央党史研究室著《中国共产党历史（第一卷）1921—1949》打头，包括28个省（自治区、直辖市）的中国共产党历史第一卷（西藏在1949年之前没有中国共产党组织活动，未编修中国共产党历史第一卷；青海和新疆党史一卷内容较少，合并在党史二卷中，待今后出版；宁夏自治区党史一卷因内容修订，待今后补入）。

为组织这项工作，原中共中央党史研究室于2017年给各省（自治区、直辖市）委党史研究室发出通知，做了安排部署。各地党史部门加快了本地区党史一卷的编纂、修订工作。其间，适逢党和国家机构改革，中央党史和文献研究院成立，各省（自治区、直辖市）党史部门也进行了机构改革。这项工作在中央党史和文献研究院院务会领导下继续有序推进。曲青山院长对该丛书的整体工作给予了高屋建瓴的指导，第七研究部进行了具体指导和组织协调，各地党史部门给予有力配合。作为庆祝建党100周年的献礼项目，经过几年的努力，终于出版面向广大读者了。

《中国共产党历史（地方卷）集成·新民主主义革命时期》出版后，我们还将继续努力，进一步做好《中国共产党历史（地方卷）集成·社会主义革命和建设时期》丛书的编辑出版工作，赓续红色家谱，讲好党的历史，为广大党员干部群众学习党史、坚守初心提供好的资料文本。

中共中央党史和文献研究院第七研究部

2022年5月